U0891847

迈向体育强国之路

国家体育总局　编

人民体育出版社

图书在版编目（CIP）数据

迈向体育强国之路 / 国家体育总局编
. — 北京 : 人民体育出版社 , 2019
ISBN 978-7-5009-5676-1

Ⅰ . ①迈… Ⅱ . ①国… Ⅲ . ①体育事业—发展战略—研究
—中国 Ⅳ . ① G812

中国版本图书馆 CIP 数据核字 (2019) 第 219175 号

*

人 民 体 育 出 版 社 出 版 发 行
北 京 中 科 印 刷 有 限 公 司 印 刷
新 华 书 店 经 销

*

787 × 1092 16 开本 27.25 印张 470 千字
2019 年 10 月第 1 版 2019 年 10 月第 1 次印刷
印数：1—4,000 册

*

ISBN 978-7-5009-5676-1
定价：100.00 元

社址：北京市东城区体育馆路 8 号（天坛公园东门）
电话：67151482（发行部） 邮编：100061
传真：67151483 邮购：67118491
网址：www.sportspublish.cn
（购买本社图书，如遇有缺损页可与邮购部联系）

编委会

前　言 PREFACE

改革开放40年来，我国体育事业伴随改革开放伟大实践，与时代同奋进共成长，走过了光辉灿烂的发展历程，实现了由重返奥林匹克大家庭向大国体育的历史性跨越，开启了体育强国建设的新征程，谱写了一个又一个亮丽篇章，极具代表性地展现了改革开放的中国速度和中国高度，让世界见证了一个生机勃发、无与伦比的魅力中国。

体育强则中国强。体育是提高人民健康水平的重要手段，也是实现中国梦的重要内容，能为中华民族伟大复兴提供凝心聚气的强大精神力量。体育强国梦与中华民族伟大复兴中国梦紧密相连。党的十九大明确提出加快推进体育强国建设。习近平总书记多次强调，体育在提高人民身体素质和健康水平、促进人的全面发展、丰富人民精神文化生活、激励人民弘扬追求卓越、突破自我的精神等方面都有着十分重要的作用。国务院办公厅专门印发了《体育强国建设纲要》，当前，我国已经进入全面建成小康社会决胜阶段，中国特色社会主义进入新时代。新时代的体育改革与发展肩负着为健康中国奠基，为和美中国助力，为经济发展增效，为中华民族伟大复兴提供鲜活精神动力的艰巨任务。在加快推进体育强国建设的伟大实践中，深刻学习领会习近平新时代中国特色社会主义思想，贯彻落实习近平总书记关于体育工作重要论述精神，抓住新时代为体育改革发展提供的新空间、新机遇，加快推进体育强国建设，发挥体育在建设社会主义现代化国家新征程中的重要作用，通过高标准建设体育强国助力中华民族伟大复兴中国梦的实现，责任重大，使命光荣。

为庆祝改革开放40周年，系统总结2008年北京奥运会以来，在推进体育强国建设中各领域改革发展取得的成就，并从理论上对加快推进体育强国建设进行必要的系统研究，国家体育总局政策法规司组织北京体育大学、上海体育学院、南京体育学院、成都体育学院、首都体育学院、哈尔滨体育学院、苏州大学、暨南大学、陕西师范大学、国家体育总局体育科学研究所10家单位，成立了12个项目组，分别对体育强国建设的理论设计、群众体育、竞技体育、体育产业、体育文化与宣传、体育对外交往、青少年体育、体育科技、体育人才、体育法治、足球运动、冰雪运动进行了专项研究。项目管理单位政策法规司狠抓开题、中期成果汇报、初稿修改、汇编定稿四个环节，先后召开了6次专题研讨会，并聘请相关专家对每个项目研究成果逐一进行审阅，提出修改意见，进行了多次修改完善，确保研究任务落实和项目质量达标。

本书是上述研究成果的汇编。全书共12章，第一章是对推进体育强国建设的时代背景、战略意义、体育强国的基本内涵、建设目标、战略任务、主要对策措施进行初步的理论探索，其他11章分领域对过去10年体育事业取得的成就、尚存的问题、未来发展趋势和发展举措进行专题论述。在各章节内容的研究和撰写过程中，项目组与国家体育总局各相关职能部门进行了有效沟通，听取了各业务司局的意见和建议，确保基础数据的真实可靠和主要论点论据的客观准确。

2008年国家体育总局组织编写并出版了《改革开放30年的中国体育》。本书对2008年以来的我国体育改革发展进行了系统总结研究，是《改革开放30年的中国体育》的续篇。两本书共同反映了改革开放40年我国体育事业改革发展的完整历程。

改革开放40年，体育承载并激发了国人的光荣和梦想。面向新时代，开启加快推进体育强国建设新征程，体育事业必将在不断满足人民日益增长的美好体育生活需要中获得更大的发展空间、更强的发展动力，也一定能在不懈奋斗中谱写更加华美的绚丽篇章，助力中华民族伟大复兴中国梦的实现。

目　录 CONTENTS

第一章

开启新时代全面建设体育强国新征程

党的十九大报告指出，“经过长期的努力，中国特色社会主义进入新时代，这是我国发展新的历史方位……社会主要矛盾已经转化为人民日益增长的美好生活需要和不平衡不充分的发展之间的矛盾”。

变化的时代，不变的初心；变化的目标，不变的奋斗。这一刻，体育事业也伴随着伟大的祖国一同迈入了开拓奋进的新征程。

一、新时代催生体育强国

跟随时代脚印前行，是我国体育发展的基本脉络。在中国共产党坚强领导下，我国相继实现了从半殖民地半封建社会到民族独立、人民当家作主新社会的历史性转变，从新民主主义革命到社会主义革命和建设的历史性转变，从高度集中的计划经济体制到充满活力的社会主义市场经济体制、从封闭半封闭到全方位开放的历史性转变。这三个划时代的历史性转变，根本改变了中华民族命运，也深刻影响了人类历史进程。伴随着这一伟大变革，中国体育也相继实现了从东亚病夫到强健体魄、振兴中华的历史性转变，从闭关锁国到逐步开放、全面融入世界体坛的历史性转变，从体育基础极其薄弱、运动水平极其落后到发展成就辉煌卓著、国际影响不断增强的历史性转变。历史经验证明，时代的变迁、发展阶段的更迭才是给予体育发展最深层、最根本的动力。今天，改革开放 40 年后的中国已经迎来了从站起来、富起来到强起来的伟大飞跃，中国特色社会主义进入新时代。这是一个努力实现人的全面发展和社会全面进步的新时代，是一个分两步走到本世纪中叶全面建成富强民主文明和谐美丽的社会主义强国的新时代。拥抱这个新时代，汲取新时代的养分，聆听新时代的呼唤，与新时代一同奋进的中国体育就能获得最强劲的发展动力、最广阔的发展舞台。

（一）新时代带来的新机遇

中国特色社会主义新时代是一个怎样的历史方位和发展空间，党的十九大报告给出的答案是，“这个新时代，是承前启后、继往开来、在新的历史条件下继续夺取中国特色社会主义伟大胜利的时代，是决胜全面建成小康社会，进而全面建设社会主义现代化强国的时代，是全国各族人民团结奋斗、不断创造美好生活、逐步实现全体人民共同富裕的时代，是全体中华儿女勠力同心、奋斗实现中华民族伟大复兴中国梦的时代，是我国日益走近世界舞台中央、不断为人类作出更大贡献的时代”。这样一个生机勃发、前所未有的新高度、新空间，必定会给置身于这一时代的体育发展提供强大的、前所未有的新机遇。

政治保障坚强有力。现代体育是关乎人民健康幸福、社会和谐进步、经济提质增效、文化发展繁荣的全局性社会公共事务。世界上已经有越来越多的国家将体育纳入国家发展振兴的基础性、战略性工程。荷兰早在1996年，就将体育作为社会发展、社会整合、公共卫生及创造就业的一个工具。日本在2010年由文部科学省制定并颁布了《体育立国战略》，旨在提升体育在日本国家建设发展中的战略地位。体育具有多种社会功能，对于这样一个与民生福祉、国家发展关联共生度越来越高的社会公共事业，提供更为坚强的政治保障，是极为必要的。十三届全国人大一次会议上通过的《中华人民共和国宪法修正案》和《国务院机构改革方案》拉开了新时代我国政治建设序幕，一个党的领导更加坚强有力、人民当家作主全面落实、依法治国扎实推进的新局面正在形成。毫无疑问，这样的新局面、新成果，对新时代加快推进体育强国建设必将提供更为坚实的政治保障、组织保障和法制保障。新中国体育事业在各个历史阶段都取得了无愧于时代的伟大业绩，一条基本经验就是坚持党对体育工作的坚强领导和充分发挥强政府、强组织的整合动员优势，新时代政治建设领域开创的新格局、取得的新成果也一定会在更高的水平上支撑和保障体育强国建设。

经济支撑势稳力劲。体育事业的全面发展需要强大且稳定的经济支撑。改革开放之初，我国实施竞技体育优先发展的奥运争光战略，一方面是配合国家开放发展的大战略，在重大国际舞台上快速提升中国的形象和声誉的需要；另一方面也确实是因为国家支撑体育全面发展的财力明显不足以及国民对体育消费几乎无支付能力，致使在现代体育的三大板块中，提供公共服务的大众体育和促进经济增长的体育产业发展明显滞后，体育发展的不平衡、不充分的问题十分突出。改革开放40年后的今天，党中央提出要加快推进体育强国建设，就是要从根本上解决体育发展中的不平衡、不充分的问题。体育强国是一个全职全效的体育系统，是一个既能实现自身全面发展又能促进经济社会全面发展的体育系统，建设这样的体育系统无疑需要强有力的经济支撑。改革开放40年间我国在经济建设方面创造了人类发展史从未有过的奇迹，平均经济增速在世界主要发展中国家和发达国家中名列第一，国内生产总值达到827122亿元，稳居世界第二，对世界经济增长贡献率超过30%，全国一般公共预算收入172567亿元，其中税收收入144360亿元，常住人口城镇化率达到58.52%，全年全国居民人均可支配收入25974元、人均消费支出18322元，恩格尔系数29.3%。进入新时代，我国经济发展正处于一个全面建设现代化经济体系的新阶段，这是一个努力实现经济由高效增长向高质量发展转变的新阶段；是一个坚持质量第一、效益优先，以供给侧结构性改革为主线，推动经济发展质量变革、效率变革、动力变革的新阶段；是一个提高全要素生产率，着力加快建设实体经济、科技创新、现代金融、人力资源协同发展的产业体系的新阶段，目标是着力构建市场机制有效、微观主体有活力、宏观调控有度的经济体制，不断增强我国经济创新力和竞争力。现代化的经济支撑现代化的体育，随着新时期我国在深化供给侧结构性改革、加快建设创新型国家、实施乡村振兴战略、实施区域协调发展战略、加快完善社会主义市场经济体制、推动形成全面开放新格局六个方面的系统推进，我国经济的规模、结构、质量和效益必将进一步大幅提升。相应地，国家支持群众体育和竞技体育全面发展的财政能力会大幅提升，市场和居民消费支撑体育产业发展的潜力、活力、实力也会大幅提升。有了这两个“大幅提升”，新时代加快推进体育强国建设的物质技术基础就会更坚实，发展动力就会更强劲，这就从根本上给了我们建设体育强国的底气、信心和决心。

社会进步固本强基。改革开放40年经济领域的巨大发展也带来了社会发展的全面进步。教育、科技、文化、卫生、医疗、养老、人口素质、健康水平、脱贫攻坚、生态修复、社会治安综合治理等方面都迈上了新台阶，实现了大跨越。截至2017年，我国已有4亿多人进入中等收入群体，位居世界第一，年末全国就业人员77640万人，城镇登记失业率为3.90%，贫困发生率为3.1%，九年义务教育巩固率为93.8%，高中阶段毛入学率为88.3%，全年研究与试验发展（R&D）经费支出17500亿元，境内外专利申请369.8万件，互联网上网人数7.72亿人，互联网普及率达到55.8%，全年国内游客50亿人次，国内居民出境14273万人次……这些在社会发展领域取得的迭代性的进步正标志着中国社会进入一个全面深化改革的新时代。这个新时代就是要实现从站起来、富起来到强起来伟大飞跃的新时代，就是社会主要矛盾迎来历史性转变的新时代。社会不仅是体育发展的场域，更是体育发展的沃土，社会在教育科技、文化卫生、人口素质、社会保障等方面的发展水平决定了土壤肥沃程度，进而影响并左右着体育发展速度和质量。一个安全和谐、积极向上、充满活力的健康社会，无疑将给体育强国建设提供最强的内生动力和最大的聚合协作力。当前，以习近平为核心的党中央已经对新时代社会发展作出了全面的战略部署，包括体育在内的各项社会事业都呈现了快速发展的势头。地肥苗壮，抓住新时代社会全面进步提供的最好环境、最强支撑，加快建设体育强国，是我们绝不能错失的战略机遇。

人的全面发展永续基业。唯物史观认为，人的全面发展不仅是社会全面、自由、和谐发展的前提和基础，更是人类发展的最高目标。人的全面发展受生产力和生产关系两个方面的制约，随着生产力水平的不断提高和生产关系的不断改善，人的全面发展的实现度也会不断提升。中国特色社会主义进入新时代，我国社会主要矛盾也随之转化为人民日益增长的美好生活需要和不平衡、不充分的发展之间的矛盾，而化解这一主要矛盾的奋斗过程也就是不断提高全体中国人民全面发展的过程。体育是人的全面发展的生物学基础，它“寓道德之舍，载知识之车”，娱情丰趣，颐养人生。围绕“两个一百年”的奋斗目标，新时代开启了一个以人民为中心，全面深化改革、全面创新发展的新征程，制约人的全面发展的经济社会因素必将进一步消解，追求美好生活的人民和追求伟大复兴的社会对体育的需求必将得到全面释放，体育作为促进人的全面发展和社会全面进步的要素也必将随之得到广泛重视。从根本上讲，人类在推动人的全面发展的所能达到的高度决定了体育发展的高度。当促进人的全面发展所有的社会努力和个体期待聚焦在一个美好时代，体育事业就会基业常青、活力四射。

（二）新时代提出的新任务

新时代在给当代体育发展提供新空间、新机遇的同时，也必然会给体育发展提出新要求、新任务。习近平强调，中国政府从全面建成小康社会、实现中华民族伟大复兴的战略高度重视发展体育事业，重视奥林匹克运动在社会发展中的重要作用。指出：“我们将按照，中国共产党十八届三中全会的精神，努力提高人民健康水平，同步发展群众体育和竞技体育，由体育大国向体育强国迈进。”根据党的十九大报告对建设新时代中国特色社会主义作出的总体战略部署和习近平对体育工作的系列讲话和指示精神，新时代体育改革与发展一定会面临以下几方面的新任务。

为健康中国奠基。强健的国民体质，是健康中国之基，是活力中国之源。中国特色社会主义进入新时代，这在中华人民共和国发展史上、中华民族发展史上是一个前所未有的新阶段、新高度，面临的各项改革、发展、建设任务都极其繁重。身处新时代的中国体育，首要任务就是要做好新时代社会主义建设者身心健康的维护工作，真正把工作重心放在为广大的人民群众增寿添福上来，要按照全人群、全周期、全覆盖高标准构建全民健身公共服务体系，推动全民健身与全民健康的深度融合，实施更有针对性的大众健康运动促进计划，切实推动健康中国建设关口前移、重心下移，切实担当起人民健康运动促进的时代责任。只有这样，新时代的体育发展才能不愧于这个时代，才能为健康中国奠基，为活力中国蓄能。这应该是新时代对体育工作提出的最根本的要求。

为和美中国助力。以人民为中心，建设一个生机勃发、和美与共的社会主义和谐社会，是新时代中国特色社会主义建设的重要内容。和美中国最根本的是人民积极向上、身心和谐，家族、单位、社区和融共济，各民族、各阶层和美与共，全社会凝心聚力、昂扬奋进。体育是促进人的全面发展的一种有意识、有目的、有组织的社会活动。它强筋骨、调情绪、磨意志、增情趣，是沟通人际、亲和社会最自然、最有效的渠道。同时，现代体育对提升公民素质、激活基层群众自治、拓宽民主渠道、促进民族团结、弘扬社会主义核心价值观也有重要作用。新时代创建美好生活，建设社会主义现代化强国，必然要求体育在这些方面发挥重要作用，为和谐社会培土，为和美中国助力。

为经济发展增效。当前我国经济正处于由过去的高速增长向未来的高质量发展的换档期和转变发展方式、优化经济结构、转换增长动力的攻关期。新时代坚持质量第一、效益优先，以供给侧结构性改革为主线，推动经济发展质量变革、效率变革、动力变革，是贯彻新发展理念，建设现代化经济体系的核心内容。作为新经济、新业态、新动能重要组成部分的体育产业，在激活服务消费、扩大国内需求、促进经济增长、优化经济结构、提供新增就业、推动创新创业等方面都有实际作用。通过加快发展体育产业助力中国经济提质增效，也必须是新时代对体育改革与发展提出的另一个新要求、新任务。

为中华民族伟大复兴提供鲜活的精神动力。中华民族的伟大复兴是一项彻底改变中华民族命运的伟大实践。伟大的实践需要伟大的精神来激励和引领，而伟大的精神又需要来自这个时代不断涌现的鲜活素材和事例来凝炼。新中国体育伴随着共和国的成长，在不同的时期都涌现出了一批又一批可歌可泣的英雄事迹，奏响了那个时期的最强音。“人生能有几回搏”“团结起来，振兴中华”“冲出亚洲，走向世界”等带有鲜明时代印记的口号，都是新中国体育发展历程中留给全社会的宝贵精神财富。新时代是实现中华民族伟大复兴中国梦的决战期，各项改革和发展的任务都极其繁重，更需要体育战线大力弘扬为国争光、无私奉献、科学求实、遵纪守法、团结协作、顽强拼搏的中华体育精神，创造更多能代表时代风貌的感人事迹和时代楷模，激励全体中国人民团结奋进，为中华民族走向世界舞台的中央提供更加鲜活的精神动力。

二、新时代加快推进体育强国建设的战略意义

新时代加快推进体育强国建设，既是体育自身提质增效、全面发展的实际需

要，更是全面建设社会主义现代化强国的战略需要，推动这一进程具有以下六个方面的重要意义。

（一）伟大梦想呼唤体育强国

实现中华民族伟大复兴是近代以来中华民族最伟大的梦想。以习近平同志为核心的党中央确立了“两个一百年”的奋斗目标，义无反顾担当起率领全体中国人民实现中华民族伟大复兴的历史使命，具体奋斗目标是在全面建成小康社会的基础上，分两步走在本世纪中叶建成富强民主文明和谐美丽的社会主义现代化强国。在人类发展史上，不同历史时期的世界强国总是有与强国地位相称的强大体育。18、19 世纪的英国，20 世纪至今的美国都既是世界头号强国，也是世界头号体育强国。前者创立的改变旧世界体育格局的“户外运动”，并通过向殖民地的文化输出将“户外运动”传播到全世界，奠定了现代体育的项目基础和规则体系；后者在继承英国现代体育的基础上进行大量的创新创造，在学校体育、大众体育、竞技体育、职业体育、体育文化、体育产业等诸多领域都创立了新形式、达到了新高度，并从公民的精神风貌、人文素养和国家外在形象、声誉等方面进一步聚焦、投射和着色强国形象。体育强国梦是中华民族伟大复兴中国梦的必然组成部分。习近平曾提出：“体育是提高人民健康水平的重要手段，也是实现中国梦的重要内容，是能够为中华民族伟大复兴凝心聚气的强大力量。”他指出，“体育强，则中国强”，就是要求新时代的体育工作不仅要按照建设现代化强国的整体标准建设好自身，还要通过高标准建设体育强国来促进和助力中华民族伟大复兴中国梦的实现。所以，从根本上讲加快推进体育强国建设是实现中华民族伟大复兴中国梦的内在呼唤，责任重大，使命光荣。

（二）美好生活邀约体育强国

中国特色社会主义进入新时代，一个最根本的变化是社会主要矛盾发生历史性转变，即由过去人民日益增长的物质文化需要同落后的社会生产之间的矛盾转变为人民日益增长的美好生活需要和不平衡、不充分的发展之间的矛盾。党的十九大报告指出，“人民美好生活需要日益广泛，不仅对物质文化生活提出了更高要求，而且在民主、法治、公平、正义、安全、环境等方面的要求日益增长”，其实质是对人的全面发展和社会的全面进步提出了更高更新的要求。体育给人健康、让人快乐，是人的全面发展的基础支撑，同时，体育也能给社会增活力、添魅力，让社会整体呈现灵动有序、积极向上的文明新风，是社会全面进步的重要标志。联合国发布的2017年《世界幸福指数报告》（World Happiness Report 2017）中，排名前10位的国家分别是挪威、丹麦、冰岛、瑞士、芬兰、荷兰、加拿大、新西兰、澳大利亚和瑞典。北欧五国不仅全部进入前10，而且占据了榜单的前3名，据此，人们把北欧称为“天堂般的存在”。而生活在“天堂”里的北欧各国，全民、全社会参与运动的水平全球最高，北欧人视运动为世俗生活的“圣经”、健全社会的律动，全生命周期地参与和享受运动的欢娱。可以肯定地说，如果把运动从北欧人的生活中拿掉，北欧各国的幸福指数一定会大幅下滑。北欧各国在不断满足人民对美好生活向往方面的成功经验，对步入新时代的我国无疑具有重要的参考和借鉴价值。美好生活离不开体育，离不开全民、全社会广泛的运动参与，建设体育强国就是全面贯彻以人民为中心的体育发展观，把不断满足人民日益增长的美好生活需要作为体育发展根本目的的内在要求。新时代体育发展的巨大空间在美好生活，最强的动能在美好生活。认识到这一点，赴美好生活之约的体育强国建设之路才能行稳致远。

（三）高质经济内需体育强国

新时代我国经济开启了由数量规模扩张向质量效益提升的创新发展新征程。围绕推动经济发展实现“三个变革”，建设现代化经济体系，高质量发展阶段的我国经济必将更加重视培育新经济，打造新动能，增加新就业。从全球范围看，一个国家能不能称之为体育强国，一个重要的维度，是看该国的体育是消耗社会财富多，还是创造社会财富多，如果消耗多于创造就肯定不是体育强国，也就是说，体育强国必须是体育产业的强国。体育产业是创造美好生活的产业，它不仅是大文化产业的重要组成部分，也是大健康产业不可或缺的部分，是能有效提升消费者生命质量和生活质量的幸福产业。这样的产业属性必然是进入高质量发展阶段的我国经济要努力催生和培育的新经济新动能。当前我国体育之所以整体上只能称之为体育大国，一个重要的原因就是大众体育和体育产业的发展水平与真正的体育强国相比还有明显的差距，特别是体育创造财富能力不强是一个明显的短板。进入21世纪以来，党和政府出台了一系列政策引导和支持体育产业发展，“2016年我国产业总规模（总产出）为1.9万亿元，增加值为6475亿元，占同期国内生产总值的比重为0.9%。从名义增长看，总产出比2015年增长了11.1%，增加值增长了17.8%”。同年，“全国共有各类体育产业机构单位141850

个，占整个国民经济机构单位的比例为 0.78%，从业人员 4423995 人，占国民经济总就业人数的 0.59%，比上年增长了 22%”。尽管当前我国这一发展水平与欧美国家还有一定的差距，但是作为新经济、新业态、新动能重要组成部分的体育产业已经成为我国高质经济的新鲜血液，并呈现强劲的增长势头和巨大的成长空间。所以，加快建设体育产业高度发达的体育强国对推动和实现我国经济的高质量发展意义重大。

（四）创新社会治理寄望体育强国

改革开放 40 年我国经济快速发展，社会财富快速增长，但同时也带来了居民收入差距不断拉大，改革受益面不均，基本民生保障不到位、有短板，以及由此带来的社会心理失衡、社会疏离感加重、人际亲和力不足、社会凝聚力下降等问题。中国特色社会主义进入新时代，党和政府将提高保障和改善民生水平，加强和创新社会治理放在优先位置，党的十九大报告提出，“坚持人人尽责、人人享有，坚守底线、突出重点、完善制度、引导预期，完善公共服务体系，保障群众基本生活，不断满足人民日益增长的美好生活需要，不断促进社会公平正义，形成有效的社会治理、良好的社会秩序，使人民获得感、幸福感、安全感更加充实、更有保障、更可持续”。现代体育具有很强的社会建设功能，是创新社会治理的一个有效抓手。一方面体育是当代公民情感和兴趣的最大公约数，广泛开展多种形式的基层体育活动有助于促进人际交往，消除邻里隔阂，培育理性平和、积极向上的社会心态；另一方面广泛存在的基层社会体育组织也是调动公众参与、激活社区服务、促进社会协同，创建共建共治共享社会治理新格局的有效手段。当今世界主要体育强国都十分重视发挥体育在促进社会建设和创新社会治理方面的独特作用。新时代我们要加快建设体育强国就必须把强体育与强社会统一起来，更加自觉地服从和服务于社会建设。从这个意义上讲，加快建设体育强国就是创新社会治理的内在要求。

（五）繁荣文化需要体育强国

文化是国家和民族的灵魂，是国家发展、民族振兴的精神引领。习近平指出，“没有高度的文化自信，没有文化的繁荣兴盛，就没有中华民族的伟大复兴。要坚持中国特色社会主义文化发展道路，激发全民族文化创新创造活力，建设社会主义文化强国”。体育是社会主义文化的重要组成部分，是弘扬民族精神，加强爱国主义、集体主义教育的重要途径，也是大兴时代新风，抵制腐朽落后文化侵蚀，推进诚信建设和自愿服务建设，强化公民责任意识、竞争意识、规则意识和奉献意识的有效手段。满足人民日益增长的对美好生活的期待，要求体育事业必须提供更加丰富的公共产品和更高质量的精神食粮。而建设体育强国的要旨之一，就是要不断提高体育发展的文化含量、精神品质和艺术格调，树新风、育新人。所以，体育强国内涵在社会主义文化强国之中，建设体育强国的过程也就是繁荣和创新社会主义文化的过程。

（六）全效体育依托体育强国

现代体育是一个多能全效的体育，这不仅是指它是由学校体育、大众体育、竞技体育、体育产业、体育文化、体育科技、体育教育、体育外交等多要素构成的体系，而且是指它对人的全面发展、社会的全面进步、经济的提质增效、文化的繁荣兴盛、政治的昌明顺达都能起到明显促进作用。改革开放以来，我国体育取得了长足进步，树立了全球体育大国的形象。但是，对标世界主要体育强国，我们在体育自身发展中还存在诸多的短板和弱项，譬如三大球整体发展水平低下，田径、游泳和水上等基础大项基础不牢，冬季运动普及度低，竞技水平差，体育文化建设滞后，体育科技创新水平不高等，而这些短板和弱项的存在又制约了体育在促进人的全面发展和经济社会文化全面进步中能够发挥的作用。加快推进体育强国建设就是一方面要着力解决体育自身发展中的不平衡、不充分的问题，另一方面也要着力解决体育发展服务人的全面发展和社会全面进步的能力问题，推动体育发展实现多能全效。所以，没有全效体育，就没有体育强国，全效体育依托体育强国，体育强国催生全效体育，二者统一于全面实现中国体育现代化的伟大进程中，方向一致、目标一致。

三、建设体育强国，全面推进体育现代化

新时代开启建设体育强国的新征程，奋斗目标是全面实现体育现代化，不断满足人民群众对美好生活的新期待。

（一）体育强国基本内涵

从全球范围看，目前国际公认的体育强国都是体育的自身发展与体育促进的发展有机统一，且做出显著业绩的国家。2014 年，习近平在与国际奥委会主席

巴赫的交谈中指出，“长期以来，中国体育事业取得了长足进展。中国运动员在国际赛场上捷报频传。但是，有些项目仍是短板。我们要分类指导，从娃娃抓起，扎扎实实提高竞技体育水平，持之以恒开展群众体育，不断由体育大国向体育强国迈进。”在这一过程中，可借鉴体育发展较好的国家的经验。以美国为例，美国不仅在学校体育、大众体育、竞技体育、体育产业、体育文化五个核心业务领域基础扎实、实力雄厚、影响力超群，而且在推动美国经济社会文化人的发展方面起到了十分重要的作用。一方面，美国的学校体育氛围浓厚、赛事体系健全活跃、优秀后备人才辈出，基于社区和国家公园体系的大众体育广泛深入持久，健身休闲成为绝大多数美国人践行的生活方式，在世界几乎所有的重大体育赛事中都能取得稳定优异的运动成绩，以四大职业联盟为代表的团队职业体育和以高尔夫、网球、拳击为代表的个人职业体育产值大、效益好，体育产业成为大文化娱乐产业中的支柱行业，同时，各种体育主题和项目的博物馆、名人堂遍布全美，体育电影、电视剧、文学作品、摄影雕塑作品以及各种运动主题的纪念品推陈出新、琳琅满目，体育从整体上呈现的是基础扎实、实力雄厚、核心竞争力突出。另一方面，美国体育也促进和带动着美国经济社会和人的全面发展，它不仅是美国全球政治影响力的核心资产，是美国梦的文化引领，是软实力、巧实力的核心展示，也是美国先进生产力的一部分，带动就业，促进经济增长；同时，美国体育也在弥合因不同种族、不同信仰、不同阶层和不同收入水平而产生的社会疏离以及防止青少年犯罪，活化社区、增强社会凝聚力方面发挥着重要作用。当然最重要的是，美国体育的全面均衡发展和生活化的推进也使之成为了全体美国人的健康源泉。或许，这样的体育才能真正称之为体育强国。所以，体育强国是指能实现体育“两个发展”（体育自身发展与通过体育推动和实现的发展）目标并被国际社会普遍认可的国家。

从体育强国建设的中国实践出发，体育强国的基本内涵至少应涵括三个方面的内容。一是体育强国必须是以人民为中心的体育，即必须坚持人民在体育发展中的主体地位，要对标人民群众追求美好生活的愿望，找差距、建标准、努力干，切实把最广大人民的体育权益保障好、维护好，推动全民健身与全民健康深度融合、体育运动与美好生活深度融合。二是体育强国必须是强国体育，即要从国家发展、民族振兴的战略高度，积极主动地把体育发展融入“五大建设”，把体育的发展内化为国家的政治影响力、经济生产力、社会凝聚力、文化传播力和国民健康力，助力国家富强、社会进步、民族振兴、人民幸福。三是体育强国必须是全面协调可持续的体育，即既要解决体育发展不平衡的问题，也要解决体育发展不充分的问题。不平衡的问题重点是要解决区域、行业、人群体育发展水平差异过大的问题，以及群众体育、竞技体育、体育产业三大主体性工作发展不均衡的问题；不充分的问题重点是要解决基本公共体育服务动态升级、公共体育空间不足，以及冰雪、足球、户外运动、高水平职业体育发展滞后等一系列短板和弱项问题。当然，这只是初步的认识，更加准确地把握还要随着体育强国建设伟大实践的展开而不断总结和提炼。

（二）体育强国建设目标

加快推进体育强国建设，是党中央、国务院站在全面实现中华民族伟大复兴中国梦的战略全局，对进入新阶段、新周期体育发展提出的新的时代要求。它是与到 2020 年全面建成小康社会和到本世纪中叶把我国建成富强民主文明和谐美丽的社会主义现代化强国的历史进程和奋斗目标相一致的中国体育发展战略。对标党的十九大确立的路线图和进程表，全面建设体育强国的奋斗目标，可以相应地设立三个阶段的奋斗目标。

第一个阶段：从现在到 2020 年。围绕全面建成小康社会的战略目标，按照抓重点、补短板、强弱项的工作要求，以备战和筹办好 2020 年东京奥运会和 2022 年北京冬奥会、冬残会为工作重点，补思想观念短板、基础设施短板、社会组织短板、运行机制短板、科技和人才支撑短板；强足球、冰雪运动、青少年体育、体育产业、体育文化等弱项；推动全民健身与健康中国融合发展，体育产业与相关产业融通发展，竞技体育与实现中华民族伟大复兴中国梦对标发展；实现经常参加体育锻炼人数明显提升，群众身边的体育基础设施明显改善，城乡和区域体育公共服务水平差距明显缩小；体育产业规模、结构、质量、效益明显跃升，竞技体育基础实力和核心表现明显增强；完成 2020 年东京奥运会既定的参赛目标，扎实做好 2022 年北京冬奥会、残奥会的各项筹办和备战工作。

第二个阶段：从 2020 年到 2035 年。围绕基本实现社会主义现代化这一战略目标，再奋斗 15 年，基本建成体育强国的工作体系和业务构架，初步实现中国体育的现代化。主要建设指标是：体育发展的综合实力和核心竞争力跻身世界前列；经常参加体育锻炼人数大幅提升，覆盖城乡的基本公共体育服务实现均等化，全民健身成为国民活跃健康的生活方式；竞技体育中的弱项短板基本补齐，基础大项、集体球类项目、水上运动项目、冰雪运动项目的竞技水平大幅提升，以学校体育为基础、社会和市场力量广泛参与的竞技体育优秀后备人才培养体系有效运行，职业体育全球影响力快速提升，涌现一批世界顶级的职业联赛、职业俱乐部和赛事品牌；以运动项目产业为核心，以网络化数字化智能化为技术支撑，带动相关服务产业和装备制造业协同发展的现代体育产业体系初步形成，体育产业成为现代人文服务服务业中的支撑产业；体育文化、体育科技、体育人才、体育法治建设水平大幅提升，体育现代化格局基本形成。

第三个阶段：从 2036 年到本世纪中叶。在基本实现体育现代化的基础上，再奋斗 15 年，全面完成体育强国的建设任务，全面实现中国体育的现代化。到那时，人民群众将享有充分均衡的体育公共服务，运动健身成为每个人活跃健康的生活方式，体育工作全面融入“五大建设”和人的全面发展，中国体育的综合实力和影响力全球领先。

（三）体育强国建设任务

根据奋斗目标的设定，推进体育强国建设重点要完成以下工作任务。

1. 创新实践中国特色体育发展道路，提供中国智慧和中国经验

新中国成立以来，特别是在改革开放 40 年中，中国体育取得全球瞩目的辉煌成就，极具代表性地展示了中国发展的速度、效率和效益，走出了一条发展中大国如何逐步实现体育现代化的成功道路。在建设体育强国的新征程中，要在系统总结过去成功经验的基础上，按照“四个自信”的理论指引，进一步建立健全以强政府、强组织为基本特征的体育治理体系和以人民为中心的动员、组织和保障机制，推动政府统筹主导下的社会全面参与、市场有效参与和公民全人群全周期生活化参与，走一条改革引领、创新驱动、共建共享的体育发展道路，为人类体育文明进步提供中国动力和中国智慧。

2. 创建以人民为中心、融入国民积极健康生活方式的群众体育工作体系

以满足人民群众不断增长的美好生活需要为指引，全力推动全民健身与全民健康深度融合，群众体育与社会建设统筹推进，建立多元共治、共建共享的群众体育组织管理体制和协同运行机制，不断提高覆盖全人群的基本公共体育服务水平，大幅提高经常参加体育活动的人口比例，大幅拓展群众体育开展的公共体育空间，大幅提升群众体育参与的组织化水平，推动全民健身和健身休闲产业供给

侧结构性改革，增加有效供给，实施技术和数字驱动战略，提升群众体育的网络化、数字化、智能化水平，推动群众体育扎根学校、扎根社区、扎根生活。

3. 打造基础扎实、发展均衡、核心表现突出的竞技体育新体系

对标重大国际体育赛事和高水平职业体育赛事，找差距、补短板、强弱项，实施基础大项（田径、游泳、体操）优先发展工程、集体球类项目跃升工程、冰雪运动补强工程、高水平职业体育提升工程、民族传统体育振兴工程，推动竞技体育全面均衡发展。深化运动项目协会改革，推动协会专业化建设，深化竞赛制度、优秀后备人才选拔、国家队组建、科技引领支撑、激励约束机制等方面的改革，推动项目管理高效化、精准化。制定地方政府、大型国企、著名高等院校承接国家任务的实施办法，发挥举国体制的制度优势，完成好重大国际赛事的参赛和办赛任务。满足人民群众的热切期盼，积极申办足球世界杯和大型国际综合性运动会，力争在本世纪中叶之前达成目标。

4. 创建具有国际影响力的现代体育产业体系

以满足人民群众日益增长的多元化、多层次的体育消费需求为导向，深化体育产业供给侧改革，不断消除制约体育产业发展的体制和机制障碍。实施“一个中心、两个基本点、三个关键节点、四个重点人群”的发展战略，即以大力发展运动项目产业为中心，立足“体育+”和“互联网+”两个基点，抓住体育场馆、新兴体育综合体、运动休闲特色小镇三个关键节点，激活少年儿童、妇女、中产阶级和60~70岁的健康老人这四个重点消费群体，推动体育产业项目化、协同化、互联化和智能化发展，拓展产业链、激活生态圈。依托创新驱动，打造具有全球竞争力的体育企业、赛事品牌，带动体育产品和体育服务走出去，提升我国体育服务贸易占全球市场份额，力争体育产业到2025年成为大文化产业中的支柱行业，到2050年成为我国国民经济中的支柱行业。

5. 建设充满活力、独具魅力的中华体育文化

体育文化是一个国家体育发展的深层能力和精神内核。建设体育强国不能仅从物质和技术层面着手，还应在精神和文化层面上把控。建设充满活力、独具魅力的中华体育文化，要从精神（价值观）、制度、行为、器物四个维度来整合推进，要以大力发展运动项目文化为核心，围绕国民体育活动的生动实践，抓大众健身休闲文化、球迷文化、竞赛文化、运动队建设与管理文化建设。要从体育实践者的行为入手，推动制度文化、体育文化产品的创建，建一批体育历史文化设施，出一批高质量、有品位的体育文化产品。要从文化自信的高度，挖掘、整理、保护和利用好中华民族传统体育文化，推动以武术和传统养身功法为代表的优秀中华体育文化走出去。

6. 全面提升中国体育的国际影响力

体育强国说到底是对全球体育事务具有影响力和控制力的国家。培育和提升中国体育的国际影响力，必须要在国际体坛树立一个讲信誉、敢担当、负责任的大国形象，要积极倡导相互尊重、相互借鉴、平等协商、求同存异，尊重多样性的处事原则，做到发展机遇共同分享、各种挑战共同应对。要围绕“一带一路”倡议，多边和双边高层次人文交流机制，加强同世界各国的体育交流与务实合作。实施体育外交人才培养工程，选拔一批优秀退役运动员、教练员、裁判员和体育科技人才进行外事培训，为他们进入各类国际体育组织，特别是进入专业技术层级提供帮助，提升我国在重要国际体育组织中的话语权和全球重大体育事务中的议题创设、规则修订、纠纷解决中的实际能力。

（四）体育强国建设指标

加快建设体育强国必须在体育工作的主要领域设立相应的建设指标，以此来引导和督促各项建设任务的落实。对照体育强国建设任务设置了 7 个一级指标、31 个二级指标和相应的建议目标值（表 1-1）。

表 1-1　体育强国建设指标

一级指标	二级指标	建议目标
群众体育	经常参加体育锻炼人数比例	经常参加体育锻炼人数占总人口数 45% 以上
	每万人拥有体育社团数量	每万人拥有体育社团数量 5 个以上
	每万人拥有社会体育指导员、运动处方师、运动康复师、运动防护师数量	每万人拥有社会体育指导员 50 人以上（2015 年数据为每万人拥有社会体育指导员 17 人）
	人均体育场地面积	人均体育场地面积 3~4 平方米以上

续表

一级指标	二级指标	建议目标
群众体育	全民健身工作是否有立法保障	全民健身工作拥有充分的立法保障
	全民健身工作是否有完善的评价体系	形成完善的全民健身评价体系
	人均全民健身事业经费支出数量	达到 20 元/人标准（2015 年非官方数据为 6 元/人）
竞技体育	奥运会、世界杯、世锦赛赛事成绩	夏季奥运会金牌榜、奖牌榜前 3 名 冬季奥运会金牌榜、奖牌榜前 6 名
	高水平竞技后备人才建设水平	基于学校、面向全社会的后备人才培养体系健全，涌现一批高质量、品牌化的专项运动培训机构
	职业体育发展水平	足球、篮球、排球、乒乓球、羽毛球五大联赛成为全球顶级联赛；10 名左右的运动明星进入福布斯全球运动员收入排行榜
	专业（职业）注册运动员、教练员、裁判员数量	在当前基数上翻一番
	承办重大国际体育赛事水平	中国成为全球重大体育赛事中心，申办承办足球世界杯、再次申办承办夏季奥运会
	拥有承办国际赛事标准的体育场馆数量	在当前基数上再增加 50%
体育产业	体育产业增加值占 GDP 比重	体育产业增加值占 GDP 超过 2%~2.5%
	体育服务业产值占体育产业总产值比重	体育服务业产值占体育产业总产值比重超过 70%
	拥有全球知名体育品牌（企业）数量	20~30 家
	体育产业总规模的国际市场份额	体育产业总规模的国际市场份额达到 8%~10%
	体育产业从业人数占全国从业人员数比重	体育产业从业人数占全国从业人员数比重超过 3%
	人均体育消费支出占人均消费支出比重	人均体育消费支出占人均消费支出比重超过 5%
体育文化	体育文化娱乐作品数量和质量	出一批具有全球影响力的体育媒体、电影、书籍、杂志、动漫、游戏等

续表

一级指标	二级指标	建议目标
体育文化	体育博物馆、体育文化展馆、体育名人堂数量	建设一批具有全球影响力的体育博物馆、体育文化展馆、体育名人堂
	民族民间传统体育项目发展程度	发展一批具有世界影响力的民族民间传统体育项目
体育科教	体育科研机构（包括重点实验室）数量	在当前基数上翻一番
	体育类科技成果发表数量（SCI、SSCI）	在当前基数上翻一番
	学校竞赛体系的完善程度	形成分年龄、分阶段、全覆盖的区域性和全国性校园赛事体系
	中小学、普通高校体育教师数量	在现有基础上增加50%
体育外交	国际体育组织任职人数	我国在各类国际体育组织中任职人数比例达到10%
	国际体育交流、会议、会展数量	在现有基础上翻一番，并形成一批知名品牌
	国际体育组织（总部和区域总部）在华数量	在现有基础上翻一番
体育管理与法治	体育管理体制建设水平	中国特色体育体制建立健全
	体育法治建设水平	形成完备体育法律法规体系

注：建设目标设定是根据2035年基本建成体育强国的奋斗目标推测的数据。

（五）全面建设体育强国必须处理好的几个关键问题

加快推进体育强国建设，是进入新时代的中国体育承载的新使命、新任务，目标远大、系统繁杂，对实施中一些带有根本性、全局性、战略性的关键问题必须予以重点把握。

1. 必须紧扣全面实现中国体育现代化这一核心目标

建设体育强国是一个中长期的过程，有多重任务和多重目标。在这样一个多维连续的工作进程中，往往短期目标、过程目标因有时限、有考核而被置于优先地位，全力执行，而那些关乎基本、关乎全局的中长期目标和系统性目标往往被搁置，甚至因与短期目标争资源而被丢弃。要避免这种情况的出现，就必须有一根贯串始终的主线作标尺，而这根主线就是全面实现中国体育现代化这一核心目标。改革开放 40 年间我国体育事业规模、结构、质量、效益都有了显著提升，但对照体育现代化这根标尺，不平衡、不充分的问题还十分突出，群众体育基础不扎实、竞技体育核心实力不强、体育产业效益质量不高以及公共体育空间不足、群众身边体育场地奇缺、体育科技和人才支撑乏力等问题还没有得到有效的解决。推进体育强国建设就是要系统性地解决这些问题，并从思想观念、体制机构、组织构架、人才建设、物质基础、多元保障等方面系统升级我国体育的发展水平和成就高度。任何竭泽而渔的功能主义做法和“头痛医头、脚痛医脚”的懒政作为都要杜绝，只有这样，创建体育强国的伟业才能真正达成，中国体育成为全球体育中心的目标才能实现。

2. 必须坚持改革引领、创新发展

建设体育强国必须坚持走改革引领、创新发展之路，必须破除一切落后陈旧的思想观念和制约发展的体制机制，必须突破一切固化的利益樊篱。改革开放以来体育事业取得了巨大成就，党和政府高度认可、社会各界赞誉有加，但是，或许正是因为这样的成就，2008 年北京奥运会之后，体育界也的确滋生了一些因循守旧、不思进取的保守主义思潮，也形成一些谁都不能动、谁都不敢动的固化利益格局，2016 年里约奥运会上我国部分优势项目成绩明显下滑，与这种不好的苗头有一定关联。同时，过去的快速发展也使得我国体育已经站上了一个很高的地位，在这个基础上再提升难度自然也会变得越来越大，因此，无论是解决系统内已经存在的问题，还是面对再发展再跃升遇到的新情况、新挑战，都需要改革除弊、创新开路。建设体育强国既是体育基础的全面提升，也是体育核心竞争力的全面打造，更是和“强手”过招，只有坚持改革开放不动摇，创新发展不停步，体育强国的建设之路才能行稳致远。

3. 必须持续推动体育发展模式转型

建设体育强国必须持续推进体育改革，但改革什么、为什么改革的问题在体育界远没有达成共识。综前所述，当前这一轮的深化体育改革关键是推动体育发展的新旧动能转换，核心是实现体育发展模式的转变。改革开放 40 年间，体育事业取得的巨大成就主要还靠举国体制的强政府来推动，社会力量、市场力量和公民个人力量参与和推动体育发展还明显不足，同时体育发展也主要是以竞技体

育为国争光为主线，在体育系统内运行，体育事业主动融入经济社会发展和人的全面发展的水平还不高。全面建设体育强国是强体与强国的辩证统一，根本目标是推动社会的全面进步和促进人的全面发展。为此，必须推动体育发展的能动由政府独轮驱动向政府、社会、市场、公民个人四轮驱动转变，把社会的全面参与、市场的有效参与、公民的自觉自愿参与和政府统筹、政府主导融为一体，并带动体育发展模式由部门体育向全民体育、单一的“争光体育”向全效体育转型。没有这种新旧能动的转换，没有体育发展模式的根本性转变，全面建设体育强国的根本目标就不可能真正实现。

4. 必须着力提升全民体育的参与水平

提升全民体育的参与水平是建设体育强国的最基础、最重要的战略目标，也是从根本上检验以人民为中心的发展观是否真正贯彻落实的标尺。近年来，随着人民生活水平的提升和健康观念的强化，大众参与体育的水平有了明显提升，但对照体育强国建设标准，百姓参与体育的总量不足和质量不高的问题依然十分突出。一方面经常参加体育锻炼的人口比例与发达国家仍有较大差距，近年来主要还是几类人群的活跃，不是全民的、生活化的活跃；另一方面即使是经常参加体育锻炼的人群也存在组织化参与和消费化参与不足的问题。为此，必须把着力提升全民体育参与水平作为建设体育强国的核心指标置于优先发展的地位，扎实推进全民健身与全民健康深度融合、群众体育与社会建设深度融合，构建多部门协同、全社会共建共管的大群体格局以及相应的管理体制和运行机制，并从场地设施、组织建设、赛事活动体系、健身知识和文化建设、经费投入和支持保障等方面出台设施细则和行动计划，确保全面提升全民体育参与水平在建设体育强国中的核心地位不动摇。

5. 必须下决心解决体育发展中的三个机制短板

建设体育强国不是局部的修修补补，而是整体水平的系统提升，其中健全的运行机制至关重要。长期以来，我国体育习惯于在体制内、系统内运行，体育的组织化、社会化、产业化的水平一直难以提升，这些成为制约我国体育全面协调可持续发展的三个突出的机制短板。现代体育一个显著特征就是组织化生存、社会化和产业化运作，其中组织化是社会化和产业化的前提。受我国社会组织改革与发展不到位的影响，我国体育社团发展长期滞后，特别是基于草根的群众自组织体育社团缺乏，体育在基层的活力明显不足。解决这一问题就要结合基层民主建设、社区文化建设、校园文化、企业文化建设，大力发展基于兴趣爱好的公民自设自创的草根体育组织，鼓励公民自愿参加各类体育协会，倡导自愿服务精神，编织覆盖全社会的、基于社区和志愿者服务的新型体育组织网络。要深化体育管理体制改革，规范各级体育行政部门的行政行为，落实“放管服”的各项要求，配套推动运动项目协会改革，为各类社会机构自主办体育释放空间、提供舞台。同时，要将除公共体育服务之外的一切体育活动推向市场，并且公共体育服务的供给也应尽可能采取市场化提供办法，以提高效率效益。世界体育强国的共性经验表明，体育产业化是体育资源的聚合器，是体育效能的放大器，也是整个体育高速成长的助推器。总之，没有体育组织化水平的大幅提高，体育强国建设就会基础不牢，没有体育社会化和产业化水平的大幅提高，体育强国建设就会机制不活、运行不畅。只有全力拓展和深耕体育组织，并发力打通体育社会化和体育产业化这一“任督二脉”，体育强国建设才能生机勃发。

6. 必须抓住我国城镇化高速发展的窗口机遇期

工业革命以来，工业化和城市化是推动近现代体育发展最重要的两股力量，其中城市化的作用更为明显。一方面城市化带来的人口集聚、城市生活方式和多元文化的形成，夯实了大众体育全球勃兴的基础，推动了体育由贵族化向平民化的嬗变；另一方面城市化带来的消费和市场集聚，又催生了商业体育的萌芽与成长，带动了体育由业余向职业的演进。从欧美体育强国发展历程上看，抓住城市化高速发展的有利时机，推动生活化的大众体育全面复兴和商业化的体育产业快速生成，是它们从基础实力和核心竞争力两个方面打造体育强国的普遍做法。当前，我国正处在城镇化快速发展时期。截至 2016 年底，我国的城市化率水平为 57.4%，预计 2020 年将达到 60%。根据国际经验，当城市化水平达到 70%之前，城市化水平都会快速增长。为此，我们必须抓住这样一个重要的窗口发展期，主动将体育发展融入城市发展，充分发挥体育在完善城市功能、提升城市形象、营销城市品牌、活化城市功能、提高城市生活品质、增强市民凝聚力和自豪感等方面的独特作用，全力推进体育特色小镇建设、运动休闲小镇建设，鼓励和引导体育发展与城市发展、新型城镇化建设互动发展、融合发展，借力城镇化，推动体育强国建设。

7. 必须大力实施科技驱动战略

科技创新是建设体育强国重要的战略支撑。面对风起云涌的科技创新浪潮，特别是现代生物技术、人工智能、大数据、新一代互联网技术的快速更新迭代，建设体育强国必须坚定不移地实施科技和数据驱动战略。要围绕竞技体育、群众体育、体育产业三大主体性工作的关键环节和核心问题，组织科技攻关团队，开展重大基础研究、布局前沿研究、突破关键共性技术，要以全面实现体育发展的网络化、数字化、智能化为目标，利用互联网、物联网、大数据、云平台、云计算以及人工智能技术，全力实施智慧体育工程，建设覆盖全社会的公共体育信息网，完善各类体育专项数据库建设，推进智慧体育场馆、智慧运动社区建设，以信息化、数字化、智能化带动中国体育的现代化。

8. 必须切实加强对创建工作的组织与领导

建设体育强国是进入新时代的中国体育面临的重大战略任务，体育系统要以党的十九大精神和习近平对体育工作的系列讲话精神为指引，全面贯彻落实建设体育强国的政府责任。国家体育总局应组建体育强国建设领导小组，定目标、定任务，完善统筹机制，加强组织协调，正确处理系统内与系统外、近期工作目标与远期工作目标的关系，准确把握工作重点，明确职责分工，落实相关政策措施。地方体育行政部门组建相应的工作小组，以建设体育强省、强市、强县为目标，进一步转变政府职能，创新体制机制，提高服务水平，动员和引导全社会的广泛参与，营造良好的政策环境、法治环境和社会氛围，为全面建设体育强国提供坚强有力的组织领导保障。

加快推进体育强国建设是新时代中国体育改革发展的根本任务，关系到体育工作的方方面面，涉及诸多的理论和实践问题。随着建设工作的深入推进，必然会出现一系列新问题、新矛盾、新挑战，党的十九大报告指出，“我们必须在理论上跟上时代，不断认识规律，不断推进理论创新、实践创新、制度创新、文化创新以及其他各方面创新”，只有这样，全面建设体育强国的伟大实践才能生机勃发，行稳致远。

（北京体育大学　鲍明晓）

第二章

群众体育改革与发展

群众体育是体育强国和健康中国建设的重要内容，大力发展群众体育，使经常参加体育锻炼的人数达到较高比例，使全体国民的身体素养达到较高水准，是建设体育强国最重要、最基础的工作任务，也是体育强国最显著、最鲜明的特征，更是健康中国战略实施的内在要求。

党的十八大以来，新一届中央领导集体高度重视群众体育工作，把体育作为实现中国梦的重要内容，把全民健身作为人民追求幸福生活的重要举措，将全民健身上升为国家战略，为群众体育的发展提供了新动力。新时代，面对健康中国战略实施，以及广泛开展全民健身活动，加快推进体育强国建设，筹办好北京冬奥会和冬残奥会的新任务、新要求，群众体育发展应有新思路、新理念、新举措。

一、群众体育改革与发展主要成就

（一）全民健身上升为国家战略

北京2008年奥运会的筹办全面推动了我国体育事业的发展，“全民健身与奥运同行”群众性主题活动的开展更是极大地激发了我国群众的体育参与热情，不仅为北京奥运会的成功举办营造了浓郁的全民健身氛围，也提升了全民健身运动的社会价值和综合影响。2009年，“全民健身日”的确立为奥运遗产的充分应用提供了典范，《全民健身条例》的颁布，为保障人民群众在全民健身活动中的合法权益，促进全民健身活动开展提供了坚实的法律保障。2014年10月，国务院正式印发了《关于加快发展体育产业 促进体育消费的若干意见》，明确提出将全民健身上升为国家战略，把全民健身作为体育产业发展和扩大消费的基础。

在战略价值方面，全民健身上升为国家战略为群众体育的发展注入了强大的力量，也把群众体育工作提升到新高度，使其从体育系统价值上升为国家战略价值，跳出了以往单纯从个体和局部角度看待群众体育价值的局限，从推动人民全面发展和社会全面进步的角度充分挖掘群众体育的社会价值和综合作用。2016年发布的《中国国民经济和社会发展“十三五”规划纲要》(以下简称《纲要》)从促进健康中国建设、满足多样化公共服务需求、构建现代公共文化服务体系、提高生活性服务业品质、完善服务业发展体制和政策、推进“一带一路”建设等多个方面提及了群众体育发展问题。并在《纲要》第十四篇“提升全民教育和健康水平”中专为“健康中国”和“全民健身”设置章、节，这是新中国成立以来首次在国家纲领文件中重点提出以体育提升人民健康水平的内容，凸显了群众体育发展在国家战略的重要价值。

在战略格局方面，群众体育从体育系统格局上升为国家战略格局，推动建立了更高层次的群众体育领导协调机制，实现跨界整合，融合发展，利用国家制定“十三五”规划，参与文化体制改革和落实健康、卫生、养老、文化、旅游服务业和体育产业新政的机会，参与制定构建现代公共文化服务体系和基本公共文化服务标准的文件，通过制定相关配套文件和实施细则，切实把全民健身列为各级政府和相关部门的工作内容，实现群众体育与各项社会事业相结合。如2017年全民健身工作部际联席会议机制的建立，意味着全民健身不再是体育系统的“单线作战”，而上升为政府主体工作，有利于部门协同推动群众体育工作。

在落实战略部署方面，群众体育从体育系统部署上升为国家战略部署。如围绕十八届三中全会提出的全面深化改革的战略部署，加快转变政府职能，转变事业发展方式，改革事业发展的体制机制，实施了群众体育的创新驱动发展战略，与地方政府共建全民健身公共服务体系示范区、项目协会制改革、科技助力全民健身、《全民健身计划》实施情况第三方评估等。

（二）群众体育发展的内生动力增强

一是群众体育需求增长。过去的十年是我国全面建设小康社会的关键时期，也是我国经济、社会快速发展时期，国内生产总值均逐年增长，从 2008 年的 319515.5 亿元，增长到 2017 年的 827122 亿元；城乡居民人均收入分别从 2008 年的 15780.8 元（城镇）、4760.6 元（乡村），增长到 2017 年的 36396 元（城镇）、13432 元（乡村）；居民消费水平从 2008 年的 8707 元，增长到 2017 年的 18322元；在国家精准扶贫政策支持下，农村贫困人口从 2010 年的 16564 万人、贫困发生率 17.2%，下降到 2017 年的 3046 万人、贫困发生率 3.1%。群众体育的核心是体育健身，健身使人健康、愉悦、充实、智慧、高尚、幸福，因此，群众体育是人民幸福的保障。随着人们生活的富裕、闲暇时间的增多，广大人民群众对体育产生了内在需求，活跃在城乡大街、小巷的广场舞成为我国城乡生活的亮点和风景线，更是我国民众体育需求增长的真实写照。

二是群众体育赛事活跃。2017 年全运会上增设了 19 个群众比赛项目，上千万人参与，受到群众好评的同时，进一步调动了群众参与体育活动的热情。其中，国家体育总局开展的“我要上全运”系列赛事，带动了各省（区、市）群众参与到赛事选拔活动之中，让百姓切身感觉到竞技体育的快乐，激发了群众参加体育健身的积极性。

三是群众体育意识增强，参与体育锻炼人数大幅增长。数据显示：2014 年全国共有 4.1 亿 20 岁及以上城乡居民参加过体育锻炼，比 2007 年增加 0.7 亿人；2014 年全国经常参加体育锻炼的人数为 33.9%（含儿童、青少年），比 2007 年增加了 5.7 个百分点；与 2007 年相比，2014 年 20 岁及以上经常参加体育锻炼的人群，城镇增加了 48.0%，乡村增加了 154.0%，乡村居民经常参加体育锻炼的人数百分比的增长幅度高于城镇；2014 年，在 20 岁及以上人群中，有 39.9% 的人有过体育消费，全年人均消费 926 元。以上数据表明，我国城乡居民体育锻炼的意识增强，参加体育锻炼的积极性增高，人均体育消费水平大幅度提高，全民健身氛围更加浓厚。

四是群众体育的数字驱动开始显现。目前，越来越多人选择使用互联网运动服务工具辅助自己的体育锻炼，2016 年 1~9 月间，体育健身类 App 的用户规模和总使用时长稳步增加，单用户使用频次和使用时长处于稳步增长态势，用户每天的运动 App 启动次数和使用时长增多。这一现象说明，数字健身产品的推广使群众体育健身次数更频繁，体育健身时间更长，群众体育积极性参与度得到了提高。

（三）覆盖城乡、比较健全的全民健身公共服务体系基本形成

2010 年，有中国特色的全民健身体系基本建成，实现了 1995 年《全民健身计划纲要》提出的目标。党的十七届五中全会提出了“十二五”期间经济社会发展的战略构想、指导原则和各项部署，强调将加强社会建设、促进社会事业发展、建立健全基本公共服务体系摆在突出位置，逐步完善符合国情、比较完整、覆盖城乡、可持续的基本公共服务体系，提高政府保障能力，推进基本公共服务均等化。2010 年全国两会上，时任国务院总理温家宝在《政府工作报告》中明确提出“大力发展公共体育事业，广泛开展全民健身运动，提高人民的身体素质”的新要求，这是政府工作报告中第一次提出“公共体育事业”。2011 年，《“十二五”规划纲要》也首次提出健全基本公共服务体系，并把大力发展包括公共体育事业在内的各项社会事业作为其重要内容。在此背景下，加快完善公共体育服务体系，提高公共体育服务水平，成为我国体育事业发展的中心工作。《“十二五”体育事业发展规划》中明确提出了“以建立完善符合国情、比较完整、覆盖城乡、可持续的公共体育服务体系为重点”的体育事业发展指导思想，以及“加快完善公共体育服务体系，提高公共体育服务水平，切实提高全民族的身体素质和健康水平，促进我国群众体育发展迈上新台阶”的体育事业发展总体目标。之后，国家体育总局进行了创新建设多层次基本公共体育服务体系的实践探索，如与江苏省共建公共体育服务体系示范区，制定了《推进公共体育服务体系示范区建设的实施意见》和《创建标准》，以及《示范区创建办法》和《指标体系》，进一步明确了公共体育服务体系示范区概念、内涵、内容和指标体系，并组织编制了《国家体育总局与江苏省人民政府共建公共体育服务体系示范区全民健身场地设施建设成果汇编》；试点探索“三县、一区”立体化的全民健身公共服务体系示范区建设模式，指导宁夏彭阳县、中卫县，江西省崇义县开展基本公共体育服务体系

示范县创建工作；在北京市东城区“体育生活化社区”成果的基础上，指导其上升为社区级全民健身公共服务示范区等。各地方也在建设公共服务体系方面进行实践探索，如山东省探索用GPS技术监管公共体育设施；陕西省围绕构建体育基本公共服务体系，推进基本公共服务均等化，强力推动体育惠民工程建设等。

从全民健身体系到全民健身公共服务体系，虽然建设的具体内容没有变化，但全民健身公共服务体系更加强调政府基本公共服务职责的履行。通过实践探索及不断加大公共体育经费投入，以公共体育场地设施、全民健身组织网络、群众性体育活动系统、公益社会体育指导员队伍、科学健身指导及信息宣传服务系统为基本框架的覆盖城乡的、比较健全的全民健身公共服务体系基本形成。

1. 公共体育经费投入大幅增长

从财政投入看，2008—2016年我国投入群众体育经费合计2666146.65万元。从财政投入群众体育经费的增长看，由于2008年为奥运年，国家对体育事业经费加大了经费投入，因此以2009年的财政投入211944.4万元为基数，2016年财政投入群众体育290672.28万元，增长了37.15%。从体育彩票公益金的投入看，2008—2016年体育彩票公益金共投入群众体育3450055.13万元，从增长情况看，2008年投入213877.5万元，2016年投入532439.63万元，增长了148.95%，年均增长15.4%（表2-1）。

表2-1　2008-2016年财政和彩票公益金投入群众体育情况

单位：万元

年份	财政投入	增长（%）	彩票投入	增长（%）
2008	691053.00	—	213877.50	—
2009	211944.40	—	255972.20	19.68%
2010	223684.80	5.54%	383841.00	79.47%
2011	266174.10	20.05%	288917.00	35.09%
2012	325537.60	53.60%	397518.90	85.86%
2013	195416.19	-7.80%	425139.82	79.10%
2014	210279.79	-0.79%	407856.07	90.70%
2015	251384.49	18.61%	544492.11	154.58%
2016	290672.28	37.15%	532439.63	148.95%
总计	2666146.65	—	3450055.13	—

资料来源：体育事业统计年鉴（2009—2017年）。

2. 公共体育场地设施大幅增加

一是公共体育场地设施以城乡基层、西部“老少边穷”地区和中部贫困地区为重点，以方便群众就近健身为原则，以形成布局合理、互为补充、覆盖面广、普惠性强的网络化格局为目标。通过加强公共体育设施规划制定与实施管理；继续实施“农民体育健身工程”“雪炭工程”“全民健身路径工程”；支持建设“全民健身活动中心”“全民健身户外活动基地”和社区多功能全民健身设施；命名资助、示范引导、规范性管理推动；提高现有健身场所利用率等形式和手段，公共体育场地设施建设成效显著，表现为：一是全民健身场地设施的建设管理上升到国家规划层面，“体育基本公共服务建设工程”被纳入国务院《国家基本公共服务体系“十二五”规划》，国家发改委、体育总局联合下发了《“十二五”公共体育设施建设规划》《“十三五”公共体育普及工程实施方案》，成为继《“十一五”农民体育健身工程建设规划》后，国家层面关于体育健身场地设施方面的专项规划。

二是公共体育场地设施有较大幅度增长。场地数量方面，2008 年底我国共有体育场地 76.3382 万个，到 2016 年底，我国体育场地已超过 195.7 万个，增长了 1.56 倍；场地面积方面，2010 底我国人均体育场地面积为 1.083 平方米，到 2016 年底，人均体育场地面积达到 1.63 平方米，增长了 50.5%。全国各市、县、街道（乡镇）、社区（行政村）已经普遍建有体育场地，配有体育健身设施。

2008—2012 年，政府命名群众体育场地 125395 个，场地面积126943039.3平方米，投入经费 17702065.5 万元。其中命名全民健身中心 31151 个，场地面积 35505709.4 平方米，投入经费 4217402.8 万元；命名体育公园 33970 个，场地面积 37284202.2 平方，投入经费2452932万元；命名其他群众体育场地 20998 个，场地面积 16011102.3 平方米，投入经费1118109.6万元。政府援建体育场地 1183921 个，场地面积294506783.8平方米，投入经费 10300872 万元，其中健身路径 267193 个，篮球场 355997 个，乒乓球台 366532 个，小篮板 153563 个，其他场地 40636 个。

2013—2016 年，我国共投资 11175485.54 万元，建设健身场地 581547 个，健身器械 1508593 件，场地面积 366111644 平方米（表 2-2）。其中村级农民体育健身工程 290543 个，场地面积 156745271.44 平方米，投资 1280641.33 万元；乡镇体育健身工程 23461 个，场地面积 31036900.3 平方米，投资 692471.17 万元；全民健身路径工程 185543 个，场地面积 45126856.58 平方米，投资 2175889.55 万元；大中型全民健身活动中心 972 个，场地面积 9267699.69 平方米，投资 2205894.01 万元；小型全民健身活动中心 2614 个，场地面积 2939773.18 平方米，投资 347056.27 万元（表 2-3）。户外健身场地设施方面，包括体育公园 2484 个，场地面积 53283559.01 平方米，投资 1426581.06 万元；全民健身广场 9832 个，场地面积 20515624.46 平方米，投资 1124154.55 万元；户外体育营地 555 个，场地面积 21858248.07 平方米，投资 249768.89 万元；社区运动场地 12589 个，场地面积 11643568.24 平方米，投资 234261.48 万元；健身步道 8518 个，场地长度 16220350.72 米，投资 428789.81 万元（表 2-4）。

表 2-2　2013—2016 年全国健身场地设施建设总体情况

	数量（个）	器材件数（件）	场地面积（平方米）	场地长度（米）	投资总额（万元）			
					计	财政资金	彩票公益金	社会基金
2013	146275	327759	98393663.75	6223336.30	3454667.49	1868878.53	1028862.76	556926.20
2014	166231	381882	116072086.40	4066861.10	2372112.60	1224894.98	729441.91	417775.71
2015	154676	383620	87990897.38	3381791.84	3286690.38	1055833.37	1561440.19	669416.82
2016	114365	415332	63654996.44	2547961.48	2062015.07	1338657.38	523717.29	199640.40
合计	581547	1508593	366111644	16219950.72	11175485.54	5488264.26	3843462.15	1843759.13

资料来源：体育事业统计年鉴（2014—2017 年）。

表 2-3　2013—2016 年全国健身工程建设情况

	数量（个）	器材件数（件）	场地面积（平方米）	场地长度（米）	投资总额（万元）			
					计	财政资金	彩票公益金	社会基金
村级农民体育健身工程								
2013	82417	—	41270082.90	—	388032.61	220552.87	104791.48	62688.26
2014	85697	—	42146847.45	—	415784.76	115735.81	250376.04	49780.91
2015	73718	—	43282057.40	—	300987.47	103085.37	149053.77	48848.33
2016	48711	—	30046283.69	—	175836.49	57472.12	91799.29	26565.08
合计	290543		156745271.44		1280641.33	496846.17	596020.58	187882.58

续表

	数量（个）	器材件数（件）	场地面积（平方米）	场地长度（米）	投资总额（万元）			
					计	财政资金	彩票公益金	社会基金
乡镇体育健身工程								
2013	6846	—	9034411.65	—	123197.72	53833.50	42498.73	26865.49
2014	7896	—	11407520.27	—	232610.98	100473.37	107078.85	25103.76
2015	5374	—	6479319.61	—	255160.21	192456.87	46138.89	16564.45
2016	3345	—	4115648.72	—	81502.26	33945.93	39948.83	7607.50
合计	23461		31036900.25		692471.17	380709.67	235665.3	76141.2
全民健身路径工程								
2013	39818	309576	12205290.61	—	1058736.65	232086.64	630673.51	195976.50
2014	47558	350009	12522282.81	—	294148.02	70958.30	212031.70	11209.02
2015	48509	368587	11913695.74	—	529743.58	90109.38	74361.83	365272.37
2016	49658	399744	8485587.42	—	293261.30	114418.70	168514.73	10327.87
合计	185543	1427916	45126856.58		2175889.55	507573.02	1085581.77	582785.76
全民健身活动中心								
大、中型								
2013	338	—	2930887.94	—	626938.05	393603.51	117488.54	115846.00
2014	254	—	2986629.76	—	381133.13	302445.99	31824.94	47562.20
2015	215	—	2136196.05	—	921710.19	196055.03	608911.16	116744.00
2016	165	—	1213985.94	—	276112.64	230900.88	13367.76	31844.00
合计	972		9267699.69		2205894.01	1123005.41	771592.40	311996.20
小型								
2013	668	—	1024534.97	—	74592.09	50260.01	15586.38	8745.70
2014	760	—	719871.42	—	117377.56	76903.08	22888.48	17586.00
2015	483	—	593204.21	—	126588.72	30781.91	90011.81	5795.00
2016	703	—	602162.58	—	28497.90	13537.50	13123.40	1837.00
合计	2614		2939773.18		347056.27	171482.5	141610.07	33963.70

资料来源：体育事业统计年鉴（2014—2017年）。

表 2-4　2013—2016 年全国户外健身场地设施建设情况

	数量（个）	器材件数（件）	场地面积（平方米）	场地长度（米）	投资总额（万元）			
					计	财政资金	彩票公益金	社会基金
体育公园								
2013	650	—	11609741.63	—	418251.93	311128.68	64267.16	42856.09
2014	682	—	24270557.57	—	349027.01	177247.17	13848.22	157931.62
2015	583	—	11384871.84	—	279925.90	237601.60	12488.17	29836.13
2016	569	—	6018387.97	—	379376.22	329879.10	13094.62	36402.50
合计	2484	—	53283559.01	—	1426581.06	1055856.55	103698.17	267026.3
全民健身广场								
2013	2771		7920475.00		484798.90	444177.20	10351.76	30269.94
2014	2427	—	4736643.55	—	95251.17	58100.14	21420.99	15730.04
2015	2301		3742738.00		81393.16	53500.16	11402.10	16490.90
2016	2333		4115767.91		462711.32	433574.16	16729.79	12407.37
合计	9832		20515624.46		1124154.55	989351.66	59904.64	74898.25
户外体育营地								
2013	165		5027083.00		25687.20	5544.40	4575.80	15567.00
2014	174	—	10424143.40	—	141665.40	135532.50	2117.90	4015.00
2015	105		3487449.67		63540.89	25278.53	26664.51	18521.00
2016	111		2919572.00		18875.40	2360.00	1019.98	15495.42
合计	555		21858248.07		249768.89	168715.43	34378.19	53598.42
社区运动场地								
2013	3505		2913747.10		41135.26	19119.57	10710.59	11305.10
2014	3092	—	2265622.88	—	60008.69	35759.52	16505.49	7834.68
2015	3128		3487449.67		63540.89	25278.53	26664.51	11625.85
2016	2864		2976748.59		69576.64	25768.93	30036.35	13771.36
合计	12589		11643568.24		234261.48	105926.55	83916.94	44536.99
健身步道								
2013	3026	—	—	6223336.30	121797.11	100688.31	5822.30	15286.50
2014	3047	—	—	4066861.10	127394.62	90614.77	20017.07	16762.78
2015	1249	—	—	3382191.84	89522.00	52535.71	14328.67	22657.62
2016	1196	—	—	2547961.48	90076.08	58101.02	9864.46	22110.60
合计	8518	—	—	16220350.72	428789.81	301939.81	50032.50	76817.50

资料来源：体育事业统计年鉴（2014—2017 年）。

三是在体育场地设施利用方面，积极推行体育场馆分时段免费或低收费向公众开放，体现公共服务属性。落实《教育部国家体育总局关于推进学校体育场馆向社会开放的实施意见》，用典型案例经验带动具备条件的学校积极开放体育场地设施，普遍提升体育场地设施使用效率。如杭州市通过政策设计、制度规范、智能管理，建立长效机制，推动工作落实，从 2014 年 9 月 1 日至 2017 年 4 月，全市共有 570 所符合条件开放的中小学校全部向社会开放，开放率达 100%，全市登记开通入校健身的人数达 569098 人，入校健身 2493078 人次，受到了市民群众的欢迎和好评；大型体育场馆改革试点湖北省通过政府购买公共服务和体育公共服务平台，将改革工作向全省各种类型场馆全面推开，2015 年受补助的 63 个大型体育场馆全年接待群众健身 986.4 万人次（其中免费接待健身 535.7 万人次，低收费开放接待 101 万人次），较 2013 年（下同）增长 48.72%，体育技能培训 40 万人次（其中免费培训 19.7 万人次），免费运动健身指导 49.4 万人次，免费体质测试 15.6 万人次，全年收入合计 2.64 亿元，增长 28.8%。

3. 全民健身组织网络日益完善

一是改革创新培育发展群众体育组织的体制、机制，制定体育社会组织改革相关政策，大力引导、培育、扶持体育社团、体育民办非企业单位、体育基金会等体育社会组织发展。以全国性体育社会组织改革为试点工作，推动各级各类体育社会组织改革，促进社会组织自身建设，提高综合服务能力，强化协会承担组织开展群众性竞赛和活动的功能。截至 2016 年，全国共有体育社会组织 47280 个，其中体育社会团体 35876 个、体育基金会 335 个、民办非企业单位11069个、从层级分布看，国家级体育社会组织 96 个、省级 2394 个、地市级 14875 个、县区级 29915 个（表 2-5）。与 2013 年比较，体育社会组织总数增加 9031 个，其中体育社会团体增加 17.31%，体育基金会增加 38.43%，体育类民办非企业单位增加 49.1%，省级、地市级和县区级体育社会组织总数分别增加 19.6%、34.85%、19.76%。截至 2012 年，全国综合运动项目组织有6603个，其中省级 119 个、地级 1939 个、县级 4465 个；单项运动项目组织 28203 个，其中省级 1142 个、地级 8289 个、县级 18772 个。

表 2-5　全国体育社会组织情况

单位：个

	合计		国家级		省级		地市级		县区级	
	2013	2016	2013	2016	2013	2016	2013	2016	2013	2016
体育社会组织总数	38249	47280	167	96	2071	2394	11031	14875	24980	29915
其中：体育社会团体	30583	35876	77	92	1396	1467	7773	9935	21337	24382
体育基金会	242	335		3	23	25	71	39	148	268
体育类民办非企业单位	7424	11069	90	1	652	902	3187	4901	3495	5265

资料来源：体育事业统计年鉴（2014 年、2017 年）。

二是积极发展城乡基层体育组织，引导健身站点、社区体育俱乐部规范、健康、有序发展。截至 2012 年，我国街道、乡镇体育机构合计 53670 个，街道、乡镇群众体育机构 39462 个，总体覆盖率达 73.5%，其中街道有群众体育机构 13168 个，覆盖率达 77.5 %，乡镇有群众体育机构 26294 个，覆盖率达 71.7%。街道、乡镇体育机构共有专职人员 17285 人，其中街道 6964 人，平均每个机构 0.53 人，乡镇 10321 人，平均每个机构 0.39 人；有兼职人员63016人，其中街道 26502 人，平均每个机构 2 人，乡镇 36514 人，平均每个机构 1.39 人。与 2008 年比较，我国城乡群众体育机构覆盖率增长 19.1%，平均每个机构拥有兼职人员数增长 11.9%。另有体育俱乐部 21818 个，其中国家级1400个、省级 2921 个、地级 4604 个、县级 12893 个；俱乐部有教练员47427人，平均每个俱乐部 2.17 人，会员 6491097 人，平均每个俱乐部 297 人。基层体育组织年办培训班 37522 次，培训人次 2477165 人，年组织活动 90367 次，参加人数 11240811 人次。截至 2011 年，全国有晨晚练点262291个，其中街道占 126380 个、乡镇占 135911 个；站点配置社会体育指导员485441 人，平均每个站点 1.85 人，其中街道站点配置 282532 人，平均每个站点 2.24 人，乡镇站点配置 202909 人，平均每个站点 1.49 人；站（点）每天相对稳定的活动人数 18016929 人，其中街道 9355645 人、乡镇 8661284 人。

三是青少年体育组织增长迅速。截至 2016 年，全国共有青少年体育俱乐部 8010 个，其中国家级 4151 个、省级 2749 个、地市级 1110 个；较 2008 年的 2242 个，增长 2.57 倍。另有青少年校外体育活动中心 489 个，其中国家级 35 个、省级 144 个、地市级 310 个。青少年户外活动营地 354 个，其中国家级 150 个、省级 172 个、地市级 32 个。

4. 打造了全民健身“品牌”活动体系

围绕“丰富群众身边的体育健身活动”“支持办好群众身边的体育健身赛事”打造全民健身品牌活动，为推进全民健身活动深入开展发挥示范和引领作用。

一是利用重大事件组织全民健身系列活动。如中华全国体育总会每年组织纪念毛泽东同志“发展体育运动，增强人民体质”题词周年全民健身系列活动，活动期间，各地体育总会在各自范围内联动开展形式多样的全民健身活动，大力倡导各级各类公共体育场馆设施免费或优惠向广大群众开放，并充分利用国民体质监测车和监测站点开展体质测试及科学健身指导。

二是组织创编和推广更多群众喜闻乐见、广泛受益的科学健身方式方法。以广播操为例，据不完全统计，2012 年全国各地组织开展的比赛活动近 2 万场，直接参与群众近 3 千万人次，间接带动了 1 亿多人参与到广播操锻炼中，通过培训和会操展演等手段掀起新一轮广播体操热潮，同时，推动了广播体操、工间操锻炼的普遍化和制度化。

三是充分利用“全民健身日”，组织富有影响力的全民健身日主题活动。从 2009 年起，“全民健身日”被列为国家级“体育节日”，这是国家关注民生、顺应民意的一项重大举措。每年的“全民健身日”，国家体育总局、各级体育部门和社会体育组织根据不同地区、不同行业的特点，精心组织和策划一系列丰富多彩、贴近百姓、参与性强的全民健身主题活动。此外，各级体育部门和协会还以“全民健身日”为契机，注重公益惠民和志愿服务，积极推动体育场馆向公众开放，组织开展健身指导服务，营造科学健身舆论氛围，为全民健身活动常态化创造条件。系列活动的开展强化了各级政府体育服务职能，提供了更丰富的体育公共服务，以老百姓乐于参与的方式，使节日的健身乐趣惠及广大人民。

四是鼓励和支持根据地方特色、行业特点和群众需求广泛开展“一地一品”“一行一品”全民健身活动。全国各省（区、市）体育部门积极创建了有自身特色的全民健身品牌活动和赛事，如东北三省重在充分发挥冰雪资源优势，广泛开展“全民上冰雪”系列活动，营造良好的全民参与冰雪运动氛围；贵州省打造山地户外精品赛事活动，充分利用自然生态和地域资源举办户外运动赛事，有力促进了举办地体育与旅游、宣传、文化的全面协调发展，成为当地群众体育发展的名片；甘肃省使体育品牌赛事成为“华夏文明传承创新示范区”和“敦煌行·丝绸之路国际旅游节”的亮点，推动“一带一区一长廊”等建设；上海市秉持“政府做实事，协会办赛事，媒体讲故事”的理念，创办了“上海市民体育大联赛”，用多元办赛、多方参与、集中决赛的形式，使市民运动会成为贯穿全年的体育嘉年华；重庆、天津、浙江、广东、福建、广西等省（区、市）举办了全民健身运动会、体育大会和体育节。这些地方特色全民健身活动的开展，对当地群众体育的发展起到了明显的促进作用。

五是联合相关部委、行业协会开展了针对不同人群、各具特色的健身竞赛活动。如联合国家民委筹办了第九届、第十届全国少数民族传统体育运动会；联合全国老龄办、中国老年人体育协会举办第一届、第二届、第三届全国老年人体育健身大会；联合农业部深入开展亿万农民健身活动；2013 年开始，联合全国总工会每年举办全国行业体育职业技能大赛，举行以“岗位技能大练兵”为主要内容的群众性竞赛活动，第一名颁发五一劳动奖章；联合全国妇联每年举办妇女健身骨干培训班，为来自全国各地的妇女健身骨干和妇联干部进行系统、专业培训，提高妇女健身意识和身体质量，开展全国妇女健身网络展示大赛，得到了各地妇联组织和广大妇女群众的积极响应；联合各级残联和残疾人体育组织广泛开展残疾人健身康复锻炼活动，举办残疾人运动会。

六是打造以“我要上全运”为代表的系列品牌活动，发挥大型竞赛的综合价值。2017 年全运会上首次增加了群众体育项目。“我要上全运”是以全运会赛制创新为突破口和抓手，发挥大型综合性运动会带动群众体育参与的作用，让更多“草根选手”和民间高手展现风采。为最大限度鼓励全民参与，除马拉松项目外，其余项目均举行预赛和决赛，普通百姓可参加预赛，社会体育指导员作为赛事志愿者服务于群众。通过线上线下齐动员，广泛开展“我要上全运”系列活动，包括主题征文活动、摄影书画大赛、知识竞赛、棋牌项目网上赛事、广场舞比赛、体育达人秀节目、“赞美中国”景区户外运动大会。借助全运会，推动全民健身活动向全面和纵深发展，使举办全运会成为推动“健康中国”建设的重要窗口和舞台，提高人民群众对体育健身品牌活动的参与度和获得感，使其成为推进竞技体育和群众体育协调发展的有效平台。同时，弘扬体育文化、传承体育精神，使全运会等大型体育赛事成为推动体育事业改革发展的助推器和风向标。

七是创新群众体育办赛方式，拓展群众体育竞赛渠道，发挥群众体育的多元功能。如全国体育大会以淡化金牌、淡化锦标，突出重在参与、重在交流、重在快乐、重在健身为指向，以改革奖励办法为突破口，在办赛方式上进行了重大改革创新；举办了第二届全民健身科学大会、全民健身大讲堂活动和《全民健身计划纲要》颁布实施十五周年成就展。这一系列举措丰富了体育大会的办赛模式，增加了体育大会的文化元素，拓展了体育大会的多元功能，发挥了体育大会的综合价值。此外，积极引导社会力量举办全民健身赛事和活动，并产生了良好的社会反响和可观的社会效益。以城市乐跑赛为例，该赛事是以企事业单位为载体，面向在职人群，以快乐、健康、友谊为宗旨的非商业性、非竞技性群众体育活动。自 2013 年办赛以来，城市乐跑赛足迹遍布全国 60 多个城市，超 260 场赛事，逾 60 万人参赛，约 15000 家企业、20000 多个家庭及 49 所高校参与。教育部、国家体育总局与中央电视台联合举办的“谁是球王——乒乓球民间争霸赛”“谁是球王——羽毛球民间争霸赛”“谁是球王——足球民间争霸赛”全民健身系列节目，为普通百姓圆了自己的“体育梦”“健康梦”“冠军梦”，打造了属于社会民众自己的梦想舞台、健身平台和展示平台。

5. 全民健身工作队伍壮大

一是社会体育指导员队伍发展迅速。主要采取了以下措施：①建立健全社会体育指导员组织体系，自 2010 年中国社会体育指导员协会成立至 2015 年，全国已成立 27 个省级指导员协会、199 个地市级指导员协会、766 个县级指导员协会，按照 2014 年 10 月中国内地行政区划单位统计，分别占 333 个地市级单位的 59. 8%和 2854 个区县级单位的 26. 8%。②建立了全国《社会体育指导员管理系统》数据库，推进了社会体育指导员工作规范化管理和信息化建设。③深入开展社会体育指导员宣传工作，树立社会体育指导员良好的公众形象，扩大社会影响，提高社会认知度。④加强和改进社会体育指导员培训工作，通过建立社会体育指导员培训基地、修订《社会体育指导员技术等级培训大纲（2011 年版）》、编写出版《社会体育指导员技术等级培训教材》、拓宽社会体育指导员培训渠道、增加继续培训的次数和人数等，切实提升指导员技能素质水平。⑤推动社会体育指导员工作制度建设，使社会体育指导员的技术标准与形势变化接轨。⑥加强职业社会体育指导员队伍建设方面，如增设了“运动防护师”职业岗位，为优秀退役运动员参与全民健身职业指导创造了条件。

2008—2016 年，我国公益性社会体育指导员总数从 1042529 人增长到 2699323 人，增长了 1. 59 倍。其中国家级公益性社会体育指导员从 1346 人增长到 10447 人，增长了 6.76 倍；一级从 83127 人增长到 194147 人，增长了 1.34 倍；二级从 259410 人增长到 739656 人，增长了 1.85 倍；三级从 698646 人增长到 1755073 人，增长了 1.51 倍。从 2008 年和 2016 年全年年度审批人数看，总数从 2008 年的 221894 人到 2016 年的 388512 人，增长了 0.75 倍。其中，国家级公益性社会体育指导员从 205 人到 2047 人，增长了 8.99 倍；一级从 10540 人到 30701 人，增长了 1.91 倍；二级从 48391 人到 108959 人，增长了 1.25 倍；三级从 162758 人到 246805 人，增长了 0.52 倍。职业社会体育指导员总数从 4420 人增加到 126254 人，增长了 27.56 倍。其中，高级职业社会体育指导员从 265 人增加到 1556 人，增长了 4.87 倍；中级从 1718 人增加到 32370 人，增长了 17.84 倍；初级从 2369 人增加到 92320 人，增长了 37.97 倍。从 2008 年和 2016 年全年年度审批人数增加情况看，总数从 2008 年的 1635 人到 2016 年的 35651 人，增长了 20.8 倍。其中，中级从 734 人到 5181 人，增长了 6.06 倍，初级从 788 人到 30425人，增长了 37.61 倍（表 2-6）。

表 2-6　全国社会体育指导员发展情况

		累计审批人数		增长倍数	本年审批人数		增长倍数
		2008	2016		2008	2016	
获得技术等级称号的人数	小计	1042529	2699323	1.59	221894	388512	0.75
	国家级	1346	10447	6.76	205	2047	8.99
	一级	83127	194147	1.34	10540	30701	1.91
	二级	259410	739656	1.85	48391	108959	1.25
	三级	698646	1755073	1.51	162758	246805	0.52
获得职业资格的人数	小计	4420	126254	27.56	1635	35651	20.8
	指导师	68			47		
	高级	265	1556	4.87	66	45	
	中级	1718	32370	17.84	734	5181	6.06
	初级	2369	92320	37.97	788	30425	37.61

资料来源：体育事业统计年鉴（2009 年、2017 年）。

二是建立了全民健身志愿服务队伍。北京奥运会后，为进一步弘扬志愿服务精神，推动我国群众体育深入发展，积极培育科学文明健康的良好风尚，国家体育总局与中央文明办等6部门联合印发了《关于广泛开展全民健身志愿服务活动的通知》，对在全国联合组织开展全民健身志愿服务活动提出了要求。2010年，全国志愿服务活动协调小组制定了《建立全民健身志愿服务长效化机制工作方案》，明确了广泛开展全民健身志愿服务活动的工作思路和要求。2011年，国家体育总局成立了“全国全民健身志愿服务领导小组”和“优秀运动员全民健身志愿服务协调小组”，建立健全全民健身志愿服务的组织协调机制。2012年，国家体育总局还印发了《优秀运动员全民健身志愿服务实施办法（试行）》，成立“国家体育总局优秀运动员全民健身志愿服务协调小组”，并结合全国性赛事，组织10个运动项目的优秀运动员、教练员、裁判员和全民健身志愿者深入基层，开展志愿服务活动。2013年，组织开展了“红红火火过大年”全民健身志愿服务活动。通过不断加强领导，形成了以社会体育指导员为主体，优秀运动员、教练员、体育科技工作者和体育教师、体育专业学生组成的全民健身志愿服务队伍，形成了示范性志愿服务活动带动经常性志愿服务活动开展的常态局面。

6. 科学健身指导服务水平不断提升

一是以国民体质测定与运动健身指导站建设为依托，提高全民健身科学化水平。2011年，启动了国家级国民体质测定与运动健身指导站建设试点工作，首批建立了6个“国家级指导示范站”，在试点基础上研究建站标准和管理办法，以发挥体质测试结果对科学健身指导的服务效果，使更多的群众及时接受体质测定和健身指导服务。2013年，国家体育总局在江苏、广东开展了第二期“体质测定与运动健身指导站”试点工作，把每个省作为一个独立的面，着重探索“指导站”的运行模式和科学健身指导服务能力，解决服务覆盖人群结构、满足群众需求和提高服务满意度等问题。通过试点工作形成了一些为群众提供科学健身指导服务的新模式、新方法。

二是加强全民健身科普宣传，组织体育科研人员深入基层开展科学健身指导咨询服务。2009年，国家体育总局委托体育科学研究所、国家国民体质检测中心，每年在全国范围内举办“科学健身 全民健康”全国运动健身科学指导系列活动。截至2016年，科学健身指导活动深入全国各地，至今已覆盖45个地市，惠及了22万余人。

三是科学掌握我国国民体质和全民健身的基本情况。为了检验《全民健身计划》实施效果，推动群众体育事业的发展，在2008年、2015年进行了第三次、第四次全国范围内的群众体育现状调查，比较完整、科学地掌握了全国城乡居民参加体育锻炼的基本情况，较为全面地反映了我国群众体育发展的整体状况，为制定《全民健身计划（2011—2015 年）》《全民健身计划（2015—2020 年）》等重大规划和政策提供了科学依据。我国从 20 世纪 70 年代末对大、中、小学进行体质测试开始，逐步建立起国民体质监测制度。2010 年、2014 年进行了第三次、第四次全国国民体质监测工作。历次国民体质监测工作，国家体育总局都在监测数据采集的基础上，认真分析监测结果，深入发掘体质变化成因，并向社会发布体质监测的主要结果，围绕监测公报和报告的撰写以及监测数据的综合深度利用，举办行政和技术人员培训班，提高省市级体质监测和测试人员队伍的技术水平。通过国民体质监测工作，各级体育部门还培养出一支深入基层的群体科研队伍，在监测过程中向群众广泛宣传科学健身的理念和方法，建立健全体质测试站点，使体质测试工作日常化。2008—2016 年，全国接受体质测试的人数达 33989577 人，每年接受体质监测的人数从 2008 年的 2853123 人，最高增长到 2014 年的 7179573 人，增长了 1.52 倍（图 2-1）；2016 年，全国累计建立国民体质监测站点 8036 个，年度新增 954 个，年体测人数达 4432041 人。

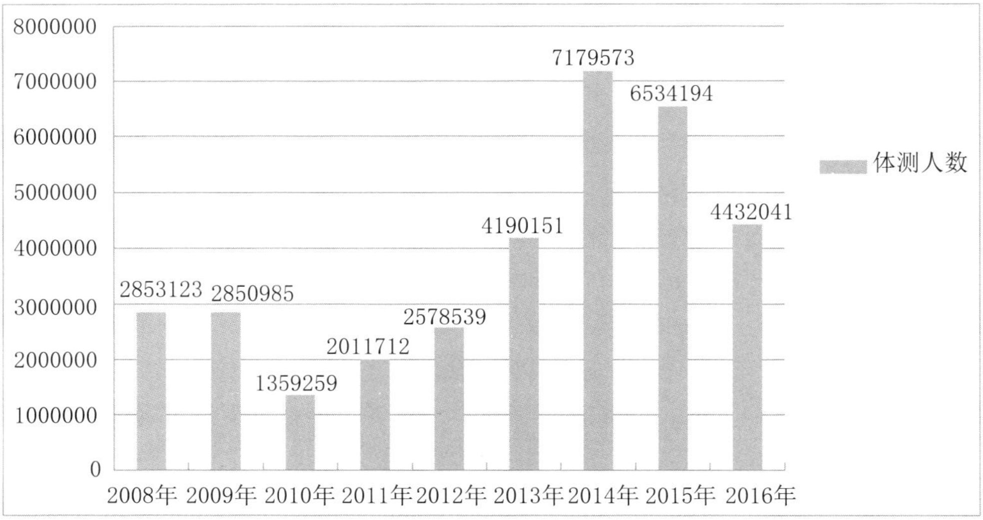

图 2-1　2008—2016 年全国接受体测的人数

资料来源：体育事业统计年鉴（2009—2017 年）。

四是组织编写体育健身科普读物，开发、推广喜闻乐见的体育健身项目和锻炼方法。2012 年，国家体育总局组织创编了第九套广播体操，并在“全民健身日”向公众正式发布。2013 年，国家体育总局、教育部、全国总工会印发《国家体育锻炼标准施行办法》，实现了 6~69 岁人群的全覆盖，标志着我国群众体育进入了新标准航道。国家体育总局以全国群众体育现状调查、国民体质监测和中国国民健身指导系统等体育科研成果为基础，组织编写了《科学健身指导丛书》，同时，为指导广大农民朋友科学健身，发布了《全国新农村科学健身书库》目录，向乡镇、村全民健身和文化活动站点以及农家书屋发送，捐赠了书库视频。2017 年 8 月 10 日，国家体育总局公布了《全民健身指南》，在全民健身计划与大众运动健身之间构建了一个科学运动健身指导平台，使体育健身活动在“健康中国”建设中发挥更大作用。

7. 信息宣传服务力度加大

一是组织开展多种形式的全民健身宣传和信息服务活动，营造良好的全民健身氛围。在国家层面，利用“全民健身日”鼓励各级各类媒体对群众体育进行广泛深入的宣传。如 2017 年的第九个全民健身日，国家体育总局和旅游卫视联合推出 24 小时全程大直播，节目分为“全民健身动起来”“科学运动 健康养生”“健身可以很时尚”等多个板块，旅游卫视的 40 多名记者分赴江苏、浙江、海南等省的 20 多座城市的“全民健身日”分会场，全方位、多角度、实时呈现全国各地全民健身日活动盛况。为了使全民健身日的理念更深入人心，活动还启动了网络直播和实时互动，营造出全民健身、全民参与、全民健康的和谐氛围。在地方层面，浙江省体育局与浙江省疾病预防控制中心、浙江大学营养研究所联合组织开展了全省健康生活方式与科学健身大型科普宣传行全省活动。北京人民广播电台体育台，自 2012 年 8 月 7 日起，每周二 11 时至 12 时开播北京市全民健身科学指导大讲堂。新疆维吾尔自治区克拉玛依市开展了“国家级体质测定与运动健身指导站”试点工作，建立了一支由教师、社会体育指导员、医学专家等组成的科学健身宣讲队伍，并通过广播、电视节目加大对科学健身的宣传。福建省体育局与省电视台合作，创办《运动时间到》和《快乐体育》栏目，报道群众体育赛事，介绍体育锻炼常识，推广体育锻炼方法，节目平均收视率稳步上升。

二是各类媒体高度重视和主动参与全民健身宣传与信息传播，逐渐加大对全民健身的宣传比重，增加全民健身活动报道、科学健身方法推介、体育养生休闲方式集锦、社会体育指导员风采等栏目和内容。在宣传过程中，新媒体发挥了很好的效用，如2011年的全国妇女健身网络展示大赛开通了专题微博，设置了网络投票栏，在15天的比赛过程中，网络观众投票量高达7425万人次，大量网络观众对比赛发表观点、进行评论，形成了火热的宣传声势，扩大了妇女健身活动的影响力。

三是推动全民健身公共服务信息网络建设，提高全民健身公共信息服务能力。国家体育总局积极推进体育信息化建设，设立了数字体育互动平台以及国家体育总局政府网站、中华全国体育总会网站、华奥星空网站等网络平台，与电信企业、网站、海外大众媒体等全面合作，不断扩大我国全民健身的国内外影响。一些体育网站，如体育资讯网、大众体育网、体育管理在线、中国社会体育指导员网，也成为全民健身宣传和信息传播的重要平台。各级体育部门和体育组织也建立了各自的官方网站，有的还设置了专门的全民健身公共服务信息平台。如山东省建立了集“健身指导、公务管理、数据统计、决策辅助”于一体，管理和服务相结合的全民健身公共信息服务体系；广州市建立了全民健身公共服务平台“群体通”；浙江省建成了全民健身公共服务“一网三端”平台。

（四）群众体育的多元治理格局初步形成

1. 政府主导履行公共体育服务的职责有较大进展

政府主导作用表现在为广大群众提供基本的全民健身公共服务，其核心是各级政府贯彻和落实《全民健身条例》和《全民健身计划》，其重要抓手则是将全民健身事业纳入各级国民经济和社会发展规划、纳入各级财政预算、纳入各级政府年度工作报告（简称“三纳入”）。为强化各级政府主导群众体育发展的主体责任，国家体育总局多次会同国家发改委、教育部、财政部、国务院法制办等部门组成联合检查调研组，赴全国各地检查调研《全民健身条例》和《全民健身计划纲要》贯彻落实情况，并针对性地提出帮扶措施，帮助西部欠发达地区实现“三纳入”。“十二五”时期，全国省级“三纳入”覆盖率已达到100%。27个省份县级以上政府实现“全民健身纳入政府工作报告”全覆盖，28个省份县级以上政府实现“全民健身纳入财政预算报告”覆盖率达90%，其中实现全覆盖的有24个省份；29个省份县级以上政府实现“全民健身纳入国民经济和社会发展规划”覆盖率达80%以上，其中实现全覆盖的有26个省份。部分省（区、市），尤其是经济发达的东部地区，在实现完成“三纳入”全覆盖的基础之上，还把全民健身纳入到当地社会经济发展等其他领域，实现了“多纳入”。如上海市县级以上政府已全面将全民健身工作纳入基本公共服务体系，保障市民享受更加均等的全民健身服务；北京市连续 12 年将全民健身工作列入市政府办实事项目和折子工程，纳入到健康北京和健康北京人规划，纳入卫生、教育、科技、精神文明建设、社会建设等 14 项相关工作中；辽宁、安徽、广西等省、自治区将全民健身工作纳入对市政府的年度目标绩效考核；广东、江苏、福建、吉林、贵州等省把人均拥有体育场地面积和乡镇农民体育健身工程、十分钟体育健身圈、社区多功能运动场等全年重大建设项目作为为民办实事和体育惠民的任务；湖北省各州、市和县均把全民健身内容纳入当地政府年度十件实事之一。

2. 部门协同机制日益健全

部门协同的核心是围绕部门职责分工建立工作机制。2011 年，经请示国务院办公厅同意，国家体育总局按照《全民健身计划》所确定的目标和任务，在征求 27 个中央和国务院部委意见的基础上，制定了《落实〈全民健身计划〉部委职责分工》，明确了中央和国务院相关部门在贯彻落实《全民健身计划》中的责任和任务。自 2012 年开始，国家体育总局每年牵头组织召开中央、国务院有关部委贯彻落实《全民健身计划》工作座谈会，建立各部委定期交流协商制度。为进一步推动部门协同，国务院 2016 年底批复成立全民健身工作部际联席会议制度。2017 年 4 月，国务院全民健身工作部际联席会议在北京召开第一次会议，研究实施《全民健身计划（2016—2020 年）》工作机制，安排部署 2017 年全民健身工作。中共中央政治局委员、国务院副总理、联席会议召集人刘延东主持会议并发表重要讲话，国家体育总局局长、联席会议副召集人苟仲文发言，国家体育总局副局长、联席会议办公室主任赵勇对《国务院全民健身工作部际联席会议 2017 年工作要点》作出说明。联席会议 29 个成员单位相关负责同志参加会议并发言，表示全民健身国家战略意义重大，要履职尽责、主动作为，齐心协力实施全民健身国家战略，实实在在为百姓造福。

从部门之间的协同效果看，相关部委根据各自职能联合推出了若干涉及群众体育事业的重大专项规划和政策文件，如国家发改委与体育总局共同编制的《“十二五”公共体育设施建设规划》《“十三五”公共体育普及工程实施方案》，国家体育总局联合教育部出台《关于推进学校体育场馆向社会开放的实施意见》，联合财政部出台《大型体育场馆免费低收费开放补助资金管理办法》，联合文化部出台《关于发挥乡镇综合文化站的功能，进一步加强农村体育工作的意见》等；联合举办了各类群众体育品牌赛事和活动，如国家体育总局联合国家民委举办的全国少数民族传统体育运动会，联合农业部举办的全国农民运动会，联合中国残联举办的全国残疾人运动会，联合老龄办举办的全国老年人健身大会等，推动了各类人群体育活动广泛、深入开展；相关部门还立足自身职能，积极推动群众体育发展环境的改善，如中央文明办把全民健身重点发展指标纳入全国文明城市创建指标，科技部通过国家科技支撑计划支持国民身体素质提高的关键技术研究，国家标准委大力推进体育领域标准的制定与修改等。

国家层面的示范也带动了地方政府的部门协同。2013 年，有 9 个省（区、市）成立了全民健身工作（指导）委员会，8 个省（区、市）成立了全民健身工作领导小组，由政府分管领导担任主任（组长），定期召开会议，对《全民健身实施计划》任务分解和责任分工进行情况督办落实。有 9 个省建立了全民健身工作联席会议制度和定期报告制度，由各部门定期向政府领导通报本部门推行《全民健身实施计划》的工作进展，研究解决需要多部门协调落实的问题。很多省份都在体育系统内部对落实《全民健身实施计划》进行了任务分工，明确了各项任务目标、职责、牵头部门和参与部门。如陕西体育局主动与发改部门进行规划和项目衔接，参与修改《陕西省基本公共服务体系规划》《陕西省关于促进健康服务业发展的实施意见》《陕西省关于加强城市基础设施建设的实施意见》《加强老年文化建设的实施意见》，将体育的内容先行融入各类规划和标准中，同时，紧抓省政府制定全省《文化设施发展纲要》《陕西省创建文化先进县评选复查标准》《关中城市群核心区总体规划》的机遇，将涉及群众切身利益的体育惠民项目纳入大文化概念中，以充分享受现有的促进文化发展的各项扶持政策；福建省发改委、住建厅、省文明办等部门主动就县城建设标准、美丽乡村评选标准等工作征求和采纳体育部门的意见，可见，体育元素在城乡建设和发展中占据了一定的位置。

3. 全社会共同参与有新的进步

全社会共同参与包括八大核心力量：一是各级体育总会和单项体育协会；二是各级工会、共青团、妇联、残联等群团组织；三是各级行业体协、人群体协等“条形”体育组织；四是各类健身俱乐部和健身团队等“块型”草根体育组织；五是群众体育科研院所等学术机构；六是新闻媒体；七是热心群众体育的企业；八是热心群众体育的各界社会人士等。为发挥不同社会力量的积极作用，形成共同推进群众体育事业发展的整体合力，在党的十八大提出的“加快形成现代社会组织体制”和党的十八届三中全会提出的“创新社会治理体制”宏观背景下，体育领域加大了体育社会组织改革的力度，按照“政企分开、政资分开、政事分开、政社分开”的要求，结合体育社会组织的公益属性，合理划分体育行政部门、事业单位与体育社会组织的职能。在国家体育总局部分项目中心和项目协会进行4类改革试点工作，包括非运动项目类协会、部分非奥运项目协会与行政单位脱钩改革试点；在一些项目协会推进单项体育协会综合改革试点；在部分非奥运会项目推进协会社会化改革试点；对部分奥运项目进行群众体育功能优化，充实协会任务。许多省份在推进社会组织“政社分开”方面也进行了积极探索，其中广东、上海、江苏、安徽等地成为民政部社会组织改革试点省份，国家体育总局在江苏、江西、宁夏、新疆4个省份开展了体育社会组织试点工作，探索体育社会组织评估制度、监管制度改革，利用财政资金、彩票公益金支持社会组织承接政府购买公共体育服务，加强体育社会组织能力建设，取得了良好的效果。体育社会组织的数量保持较快增长，全国正式登记的体育社会组织从2007年的16028个增长到2014年底的38273个，年均增长10.75%。各地体育社会组织也呈快速增长势头，截至2015年，江苏省县级体育总会实现全覆盖，乡镇老年人体协、农民体协和单项体协有5900个，城乡晨晚练点达3.9万个，形成以基层体育社会组织为点，体育社团为线的点线结合、覆盖各类人群的体育社会组织网络；重庆市有基层老年体协组织8680个，会员158万余人，占老年人口的34%，建立起了纵向到村、横向到边的组织网络。

社会力量在群众体育各个领域发挥的作用也不断增强，各级体育总会发挥着桥梁、纽带作用。单项协会定期组织奥运冠军、世界冠军、全国冠军等优秀运动员深入到社区、学校、农村和企事业单位，参加全民健身志愿服务活动；推行运动项目业余等级锻炼标准、段位制和业余裁判员、教练员、社会体育指导员认证体系，提高项目人口数量，夯实项目发展基础，探索多元主体办赛的机制，不断丰富群众身边的体育竞赛活动。工会、共青团、妇联、残联等群团组织和人群协会积极推动不同人群体育活动的开展，如共青团在全国高校范围内全面启动和广泛开展大学生“走下网络、走出宿舍、走向操场”主题群众性课外体育锻炼活动，推动将体育健身融入“校园文化节”“三下乡”和“四进社区”等活动。一些网络、草根等非正式体育社会组织成为开展基层群众体育活动的组织者和主力军，如起源于河南省的“黎明脚步”，到2014年底，在全国的实体团队已经发展到20多个，几乎每月都有主题跑步活动，并且组织召开全国黎明脚步研讨会。体育科研所等学术机构以智库的形式为政府的群众体育政策提供咨询，如上海体育学院承担《全民健身计划》实施第三方评估。新闻媒体成为群众体育宣传和信息传播的生力军，如吉林人民广播电台每天24小时滚动广播全民健身知识和主题口号，营造浓厚的全民健身氛围。热心的企业以各种形式参与群众体育，如万科集团举办的“城市乐跑赛”、无极限冠名的“世界行走日”以及“全民健身挑战日”等活动已形成品牌。热心群众体育的各界社会人士积极参与群众体育志愿服务。

（五）群众体育的政策法规体系逐步完善

1. 全民健身条例的颁布

自《全民健身计划纲要》实施以来，我国始终高度重视政策法规对全民健身事业发展的保障作用。《中华人民共和国宪法》第二十一条规定：“国家发展体育事业，开展群众性体育活动，增强人民体质。”明确说明了我国体育事业的性质，确立了群众体育在整个体育事业中的重要地位，是各级政府开展全民健身活动的重要法律依据。《中华人民共和国体育法》《学校体育工作条例》《公共文化体育设施条例》《公共文化服务保障法》《全民健身计划纲要》等有关全民健身的法律、法规，也从不同角度对与全民健身事业相关的政府投入、学校体育、公共体育设施等方面做出了规定，在不同层次对全民健身工作提出了要求，彼此间互为补充，为全民健身事业发展起到了重要的保障和引领作用。在此基础上，2009年10月1日，国务院颁布实施《全民健身条例》，以行政法规的形式确立了全民健身工作的法律地位。目前31个省（区、市，不含港澳台地区）中，17个制定了地方性全民健身条例，占54.8%；4个直辖市中，上海、北京、天津已制定条例，占75%；5个自治区中，内蒙古制定了《内蒙古自治区全民健身条例》，占20%；22个省（不含台湾省）中13个省制定了地方性全民健身条例，占59.1%。《全民健身条例》着重于解决影响我国全民健身事业的实际问题，明确了政府及全民健身体系中各有关主体的责任，建立了全民健身活动状况调查、学校体育开放、高危险性体育项目经营许可等制度，进一步确立了全民健身的法律地位，丰富和完善了全民健身的法规体系，为全民健身事业的发展提供了重要依据和保障。

2. 全民健身计划的相继发布

随着2010年《全民健身计划纲要》两期工程实施工作的结束，为明确下一阶段全民健身发展的目标任务和主要措施，继续有计划、有步骤地推动全民健身事业全面、协调、持续发展，更好地为国家经济建设和社会发展服务，2011年2

月，国务院发布了《全民健身计划（2011—2015年）》。随后全国31个省（区、市）全部制定了省级《全民健身实施计划》，绝大部分地级市和大部分区（县）制定印发了本地区的《全民健身实施计划》；部分省印发了《全民健身实施计划》任务分解文件、评估评价标准和检查方案，建立了明确的责任分工、组织保障和评估检查机制，确定了“十二五”时期各级政府的目标任务和举措保障。2016年6月，国务院发布了《全民健身计划（2016—2020年）》，就“十三五”时期深化体育改革、发展群众体育、倡导全民健身新时尚、推进健康中国建设作了系统的规划和部署。截至2017年10月底，全国100%的省（区、市）、99.8%的地市、98.6%的县级政府也相继出台了相应的《全民健身实施计划》。

3. 配套立法和专项政策法规的制定

在促进城市、农村体育发展方面。为促进城乡体育组织建设，国家体育总局于2009年发布了《社区体育俱乐部创建标准和办法》，并在2010年6月，联合文化部、农业部印发了《关于发挥乡镇综合文化站的功能进一步加强农村体育工作的意见》。为推进全民健身进家庭，2017年，国家体育总局、民政部、文化部、全国妇联、中国残联印发《关于加快推进全民健身进家庭的指导意见》。

在针对不同人群体育工作方面，国家体育总局联合相关部委下发了系列实施意见。2010年5月，联合中华全国总工会印发了《关于进一步加强职工体育工作的意见》的通知；2017年12月，联合农业部发布了《关于进一步加强农民体育工作的指导意见》；2017年11月，国家体育总局等7部门联合制定了《青少年体育活动促进计划》；2018年1月，联合国家民委印发了《关于进一步加强少数民族传统体育工作的指导意见》的通知。

在全民健身物质条件保障方面。2012年，《国家基本公共服务体系“十二五”规划》将体育基本公共服务建设工程纳入其中，国家发改委、国家体育总局联合先后下发了《“十二五”公共体育设施建设规划》《“十三五”公共体育普及工程实施方案》。为促进场地设施规范化建设，下发了《公共体育健身场地设施基本配建标准》，围绕健身场地设施建设模式、标准、项目设置等内容，指导各地公共体育设施体系建设；出台《全民健身活动中心命名资助办法》和配套的《设施配建与服务规范》，研制《全民健身户外活动基地设施配建与服务规范》，分类指导场地设施的规范建设和服务管理工作；修订《室外健身器材的安全通用要求》国家标准。

在加强全民健身标准制定方面。研制了体育公园、体育健身广场、户外体育活动营地、县级公共体育场、登山步道、城市健身步道等12项健身设施建设技术标准和服务规范的研制方案，按程序开展国家标准立项申报工作，其中《全民健身活动中心分类配置要求》《全民健身活动中心管理服务要求》《社区多功能运动场配置要求》3项列入了国家标准。为加强体育场地设施的使用，2013年国家体育总局等8部门联合印发了《关于加强大型体育场馆运营管理改革创新提高公共服务水平的意见》；2015年国家体育总局印发了《体育场馆运营管理办法》；2017年教育部与国家体育总局印发了《关于推进学校体育场馆向社会开放的实施意见》。

在全民健身活动与竞赛法规方面。2013年印发了新修订的《国家体育锻炼标准施行办法》；为拓宽群众体育竞赛渠道，2014年发布了《国家体育总局关于推进体育赛事审批制度改革的若干意见》，明确了群众性体育赛事在内的全国性体育赛事审批一律取消，降低了社会力量参与群众体育竞赛的门槛；出台了《关于支持社会力量举办马拉松、自行车等大型群众性体育赛事行动方案（2017年）》，积极引导社会力量办赛。

在全民健身工作队伍方面。2010年7月出台了《全国优秀社会体育指导员评选表彰办法》；2011年4月印发了《社会体育指导员发展规划（2011—2015年）》；同年10月发布了《社会体育指导员管理办法》，修订出台新的《社会体育指导员技术等级制度》。为促进全民健身自愿服务队伍发展，2010年，国家体育总局等6部门联合印发了《关于广泛开展全民健身志愿服务活动的通知》，年底制定了《建立全民健身志愿服务长效化机制工作方案》；2012年，国家体育总局印发了《优秀运动员全民健身志愿服务实施办法（试行）》。

在全民健身组织制度方面。地方政府积极探索建立扶持体育社会组织发展的机制，在培育和发展体育社会组织方面出台政策。如上海市出台《2014年上海市民体育大联赛赛事项目绩效评价实施办法》，从社会合作深度、社会动员力度、社会宣传广度、社会满意程度和资金运作规范度五个方面，对市民体育联赛承办的各级社会组织和协会进行综合考核评价，增强了体育社会组织的规范化运作意识和竞争能力；广东省从顶层设计着手，出台《广东省体育社会组织评估与资助办法》《关于加强体育社会组织培育发展工作的指导意见》《政府向社会组织购买体育服务暂行办法》《省级体育彩票公益金资助全省性体育社团开展全民健身活动办法》等，为扶持全省体育社会组织发展提供政策支持。

在推动全民健身法规的执行和宣传方面。为促进《全民健身条例》的贯彻落实，2009年，国家体育总局、中央文明办等20个部门下发了《关于贯彻落实〈全民健身条例〉的通知》，随后又下发了《关于贯彻落实〈全民健身条例〉推动各级政府依法履行职责的通知》。为在体育行业开展法制宣传教育，建立体育系统普法的长效机制，国家体育总局先后印发了《全国体育系统法治宣传教育第六个五年规划（2011—2015年）》《全国体育系统法治宣传教育第七个五年规划（2016—2020年）》。

此外，地方性政策法规不断完善，截至2013年底，31个省（区、市）共制定地方性体育法规超过359件，其中省级人大制定的涉及全民健身相关政策的地方性法规共48件、地方政府体育规章49件、体育规范性文件212件；有立法权的自治州和较大的市制定了地方性体育法规和规章50余件。

二、群众体育发展面临的主要问题

（一）经常参与体育锻炼的人数比例低

经常参与体育锻炼的人数比例既是体育强国的重要标志，也是群众体育工作的重要目标。1995年《全民健身计划纲要》实施以来，我国分别于1997年、2002年、2008年、2015年进行了四次全国性的群众体育现状调查，我国16周岁以上城乡居民经常参与体育锻炼的人数比例分别为15.5%（1996年）、18.3%（2001年）、28.2%（2007年）、33.9%（2014年），全国经常参与体育锻炼的人数比例在约20年的时间里增长了1倍有余，说明我国群众体育工作的绩效较为显著，但与世界体育强国相比差距较为明显。美国行为风险因素监控体系（BRFSS）的调查显示，2001—2005年美国18岁以上经常参与体育锻炼的人数比例分别为45.3%（2001年）、46.9%（2003年）、48.8%（2005年），其2005年经常参与体育锻炼的人口比例就比我国2014年的比例高14.9%，从其发展来看呈现逐年递增的趋势，而且其经常参与体育锻炼的人口标准为每周5次、每次30分钟中等强度的身体活动，或者每周3次、每次20分钟大强度的身体活动，比我国的每周3次、每次30分钟中等强度身体活动的标准要高。英国第三次成人积极生活调查显示，2016—2017年英国16岁以上经常参与体育锻炼的人数比例为60.6%，比我国高26.7%，其经常参与体育锻炼的人口标准为每周150分钟以上中等强度的身体活动，且每次活动须至少持续十分钟以上，高强度的活动按中等强度的1倍计算，可见其经常参与体育锻炼的人口标准也要高于我国。2016年7月至2017年6月澳大利亚15岁以上经常参与体育锻炼的人数比例为61.8%。

从经常参与体育锻炼人数比例统计的年龄看，我国是6岁以上，英国为16岁以上，美国为18岁以上，澳大利亚为15岁以上，所以按美、英、澳三国成年人的标准计算，我国2014年经常参与体育锻炼的人口比例应该远低于33.9%的水平。2007年全国群众体育现状调查官方公布的结果也印证了这一推断，2007年全国“经常锻炼”的人数比例为28.2%（含在校学生）；其中，16周岁及以上的城乡居民中达到“经常锻炼”标准的人数，仅占全国16周岁及以上总人口的8.3%。从体育锻炼的绩效关系看，只有达到“经常锻炼”的标准，才能产生良好的健身效果，起到较好的疾病预防、治疗作用，也才可能形成体育消费化参与，夯实体育产业发展的基础。因此，如何提高经常参与体育锻炼的人口比例是加快推进体育强国建设的重要任务，也是全民健身与全民健康深度融合的迫切要求。

（二）全民健身公共服务供给不充分与不平衡并存

全民健身公共服务供给的不充分是指供给的总量与需求相比较不够丰富、发展程度不够高、供给的态势不够稳固。

从丰富程度看，群众身边的场地供给类型较为单一，城市以健身路径为主，农村以乒乓球台和篮球场为主，较难满足不同群体多样化的健身需求。据艾瑞调查显示，2016年运动人群经常参与的运动项目排前5位的分别为跑步、健身走、羽毛球、骑行、登山步道，而我国体育场地排名前5位的分别为篮球场、全民健身路径、乒乓球场、其他类体育场地、小运动场，城市健身步道排第16位，仅为12295个，远远不能满足群众的需求，且群众身边的室内健身场地缺乏，群众健身易受天气制约，影响积极性。在体育活动的组织上多以整齐划一的大、中型品牌活动为主，针对慢性病群体、老年人、非体育参与群体组织的小型多样的科学健身行为干预活动较少。而英国2017年群众体育投资的12%用于体育非参与人群的行为干预活动，2016年还投入1000万英镑专门用于促进老年人的体育活动参与。美国也有专门针对老年人非体育参与者的基于科学循证的行为干预活动。

从发展程度看，2016年我国政府财政投入和彩票公益金共投入群众体育823111.91万元，2016年全国人口总数为138271万人，人均体育经费仅5.95元；而英国2016年财政资金投入群众体育1.056亿英镑，彩票公益金投入2.028亿英镑，合计3.084亿英镑，2016年英国人口总数为6563.72万，人均体育经费约为4.7英镑，按2016年1英镑兑人民币8.5元计算，折合人民币39.95元，是我国群众体育经费投入的6.71倍。从我国体育事业经费投入占GDP的比重看，

2016 年我国 GDP 的总量为 743585.5 亿元，财政投入体育事业经费 3445000.98 万元，占当年政府公共预算支出总量 187755.21 亿元的 0.22%；体育彩票公益金投入体育事业 1811380.43 万元，财政资金和彩票公益金投入体育事业经费总额 5877585.05 万元，占当年 GDP 的比重约为 0.079%，而西方发达国家的比重为 1%。从体育场地设施看，2013 年第六次全国体育场地普查数据显示，我国人均体育场地数量为 0.0012 个，人均场地面积为 1.46 平方米，到 2016 年人均场地面积为 1.63 平方米，而美国为 16 平方米，日本为 19 平方米。从公益性社会体育指导员的数量看，2016 年为 2699323 人，平均每 512 个人才拥有 1 名社会体育指导员，而英国广泛采用自愿服务的方式对群众的体育健身进行指导，2016 年英国 16 岁以上的人有 670 万人参加过 2 次以上自愿服务，占总人口的 15%。

从供给的态势看也不稳固，2008—2016 年公共财政投入群众体育的发展并未呈逐步增长之势，且群众体育投入与体育事业经费投入不同步（图 2-2）。2013—2016 年，社区运动场地数量建设从 3505 个下降到 2864 个，场地面积 2013 至 2014 年、2015 至 2016 年均有所下降，健身步道的建设从 3026 条下降到 1196 条，步道长度从 6223336.3 米下降到 2547961.48 米，呈逐年下降之势（图 2-3、图 2-4）。

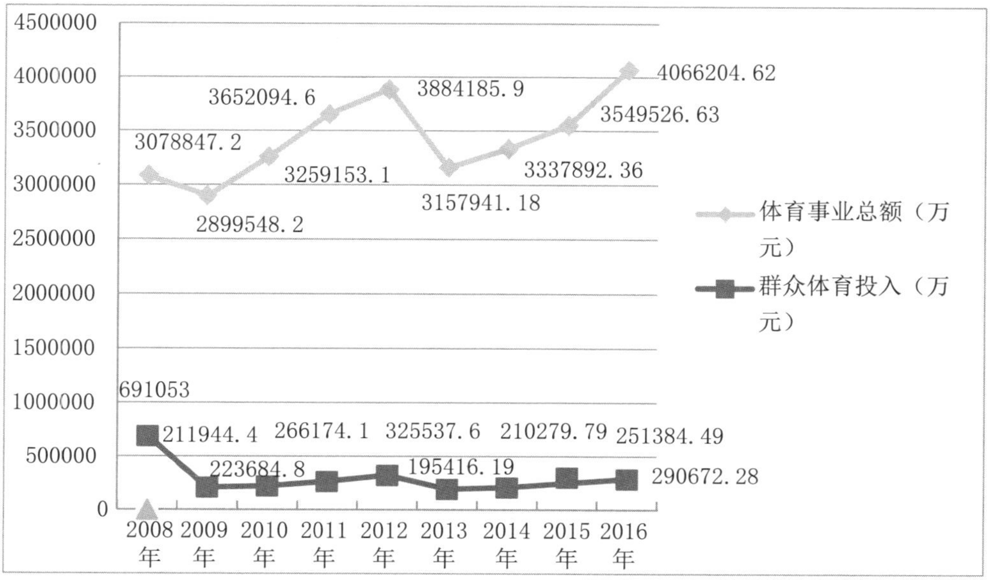

图 2-2　2008—2016 年财政投入群众体育趋势图

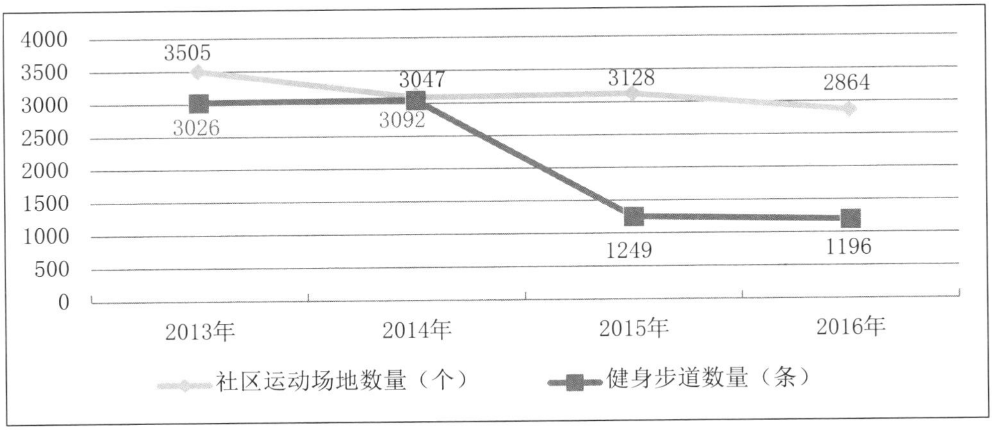

图 2-3　2013—2016 年社区运动场地和健身步道数量发展趋势

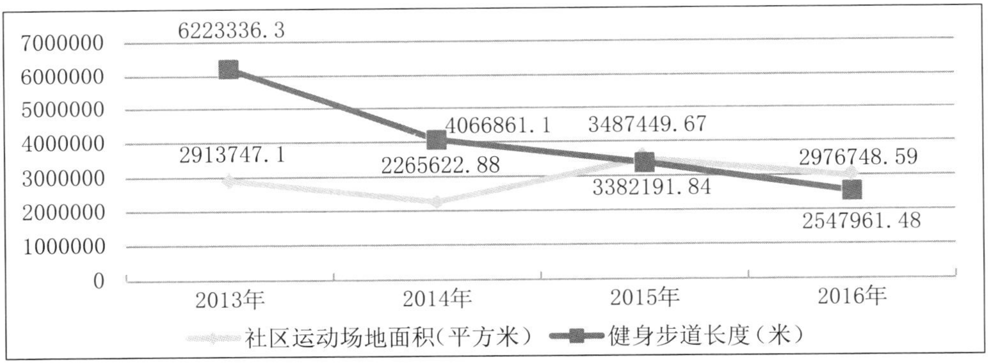

图 2-4　2013—2016 年社区运动场地面积和健身步道长度发展趋势

供给的不平衡主要体现在城乡之间、地区之间。根据第六次全国体育场地普查数据，我国体育场地分布在城镇的数量为 96.27 万个，占比 58.61%，在农村的为 67.97 万个，占比 41.39%，城镇比农村多 28.3 万个；从体育场地面积看，城镇的面积为 13.37 亿平方米，占比 68.61%，农村为 6.12 亿平方米，占比 31.39%，城镇比农村多 1 倍有余；从人均场地分布看，城镇每万人拥有体育场地 13.12 个，人均场地面积为 1.83 平方米，农村每万人拥有体育场地 10.79 个，人均场地面积为 0.97 平方米，城镇在每万人拥有场地的数量上比农村多 2.33 个，人均场地面积多 0.86 平方米。从群众体育机构的分布看，2012 年，我国城市街道群众体育机构的覆盖率为 77.5 %，农村乡镇覆盖率为 71.7%，城镇比农村多 5.8%；从机构配备的专兼职人员看，城市街道平均每个机构配专职人员

0.53 人、兼职人员 2 人，农村乡镇平均每个机构配专职人员 0.39 人、兼职人员 1.39 人，城市也要高于农村。

从地区之间的不平衡看，在群众体育公共经费的投入方面，2016 年人均财政经费投入东部地区 2.71 元、中部地区 1.07 元、西部地区 2.67 元、东北地区 1.32 元，最高的东部地区与最低的中部地区相差了 1 倍有余；在体育场地方面，截至 2013 年，东部地区、中部地区、西部地区、东北地区每万人拥有场地数量分别为 13.69 个、11.17 个、11.52 个、9.19 个，人均场地面积分别为 1.81 平方米、1.16 平方米、1.15 平方米、1.50 平方米，各地区间的差异均很明显；在全民健身组织方面，按体育事业统计年鉴口径计算，截至 2016 年，东部地区、中部地区、西部地区、东北地区平均拥有 1 个体育社会组织的人数分别为 24893 人、32840 人、33206 人、31459 人，西部地区比东部地区多 8313 人；在社会体育指导员队伍方面，截至 2016 年，东部地区、中部地区、西部地区、东北地区每个社会体育指导员指导人数分别为 435 人、599 人、627 人、399 人，西部地区比东部地区、东北地区分别多 192 人、228 人（表 2-7）。

表 2-7　不同区域全民健身公共服务供给不平衡情况表

地区	人均财政投入（元）	每万人拥有场地设施数量（个）	人均场地面积（平方米）	平均多少人拥有 1 个健身组织（平方米）	每个社会体育指导员指导人数（人）
东部地区	2.71	13.69	1.81	24893	435
中部地区	1.07	11.17	1.16	32840	599
西部地区	2.67	11.52	1.15	33206	627
东北地区	1.32	9.19	1.50	31459	399

资料来源：体育事业统计年鉴（2017 年）；第六次全国体育场地普查数据汇编；中国统计年鉴（2014 年，2017 年）。

（三）群众体育多元治理的协同能力不足

群众体育多元治理的协同能力是不同治理主体有效利用各自的资源和优势，通过一定的方式相互作用、协调配合，促进群众体育向有序、稳定的方向发展，进而使系统整体功能倍增或放大，实现协同效应的能力，主要包括上下级政府之间的“纵向协同能力”、部门之间的“横向协同能力”以及政府部门与社会部门、私营部门之间的“内外协同能力”。

从“纵向协同能力”看，由于缺乏科学的政府群众体育工作水平评价机制，导致国家层面的群众体育规划和政策在嵌入下级政府群众体育规划和政策过程中呈执行力逐级衰减的现象，尤其在县级，有些涉及老百姓切实利益的全民健身公共服务建设项目落不了地，个别项目资金长期“趴”在账上花不出去，影响了国家群众体育的总体政策实施效果。

从部门之间的“横向协同能力”看，目前虽然建立了全民健身部际联席会议制度，也出台了部门之间职责和分工的文件，但相关部门工作力度仍不够大，主动履责的意识不够强，未能充分调动和有效整合部门资源，主动思考、出台具有针对性的措施。同时，“部门协同”的形式还比较单一，“协同”的内容还不丰富，尚停留在单边或双边合作的初级阶段，缺乏深层次的“协同”合作破解全民健身事业发展的瓶颈和难题，如涉及规划和住建部门协同的新建小区配套体育设施的“同步设计、同步建设、同步投入使用”的政策落实不到位问题；涉及教育部门协同的学校体育设施对社会开放程度和利用率不高的问题；涉及公安、消防等协同的体育赛事审批权取消后，由于安全保障方面的审批导致群众体育赛事难以举办问题等都体现了部门之间合作深度不够。

从“内外协同能力”看，一是政府与社会资本合作的领域比较有限，主要集中在体育场馆和体育综合类硬件建设项目方面，且存在鼓励社会力量参与的优惠政策存在不足；二是政府向社会组织购买全民健身公共服务的政策普及面也有限，仅发达省市的购买机制趋于成熟，中西部地区相关政策明显不够，且相当数量的体育社会组织不具备承接政府购买公共服务的资格；三是对新涌现的网络、草根组织的重视和扶持力度不够，影响了组织的规模化发展和功能发挥，甚至引发管理混乱，如广场舞的扰民问题；四是全国单项运动协会虽然在项目普及上有新进展，但尚未形成针对不同运动项目的特有普及模式；五是体育社会组织发育成熟度低，大部分体育社会组织自治能力不足、难以独立生存和承担政府与社会所期望的责任，特别是部分官办协会存在定位不准、作用不大、能力不强、管理分散等问题，且自身缺乏提升工作水平的内在动力和发展能力，无力承接政府职能转移和发挥政府的参谋助手作用；六是社会参与群众体育的路径不通畅，特别是尚未建立全民健身自愿服务的供需平台，导致有意愿提供自愿服务的组织或个人难以找到服务对象，需求方又缺乏需求表达的渠道，阻碍了社会各界为群众体育贡献力量。

三、新时代群众体育发展展望

（一）发展思路

党的十九大作出“中国特色社会主义进入了新时代”的重大判断，并对党和人民事业的发展做出了全面部署，向公众发出了奋进新时代、开启新征程的进军号令。对体育领域来说，广泛开展全民健身活动，加快推进体育强国建设，筹办好北京冬奥会、冬残奥会，这是新时代党和人民的各项事业发展赋予体育的新任务、新要求。面向新时代，群众体育工作要以十九大精神为指导，全面准确贯彻落实新时代中国特色社会主义思想，紧紧围绕统筹推进“五位一体”总体布局和协调推进“四个全面”战略布局，深入贯彻落实创新、协调、绿色、开放、共享的新发展理念，着眼于不同时期群众体育发展的关键问题，把满足人民群众不断增长的体育需求作为群众体育工作的出发点和落脚点，以提升公民身体素养为核心目标，以提高群众的体育参与水平和质量为关键点，以促进群众体育智慧化为方向，以推进基本公共体育服务均等化为重点，以不断提升群众体育治理能力为路径，以使人民群众能共享群众体育改革和发展所取得的成果，使群众体育在实现“两个一百年”奋斗目标和促进健康中国建设进程中发挥积极的作用，为体育强国建设奠定坚实的基础。

（二）战略目标

根据我国社会主义现代化建设提出的“三步走”战略目标，新时代我国群众体育发展的战略目标分为三个阶段。

第一阶段：从现在到 2020 年，是全面建成小康社会决胜期。群众体育发展目标要着眼于全民健身公共服务供给不平衡、不充分与群众需求之间的矛盾，按照《全民健身计划（2016—2020）》和《“健康中国”2030 规划纲要》对群众体育发展提出的具体目标和任务要求，建立起与小康社会相适应的全民健身公共服务体系，努力促进全民健身基本公共服务的均等化；政府主导、部门协同、全社会共同参与的群众体育治理格局更加明晰，治理能力逐步增强；群众体育的智慧化基础基本夯实；群众的健身意识普遍增强，参加体育锻炼的人数明显增加，每周参加 1 次及以上体育锻炼的人数达到 7 亿，经常参加体育锻炼的人数达到

4.35亿，公民身体素养稳步提升；群众体育的多元功能充分发挥，与各项社会事业融合发展的局面基本形成，全民健身成为促进体育产业发展、拉动内需和形成新的经济增长点的动力源。

第二阶段：从2020年到2035年：按照基本实现社会主义现代化的要求，全民健身公共服务均等化基本实现；具有中国特色的运动促进健康服务体系基本建成；人民的体育权利得到充分保障，群众体育治理体系和治理能力现代化基本实现；群众体育的智慧化水平显著提升；群众体育的综合影响力更加广泛深入；全民健身蔚然成风，经常参加体育锻炼的人数比例显著提升，公民身体素养显著提高。

第三阶段：从2036年到21世纪中叶：按照富强、民主、文明、和谐、美丽的社会主义现代化强国要求，群众体育完全实现智慧化；全民健身公共服务更加便捷、高效、贴心，完全实现精准化供给；群众体育实现与经济社会的融合发展；全民健身成为人民的生活方式，经常参加体育锻炼的人数比例达到70%以上；全民健身的中国理念、中国标准、中国方法、中国模式成为世界大众体育发展的标杆。

（三）主要措施

1. 树立群众体育发展的新理念

发展理念是关于“什么是发展”“发展什么”“为谁发展”“如何发展”等问题的看法或观点。理念是行动的先导，一定的发展实践均是由一定的发展理念所引领的。长期以来，我们认为发展群众体育是为竞技体育培养后备人才，单纯强调群众体育的体质增强功能，群众体育的社会功能和多元价值被淡化。基层政府发展群众体育更多的是基于“行政的逻辑”而非“服务的逻辑”，即发展群众体育是基于上级政府的行政压力驱动，而非“为民服务”的内在使命驱动，在行政逻辑牵引下，很多基层政府并不在意民众的真实体育需求，单纯地把群众体育的发展看作建场地设施、组织活动、发展社会体育指导员等规模扩张上，是否通过全民健身公共服务促成了群众科学健身行为的形成则少有关注。在如何发展群众体育方面，也局限在体育系统内部认识和布局，未能完全激发市场、社会和公民个人发展群众体育活力。对此，新时代的群众体育实践必须以创新、协调、绿色、开放、共享理念为引领，树立以下群众体育发展理念。

一是关于群众体育发展的地位和作用。群众体育是社会主义事业总体布局的重要组成部分，是一项民生事业，关乎每一个人的身心健康，关乎民族未来，是人们追求美好幸福生活的重要内容，是推动体育产业成为经济转型升级的重要力量，是体育强国的基础。各级政府要树立“关心群众体育就是关心群众，重视群众体育就是重视群众”的民生理念，把群众体育作为党和政府联系群众、服务群众的桥梁；公民个人要树立科学健身是“对个人健康负责、对家庭幸福负责、对民族未来负责”的“责任”理念。

二是关于群众体育发展目的。坚持以人民为中心，以促进人的全面发展和社会全面进步为目标，努力提高全民族的身体素养，充分发挥群众体育的多元功能，不断满足人民群众日益增长的体育需求。

三是关于群众体育发展动力。坚持改革创新理念，努力推动群众体育发展从粗放型向集约型转变，从经验型向科学型转变，从单纯追求数量向同步提升质量转变，从要素驱动向创新驱动转变。对群众体育出现的新情况、新问题，作新的理性分析和理性解答，对群众体育本质、规律和发展变化的趋势作新的揭示和预见；根据群众体育发展的规律和时代要求，革除制约群众体育发展的体制性障碍，促进群众体育资源在不同系统、不同层次之间的有效整合；加快群众体育治理主体的内部机制改革，增强微观活力。

四是关于群众体育发展方式。坚持一手抓群众体育事业，努力构建覆盖城乡、惠及全民的全民健身公共服务体系，一手抓群众体育产业，推动健身休闲产业发展，健全健身休闲市场体系。要坚持三个统筹，即统筹城乡、区域和人群发展，着力提高农村地区、中西部欠发达地区和社会弱势群体的体育服务水平；统筹各方面力量，形成推动群众体育发展的强大合力；统筹国内国际两个大局，大力推动群众体育的对外交流与合作。

五是关于群众体育发展的领导力量和依靠力量。始终坚持党和政府对群众体育工作的主导作用，发挥不同部门在群众体育发展中的协同作用、市场在群众体育资源配置中的决定性作用、体育社会组织在群众体育发展中的连接纽带作用、人民群众在群众体育发展中的主体作用，最大限度地发挥群众体育工作者的积极性、主动性、创造性。

2. 推动群众体育与其他体育工作协同互促发展

群众体育与竞技体育相互促进。一是打通群众体育和竞技体育之间的壁垒，构建从“草根”到“顶层”的多层次、多结构、多区域的赛事体系，构建从业余到专业的运动员等级标准体系。二是充分利用竞技体育资源弥补群众体育资源的不足，满足人民的健身休闲需求，各类训练基地在完成训练任务的同时，要向群众开放；大型运动会的场馆建设要结合人们的健身需求，立足于多种体育功能的充分利用，做到比赛与训练相结合，竞技体育与群众体育相结合；充分利用体育明星服务社会公益事业，组织开展体育明星进学校、进社区活动，使体育明星能“沉”到基层社区，拉近与民众的距离，通过体育明星的身体力行，向民众普及全民健身、推广从事的运动项目。三是构建以提升青少年身体素养为核心的竞技体育后备人才培养体系，把竞技体育作为促进儿童、青少年全面发展的重要手段，广泛开展以培养儿童、青少年体育兴趣为目标的体育活动，使竞技体育后备人才的培养建立在青少年广泛参与的基础上，避免早期专项化。四是以体育综合体为抓手，探索运动项目训练基地、全民健身休闲、体育产业、旅游产业及延伸产业之间的融合发展模式。五是借鉴北京奥运会“全民健身与奥运同行”、天津全运会“我要上全运”活动的经验，继续利用举办国内外大型体育赛事推动群众体育发展。六是建立单项体育协会推动运动项目普及的机制，把运动项目的普及纳入其工作评价，并与政府投入挂钩。

群众体育与体育产业相互促进。一是不断提升群众体育参与的水平和质量，把提高经常参与体育锻炼的人数比例作为新时代群众体育工作的关键点，实施专门的行为干预工程，设置专门的经费保障，以扩大体育消费群体，夯实体育产业发展的基础。二是推动群众体育与文化、教育、旅游、养老、健康等产业融合发展，形成体育发展新业态，促进体育产业发展。三是不断丰富群众体育的市场供给，提高产品和服务质量，满足群众多元化的体育需求。

群众体育与体育文化相互促进。一是以群众体育为载体弘扬体育文化，包括推广健身、健康新理念和科学健身方法；弘扬奥林匹克精神、中华体育精神和各地区、各民族的体育文化；弘扬社会主义核心价值观等社会主义先进文化、中国传统文化，以及人类优秀文明成果；通过群众身边的全民健身优秀人物、先进事迹等传播社会正能量。二是以体育文化引领群众体育内涵发展，包括在群众体育工作和百姓健身活动中，以群众喜闻乐见的方式引导群众形成正确的健身和健康观念，养成科学的健身行为，使之潜移默化成为常态的生活方式；体育文化与体育场地设施建设、体育组织培育、体育活动开展和体育知识普及同步，追求相互交融、整体发展。

群众体育与体育外交相互促进。一是搭建国际交流平台，通过开展群众体育项目、智库、活动、人才等国际交流与合作，传播和推广群众体育发展的中国理念、中国模式、中国标准、中国品牌、中国人物和中国故事，发出中国声音，提升国际影响力，有效发挥群众体育在推广中国文化，提升国家形象和增强国家软实力等方面的独特作用。二是不断吸取发达国家群众体育发展的先进经验，推动群众体育向更高层次发展。

3. 不断提升群众体育治理的现代化水平

群众体育治理能力现代化是群众体育治理主体通过持续互动、相互信任和协商共识建立起有机合作制度及机制，解决群众体育发展的各种矛盾与问题，实现群众体育的善治，进而实现人的全面发展和社会全面进步的过程。

促进群众体育治理能力现代化的目标是群众体育各个治理主体到位不越位，有为不乱为，最终实现调控主体主动有度、市场主体竞争有序、社会主体积极有位、个人主体参与有道的群众体育发展状态。

（1）群众体育治理主体的现代化

群众体育的治理主体是群众体育发展的责任承担者和参与者，从宏观上分为政府、市场、社会和公民四大类。群众体育治理主体的现代化既包括不同治理主体在数量上的增加和结构上的平衡，也包括各个治理主体治理能力的单项提升，更是指各治理主体间基本关系模式和相互作用方式的重构，进而实现整体效能优化提升的结构性调整。从当前我国群众体育治理主体的数量和结构看，存在基层政府群众体育组织机构不健全、群众身边的体育社会组织缺乏、具有国际竞争力和影响力的健身休闲骨干企业缺乏等问题。因此，应加大力度健全基层政府的群众体育机构；培育群众身边的体育社会组织；鼓励具有自主品牌、创新能力和竞争实力的健身休闲骨干企业做大做强，提升核心竞争力。

从各治理主体的治理能力看，政府作为公共利益的代表，其群众体育治理能力主要体现在提供基本公共体育服务及引导社会各种力量服务于群众体育发展的能力两个方面。在政府提供基本公共体育服务能力方面，由于资源吸取能力和统筹调控能力不足导致基本公共体育服务供给不充分和不平衡并存，由于资源配置能力不足导致基本公共体育服务的供给效率低下；在引导社会各种力量服务群众体育发展方面，由于政府职能转变不到位，市场、社会和公民参与群众体育治理的活动空间有限、深度不够。

针对这些问题，应以打造“强政府”为目标，从体制、机制和能力建设三个方向进行改革。一是体制方面，厘清政府的群众体育治理职能，政府在群众体育治理体系中应承担“元治理”的角色，从传统的“管理”转向使用新工具和新技术来“掌舵”和“指导”，以增强自己的统筹调控能力、建构和解构联盟的能力、协商和合作的能力、整合资源和监督的能力。具体承担的职责包括：作为规则制定者，从总体上架构群众体育治理体系，科学制定和有效执行群众体育治理的制度及政策；作为基本公共体育服务供给者，确定相关标准，并制定相关政策，通过财政等手段保障有效供给；作为秩序管理者，政府则应对健身休闲市场进行培育和监督管理；作为社会和公民参与治理的动员者，政府要为体育社会组织的发展营造制度和规则环境。在此基础上，明确中央与地方各层级政府在群众体育治理中的职责分工，提升基层政府的群众体育政策执行力。二是机制方面，从群众体育规划、政策制定、财政投入、基础设施、人才队伍建设等方面对政府在群众体育治理中的运作过程进行规范，确保实现政府在群众体育治理体系中的主导作用。三是具体能力提升方面，结合现代化的要求，从法治、规划、资源配置、组织、动员、执行、监督、调控、协调、反应、回馈等多个方面提升政府对群众体育治理相关能力，重点要提高政府对群众体育投资能力，建立投资效益评估体系，以政府的投资提升市场和社会活力。

群众体育市场治理能力主要体现在提供差异化的群众体育产品和服务的能力，其具体内容是群众体育产品和服务的提供与生产。其中，事关国家公共需求和公民基本体育权利保障的纯公共体育产品和服务，需要政府直接负起责任。除此以外的公民个性化、差别化的文化需求，需要通过发展健身休闲产业、繁荣健身休闲市场、壮大健身休闲企业得到实现和满足。目前，我国健身休闲业总体规模不大、产业结构失衡、市场主体核心竞争力不强，还存在有效供给不足、大众消费激发不够、基础设施建设滞后、器材装备制造落后、体制机制不活、从业人员专业性不高等问题。针对这些问题，应调整政府与市场的关系，以建设统一开放、竞争有序的健身休闲市场体系为目标，以发挥市场在资源配置中的决定性作用和更好发挥政府作用为原则，需从四个层面努力：一是私人体育消费完全交给市场，政府不直接介入；二是基本公共体育服务的提供尽可能与市场合作，以提高针对性和效率；三是涉及国家公共利益的群众体育产品和服务需要通过政府内部实现的，也要尽可能借鉴和引入竞争、效率等市场理念和机制；四是尽可能让市场机制充分、健康发挥作用。重点解决四个问题：一是保障各类健身休闲市场主体权利平等、机会平等、规则平等；二是推动健身休闲企业跨地区、跨行业、跨所有制兼并重组；三是提高健身休闲企业规模化、集约化、专业化水平；四是提高健身休闲企业社会公信力。政府作用的重点放在支撑体系建设上，包括健身休闲企业诚信体系建设、市场监管和行业监管等。

群众体育的社会治理能力主要体现在体育社会组织的自治能力、参与治理能力和服务社会能力三个方面。就体育社会组织的自治能力而言，要求体育社会组织通过完善制度、建立机构和选举成员对自身事务进行管理和服务，从而保障自身更好地存在和发展。就参与群众体育治理能力而言，体育社会组织要在公民与政府之间发挥纽带作用，一是体育社会组织应充分吸取民意，反映群众的体育需求，发挥其独立优势和专业优势，提出科学合理的政策意见和建议，从而促进群众体育政策制定的民主化与科学化；二是体育社会组织应鼓励组织成员积极参与群众体育治理活动，增强组织成员的民主参与意识，提高组织成员的民主参与能力；三是体育社会组织还应监督和评估政府的群众体育决策、政府的群众体育治理行为，以促进群众体育政策调整优化和政府权力的规范运行。在社会服务能力方面，体育社会组织应不断提高自身专业素质和专业水平，为社会提供群众体育产品或服务，满足群众的多元体育需求。目前，我国体育社会组织在自治能力方面普遍存在法人治理结构不完善问题；在参与自治能力方面，由于政社不分、权责不清，社会组织参与群众体育治理的作用发挥有限；在服务社会能力方面，大多数体育社会组织业务能力较低，自身又缺乏提升工作水平的内在动力和能力，加上经费缺乏和人员专业化程度低，服务社会的能力不足。针对这些问题，一是应正确处理政府与体育社会组织的关系，清晰认识体育社会组织在群众体育治理体系中的地位和作用，明确体育社会组织是弥补“政府失败”和“市场失灵”的重要力量，是政府职能转变的重要承担者，促进和发挥“体育社会组织”在群众体育治理中的积极性是群众体育治理现代化的内在要求。二是以全国性单项体育协会改革为突破口，深化体育社会组织改革，政府应还权、授权、分权给体育社会组织，加快形成政社分开、权责明确、依法自治的现代体育社会组织体制，增强体育社会组织的自治功能，激发体育社会组织活力。三是应通过构建体育社会组织的培育孵化机制、捐赠制度、税收优惠制度等，以及搭建政府与体育社会组织合作的工作平台，营造体育社会组织发展的良好环境。四是应建立体育社会组织的监管体系，在登记管理上，放宽体育社会组织的“准入条件”，推广备案管理，将数量庞大的民间草根体育社会组织纳入国家统一的监督管理体系之中；在健全体育社会组织的法人治理结构上，推行理事会治理机制，使得组织的决策与执行都能按照合理、高效、民主的方式运作，从而提高体育社会组织内部管理能力；建立健全体育社会组织的信息公开机制，定期向全社会公开财务报告等相关信息，建立回应公众查询的机制。

公民参与群众体育治理的现代化指公民参与群众体育治理意识和能力的现代化。主观上指公民对群众体育公共事务的关注意识、权利意识、责任意识的不断提高；客观上指公民对群众体育公共事务的认知能力和影响能力的提升，需要公民具备较高的体育专业知识能力和参与公共事务的程序、渠道、规则运用能力，掌握参与群众体育治理的程序、渠道和规则，合理利用互联网、体育社会组织、法律规范参与群众体育公共事务的治理。目前，我国公民由于体育参与水平本身较低，无论是主观还是客观上都难以满足群众体育治理现代化的要求，以全民健身路径工程的公民参与为例，公民的参与仅限于使用层面，而在全民健身路径工程管理的制度建设、规划与布局、路径工程维护等方面都缺少公民参与的身影，公民参与不足直接导致了工程闲置、布局不合理、管理不善和经费使用不明确等问题。为此，群众体育公益事业应真正从群众的需求出发，打好“民生牌”和“民心牌”，提高公民参与群众体育治理的主动性和积极性，促进公民“愿”参与；应畅通公民通过体育社会组织和具体项目参与群众体育治理的渠道，促进公民“能”参与。

在提升群众体育不同主体治理能力的同时，还应发挥不同治理主体的比较优势，重构政府、市场、社会、公民之间的关系，强化不同主体间的合作互动，建立群众体育合作治理机制，使得政府、市场、社会及公民通过沟通、互动和协商，建立相互信任、相互依赖与相互合作关系，共同分享资源和权力，共同提供公共体育服务和解决群众体育发展的问题。重点建立不同主体之间的协商机制、资源共享机制、合作动力机制、利益和纠纷调节机制、合作监督机制，实现政府的有效治理活动、体育社会组织的有效自治活动、公民的有效参与活动和企业的有效生产活动之间的良性互动，进而实现群众体育的治理目标。

（2）群众体育治理手段的现代化

群众体育治理手段是连接群众体育治理主体和客体的桥梁，群众体育治理手段现代化关键的是要变革创新。

一是要将法治作为群众体育治理的基本方式。在“四个全面”战略布局中，全面依法治国是全面小康、全面推进改革、全面从严治党的实现方式和手段，法治可以其可预期性、可操作性、可救济性等优势凝聚不同治理主体的共识，使不同利益主体求同存异，依法追求和实现自身利益最大化，是提升国家治理水平的必然途径。群众体育治理应以此为遵循，将群众体育治理依据由群众体育政策为主转变为法律为主，群众体育治理方式由主要依靠行政管理转变为依法治理，大力推进群众体育法律条例的完善工作，提升群众体育治理主体的法治观念，加大群众体育执法的力度及其监督，优化群众体育治理法治化的环境，使法治在群众体育治理中发挥引领、推动、规范、保障、制约作用。

二是要重视运用现代化的科学技术，将先进的信息技术手段、信息网络平台以及其他工具、手段引入群众体育治理中，推进群众体育政策制定信息化、政策预演模拟化、政策评价定量化、政策实施数据化等，提升群众体育治理的科学化水平。

三是要建立群众体育治理效果的评估和反馈机制，可借鉴美国的全民健身指数报告的做法，建立包括政策环境指数和健身行为指数在内的群众体育治理效果评价体系，对国家和地方层面的全民健身治理绩效进行动态评估，为政府的决策提供依据。

四是综合运用多种治理手段。在群众体育治理过程中，单纯的行政治理手段，容易导致政府扩张、效率低下、寻租腐败等一系列问题。仅强调市场的“竞争—交易”治理手段，也容易导致群众体育的公共性缺失和公共利益不足问题；仅强调体育社会组织和公民自我约束和自我管理的治理手段，也容易出现自我约束不足、自我管理不善、散漫散乱等问题。因此，群众体育治理手段的现代化要求将政府行政手段、市场竞争调控手段和体育社会组织及公民自我管理手段相结合，既发挥政府行政手段的公共性、集中性和基本公共体育服务保障的优势，又可以发挥市场组织竞争手段主动性高、回应性强、效率高的优势，也能够发挥体育社会组织及公民自治的手段形式多、过程活、应变性好的优势。

五是要创新群众体育治理工具，广泛运用合同承包、托管、特许经营、政府购买等工具，充分发挥市场和社会在群众体育治理中的作用。如利用合同承包形式，政府可将基本公共体育服务以“合同”的形式交由市场组织或体育社会组织生产和经营，政府再通过招投标竞争机制购买最优的基本公共体育服务；利用托管形式，政府可确保公共体育场馆在所有权不变的情况下，将经营权通过市场竞争的方式委托给市场或体育社会组织进行经营管理；利用特许经营方式，政府采用公开透明的筛选机制挑选出合适的市场或体育社会组织，授予该市场组织或体育社会组织经营和管理某项群众体育事业的权利，然后通过签订特许协议明确双方的权利与义务，从而使得市场或体育社会组织参与到群众体育治理中。

六是建立全民健身激励机制。搭建更加适应时代发展需求的全民健身激励平台，拓展激励范围，有效调动城乡基层单位和个人的积极性，发挥典型示范带动作用；改革群众体育先进单位、先进个人评选表彰制度，扩大表彰和奖励的覆盖面和代表性，树立榜样，形成学先进、比先进、超先进的良好风尚；建立健全运动项目业余等级标准和段位制，使体育爱好者的运动特长可以进行量化评定，让每一位运动参与者都可以享受到升段晋级的成功和喜悦；推广体育消费券、全民健身借记卡、全民健身公共积分等激励体育消费的做法，充分运用科技和金融创新的成果，建立引导和鼓励群众健身消费、市场化的全民健身激励机制。

4. 加快推进全民健身与全民健康深度融合

全民健身与全民健康深度融合是指：全民健身与全民健康两大民生工程在更广范围、更高层次、更深程度上相互渗透、互为一体。其中，全民健身要以全民健康为目标和指向，全民健康要以全民健身为重要途径和手段，形成“你就是我，我就是你”，相互联系，相互交叉渗透，相互促进的发展新格局。习近平在2016年全国卫生与健康大会上强调，没有全民健康，就没有全面小康。要把人民健康放在优先发展的战略地位，以普及健康生活、优化健康服务、完善健康保障、建设健康环境、发展健康产业为重点，加快推进健康中国建设，努力全方位、全周期保障人民健康，为实现“两个一百年”奋斗目标、为实现中华民族伟大复兴的中国梦打下坚实健康基础。基于此，推进全民健身与全民健康深度融合的本质是探索一条运动促进健康之路，最终目的是解决我国关系健康的重大和长远问题，实现健康中国的战略目标。

提出全民健身和全民健康深度融合的原因在于当前我国疾病谱变化，健康促进模式由“以疾病治疗为中心”向“以预防为主、防治结合为中心”的转变。切实推进全民健身与全民健康深度融合既是新时代我国全民健身工作的新起点，也是新时代健康中国战略实施对全民健身工作提出的新要求。

全民健身与全民健康深度融合是一个渐进的过程，其融合过程受多种因素作用和相互影响。按照其发挥作用的不同分为动力要素、政策要素和支持要素。其中动力要素推动两者融合，政策要素指导两者融合，支持要素为两者融合提供必要的基础条件。从动力要素看，全民健身与全民健康的深度融合涉及不同组织、部门和系统之间的协同，推动不同主体融合的动力主要包括个体和社会对运动促进健康的需求因素、市场竞争因素和不同主体追求利益最大化因素。从政策要素看，全民健身与全民健康深度融合是通过微观（操作）、中观（管理）、宏观（决策）三个层次的融合来实现的，不同层次的融合需要相应的政策指导，因此，政策要素包括国家的宏观政策、区域的中观政策、操作上的微观政策三个方面。从支持要素看，主要包括组织、体制机制、科技支持、专门人才、资金投入几个方面，是全民健身与全民健康深度融合的保障。因此，在选择全民健身与全民健康深度融合的路径时，要结合实际进行全要素提升。

针对当前全民健身与全民健康深度融合内在动力不足、缺乏战略规划、缺乏组织协调机构、政策法规体系不健全、运行机制不畅通等问题。在理念上要贯彻和落实"以促进健康为中心"的大健康观、大卫生观，并使这一理念统领全民健身与全民健康相关政策制定实施全过程；要树立"全地域覆盖、全周期服务、全社会参与、全球化合作、全人群共享"的大群体观，重新审视现有的全民健身工作定位，寻找与相关领域工作的差距，形成使目标任务具体化，工作过程可操作、可衡量、可考核的全民健身发展新格局。在体制和机制层面，要从国家层面建立全民健身与全民健康融合的促进委员会，从全局上对全民健身与全民健康的深度融合进行统筹协调、信息互通，实施有力的组织领导；研究制定《统筹推进全民健身与全民健康深度融合工作的实施方案》，明确全民健身与全民健康深度融合发展的目标和保障措施，细化工作任务和工作要求；建立和全民健身与全民健康深度融合体制相适应的政府统筹推进机制，综合运用资金支持、政策诱导、政绩评价和表彰激励等手段，落实各级政府责任，切实推进全民健身与全民健康深度融合工作。

在实践操作层面，要从全民健身与全民健康深度融合关键要素提升的角度实施系列工程：一是实施全民健身与全民健康深度融合的宣传工程，解决认识问题；二是实施社区居民电子健康档案建设工程，解决微观层面融合的信息收集问题；三是实施全民健身与全民健康深度融合的人才支撑工程，解决人力资源保障问题；四是实施全民健身与全民健康深度融合的科技创新工程，解决政策、手段和方法的科学循证问题；五是实施基于科学循证的社区重点人群健身行为干预工程，解决服务的公平性问题；六是实施全民健身与全民健康深度融合的"典型示范"建设工程，探索融合路径，进行体制、机制和模式创新，通过以点带面，力求形成一批可复制、可推广的经验和做法；七是大力推进"体医融合"工程，实现体育部门与医疗卫生部门之间优质资源的整合。

5. 深入推进“六个身边”工程

深入推进“六个身边”工程是落实全民健身国家战略的重要抓手，新时代要加大力度，不断完善群众身边的健身设施，健全群众身边的健身组织，丰富群众身边的健身活动，支持群众身边的健身赛事，开展群众身边的健身指导，弘扬群众身边的健身文化，构造支持全民健身工作的“四梁八柱”。让全体人民有地方健身，有机会健身，懂得如何健身，共享体育发展成果。

完善群众身边的健身设施。结合群众体育休闲化、生活化需求，大力推动健身步道、多功能运动场地、体育公园等便民体育设施建设。按照“插体于绿（地）、插体于（广）场、插体于（公）园、插体于景（观）、插体于空（地）”的思路，在现有的标志性建筑、绿地、广场、园林、景观、闲置地添置一些与周边环境相协调的体育设施，创造良好的体育生活环境。落实新建社区按标准配建体育设施，并与住宅区主体工程同步设计、同步施工、同步投入使用相关政策。推广学校体育场馆对外开放典型经验，提升学校体育场馆开放水平和使用效率。结合基层运动促进健康需要，推进体育、文化、教育、养老、医疗卫生等相关场地设施进行改造升级和资源共享，形成共建共享机制，实现健康促进“一站式”服务。加强群众身边的健身器材管理维护，推广手机 APP、二维码等新的管理维护手段。

健全群众身边的健身组织。以构建小政府、强社团、大社会的新格局为方向，以形成“体育总会+单项体育协会+人群体育协会”的健身组织网络为目标，加快推进各级体育总会改革，理顺体育行政部门和体育总会的关系，切实发挥体育总会的纽带连接作用。探索基层健身组织与文化、教育、卫生、养老等各类组织相融合的途径和方式。大力扶持符合社会需求的橄榄球、棒球、登山户外、定向等时尚休闲体育项目的社会组织。建立民间体育组织登记备案制度，引导其健康、有序、规范发展。不断提升各类群众健身组织专业化水平，加大向群众健身组织购买服务的力度，打通全民健身服务“最后一公里”。

丰富群众身边的健身活动。因时、因地、因人群、因行业广泛开展主题鲜明的全民健身活动，打造全民健身品牌活动体系。继续鼓励和支持结合群众需求广泛开展“一地一品”“一行一品”全民健身活动。积极组织面向农民工、老年人、残疾人等社会弱势群体的体育健身活动。大力发展广场舞、健身操、健步走、跑步、骑行、现代球类等群众喜闻乐见的健身项目。积极培育帆船、山地户外、马术、极限运动、航空等具有消费引领特征的时尚项目。推广普及武术、太极拳、健身气功等民族传统体育项目和乡村农味农趣运动等民俗民间项目。以筹办北京冬奥会为契机，推广和普及冰雪运动，努力实现“三亿人参与冰雪运动”的目标。充分发挥各行业各部门的优势，调动社会力量，打破行业壁垒，建立开放式、社会化的活动组织模式，推进群众身边的健身活动与文化、养老、旅游、精神文明、医疗卫生等相关活动全面融合。

支持群众身边的健身赛事。整合各方优势和力量，开展一批适合不同人群、不同地域和不同行业特点的群众身边的赛事。专业高端的竞技比赛要引入群众参与环节，实现大众选手与专业选手同场竞技。推广上海举办市民运动会的经验和做法，鼓励举办不同层次和类型的全民健身运动会。努力推进群众体育赛事升级，打造接地气、高标准、品牌化、美誉度高的草根联赛。充分挖掘和利用群众性体育健身赛事的综合价值，将赛事与城市景观、文化、旅游相结合，打造地方亮丽名片。加大政府购买体育赛事服务的力度，为社会力量举办群众体育健身赛事创造便利条件。

开展群众身边的健身指导。加强镇（乡）、街道的国民体质监测中心与指导站点建设，建立稳定的国民体质监测专业队伍，开展日常国民体质监测，利用体质监测进行科学健身指导。与有关部门合作在乡镇、街道建设健康促进服务中心，常年为群众健身提供科学、专业指导。利用县乡医院、社区诊所、家庭医生等基层卫生部门力量，全面培训可开运动处方的全科医生、家庭医生，为群众提供精准化的健身指导。加强基层健身指导队伍建设，扩大社会体育指导员培训规模，增加社会体育指导员的数量，建立社会体育指导员星级评选制度，提高社会体育指导员上岗率、服务水平和综合技能。建立专门的科学健身行为干预志愿者服务网站，列出不同地方的志愿者信息、联络方式，以及不同地区需要志愿服务的信息，作为人们寻求和参与科学健身行为干预志愿服务的平台。

弘扬群众身边的体育健身文化。构建体育健身文化宣传大格局，推动体育系统报、台、网、端等各类传播平台融合发展，扩大体育健身文化宣传的影响力，用好社会媒体资源，形成合力推动体育健身文化传播，通过开办杂志、开设专栏、开展讲座等灵活多样的形式，普及体育健身文化知识，提高人们的健身意识。打造好的体育电影、电视剧、体育微视频等，弘扬健康文化，把群众身边好的理念、健身养生方法，在群众当中弘扬开来。讲述全民健身故事，树立全民健身榜样，在全社会推广健康新理念、培育健身新风尚。

6. 着力推动基本公共体育服务均等化

基本公共体育服务是由政府主导，保障全体公民的体育基本权利，与经济社会发展水平相适应的公共体育服务。基本公共体育服务均等化是指全体公民都能公平可及地获得大致均等的基本公共体育服务，其核心是促进机会均等，重点是保障人民群众得到基本公共体育服务的机会。保障公民享有基本公共体育服务是政府的重要职责，推进基本公共体育服务均等化，是解决我国全民健身公共服务发展不充分和城乡、区域、人群之间发展不平衡的需要，是实现两个“一百年”的应有之义，对于人民共享体育发展成果，增强获得感和幸福感都具有十分重要的意义。

推进基本公共体育服务均等化的策略有：一是要建立基本公共体育服务的标准体系。基本公共体育服务的标准化是实现均等化的必经之路，其核心是从我国不同阶段的国情出发，根据群众的基本体育需求，特别是“六边工程”的实施，通过编制规划，提出公共体育服务的范围、种类、程度以及各级政府的保障支出责任，确定国家基本公共体育服务的保障标准，作为国家公共体育服务的“底线标准”或均等化标准。在此基础上提出基本公共体育服务均等化的评价标准，作为政府基本公共体育服务问责的技术基础。地方也可以根据群众实际体育需求、政府财政能力和体育特色，制定适合本地区特色的实施标准，建立国家指导标准和地方实施标准相衔接的公共体育服务标准体系。通过规划执行，监督和检查基本公共体育服务均等化政策执行情况和实施情况。

二是构建与基本公共体育服务均等化相适应的财政投资机制。基本公共体育服务是政府的基本职责，必须由公共财政予以保障。在基本公共体育服务财政投入的总量上，应建立与GDP或政府财政预算支出成比例的稳定投入机制，使得均等化的水平真正与经济社会发展相一致。在财政投资的责任上，应根据基本公共体育服务均等化的现状，结合均等化地区的财力和整个财政支付能力，明确不同层级政府的事权和财权范围，确定各级财政分担基本公共体育服务资金比例的权重，完善政府间转移支付机制，实现地方政府基本公共体育服务财政能力均等化。实施基本公共体育服务的精准扶贫，推动老少边穷地区基本公共体育服务的跨越式发展；把农民工、老年人、残疾人和农村留守妇女儿童纳入重点保障的特殊群体，对这部分群体的体育需求予以重点关注。在财政投资的方式上，培育体育社会组织参与基本公共体育服务的提供、管理和监督，通过政府购买体育社会组织的公共体育服务，打破基本公共体育服务政府垄断供给的局面，实现促进体育社会组织壮大、提升财政资金效率和基本公共体育服务质量的“多赢”目标；通过发放居民体育消费券培育等方式促进居民体育消费，打通公共体育事业与体育产业之间的联系。

三是建立政府间基本公共体育服务问责制。通过第三方评估主体，以基本公共体育服务均等化的评价标准为基础，加强基本公共体育服务标准执行情况的监督评估，并列入各级政府目标考核范畴，促进基本公共体育服务均等化的有效推进。

7. 促进群众体育智慧化发展

群众体育智慧化是指应用物联网、互联网、大数据、云计算等技术和手段，对群众体育领域的海量感知信息进行处理和分析，对群众的体育健身需求做出智能化响应和智能化决策支持，打造信息互联互通、多元主体协同、政民互动通畅、体育服务精准、公共管理智能的群众体育发展模式的过程。群众体育智慧化表现为群众体育感知智能化、群众体育管理的精准化、全民健身公共服务的便捷化，并通过强大计算能力和高级分析能力的智能技术处理，为体育锻炼的参与者提供全面、智能化的服务。

促进群众体育智慧化，一是建设智慧化的体育场地设施。大型体育场馆要以Wi-Fi等无线网络建设和智能传感系统建设为基础，充分融入物联网技术和云计算技术，促进场馆预定、赛事信息、经营服务统计、能耗管理等整合应用；通过人工智能与大数据分析，识别用户的线上和线下体育行为偏好，并根据偏好进行精准营销，增加用户对体育场馆的黏性，并存储用户体育参与行为。推进智慧健身路径、健身步道、智慧体育公园建设，利用二维码进行设施管理与维护，通过手机APP实现数据对接，使用者可通过扫描器械上的二维码进行签到和参与排位，查询器械的健身功能、使用方法、适合人群等信息，同时获得设施锻炼指导视频。鼓励社会力量建设分布于社区、商圈、工业园区等的智慧健身中心、智慧健身馆、智慧健身工作室、共享健身仓等。提升体育特色小镇、体育服务综合体等载体的智慧化发展水平。

二是打造智慧化的全民健身公共服务信息平台。加快推进互联网与全民健身公共服务体系的融合，创新全民健身公共服务的模式与流程，形成线上用户需求表达—线上线下资源共享匹配—线下用户体验—线上用户满意度评价—服务改进为流程的供给模式，真正做到问需于民、精确把握群众体育需求、精准推送公共体育服务，满足群众个性化、多样化的体育需求。特别要注重平台对群众体育健身行为的驱动作用，针对制约群众体育参与的健身知识、态度、信念、价值观等倾向因素，利用微信公众平台等新媒体、自媒体去引导和教育民众形成正确的认识，激发运动动机；针对制约群众体育参与的体育场地设施、指导人员、体育活动、体育组织等促成性因素，以共享思维通过线上线下结合的供给模式，实现全民健身公共服务的精准化供给；针对群众体育行为保持的强化因素，通过智能穿戴等对健身效果进行及时评价和反馈、利用社交平台分享健身行为等形式，促进群众体育锻炼行为的保持。积极探索网络化的体育治理模式，充分利用互联网、移动互联网应用平台等，加快推进体育政务新媒体发展建设，加强政府与民众的沟通交流，提高政府的群众体育管理、公共服务和公共政策制定的响应速度，提升政府科学决策能力，促进政府职能转变和简政放权；要利用社交平台加强群众身边的网络体育草根组织建设，推动基层群众体育的自治。鼓励政府和体育互联网企业合作建立群众体育资源、居民健康档案、群众体育参与、体质监测报告等信息共享平台，打通区域、行业、部门、单位之间的数据壁垒，利用大数据分析技术，提升政府的群众体育治理能力。

三是夯实群众体育智慧化发展的基础。结合智慧社会、智慧城市发展，加强群众体育智慧化所需的宽带网络、物联网、云计算中心、智能体育设施等建设，为实现群众体育资源整合、数据共享、互联互通提供支持，为实现群众体育智慧化打下坚实基础。开展体育行业相关标准体系和标准化建设，包括群众体育智慧化总体标准、信息资源标准、基础设施标准、应用标准、管理规范以及数据编码规范等，使群众体育智慧化的运行、服务和管理有章可循、有据可依。建立群众体育的基础信息数据库，形成以国家的群众体育数据中心为实施主体、跨界合作平台为辅助的工作网络，开展群众体育基础性数据的长期监测工作；在实施主体方面，依托各省市体育科研所、高等院校和互联网大数据机构等，在全国布局一批群众体育数据监测中心，负责数据的采集和分析，形成包含群众体育环境监测数据库、群众体育行为监测数据库、国民体质监测数据库、公民身体素养监测数据库在内的群众体育基础数据平台，并建立与卫生健康、交通、环保等相关部门互联互通的数据共享机制，使群众体育数据与国民健康、经济、社会发展数据实现外部关联；探索推进智能穿戴设备、智慧场馆等产生的数据资源规范接入群众体育基础数据平台；建立群众体育的互联网数据采集与监测平台，通过群众体育专题调查、整合社交平台体育参与数据和体育消费订单数据等，丰富群众体育相关数据；支持第三方建立个人健身银行，进行全民健身效应的长期跟踪和数据挖掘。在数据利用方面，组织相关专家，进行数据的科学分析和深度挖掘，掌握群众体育发展动态、梳理规律、把握趋势，定期提出专业性、综合性分析报告，提高政府管理部门群众体育决策水平，促进群众体育事业科学发展。加大科研投资力度，鼓励群众体育智慧化的前后端研发，提供信息基础设施，前端指体育行为监控的智能传感器网络研发，实现透彻感知和全面互联；后端指体育行为云决策平台开发及应用，实现智能处理和智能服务。鼓励企业与高校、科研院所、职业教育等机构联合培养智慧体育人才。

（上海体育学院　卢文云）

第三章

竞技体育改革与发展

习近平在十九大报告中提出“广泛开展全民健身活动，加快推进体育强国建设，筹办好北京冬奥会、冬残奥会”，赋予了竞技体育重大的历史使命和时代责任。北京2008年奥运会以来，我国竞技体育事业在改革中取得新成就，为国家经济社会建设做出了重要贡献，同时，竞技体育发展过程中依然存在着一些突出的矛盾和问题。在体育大国向体育强国迈进的重要时期，我们既要巩固和提升竞技体育整体优势，也要积极补齐竞技体育发展“短板”。面向新时代，竞技体育事业要以党的十九大精神为指导，紧密围绕全面建设社会主义现代化国家的新目标，以新思想引领竞技体育改革发展新实践，开启竞技体育事业发展新征程，使竞技体育在实现“两个一百年”奋斗目标、促进国家建设中发挥积极作用，为早日实现体育强国、全面建成小康社会做出新的贡献。

一、竞技体育改革与发展主要成就

（一）竞技体育服务国家战略的地位与作用日益彰显

1. 竞技体育的政治价值服务于中国崛起

竞技体育是体育强国建设的重要内容，是实现中华民族伟大复兴中国梦的重要载体，对树立国家形象、振奋民族精神、推动国家外交、增强国家凝聚力等发挥着不可替代的作用。2008 年以来，竞技体育继续发挥着强大的政治功能，助力中国崛起。

第一，塑造大国形象，彰显精神风貌。2008 年以来，国家崛起的战略目标赋予了竞技体育特殊的使命，竞技体育肩负着重大的时代责任，通过继续发挥自身的政治价值，对内提升民族凝聚力，对外塑造大国形象，助力中国和平崛起。通过申办和筹办南京青奥会、杭州亚运会、北京冬奥会和冬残奥会等重大国际比赛，展现新时期中国的良好形象和经济社会发展新风貌。2014 年南京青奥会，将一个负责任、有担当、活力四射的大国形象展示在世界舞台中央；北京 2022 年冬奥会、冬残奥会的成功申办标志着中国体育在当代国际体坛中取得了新的坐标。通过承办各类大型综合性国际赛事，展现了中国作为一个大国强烈的国际责任感，通过竞技体育赛事对国际社会产生了积极影响，塑造了大国形象。此外，十年来，越来越多的中国体育明星在国际竞技体育舞台崭露头脚，优秀运动员在赛场上表现出的高水平运动技能、坚韧顽强的毅力、包容大度的风格、积极阳光的面貌，向世界传递着中国体育的新风貌。十年来，姚明、李娜、朱婷等优秀运动员陆续进入国外高水平职业联赛，用勤奋、幽默、睿智的人格魅力为西方重新审视中国打开了一扇窗。丁俊晖、邹市明、刘翔、孙杨、林丹、武大靖等在国际赛场上的高水平运动技能、自信坚毅的精神品质彰显了新时代中国人的体育精神和民族精神，提升了我国国际地位与全球影响力。

第二，丰富国家外交形式，推动大国外交。竞技体育作为一种政治符号，能够超越国界和种族，具有搭建公共外交平台、促成政治文化沟通、推动人类价值观融合等多元价值。十年来，我国以竞技体育为载体，与世界各国和多个国际体育组织密切联系，在大型赛事举办、体育外交、体育对外援助等多领域展开了国际交流与合作，取得了巨大成就。北京2008年奥运会吸引了全球205个国家和地区参加，80多位国家元首或政府首脑出席，各国政要利用奥运契机商讨外交事宜，以和平手段促进国家间利益实现，使得竞技体育盛会成了一场国家外交的大戏。北京奥运外交表明，竞技体育作为国家间的特殊交往方式，传达了我国政府关于中国和平崛起、建立和谐世界的主张，深化了与世界各国的友好关系，为推动中国走向世界发挥了重要作用。十年来，我们举办和参与区域体育赛事、世界大型赛事，实现人文交流、民间交往的方式日益增多，在“一带一路”倡议、金砖国家合作、中国与“东盟”国家合作等重要的多边交往中，竞技体育赛事成为各种文化交流活动的有效载体，环青海湖国际自行车赛、“一带一路”乒乓球邀请赛、丝绸之路国际汽车拉力赛、中国武术丝路行、中俄青少年运动会、“一带一路”国际马拉松系列赛等系列赛事不断登陆“一带一路”沿线国家，加深了中国与世界体育文化的深层次交流，成为实现中国特色大国外交的助推器。

第三，提升国际话语权，增强国家影响力。2008年以来，我国从多个领域加强了竞技体育软实力建设，我们举办的大型国际赛事不断增多，国际体育领域的交流日益活跃，在国际体育事务中的作用不断增强。十年来，我们举办了2013年天津第六届东亚运动会、2013年南京第二届亚青会和第二届青奥会、2015年北京世界田径锦标赛等多项国际大赛，成功申办了北京2022年冬奥会、2022年杭州亚运会、2019年国际篮联篮球世界杯赛等重大国际赛事，多项世界大型赛事的申办，进一步提升了我国的国际话语权和世界影响力。我们还通过积极加入国际体育组织提升话语权，十年来，我国在国际体育组织中任职人数稳定在254~275人，任职职位数稳定在403~440个。2010年，中国冬奥会冠军杨扬以89票赞成5票反对的绝对优势成为中国第一个以运动员身份当选的国际奥委会委员。我们还拓宽了参与国际体育组织的方式，通过社会力量，利用中国企业家“走出去”，参与国际体育组织提升中国体育的影响力。中国企业家吴迪在2014年当选国际拳联副主席，王石在2014年当选亚洲赛艇联合会主席，不仅提高了中国在国际体育事务上的决策力，也进一步传播了积极、正面的中国体育形象，增强了国家影响力。

2. 竞技体育的经济价值推动经济社会建设

2008年以来，随着社会主义市场经济快速发展，我国竞技体育的经济价值被进一步挖掘，竞技体育不断服务于新时期的经济社会建设，为全面建成小康社会助力。

第一，竞技体育项目更加注重产业化发展。伴随着我国经济体制改革的深入，竞技体育与市场的关系日益密切。在国家大力发展体育产业的背景下，竞技体育的产业效益得到了进一步提升。2010 年 3 月，《关于加快发展体育产业的指导意见》提出“通过大力开发体育竞赛和体育表演市场，不断推进全国综合性运动会和单项赛事的市场开发”。2014 年 10 月，《关于加快发展体育产业促进体育消费的若干意见》提出“以竞赛表演业为重点，大力发展多层次、多样化的各类体育赛事”。在国家系列政策扶持下，我国竞技体育项目赛事的市场化、产业化进程不断提升。2015 年体育竞赛表演业总产出 149.5 万亿元，实现增加值 52.6 亿元；2016 年体育竞赛表演业总产出 186.8 万亿元，实现增加值 65.5 亿元。同时，大型赛事也带动了多个行业的产业化发展，如北京 2008 年奥运会和 2010 年广州亚运会，为我国提供了数以百计的就业机会，带动了地方旅游业、餐饮业、交通运输业等产业共同发展。随着新时代全面建设小康社会进程的加速，竞技体育促进经济在我国社会发展中的作用将越来越明显。

第二，运动项目的产业效益不断提升。2008 年以来，大力发展运动项目产业成为新趋势。足球、篮球、排球、乒乓球等球类项目，马拉松、竞走、自行车等景观体育项目，马术、滑雪等体验类项目产业都得到快速发展，相关运动项目产业总量、产业覆盖面、市场认可度也在快速上升。并且，我国运动项目精品赛事不断涌现，从足球、篮球、排球、乒乓球等国内职业联赛，到美国职业篮球联赛季前赛、中国网球公开赛、世界一级方程式锦标赛、世界汽车拉力锦标赛等国际大型比赛，不同项目赛事创造的经济价值和品牌价值不断增长，各类运动项目的经济效益越来越明显。2014 年 10 月，国务院印发了《关于加快发展体育产业促进体育消费的若干意见》（以下称《意见》），提出抓好潜力产业，以足球、篮球、排球三大球为切入点，加快发展普及性广、关注度高、市场空间大的集体项目，推动项目产业向纵深发展。《意见》激活了竞技体育项目在经济领域的巨大能量，开拓了竞技体育项目产业化发展的新思路。以足球为例，在国家大力发展体育产业的背景下，足球产业效益不断提升。中超联赛 16 家俱乐部总收入由 2013 年的 16.16 亿元上升到 2016 年的 70.82 亿元，中超联赛有限公司总收入由 2012 年的 1.19 亿元上升到 2016 年的 15.2 亿元。各俱乐部门票收入大幅提升，2013 年恒大俱乐部门票突破了 1 亿元，其余多数俱乐部的票房收入在 1000~2000 万元。2014 年，中国平安签约为中超联赛冠名，年均冠名费达 1.5 亿元；阿里巴巴以 12 亿元换得恒大足球俱乐部 50%股权；恒大胸前广告卖出 1.1 亿元。“第一大球”的商业价值逐渐凸显。此外，伴随着竞技体育的市场化改革，各种竞技体育资源成为众多企业抢夺的焦点，国内竞技体育赛事如雨后春笋般涌现，冰雪运动、航空运动、山地户外运动、水上运动等一系列运动项目赛事不断走入民间市场，让体育产业有了更多的发力点，对经济社会发展发挥了重要作用。

3. 竞技体育的人文价值满足于社会需要

竞技体育不仅能够推动国家的政治、经济建设，而且能够凸显一个国家和民族的文化素质和精神面貌，在塑造人的健康体魄、培养人的健全品质、促进人的全面发展等方面具有重要作用。北京 2008 年奥运会后，伴随着我国体育事业改革的深入，竞技体育从主要服务于国家崛起的政治价值，逐渐向满足于社会需求的人文价值转变，不断体现出以“休闲、娱乐、教育、文化、服务”为中心的社会价值、教育价值和文化价值。

第一，竞技体育的人文价值理念通过奥运赛事不断推广。竞技体育不仅是一种赛场博弈的方式，而且是一种教育手段，一种精神载体，一种生活方式，竞技体育特有的人文价值理念通过奥运赛场不断推广。北京 2008 年奥运会以“人文奥运”为核心理念，在赛事筹办过程中强调人文与体育相融合，展现了以人为主体的奥运参与原则，为世界打造了一届“和谐、交流与发展”的人文主题奥运会，通过奥运赛场展现了运动员的精神面貌和顽强拼搏的优良品质，在全世界广泛推广了奥林匹克精神的教育价值。南京 2014 年青奥会同样以特有的方式推广了奥林匹克运动的人文价值，将“让奥运走进青年，让青年拥抱奥运”作为办赛理念，在年轻人之间提升体育运动意识和参与感，激发了青少年自我创新意识，打造了一届充满人文教育色彩的青年奥运会，并将参与奥运赛事作为塑造青少年健康体魄、培养青少年健全品质的有效途径，向世界各国青少年传达了奥林匹克文化教育的健康内涵。

第二，竞技体育满足于人民文化生活需要的社会价值不断提升。十年来，在国家体育部门的大力推动下，我们不断推动竞技体育与文化、卫生、医疗、养老、教育等多个领域合作，为人民提供优质的社会服务。体现在以服务人民业余文化生活为目的的体育赛事产品质量不断提升，以满足人民健身需要为主旨的大型体育场馆数量不断增多，以体育竞赛表演业、体育场馆服务业、体育赛事转播业等为主体的体育服务业比重稳步提高，竞技体育赛事活动不断走向民间。2014

年国务院46号文件颁布以来，我国体育服务业迅速发展，传统主要用于高水平运动队的体育场馆不断进入公共服务领域，大型体育场馆逐渐成为竞赛表演、文化娱乐、体育培训、商贸会展等多功能集聚的体育服务综合体。此外，通过推动竞技体育社会化发展，挖掘竞技体育的社会价值，利用竞技体育赛事、竞技体育技能培训等多种形式，拓宽了竞技体育的服务价值，推进了全运会等大型综合性运动会和主要单项赛事改革，促使各类体育竞赛不断走向社会。同时，通过大力发展民间商业性、群众性赛事，调动地方体育部门和社会力量办赛的积极性，初步建成了适应社会主义市场经济需求，政府引导、形式多样的竞赛体系，不断满足人民群众日益增长的文化生活需要。

第三，竞技体育的精神文化价值得到弘扬。十年来，我国竞技体育不仅在世界大赛中取得了一系列优异成绩，而且竞技体育的精神文化价值不断凸显，在青少年意志教育、品德教育中发挥了重要作用。为充分发挥竞技体育的精神文化价值，全国各地打造了一系列体育文化育人活动，通过开展以“弘扬女排顽强拼搏、永不言弃精神”为主旨的优秀运动员进校园活动，培养青少年专注、拼搏的运动精神和团结奋斗、乐观向上的人生态度，帮助青少年身心健康成长。另外，全国各地学校还开展了体育明星进校园活动，姚明、李娜、孙杨等优秀运动员陆续走进校园，通过体育明星讲述励志故事，传递正能量，培养青少年学生的意志品质。通过积极弘扬中华体育精神和讲述励志性体育故事，竞技体育特有的顽强拼搏、不怕困难、团结协作等文化价值观得到弘扬，激发了青少年学生勇敢、激昂、能吃苦耐劳的精神品质，为新时代的社会建设提供了源源不断的精神动力。

（二）竞技体育综合实力稳居世界前列

1. 世界大赛创造优异成绩

奥运会作为一项综合性的国际体育盛会，是世界各国竞技体育实力展示的最高舞台，奥运奖牌榜客观地反映着各代表团的总体实力，准确地记载着各参赛国的竞技体育发展成就。十年来，我国共参加了三届夏季奥运会和三届冬季奥运会，中国代表团在夏季奥运会一直稳居世界前三位，综合实力处于世界前列。其中，北京2008年奥运会，中国队获得了51枚金牌、100枚奖牌，金牌总数位居世界第一；伦敦2012年奥运会，中国队获得了38枚金牌、88枚奖牌，占亚洲金牌总数的41.7%、奖牌榜的26.4%，金牌和奖牌总数超过了传统体育强国俄罗斯，取得了我国境外参赛的历史最好成绩；里约2016年奥运会，中国队获得26

枚金牌、70 枚奖牌，保持了奖牌榜世界前三位的优异成绩，并且扩大了优势项目，一些潜优势项目和弱势项目取得了新的突破。冬奥会方面，温哥华 2010 年冬奥会中国派出了参加冬奥会以来规模最大的代表团，以 5 金 2 银 4 铜的成绩列金牌榜第 7 位，首次进入冬奥会奖牌榜前 8 位；索契 2014 年冬奥会，中国代表团获得 3 金 4 银 2 铜，共 9 枚奖牌，金牌数超过韩国，成为亚洲第一。

2008 年以来，我国参加了世界锦标赛、世界杯赛及亚运会等各类大赛，多个项目都取得了优异成绩。十年间，我国在奥运项目国际大赛中共获得世界冠军 1182 个，创造世界纪录 124 次，各年份世界冠军数量基本保持在 100 个以上，竞技体育综合实力继续保持世界前列（表 3-1）。2010 年广州亚运会，中国队获得 199 枚金牌，创造了亚运会金牌总数新高。2014 年仁川亚运会，中国队连续第九次雄居亚运会奖牌榜首位，多个运动项目取得新突破。

表 3-1　近十年我国获得的世界冠军和破世界纪录数量

年份	世界冠军数量	破世界纪录数量
2008 年	120	16
2009 年	147	22
2010 年	108	16
2011 年	138	8
2012 年	107	14
2013 年	124	13
2014 年	98	10
2015 年	127	10
2016 年	107	9
2017 年	106	6

2. 竞技体育项目亮点纷呈

2008 年以来，我国竞技体育综合实力保持世界前列的同时，多个运动项目在世界大赛中亮点纷呈，充分展示了我国竞技体育的发展水平。伦敦 2012 年奥运会，田径、水上等基础大项实现历史突破，陈定收获了男子 20 公里竞走金牌，中国田径时隔 8 年重返奥运金牌榜；孙杨在 400 米、1500 米自由泳决赛中勇夺两枚金牌，并打破了1500米自由泳世界纪录，改写了中国男子游泳奥运参赛历史；徐莉佳在帆船项目激光雷迪尔级比赛中获得首枚奥运金牌，实现历史突破。里约2016年奥运会，中国女排时隔12年再夺奥运冠军，女排精神再次引起社会热议；自行车项目首次夺得奥运金牌，实现了历史性突破；高尔夫项目首次进入奥运大家庭，我国运动员就登上了领奖台。我国田径项目全面进步，2008年以来的五届世界田径锦标赛中，三届获得两枚金牌，三次排名世界前十，尤其是2017年伦敦世锦赛，我国田径代表队获得2金、3银、2铜，总排名第五，男女20公里竞走、女子投掷、短跨、跳高等多个项目取得了好成绩。同时，我国优势项目乒乓球、羽毛球、跳水等在奥运赛场和世界大赛中继续保持优势，伦敦奥运会，乒乓球和羽毛球两个项目均包揽所有金牌，展现了我国优势项目的综合实力。

十年来，我国冬季运动项目取得了明显进步。温哥华2010年冬奥会，我国奖牌分布面由2大项8小项扩展到3大项9小项，进入前8名的运动员人数由3大项14小项49人次增加到4大项17小项66人次，我国短道速滑队成为冬奥历史上首支包揽女子项目金牌的队伍。索契2014年冬奥会，我国运动员在速度滑冰项目上取得历史性突破，速度滑冰女子1000米决赛创造历史，张虹以1分14秒02夺得中国冬奥会历史上首枚速滑金牌，展示了冬季项目的巨大潜力。

（三）竞技体育体制机制改革不断深化

1. 竞技体育管理体制和运行机制逐步完善

北京2008年奥运会是中国竞技体育深化改革的重要历史节点，奥运会后，深化竞技体育体制机制改革成为时代发展的要求。十年来，体育相关部门围绕北京奥运会后建设体育强国的要求，不断完善竞技体育举国体制，优化竞技体育发展方式，大力推进竞技体育社会化改革，加快推进国家队和后备人才选拔方式改革，竞技体育体制机制改革不断向纵深推进。

第一，竞技体育“开放”“放管服”改革取得实效。一是进一步完善了竞技体育举国体制，打破了依靠国家“独家管办”竞技体育的发展方式。通过转变政府职能，取消、下放和清理了若干行政审批事项，推进了全国性单项体育协会试点改革和赛事审批制度改革。把体育内部的一些工作逐步放开给社会，由体育部门办体育转变为全社会共同参与办体育，打破了行政、事业、社团和企业四位一体格局，初步建立了与社会主义市场经济相适应、国家办与社会办相结合的竞技体育管理体制。二是大力推进实施竞技体育事业的“扁平化”管理。十年来，我们不断转变竞技体育发展方式，深入推进各领域的“放管服”改革，将原有竞技体育事业中各自分管几个部门、单位的块状管理方式，调整为条块结合的“扁平化”管理方式，我国竞技体育逐步从管办分离、简政放权中获得了可持续发展的动能和全方位拓展的空间，逐渐形成了计划与市场并行，国家体育总局集中领导下的“集中双轨制”运行机制，不断打造更加开放、更具活力的竞技体育管理体制和运行机制，提高了竞技体育的发展质量和效益。

第二，运动项目协会实体化改革不断深入，初步形成了社会化的竞技体育运行机制。2008 年以来，运动项目协会实体化改革成为一项重要任务，以足球协会改革为开端，为篮球、排球等其他项目协会改革探索经验。2016 年 2 月，国家体育总局足球运动管理中心正式撤销，中国足协与国家体育总局“脱钩”。2016 年 4 月，《中国足球中长期发展规划（2016—2050 年）》印发，标志着体育项目改革真正步入深水区。足球改革取得了立竿见影的效果：中超联赛观众上座率触底反弹；恒大两夺亚冠联赛冠军；奥斯卡、保利尼奥、孔卡等一大批国际球星纷纷加盟；中超版权费卖出 80 亿元，中超海外转播覆盖全球 96 个国家和地区；2017 年 3 月，75%的地方足协实现了实体化。并且，以单项体育协会为突破口，一批运动项目协会陆续实施了实体化改革，让专业的人干专业的事，让优秀运动员发挥专业优势，成为体育协会改革的主题：2016 年 12 月，知名羽毛球运动员李玲蔚当选中国奥委会副主席；2017 年 2 月，姚明当选篮协主席；女排主帅郎平兼任中国排协副主席。截至 2017 年底，中国篮球协会、中国滑冰协会、中国冰球协会等 15 个单项体育协会的负责人进行了调整，姚明、王海滨、冼东妹、周继红、张健等一批专业人士当选 27 家协会主要负责人，越来越多的专业人士走进管理层，凸显了国家体育部门深化运动项目协会实体化改革的决心和力度。

2. 竞赛体制和训练体制改革取得明显成效

十年来，我们继续深化竞赛体制和训练体制改革，通过完善办赛方式和组织管理办法，深入挖掘竞技体育项目特点和训练规律，在继续巩固、发展以三级训练网为标志的“一条龙”训练体制的基础上，大力拓宽训练渠道，加强训练创新，不断探索科学训练和科学管理新模式。

第一，稳步推进赛事审批制度改革，推动了体育竞赛的社会化。2014 年 10 月，国务院《关于加快发展体育产业　促进体育消费的若干意见》提出“取消不合理的行政审批事项，凡是法律法规没有明令禁入的领域，都要向社会开放。

取消商业性和群众性体育赛事活动审批，加快全国综合性和单项体育赛事管理制度改革，公开赛事目录通过市场机制积极引入社会资本承办赛事。”2014 年 12 月，为全面推进体育赛事制度改革，充分调动社会各方承办体育赛事的积极性，国家体育总局颁布了《关于推进体育赛事审批制度改革的若干意见》，明确提出取消审批，除全国综合性运动会和少数特殊项目赛事外，包括商业性和群众性体育赛事在内的全国性体育赛事审批一律取消；提出创新赛事管理模式，编制《全国性单项体育协会竞技体育重要赛事名录》，完善赛事审批制度改革配套制度等多项举措。文件颁布以来，我国竞赛市场环境得到优化，各类市场主体参与办赛的积极性得到调动，逐步建立起了办赛主体多元化的赛事体系。

第二，积极推进全运会竞赛制度改革，挖掘大型赛事的综合效益。作为全国竞技水平最高的综合性运动会，全运会以往出现的争议纠纷、赛风赛纪等问题遏制了赛事的健康发展。近年来，我们围绕全运会竞赛体制，对项目设置、参赛方式、组织形式等多个方面进行了改革。2017 年 8 月，第十三届全运会出台的一系列改革举措成效显著，无论是办赛理念还是体制机制都做出了重大创新。通过新增群众项目，打破专业和业余、国际和国内界限，打破地区壁垒；实施教练员激励政策等 8 项措施，取消了金牌奖牌榜，以杜绝金牌至上的扭曲政绩观和体育观。通过改革，业余选手走上了赛场，让普通人、草根体育走上了全运会舞台，实现了从竞技体育到全民体育的大转变。多项改革措施使全运会既起到引领全国竞技体育发展的龙头作用，又成为引导人民群众广泛参与全民健身活动的重要平台，实现了综合性运动会的多元价值和综合效益。

第三，加强训练创新，稳步推进训练体制改革。十年来，我们不断深化对不同运动项目训练规律的认识，在训练方法、手段以及技战术方面勇于创新，逐步打造了符合现代运动训练发展要求的训练体制。一是不断探索科学训练和科学管理新模式。在运动训练管理实践中，遵循与时俱进的精神，创新运动训练方法，坚持和完善了诸多科学化训练制度，如不同运动项目技战术专家会诊制度、专业科研人员长期跟队制度、优秀运动队陪练制度等。另外，根据不同运动项目技术特点和要求，不断丰富了多元运动训练管理模式，如领队负责制、总教练负责制、领队领导下的主教练负责制、领队主教练分工负责制、队委会制、队委会领导下的分工负责制等，并通过系统引进国际前沿训练理论和训练方法，加强学习和交流，不断调动管理人员、教练员和运动员的积极性，有效提高了运动训练的效率与效益。二是不断提高运动训练科学化水平，推进运动队复合型训练管理团队建设。我们进一步加强了对训练基地科研、医疗、文化教育的投入和支持，完善了“科、训、医、教”一体化训练基地模式，提高了全国运动训练基地的训练、科研、医疗、教育和保障水平，以创新带动了科学化训练水平的不断提高，在全国各大城市建立了一批国家级训练基地。

3. 竞技体育项目职业化改革不断推进

推动竞技体育项目职业化改革是提升竞技体育发展水平的突破口，2008 年以来，我们积极探索社会主义市场经济条件下的职业体育发展方式，鼓励具备条件的运动项目走职业化道路，支持教练员、运动员职业化发展。

第一，竞技体育项目职业化进程加速推进，职业化水平不断提升。2008 年以来，伴随着竞技体育职业化改革的深入，足球、篮球、拳击、高尔夫、网球、冰球世界一级方程式锦标赛等多个项目的职业化水平不断提升，不同职业体育项目的社会参与面不断扩大，职业体育的成熟度和规范化水平不断提高。2015 年以来，以足球改革为突破口，进一步提升了足、篮、排“三大球”等项目的职业化发展水平，加速了多个运动项目的职业化进程。2009 年 4 月成立的广东恒大女排，作为国内第一支完全职业化排球俱乐部，开创了我国排球俱乐部自负盈亏、自主生存、自我发展的新模式，推进了我国排球职业化发展。中国网球积极探索职业化发展道路，也取得不错的业绩。2014 年 2 月，李娜职业生涯排名升至历史新高度的第二位，谱写了中国网球的新历史，体现了我国竞技体育“双轨制”模式的成功。此外，我们不断完善职业体育政策制度体系，优化和规范职业体育发展环境，根据不同项目职业化的特点，加速推动了一批具备条件的运动项目走职业化道路。职业联赛形成了一定的市场规模，社会资金逐渐流向职业体育市场，如经营中国职业足球甲 A 联赛的国际管理集团（IMG）与中国足协的第二个五年协议额接近 1 亿元人民币，国际体育休闲公司（ISL）与中国足协签订的六年合作协议额约 3 亿元，中超现场观众由 2007 赛季的 223 万人次增加到 2016 赛季的 580 万人次，CBA 现场观众由 2007—2008 赛季的 105 万人次增加到 2015—2016 赛季的 179 万人次。2016—2017 赛季，中超、CBA 电视转播收看人数分别超过 4 亿和 7 亿，俱乐部自身造血机能有了新的改善，经营活动已经覆盖到比赛门票、广告、转会、商业比赛、电视转播和商务经营等多个领域。

第二，“三大球”职业联赛改革不断深化，打造了形式多样的系列职业体育品牌赛事。十年来，我们重点以“三大球”联赛改革为突破口，调动了社会资源参与办赛的积极性，完善了职业体育竞赛体系，提升了以“三大球”为重点的职业联赛水平。其中，近90%的省级政府出台并落实了《中国足球改革发展总体方案》实施细则，中国足协44家地方会员协会全面启动调整改革；篮球改革取得新突破，CBA联赛完成管办分离改革，姚明当选中国篮协主席，CBA公司独立开展联赛商务运作；排球联赛改革全面深化，实施了联赛俱乐部准入办法，更名为“中国排球超级联赛”，联赛的市场价值和社会影响力得到提升，国家队建设取得新成效，国家女排时隔16年再度获得国际排联大冠军杯冠军。此外，我们通过完善激励制度，调动地方和社会力量办赛的积极性，大力发展职业程度较高、市场需求较大的职业体育联赛，如“三大球”、马术、拳击、帆船等项目，通过引导和鼓励有实力的企业建立职业体育俱乐部，打造了多项职业体育品牌赛事。路跑、自行车、球类及冰雪运动等赛事项目逐步“飞入寻常百姓家”，其中环海南岛国际公路自行车赛用12年时间实现了赛事品牌的跨越式发展，走出了一条中国自主品牌赛事昂首走向国际舞台的道路，成为职业联赛的成功典范。

（四）竞技体育结构性调整效益显著

1. 由要素驱动不断向创新驱动的发展方式转变

竞技体育发展方式是实现竞技体育发展的方法、手段和模式，不仅包含竞技体育增长方式，而且包括体制机制、运行质量、经济效益、法律制度等多个方面。长期以来，我国竞技体育主要以政府导向下的要素驱动为主要发展方式，依靠政策和保障等要素推动竞技体育发展，体现出以政府资源供给为主体，以行政手段管理体育事务，以计划手段配置体育资源，通过人力、物力、财力等基本要素的高投入和高消耗，利用举国体制集中有限资源推动竞技体育发展。要素驱动下的竞技体育为我国体育事业做出了重要贡献，然而，由于这种发展方式的科学化程度较低，高投入、高消耗、高成本、低效益成为竞技体育面临的现实问题。《2011—2020年奥运争光计划纲要》指出：“我国竞技体育在发展方式上仍然主要靠扩大投入和规模，依靠政策和保障等要素驱动，创新驱动不足，科学化管理和训练水平不高，复合型训练管理团队建设滞后，训练效益不高。”北京2008年奥运会后，我国竞技体育发展方式不断优化，发展重点不断由过去的行政驱动向利益驱动转变，从注重数量上的提升向追求综合实力的增强、质量的提高和结构效益的调整转变。传统依靠行政驱动“自上而下”的竞技体育发展方式，逐步转变为通过利益驱动调节竞技体育参与主体行为、以市场调节竞技体育资源配置和以法律手段维护竞技体育发展秩序的新型发展方式。

第一，通过体制创新优化竞技体育发展方式。北京2008年奥运会后，通过进一步完善“举国体制”，推动竞技体育管理体制改革，转变了政府单一的资源配置方式，政府主导、部门协同、社会参与成为新的竞技体育发展方式，不断推动着竞技体育资源的集约化、内涵式发展。通过引入社会资本，把社会市场作为竞技体育资源配置的主体，推动了竞技体育的“扁平化”管理，逐渐形成了政府、社会、市场共同参与的管理体制。通过转变政府职能，强化政府的服务和调控功能，调动社会资源参与竞技体育的积极性，不断深化单项体育协会实体化改革，提高了竞技体育的发展质量和效益，初步形成了与新时期经济社会发展相适应，更加开放、更具活力的创新驱动型发展方式。

第二，通过机制创新优化竞技体育发展方式。围绕北京奥运会后建设体育强国的需要，从资源投入、项目布局、人才培养、训练体制、竞赛体制等多个要素不断优化竞技体育运行机制，推动竞技体育发展方式由依靠资源倾斜投入的粗放型逐渐向依靠科技引领、组织创新、制度创新、科技保障和理念创新的集约型转变，通过提高竞技体育运行中的各要素生产力来提高单位资源投入的产出率，竞技体育发展方式由依靠要素驱动的粗放型不断向多种机制耦合创新的集约型发展。2012年，党的十八大专门强调以创新驱动引领经济社会发展，依靠科学技术创新实现集约式增长，用技术变革提高生产要素的产出率。竞技体育作为经济社会的重要组成部分，在社会改革的驱动下，进一步创新了运行机制，不断由人力密集型向科学密集型转变，由重数量的外延式扩张向重品质的内涵式发展转变，利用科技、制度、市场等创新因素对竞技体育运行的有形要素进行优化，以创新的知识和技术提升了发展效益。

第三，通过制度创新优化竞技体育发展方式。制度创新是竞技体育创新驱动的根本保障，2008年以来，我国竞技体育不仅在政府管理制度、市场准入制度等方面进行了完善，还从后备人才、竞赛体系、协会改革、职业体育等多个方面进行了制度性创新，通过制定《奥运争光计划纲要（2011—2020年）》《关于进一步加强竞技体育后备人才培养工作的指导意见》《中国足球改革发展总体方案》《奥运项目竞技体育后备人才培养中长期规划（2014—2024年）》《体育竞赛裁判员管理办法》《国家队训练管理质量评估实施办法》《冬季项目后备人才培养中长期发展规划》《2022年北京冬奥会备战工作计划》等多项政策，以制度体系的创新引导竞技体育不断走向内涵式发展。

可以说，我国竞技体育由要素驱动不断向创新驱动的发展方式转变有着必然性和时代性，是竞技体育不断适应经济社会改革趋势和自身发展规律的必然选择，是推动我国由体育大国向体育强国迈进的必然过程。通过转变政府职能，强化政府调控与市场资源配置的协同性，通过转变竞技体育发展观念，创新发展方式，增强了竞技体育发展活力，推动竞技体育由“赶超型”不断向“可持续型”转变，提高了发展质量和效益。

2. 由单一管理不断向多元治理的发展模式转变

2008年以来，转变政府职能，优化竞技体育发展方式成为一项重要任务，在国家相关部门的引导下，社会市场、协会组织等不断参与到竞技体育管理中。2011年2月，竞技体育发展“十二五”规划提出，“进一步转变政府职能，充分调动社会各方积极性，逐步形成国家办与社会办相结合的多元竞技体育管理体制”，为新时期竞技体育管理体制改革指明了方向。十年来，社会组织、协会、市场等不断成为竞技体育管理的新兴主体，竞技体育发展模式整体呈现出从单一管理不断走向多元治理的改革趋势。

第一，从“垂直型”管理向“扁平化”治理转变，不断打造政府主导型治理体制。十年来，在国家社会体制改革推动下，竞技体育贯彻管办分离的原则，通过不断完善举国体制，转变政府职能，不断优化发展方式，主要从依靠行政指令单一管理不断向行政手段、市场机制和志愿者行为的多元治理转变；从政府权力无限向权力有限转变，围绕项目结构、人才培养、训练体制、竞赛体制等多个层面的管理体制进行改革，不断把社会的全面参与、市场的有效参与、公民的自觉自愿参与和政府统筹、政府主导融为一体，不断激发社会市场参与竞技体育治理的动力和活力，竞技体育不断向政府主导、企业赞助、个人投资、全社会参与的“扁平化”治理模式转变。

第二，从“中心—边缘”结构向“网式多中心”结构转变，不断优化社会化运行机制。一是通过推进竞技体育项目的社会化改革，推动竞技体育不断走向社会。主要完善了运动项目管理体制，大力推进项目协会实体化改革，逐步将运动项目主要业务职责移交给协会。尤其是2015年以来，以足球协会改革为开端，项目协会实体化改革再次启动，稳步推进了部分全国性体育协会与行政事业单位脱钩改革，截至2017年底，28家脱钩试点改革协会已有10家完成脱钩任务，3家脱钩实施方案已得到批复，7家协会完成脱钩方案报送。二是不断推进竞技体育人才培养模式的社会化，创新了体育部门、教育部门、社会力量共同培养竞技体育人才的组织机制，社会组织、企业团体、协会、个人等不断参与到了运动训练和竞赛中，国家队不断向地方、向企业、向社会开放，项目选材不再局限于体制内单位，而是面向全社会开放选材。

第三，从政府管办合一“独轮驱动”向政府、社会、市场、个人“四轮驱动”转变，不断完善多元协同治理体系。2008 年以来，我国竞技体育步入了多主体、多领域、多系统协同推进阶段，逐渐改变了我国体育事业管理主体单一的格局，打破了以行政指令为主体、依靠国家“独家管办”竞技体育的管理体制，由政府部门办体育逐步转变为全社会共同参与办体育，不断引入社会多元主体共同治理竞技体育事务，提升了各项目协会、俱乐部等多元主体的自主决策权。通过政府、社会和市场等多主体的密切合作、多主体的共同参与，初步形成了充分利用社会资源、依靠社会力量，政府支持、协会主导、市场自主的新型竞技体育治理体系。

3. 由金牌至上不断向展现综合实力的观念转变

长期以来，我们把在国际大赛上夺取金牌作为竞技体育的至高目标，把获取奥运会、世锦赛、亚运会等世界大赛的金牌数量作为展现国家实力的窗口，同时，把金牌作为考评国家各级地方体育管理部门和教练员绩效的指标。伴随着国家快速崛起，我国经济社会发展取得了举世瞩目的成就，综合实力不断增强。新时期，我们展现国家综合实力的方式日益多元，不再单纯依靠竞技场上的表现来宣示自身的强大，开始逐渐摒弃了金牌至上的金牌观，对金牌背后的国家发展、国家形象、民族精神等多元价值的认识提升到了新的高度。2015 年 1 月，国家体育总局提出，“取消亚运会、奥运会贡献奖奖项的评选，对全运会等全国性运动会只公布比赛成绩榜，不再分别公布各省区市的金牌、奖牌和总分排名”，并且，采取措施纠正金牌至上的政绩观，颁布了《国家队运动员、教练员选拔与监督工作管理规定》《全国体育竞赛裁判员选派与监督工作管理办法》等，加大了对扭曲体育精神、违反体育道德行为的预防和处罚力度，标志着传统金牌至上的价值观念开始从国家层面发生转变。

第一，从“争光体育”不断向全面体育转变。对中国选手参加的比赛，不再“唯金牌论”，而是更加看重金牌数在奖牌数中所占的比重，更加看重运动健儿在国际赛场的综合表现，更加看重参加世界大赛的综合效益。如伦敦 2012 年奥运会和里约 2016 年奥运会，我们更加注重整体项目结构的优化和参赛的综合效益，伦敦2012年奥运会是中国海外征战运动员人数最多的一届奥运会，在客场作战的情况下，中国军团在乒乓球、羽毛球、跳水、体操、举重、射击等多个项目取得了新突破，在游泳、击剑、帆船等欧美传统强项中强势突围，创造了境外参赛的历史最好成绩。里约2016年奥运会，再次刷新了中国在境外参加奥运会的运动员数量纪录和参赛项目记录，中国参加了除手球和橄榄球外的所有项目，运动员年龄也是近3届奥运会最年轻的，部分项目实现了重大突破，如自行车首夺奥运金牌，田径创造了历史最佳战绩，乒乓球、举重等优势项目取得新的进步，女排时隔12年再夺奥运冠军，彰显了新时代的中华体育精神。

第二，从突出奥运优势项目不断向各类运动项目全面协调发展转变。2008年以来，我们不断挖掘新的项目增长点，努力恢复各类运动项目之间内在的“生态平衡”，追求竞技体育项目的整体发展、整体效益。在业余体育与职业体育、奥运项目与非奥项目、夏季项目与冬季项目之间追求协调发展，在集体球类项目和基础大项上寻求突破，通过提高竞技体育项目的整体水平，提升中国竞技体育的国际影响力。十年来，我国竞技项目结构有所优化，优势项目及一批潜优势项目，田径、游泳等基础大项取得突破，冬季项目得到了长足发展。2015年，北京成功申办冬奥会后，冰雪运动进入快速发展期，为推动冰雪竞技项目发展，恶补冬季项目人才短板，努力实现冬奥会项目全项开展，国家专门制定了《全国冰雪场地建设规划（2016—2020年）》《冰雪运动发展规划（2016—2025年）》，计划到2022年全国滑冰场馆不少于650座，滑雪场地数量达到800个，通过大力扶持冰雪运动来促进冬季项目与夏季项目的均衡发展。

第三，从“以成绩为本”不断向“以人为本”转变。2008年以来，随着经济社会的快速发展，社会对金牌的认识不断发生转变，人们开始用更加宽容、理性的态度看待金牌，如里约2016年奥运会，国人对比赛首日零金牌的淡定与坦然充分体现出一种观念的转变，在女子100米仰泳半决赛结束后，傅园慧的一段采访透过电视屏幕，迅速在国内走红，没有拿到金牌但贡献了大量“魔性”表情包的傅园慧备受追捧，说明我们在关注金牌的同时，更关注的是运动员在赛场上展现出的综合素质和精神风貌，国人看待金牌的态度更加理性。此外，相比于金牌的数量，更加关注金牌的“含金量”。2008年以来，针对不同项目的市场化程度，不断推进运动项目管理体制改革，在一些弱势项目上取得新突破。如2009年网管中心允许李娜“单飞”后，李娜征战于多个职业赛场，2011年1月，李娜首次获得WTA顶级巡回赛冠军，同月，李娜在法国网球公开赛女单比赛中登顶，2014年1月，李娜第三次跻身澳大利亚网球公开赛并收获女单冠军，创造了亚洲女子单打选手在大满贯中的最好成绩。一系列成绩，体现出我国开始在一些欧美强势项目中取得新突破，具有至高的“含金量”。

第四，从少数人的体育不断向全民体育转变。竞技体育不再只是少数人提高技能、为国争光的舞台，更成为人们生活中不可或缺的一部分，竞技体育赛事不断走向社会，引导人们广泛参与。2017年8月，第十三届全运会高擎“全运惠民，健康中国”主题，坚持以人民为中心，在办赛理念上做出了重大创新，不设奖牌榜，在办赛模式和项目设置等方面加大了改革力度，新增了群众项目，打破专业和业余、国际和国内界限，将竞技体育与群众体育紧密结合，让普通民众亲身参与全运会比赛享受全民运动的欢乐，最终有8022名群众选手参与到全运会角逐中。在19个项目中，既有乒乓球、羽毛球、马拉松等热门的现代运动项目，也有龙舟、太极拳等民族传统项目，还有在中老年群体中颇为流行的柔力球、健身气功等以健身养生为主的项目，让本来“高大上”的全运会更加“接地气”。这充分说明我们的办赛理念在不断转变，利用竞技体育提升人们生活质量、促进社会发展的作用日渐彰显。

4. 由较为单一的社会角色不断向多元角色转变

竞技体育的角色定位与国运兴衰密切关联。北京2008年奥运会前，国家对竞技体育的角色定位相对单一，主要服务于国家崛起的政治需要，强调发挥竞技体育塑造国家形象、彰显精神风貌、振兴中华的政治功能，通过大力发展竞技体育，提升国家影响力。竞技体育单一的社会角色主要倾向于达成国家层面的政治诉求，但随着全面小康社会建设的深入，人们对体育需求不断高涨，竞技体育较为单一的政治角色已不能满足人们日益增长的休闲娱乐、健康促进、文化教育、消费升级等多方面的需要。新时期，竞技体育积极顺应经济社会改革的趋势，开始由服务于国家层面的政治角色，不断向满足社会需要的多元角色转变，逐渐凸显竞技体育在促进人的全面发展和经济社会发展中的综合作用。

北京奥运会是中国竞技体育角色转变的重要历史节点。2008年以来，伴随着竞技体育管理体制改革，我们不断拓宽竞技体育角色的内涵和外延，不断挖掘竞技体育的多元价值，从文化娱乐、健康促进、文化教育、经济助力、社会缓冲等多个方面深化了竞技体育的战略角色，注重通过发挥竞技体育的综合价值为经济社会服务。具体实践中，主要促使竞技体育从单向度的为国争光向全面服务社会转变，最大限度地释放竞技体育的外部正效应，通过主动服务经济社会发展为竞技体育自身发展拓展更大空间，集聚更多能量。2016 年 7 月，《竞技体育“十三五”规划》提出“以建设健康中国和体育强国为目标，以服务全面建成小康社会、满足人民群众体育需求为出发点，充分发挥竞技体育在全面建设小康社会中的综合功能和重要作用”。与之前的竞技体育发展规划相比，新时期的竞技体育更加注重其综合功能的发挥，更加注重通过竞技体育发展推动社会建设和满足人民群众的体育需求，在国家政策导向下，竞技体育由较为单一的社会角色向多元角色转变的效益明显。

第一，通过不断挖掘竞技体育的经济功能，为提升产业结构转型升级服务。2008 年以来，为适应经济社会的快速发展，将发展竞技体育相关产业与促进消费紧密相连，通过大力发展体育竞赛表演、体育健身休闲、体育场馆运营、体育赛事转播、体育经纪等第三产业，不断挖掘竞技体育的产业价值，促使竞技体育为社会创造出更多经济效益，从而服务于新时代的国家经济建设。

第二，通过不断挖掘竞技体育的文化、教育功能，提升人们的精神品质。2008 年以来，我们不断挖掘竞技体育所附带的精神价值和教育价值，通过大力开展形式多样的民间体育比赛促进人文交流，通过利用竞技体育所具备的公平、自由、民主等特质，提高或激发人们的精神文化品质，引导人们通过参与体育活动来提升自身精神素质，从而培养人格健全、具有良好社会适应能力的个体，为社会建设提供健康积极的合格公民。

第三，通过不断发挥竞技体育的休闲、娱乐功能，提升人们的生活质量。自 2014 年 10 月《关于加快发展体育产业 促进体育消费的若干意见》提出取消商业性和群众性体育赛事活动审批以来，竞技体育赛事活动不断走向民间，与社会、市场相结合，全国各地通过举办形式多样的体育赛事活动来丰富人们业余生活，广大群众不断参与到各类体育比赛之中，竞技体育的娱乐、休闲价值不断释放，提升了人们的幸福感和体育获得感。

（五）竞技体育人才培养和保障工作不断加强

1. 各类优秀竞技体育人才队伍建设不断强化

竞技体育人才包括优秀运动员、教练员、管理人员、科研人员、医务人员等多个群体，是实施体育强国战略的根基。2008 年以来，我国进一步强化了教练员、裁判员、优秀运动员等人才队伍的培养工作，积极调动社会力量，加强竞技体育后备人才培养，逐步建立了各类运动员、教练员、科研人员、医务人员等优秀人才的选拔和培养制度，加强了复合型人才队伍建设，我国竞技体育人才总量稳步增长，人才队伍规模不断壮大，人才素质显著提高。

第一，培养了一大批世界顶级职业运动员和明星运动员。从 2009 年到 2017 年，运动健将每年超过 5000 人，总体数量呈上升趋势；国际级运动健将每年超过 700 人，2014 年达到了 854 人（图 3-1）。2008 年有 16 人 23 次打破世界纪录，2012 年有 18 人 20 次打破世界纪录，2015 年有 17 人在 10 个运动项目上打破世界纪录。在优秀竞技人才队伍中，李娜作为中国职业运动员的杰出代表，2011 年在法网女单比赛夺得职业生涯第一个大满贯冠军，成为第一位揽获大满贯单打桂冠的亚洲人；2012 年，冯珊珊以 282 杆，低于标准杆 6 杆的成绩夺得文曼斯女子职业高尔夫球巡回赛（LPGA）锦标赛冠军，实现了我国在世界女子职业高尔夫球四大满贯赛中冠军“零的突破”；孙杨实现了男子自由泳从 200 米到 1500 米的奥运会和世锦赛大满贯；徐嘉余勇夺中国首个男子仰泳世界冠军；2014 年仁川亚运会，宁泽涛和沈锃分别夺下四枚金牌，宁泽涛还创造了男子 100 米自由泳亚洲纪录。此外，苏炳添、谢震业、张培萌、谢文骏、莫有雪等优秀运动员在田径赛场取得了多项优异成绩。

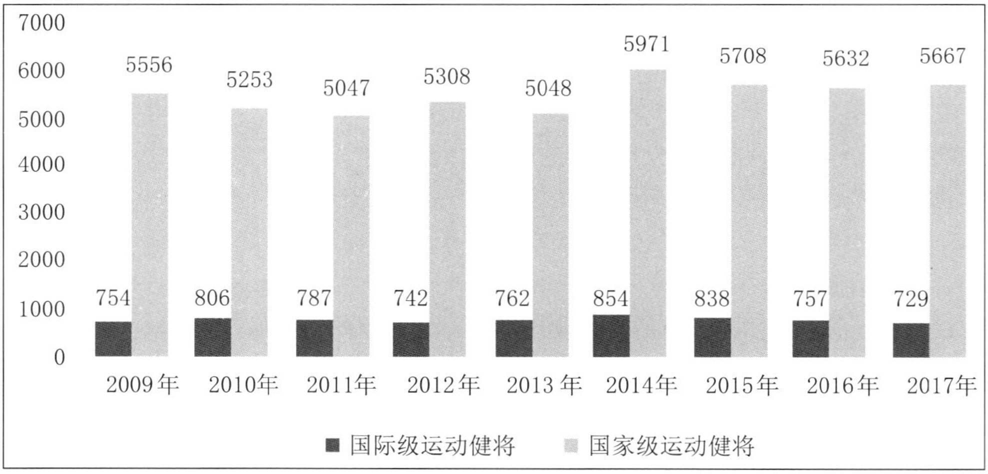

注：数据来源于体育事业统计年鉴。

图 3-1　2009—2017 年国际级运动健将及国家级运动健将数量

第二，不断加强了高水平教练员和裁判员队伍建设。十年来，我国十分重视教练员队伍建设，制定了不同层次的教练员岗位培训规划。对外引进高水平教练员，加强了对中青年教练员的培养深造，完善了国外优秀教练员队伍的引进、聘用工作，2009—2017 年，我国在岗教练员和发展教练员人员人数整体呈上升趋势（图 3-2）。为加强高素质教练员队伍建设，国家体育总局从 2012 年开始组织实施精英教练员双百培养计划（简称“双百计划”），2012 年 4 月 16 日，国家体育总局印发了《国家体育总局精英教练员双百培养计划实施办法》，计划在未来十年重点培养 100 名专业运动队优秀教练员和 100 名业余训练优秀教练员。“双百计划”是一项高层次教练员专项人才计划，提高了专业运动队和业余训练教练员专项规律认识水平、创新能力和执教能力，提升了我国教练员队伍的整体素质。同时，我国从多个方面加强了裁判员队伍建设，在一些有条件的项目如足球、篮球等，开始逐步建立起了职业裁判员队伍，不断健全裁判员培训、晋升、选派、激励、处罚等各项制度，不断提高裁判员的专业水平和职业道德，培养了一大批专业技能高的国际级裁判员。

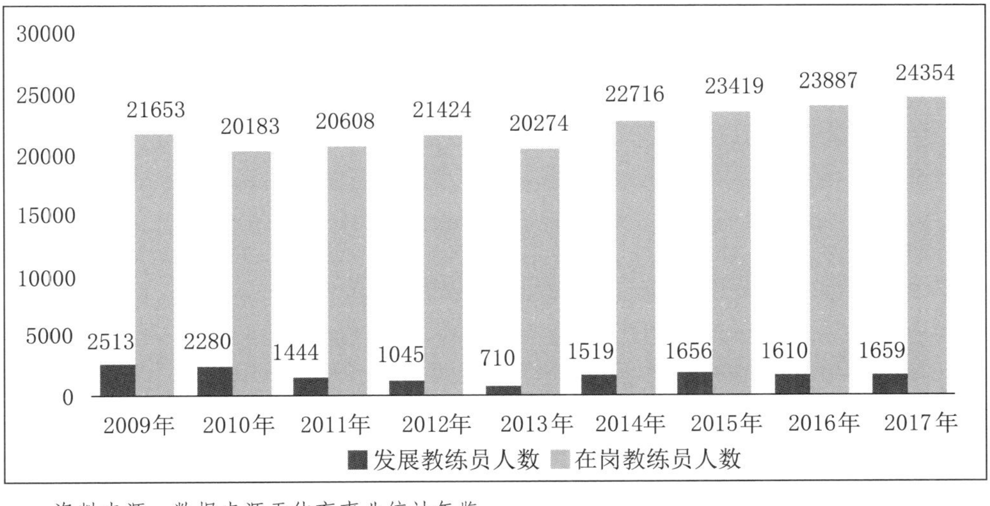

资料来源：数据来源于体育事业统计年鉴。

图 3-2　2009—2017 年我国在岗教练员及发展教练员人数

第三，覆盖多领域、多行业的复合型人才队伍建设初见成效。复合型训练管理团队由项目管理干部、主教练、教练员、科研人员、队医等人员组成。2008 年以来，我国在各类大赛备战过程中实施了复合型训练团队的工作模式，不断加强复合型训练管理团队建设，围绕提升教练员、裁判员等团队的整体素质开展了大量工作。通过颁布竞技体育人才队伍的政策举措，完善复合型训练管理团队建设的体制机制和操作办法，通过资源整合，实现训练、科研、医疗和管理的有机结合，提升了运动训练的科学化水平，充分发挥了管理人员、教练员、医务人员等在训练参赛中的积极性和创造性。在国家体育部门的政策引导下，我国各地大力推进复合型训练团队建设，如江苏省体育局于 2016 年 1 月出台了《省体育局关于建立复合型训练管理团队加快推进训科医管一体化工作的通知》，有效整合了训练、管理、科研、医疗等专业人才资源，充分发挥了各类人才在训练参赛中的积极性，提升了训练、比赛水平，取得了良好的效果。

2. 竞技体育后备人才多元培养方式不断创新

人才是竞技体育发展之源，体育强国建设与后备人才的选拔与培养密切相关。2008 年以来，我国围绕竞技体育后备人才培养做了大量工作，制定了《关于进一步加强竞技体育后备人才培养工作的指导意见》《冬季项目后备人才培养中长期发展规划》《奥运项目竞技体育后备人才培养中长期规划（2014—2024年）》等多个指导性文件，不断创新竞技体育人才选拔方式，拓宽后备人才培养渠道，以国家高水平体育后备人才基地建设为龙头，改革与完善了三级训练网络，提高了选材育才科技含量，有重点地增加了对全国后备人才基地的经费投入，不断发挥学校尤其是体育院校在后备人才培养中的积极作用。

第一，创新了体育部门、教育部门、社会力量共同培养后备人才的格局。十年来，我国竞技体育后备人才选拔、培养工作不断创新，运动员文化教育和保障工作不断加强。主要体现在三个方面：一是各级体育部门与教育部门的协作加强，积极推进体教结合，协调青少年运动员的训练、学习与生活的关系，广泛利用学校资源发现和选拔优秀竞技体育后备人才，2017 年 12 月，国家体育总局、教育部联合制定并印发了专门针对竞技体育后备人才培养的指导性文件《关于加强竞技体育后备人才培养工作的指导意见》，通过创新竞技体育后备人才培养体系，推动后备人才培养工作科学高效开展；二是积极引导、支持社会力量创办各种形式的体育人才培养机构，充分发挥社会力量在体育人才选拔和培养中的作用，逐步形成了政府与社会共同培养竞技体育人才的格局；三是以校园足球为引领，鼓励各级各类学校以足球、篮球、排球、田径、游泳、冰雪和民族传统体育运动等项目为重点，支持学校通过创建青少年体育俱乐部、与各级各类体校联办运动队、组建校园项目联盟等形式，创新体育后备人才的培养模式。

第二，大力推进“跨界跨项选材”工作。作为一种创新型人才选拔方式，“跨界跨项选材”有效改变了以往单一的人才输送渠道。2017 年 8 月，国家体育总局下发了《关于开展攀岩、冲浪、滑板、小轮车四个奥运项目跨界跨项选材工作的通知》，成立了“跨界跨项选材”工作领导小组，设立了“跨界跨项选材”工作专家团队，率先在冬季项目开展“跨界跨项选材”。以备战 2022 年冬奥会“跨界跨项选材”工作为例，该项工作面向全国 30 个省份开展，其中不乏常年与冰雪“无缘”的南方省份，如广西、四川等，也包含竞技体育欠发达的西部地区，如新疆、青海等，在北京、南京、广州、哈尔滨、昆明等 11 个城市组织了面向全国的测试，最终来自田径、体操、蹦床、武术、曲棍球等夏季项目的 338 名运动员进入冬季项目，成为中国冬奥军团的后备军，这些运动员进入了速度滑冰、高山滑雪、冰球、单板滑雪、自由式滑雪、雪车、钢架雪车 8 个冬季运动项目国家集训队。

第三，实施了国家队多元共建工作，形成对弱势项目后备人才不足的补充。十年来，我们不断创新国家集训队备战体制改革，推进了国家队多元共建工作，高水平体育人才的选拔不再局限于国家体育总局项目管理中心和国家队，充分调动了各省市项目协会、俱乐部、体育院校等共同培养竞技体育人才的积极性，利用各省市协会优势项目共建国家集训队，形成对一些弱势项目的补充。2017 年 9 月 24 日，国家体育总局和浙江省人民政府在杭州签署“共建中国（浙江）国家游泳队的战略合作协议”，积极利用浙江游泳的训练管理经验培养优秀体育后备人才。在鼓励跨地区跨单位“联合组队”的政策下，全运会打破了地域藩篱，在游泳、田径、赛艇、乒乓球等 10 个大项、49 个小项上实施跨单位组队的参赛政策，鼓励各省市在合类项目上合作组队参赛，“跨单位组合”成为 2017 年天津全运会的最大亮点，也为国家队多元办队工作的开展奠定了基础。

3. 运动员文化教育和保障工作有所提高

运动员是竞技体育事业的基础，加强运动员文化教育，切实做好运动员保障工作，对竞技体育的全面、协调、可持续发展具有重要意义。2008 年以来，针对我国竞技体育后备人才短缺、运动员文化教育不足和运动员退役后就业艰难等问题，国家相关部门出台了《奥运项目竞技体育后备人才培养中长期规划（2014—2024 年）》《冬季项目后备人才培养中长期发展规划》《关于强化学校体育促进学生身心健康全面发展的意见》《高等学校体育工作基本标准》等多项保障性制度，从多个领域大力推动运动员培养，涵盖了运动员招录、社会保险、行业保障、就学、就业等多项内容。针对运动员文化教育和保障工作，2011年3月，国务院办公厅下发了《关于进一步加强运动员文化教育和运动员保障工作的指导意见》，对解决我国运动员文化教育和保障工作中面临的实际困难，促进运动员全面发展具有重要意义。2017年12月，国家体育总局、教育部联合制定并印发了竞技体育后备人才培养的指导性文件《关于加强竞技体育后备人才培养工作的指导意见》，开启了新时代竞技体育后备人才培养的新局面。

十年来，围绕运动员文化教育和保障工作采取了多项举措，取得了积极成效。第一，加强了竞技体育后备人才的文化教育工作。各级体育和教育部门建立了运动员文化教育联席会议制度和督导制度，逐渐形成了以体育行政部门为主，体育、教育行政部门各负其责的竞技体育后备人才管理体制和运行机制，各级各类体育运动学校不断完善日常管理以及运动员训练、参赛、教练员配备和培训工作，同时，教育行政部门继续加强体育运动学校的教学管理、教师配备和教师培训等工作，不断把运动员的文化教育工作落到实处。第二，不断完善各项激励和保障政策，维护好运动员切身利益。相关部门深入强化对运动员的有效激励，探索建立了与岗位责任、风险和工作业绩相挂钩的激励机制，不断发挥工资政策的导向作用，完善了运动员收入分配机制。同时，结合事业单位收入分配制度改革和规范特殊岗位津贴补贴工作，完善了运动员津贴奖金和运动员参加国际重大比赛的奖励方式，保障了运动员的切身利益。第三，不断构建和完善了运动员职业转换社会扶持体系，及时帮助运动员实现职业转换。完善了运动员自主择业经济补偿标准动态调整机制，同时，各地方根据经济发展水平、物价指数等因素适时调整经济补偿金标准。对于运动员自主择业的，按规定享受相应的就业扶持政策，对退役运动员自主创业按规定给予政策支持。

总体而言，十年来，在各级体育及有关部门的共同努力下，我国运动员文化教育和保障工作取得了明显成效，不同学历层次办学体系进一步完善，体育运动学校与优质中小学共建、联办，优质教育资源得到不断整合，运动员在役期间的文化教育工作和退役运动员就业安置工作不断落到实处，广大运动员切实得到了实惠。并且，全国各地区、各有关部门认真贯彻落实中央有关要求，在开展运动员文化教育和运动员保障工作中积极探索，努力构建了新型的运动员文化教育体系，到2016年底，全国各级各类体校总量达2196所，其中，由体育部门和教育部门联合开展文化教育的各级各类体校有228所，从2010年到2016年，全国各级体校总量增加了 18.2%，为运动员提供了更为便利的教育条件，推动了我国竞技体育的可持续发展。

（六）成功申办、举办了各类世界重大比赛

1. 申办并筹备 2022 年北京冬奥会、冬残奥会

随着冬季运动的快速发展，冬奥会的世界影响力不断提高。为更好地传播优秀体育文化，为世界奥林匹克运动的发展做出中国的贡献，我国积极申办了 2022 年冬奥会、冬残奥会。举办冬奥会是北京的历史选择，也是一项庞大的民生工程，申办 2022 年冬奥会、冬残奥会具有重大的社会价值和经济效益。

一是有利于推动京津冀地区的协同发展。申办 2022 年冬奥会是贯彻落实习近平视察北京重要讲话精神的生动实践，是推动国际一流和谐宜居之都建设和区域协同发展的重大机遇，北京联合张家口申办冬奥会与京津冀协同发展战略完全一致，将在促进地方经济进步，推动京津冀协同发展中发挥重要的作用。

二是有利于增加人民群众福祉。北京冬奥会将极大推动冬季体育运动的普及，改善人们的健身生活方式，满足广大人民群众日益增长的精神文化需求。同时，申办冬奥会有利于加快完善相关基础设施，加大污染治理和生态环境建设力度，推动体育文化旅游产业发展，这些都将惠及广大人民群众。

三是有利于促进奥林匹克精神的传播和奥林匹克事业的发展。申办冬奥会将推动我国 3 亿人参与冰雪体育运动，特别是在全国 4 亿青少年中普及奥林匹克教育，培育广大群众健康向上的生活方式，推动全国亿万群众对奥林匹克事业发展做出新的贡献。

四是有利于服务国家发展大局。在我国处于全面建成小康社会的重要时期，申办冬奥会将充分发挥举办重大国际活动凝心聚力的作用，有利于展示我国改革开放和现代化建设的伟大成就，更好地激发广大人民群众为实现“两个一百年”而奋斗，激发为实现中华民族伟大复兴中国梦而团结拼搏的热情和干劲。

北京作为世界上首个既承办过夏季奥运会又将承办冬奥会的城市，在冬奥会改革的大背景下，筹备工作成为了一项重要任务。为做好北京 2022 年冬奥会的各项工作，我国从运动员体验、参赛规模、会后可持续发展等多个领域做好了筹备工作，颁布了《2022 年北京冬奥会备战工作计划》《冬季项目后备人才培养中长期发展规划》等文件，实施了“冬季项目后备人才培养工程”，加强了高水平后备人才基地建设，加大了冰球和高山滑雪等落后项目的政策扶持，完善了国家

队的组建、选拔、训练、管理等各项制度，不断提升了冬季项目的竞赛组织水平。此外，我国政府还调整了全国冬运会和年度竞赛制度，根据备战 2022 年冬奥会的目标，进一步调整完善了全国冬运会竞赛规模、项目设置、竞赛编排、运动员注册交流等政策，提供财政支持，赛事编制预算约 15.6 亿美元，竞赛场馆和非竞赛场馆在内的场馆建设预算约 15.1 亿美元，一系列扶持政策的颁布，为成功举办一届精彩、非凡、卓越的冬奥会打下了坚实基础。

2. 承办各类世界重大赛事提升国家影响力

一个国家的强大和对世界的影响力，不仅体现在其军事实力及经济实力上，而且体现在国家的精神风貌和民族的文明气质上，体现在它是否能向世界展示出更多的精神力量，是否能从这个国家感受到更多的亲切与热情。没有一个平台像世界大型赛事一样，能够集中展现一个国家的综合实力，大型赛事不仅是体育竞技的比拼，更是文化、外交等软实力的彰显。承办奥运会、世界杯、世锦赛等国际大型赛事，对新兴市场的吸引力与日俱增，很多国家视此为构建全球影响力的重要渠道，主办国或主办城市可借此提升全球声誉，加速经济、政治和社会发展。

2008 年以来，我国承办了多项世界重大体育赛事，如 2010 年广州亚运会、2011 年上海世界游泳锦标赛、2012 年海阳亚沙会、2013 年天津东亚运动会、2013 年南京亚青会、2014 年南京青奥会、2015 年北京世界田径锦标赛，还即将承办 2018 年无锡世界击剑锦标赛、2018 年杭州世界短池游泳锦标赛、2019 年男子篮球世界杯赛、2019 年武汉世界军人运动会、2022 年杭州亚运会、北京 2022 年冬奥会冬残奥会等世界重大体育赛事。每一届赛事的成功举办都对城市的现代化和国际化进程产生着巨大的推动作用，不仅提高了市民整体素质，推动了城市精神文明建设，而且对主办城市居民的精神态度产生了积极影响。十年来，通过积极承办各类世界重大赛事，很好地展示了我国现代化建设的伟大成就，扩大了与国际社会的交流与合作，增强了我国的文化软实力和国际影响力。

放眼世界上的国际化大都市，世界体育名城的形成都离不开体育赛事的大力推动，如美国纽约、英国伦敦、日本东京、西班牙巴塞罗那、韩国首尔等都曾举办过奥运会或足球世界杯，甚至许多城市都是因体育赛事的成功举办而一举成名。在全球化不断加速的今天，现代体育在提升城市影响力和彰显国家形象中的多元价值被不断发掘，体育已经被视为推进城市国际化、提升城市国际影响力的

“催化剂”。全球体育城市影响力指数通过一系列涵盖经济、体育、媒体和社会影响的数据来评价，根据城市举办比赛的规模和影响来计算，该指数涵盖了70多项体育项目，包括夏季和冬季的奥运体育项目和奥林匹克“认可的”体育项目。2008年奥运会的成功举办，提升了北京在全球体育城市中的影响力，申办2022年冬奥会、冬残奥会将使北京成为世界上唯一一个举办夏季奥运会和冬季奥运会的城市，将进一步提升北京在全球体育城市的影响力。“全球体育影响力100强城市排行榜”显示，2012年南京的排名为42位，2013年、2014年因成功举办亚青会、青奥会，连续两年排名第28位，位列北京、上海之后，2016年飙升至23位。南京的排名之所以飙升主要得益于2014年青奥会、2016年世界速度轮滑锦标赛等多项世界赛事，2017年，南京排位再次跃升至第10位，仅次于北京。通过举办各类国际赛事，塑造了城市国际化形象，展现了新时代中国城市建设的新精神、新风貌，提升了国家的影响力。

二、竞技体育发展面临的主要问题

（一）竞技体育服务新时代社会发展的内生动力不足

在迈向体育强国的进程中，竞技体育首先要实现自身的发展，然后才能推动国家社会的共同发展，但由于长期受国家体制机制影响，竞技体育实现自身发展的内生动力不足，短期内不能很好地适应新时代经济社会发展的要求，主要体现在两个方面：第一，竞技体育实现自我发展的内部驱动力不足。竞技体育内部组织缺乏活性，运行机制创新不足，依靠外部助力、引导社会广泛参与的力度还不够。在发展方式上，竞技体育还主要依靠政府的政策和保障等要素驱动实现发展，短期内竞技体育的外延式扩张和粗放式发展依然占据主导位置，依托社会，运用市场推动、科技助力、制度创新、组织保障等创新驱动要素发展的动力机制还不健全。在发展动力上，竞技体育依然主要依靠行政部门层层下达的政策、文件等维持运行，社会化、实体化、市场化改革还不够深入，管办分离、内外联动、各司其职的动力机制还未形成，“自上而下、自下而上、横向互动”的竞技体育组织内部联动能力还不强，充分利用社会市场资源，国家与社会共同兴办竞技体育、人民群众广泛参与的运行机制还未形成。第二，竞技体育主动融入并促进经济社会发展和人的全面发展的能力不强、作用不够。由于竞技体育一直囿于政府驱动型发展，主要围绕国家的政治需要，强调担负政治层面的“工具性”角色，实施国家权力向整个社会自上而下的渗透，将本来可以自我发展、发挥综合效益的体育变成了资源消耗型体育，使竞技体育的社会活性下降，短期内难以全面地融入国民生活方式。随着经济社会快速发展，人们对竞技体育的多元诉求不断高涨，但是，竞技体育还不能很好地满足人们日益增长的休闲娱乐、健康促进、文化教育、消费升级等方面的多元需要，竞技体育自身释放娱乐、休闲、健康、教育、经济、文化等多元价值的内生动力还不足。

（二）竞技体育发展不均衡、不充分的现象依然突出

我国竞技体育发展的规模、结构、效益等不均衡问题依然存在，主要体现在竞技体育项目结构布局还不够科学合理，夏季项目与冬季项目之间，奥运会项目与非奥运会项目之间，个人项目与集团项目之间，优势项目与弱势项目之间，东、中、西部区域项目之间发展水平依然存在较大的差距。新兴奥运会项目发展不充分，一些影响广泛的基础大项和集体球类项目水平较低，优势项目提升空间有限，潜优势项目整体缺乏后发优势和潜力，基础项目和“三大球”以及冬季项目整体水平仍然较低，竞技体育区域间发展不平衡问题依然突出。第一，竞技体育项目分布不均衡，世界大赛主要还是依赖跳水、羽毛球、乒乓球等优势项目夺取奖牌。如伦敦奥运会金牌分布中，举重（5 金）、体操（4 金）、乒乓球（4 金）、羽毛球（5 金）、射击（2 金）和跳水（6 金）共获得 26 枚金牌，约占金牌总数的 68%，我国大赛成绩主要还是依靠优势项目。第二，与美、英优势项目“错位”明显，暴露竞技体育项目薄弱环节。从 2016 年里约奥运会金牌分布看，我国优势项目多分布在美、英优势项目以外，与美、英形成较明显的“错位”（表 3-2），田径、游泳等“重金项目”是我国竞技体育的“软肋”，在国际竞争中长期处于不利的局面。第三，竞技体育的职业化发展程度不均衡。尤其是职业联赛发展水平不高的运动项目，除乒乓球、羽毛球、女子排球的成绩相对理想外，我国篮球、足球、男子排球等项目的职业化水平还不高。第四，竞技体育的区域性非均衡发展。我国竞技体育在区域分布上存在很大差异，主要表现为东、中、西部地区之间，城市与农村之间竞技体育发展水平的不均衡，尤其是冬季项目分布不均衡对冰雪运动的推广造成障碍。

表 3-2　里约奥运会中、美、英三国优势项目金牌分布

项目	中国	美国	英国
游泳		16	

续表

项目	中国	美国	英国
篮球		2	
田径	2	13	2
竞技体操		4	
摔跤		2	
赛艇			3
艺术体操			2
场地自行车			6
马术			2
跳水	7		
举重	5		
乒乓球	4		
羽毛球	2		
跆拳道	2		

注：此表优势项目指取得2枚单项金牌以上或包揽此项目金牌的项目。

（三）政府、社会、市场多元参与的竞技体育治理体系还未形成

新时代，伴随着中国特色社会主义经济体制改革的不断深入，竞技体育赖以生存的社会环境发生了巨大转变，经济发展新常态和供给侧结构性改革对竞技体育与经济社会的协调发展提出了新要求。竞技体育原有的管理模式及运行机制越来越难以适应经济社会转型升级的要求，面临着管理体制亟待创新，发展方式亟待优化，政府部门、社会市场、协会组织等多元主体的关系亟待进一步理顺等现实问题。受国家体制机制的长期影响，竞技体育领域中的国家办与社会办相协调、政府调控与市场调节相结合、全社会共同参与的治理体系还未形成。第一，竞技体育事务依然主要依赖于政府行政手段，社会参与度不高。主要还是以计划手段配置体育资源，以行政手段管理竞技体育事业，“管办不分”的管理体制与市场经济下高度社会化和产业化趋势不适应。第二，政府、社会、市场多元主体共同参与的决策机制不健全。竞技体育主要依靠行政部门层层下达的政策、文件等维持运行，社会多元主体共同参与竞技体育的力度还不够，各项目协会、俱乐

部等自主决策权还不高，与经济社会转型所要求的“小政府、强社团、大社会”新格局不匹配。第三，管办分离、内外联动、各司其职的运行机制缺乏活性。竞技体育的社会化程度低，市场配置体育资源的作用难以有效发挥，与经济社会转型下社会市场投入竞技体育发展的格局不适应，导致竞技体育的自我造血功能不足。第四，举国体制与市场机制还未实现有机结合。竞技体育不同参与主体间存在利益冲突，体现在中央与地方，体育行政部门与事业单位及社会市场之间，运动员、教练员与集体和国家之间，奥运会与全运会之间的矛盾与冲突。充分利用市场资源，政府指导下的国家与社会共同兴办竞技体育、举国体制与市场机制有机结合的运行机制还未形成。

（四）竞技体育的科技驱动力量还比较薄弱

体育科技是竞技体育发展的强大动力，未来竞技体育的竞争将是以高科技为核心的人才竞争，科技与运动训练的结合将成为竞技体育赛场竞争的焦点。当前，我国竞技体育的科技驱动力量还比较薄弱，科技创新能力不足。在竞技项目的科学化训练、运动损伤康复、高精尖训练器材开发等方面的力度还不够，大数据、人工智能技术、生物技术、体育装备、训练器材和科研仪器等还没有在竞技体育训练中广泛应用，技战术训练大数据分析、动态分析的能力还不强。并且，高层次竞技体育创新人才和团队缺乏，体育科技创新能力与世界发达国家相比还有一定差距，科技、训练和服务相结合的保障体系还不完善。

第一，竞技体育发展过程中的科技转化率不高。2008—2012 年科技进步对我国竞技体育的贡献率为 52. 27%，但是结果不容乐观，2008—2012 年，我国竞技体育科技人力年均增长率、竞技体育产出年均增长率，以及体育科技事业经费年均增长率与 2001—2008 年相比都有不同程度的下降。我国竞技体育科技转化率不高，运用科技进步提高竞技体育的质量和效率是提升我国运动训练成绩的关键。

第二，现代科学技术与运动训练结合不够紧密。当前科技助力竞技体育各个项目训练的一些关键问题还未有效解决，大数据、人工智能在运动训练中的运用还有待深化，缺乏紧密围绕运动训练实际需求而展开的科技开发，以科技为手段，组织多元力量对重大竞技体育科研项目进行攻关，以及推动高新技术在竞技体育训练实践中的应用力度不够。在科学训练、营养恢复、状态调控以及多学科科技攻关等方面还不够深入，高效率、多渠道、多形式的信息服务网络以及体育科技激励、保障工作依然不完善。

第三，高层次体育创新创业人才和团队缺乏，科技创新能力不足。当前我国体育科技的整体实力和创新意识不强，体育科研单位及训练基地的科技建设实力还比较薄弱，具有专业研究能力、了解运动项目特点和训练规律的高水平科技人员不足，一些科技成果的水平仅是停留在学术论文、原理模型的形态而没有开发为实施方案、方法、技术，或者是没有得到很好的推广应用，一些运动训练中的关键问题得不到及时有效的解决，用科技带动训练和奥运备战的水平还不高。

（五）竞技体育人才的多元化培养和保障体系还不够完善

我国体育人才的结构和总量与体育强国建设的要求还不匹配，表现在新兴奥运项目人才短缺，各项目人才发展不平衡等，甚至我国长期以来的优势项目也面临后备力量不足的问题。第一，体育系统、教育系统、社会组织多元投入的后备人才培养体系还未建成。后备人才资源不足、培养方式单一、运动员文化素质不高，大、中、小学“一条龙”的多元人才培养体系尚未建成，“举国体制”和市场机制有机结合，学校体育和社会力量共同参与，社会办体育、学校办运动队、俱乐部培养体育后备人才的协同机制还不健全，多元投入的新型竞技体育后备人才培养体系还未建成。第二，地方化、院校化、社会化多元人才培养模式还未形成。一个完整科学的高水平运动员培养体系应包含合理选材、科学训练、全面教育、职业规划、社会保障和配套法规等多个要素，然而，目前我国缺乏以竞技体育为手段、以全面教育为核心的人才培养方式。高水平运动员的培养主要采取“一条龙”模式，为了取得成绩，各地重点发展“夺金效益”高的优势项目，导致了基础项目和集体项目后备人才不足。当前，“跨界、跨项、跨地域”人才选拔方式还不够成熟，地方化、院校化、社会化多元人才培养模式还未形成。第三，竞技体育人才培养的体教融合不够，运动训练与文化教育还不够协调。传统以各级体校为基础的“三级训练网”主要通过国家强制性制度实施，体育部门和教育部门的协同性不够，导致青少年运动员训练参赛脱离了教育系统，文化教育水平不高影响了运动员的升学和就业，制约了竞技体育的可持续发展。

（六）竞技体育国际话语权亟待进一步提升

2008 年奥运会以来，我国竞技体育达到了一个新的高度，很好地彰显了国家形象，提升了国家的影响力。但总体而言，我国竞技体育仍处于“内强外弱”

的状况，体现在参与国际体育事务的范围和力度小，体育话语权分量低，传统体育项目创新不够，体育文化传播和国际影响力不足，拥有国际影响力的明星运动员较少等，国际体育形象与体育大国的地位还不一致。

伴随着竞技体育的强势崛起，我国理应在国际体育事务中享有对应的顶级话语权，但受限于种种因素，我国在国际事务中的影响力还不够。近几届奥运会的状况表明，中国体育在勤练“内功”的同时相对忽视了国际话语权，以至于我们虽然具备了在奥运金牌榜上同美国、俄罗斯等体育强国一较高下的实力，但在国际体育组织中的地位及影响力不够。甚至一些优势项目还未掌握国际话语权，如乒乓球缺少国际话语权，面临国际乒联的各种“打压”，针对国乒的规则一改再改，如 2007 年，国际乒联要求乒乓球拍海绵体粘合胶水由有机改为无机，减少弹性，限制中国的快攻打法；2009 年，又再次减少各队奥运会单打比赛名额上限，将 3 人减少为 2 人，防止中国队包揽前三。

此外，我国参与全球体育治理的能力还不够，国际体育事务中的中国态度、中国声音还不足。当今世界体育运动各单项组织每隔一段时间都会对规则做出修改，而在国际体育单项协会却少有中国人的身影。伦敦 2012 年奥运会和里约 2016 年奥运会上，夺冠的叶诗文和孙杨曾遭遇外国代表队成员和小部分西方媒体的质疑和诋毁，亦表明中国体育没有得到应有的尊重。国际奥委会委员李玲蔚认为：“中国体育界要继续提升话语权，光靠运动员在赛场上争金夺银是不够的，更需要加深对国际体育组织的理解，加强对各项目发展现状的理解以及未来走势的判断，中国竞技体育还需要提升话语权。”

三、新时代竞技体育发展展望

（一）发展思路

以党的十九大精神为指导，全面贯彻落实习近平新时代中国特色社会主义思想，紧紧围绕统筹推进“五位一体”总体布局和协调推进“四个全面”战略布局，把竞技体育事业放在中国特色社会主义伟大事业的全局中去谋划，去推动，去落实，去担当，以新思想引领竞技体育改革发展新实践，开启竞技体育事业发展新征程。要立足决胜全面建成小康社会、全面建设社会主义现代化强国的目标，始终坚持以人民为中心的发展观，发挥竞技体育助力中国特色社会主义现代化建设的综合效益；要围绕“加快推进体育强国建设，筹办好北京冬奥会、冬残奥会”的要求，坚持以全面深化改革为引领，以创新驱动为关键，以优化结构布局为重点，遵循竞技体育发展规律，从备战奥运、筹办奥运、创新体制、依法治体、科学训练、人才培养、科技助力等多个维度出发，全面深化竞技体育体制机制改革，全面提升竞技体育治理能力现代化水平；要充分调动社会力量，协调好政府、社会、市场、协会等多元主体关系，建设更加充满活力、更加创新的竞技体育发展新格局；要着力于提升竞技体育综合实力，努力实现我国竞技体育的全面、协调、可持续发展，把竞技体育做得更好、更快、更高、更强，提高为国争光能力，使竞技体育在实现“两个一百年”奋斗目标、促进国家建设中发挥积极的作用，为实现体育强国和全面建成小康社会作出新的贡献。

（二）战略目标

加快推进体育强国建设对进入新时代的竞技体育提出了新要求。新时代的竞技体育要紧紧围绕我国社会主义现代化建设的战略布局，思考竞技体育在新时代中国特色社会主义战略安排中的发展方向，规划竞技体育在不同时期国家发展中的建设目标，使其更好地融入新时代国家发展大局。为此，根据我国社会主义现代化建设提出的“三步走”战略目标，对标党的十九大确立的路线图和进程表，对新时代我国竞技体育发展的战略目标进行了规划。

第一阶段：从现在到2020年。围绕十九大报告提出的“加快推进体育强国建设，筹办好北京冬奥会、冬残奥会”的要求，以《2011—2020年奥运争光计划纲要》和《竞技体育发展“十三五”规划》的相关精神为指导，按照抓重点、补短板、强弱项的工作要求，以备战东京2020年奥运会和筹办北京2022年冬奥会、冬残奥会为工作重点。到2020年，中国特色竞技体育发展模式进一步完善，初步形成适应我国经济社会发展需要，符合世界竞技体育发展规律和趋势，更加开放、充满活力的现代竞技体育管理体制与运行机制；我国竞技体育的综合实力和国际竞争力明显增强，完成东京2020年奥运会既定的参赛目标，扎实做好北京2022年冬奥会、冬残奥会的各项办赛和参赛工作，力争取得优异成绩，基本实现竞技体育结构更加优化、效益显著提高的新局面。

第二阶段：从2020年到2035年。围绕基本实现社会主义现代化这一战略目标，到2035年，竞技体育中的弱项短板基本补齐，竞技体育内生动力明显增强，“政府引导、社会支持、群众参与、市场支撑”的法治化管理体系基本形成；运动项目协会发展社会化、市场化、实体化程度较高，竞技运动项目发展规模、发展质量大幅跃升，竞技体育参与人群数量显著扩大；以学校体育为基础，社会和市场力量广泛参与的竞技体育优秀后备人才培养体系有效运行；职业体育全球影响力大幅提升，涌现出一批世界顶级的职业联赛、职业俱乐部和赛事品牌；竞技体育与国家各项事业基本融合，竞技体育的娱乐、休闲、健康、教育、经济、文化等多元价值得到很好的发挥；运动训练科学化、智能化水平显著提高，奥运会和世界大赛成绩处于世界一流，冬季项目综合水平和国际竞争力持续提升。

第三阶段：从 2036 年到 21 世纪中叶。围绕实现社会主义现代化的战略目标，把我国建设成为世界体育强国，全面实现包括竞技体育在内的中国体育的现代化。到 21 世纪中叶，中国特色的竞技体育管理体制健全，奥运会和国际大赛管理机制和模式不断创新优化，竞技体育可持续发展动力和潜力持续增大；竞技体育项目布局合理，竞技体育发展的规模、结构、效益得到均衡发展，形成结构优化、开放共享、充满活力的竞技体育发展格局；教育系统、体育系统、社会组织深度融合的竞技体育人才培养体系已经建立；形成具有社会活力和市场资本支持的国内综合性运动会和多元化、多层次、多类别的竞赛体系；集体球类项目职业俱乐部蓬勃发展，国际体育明星不断涌现，职业赛事市场化、国际化水平提升，培育出有国际影响力的职业化品牌赛事；竞技体育全面融入“五大建设”和人的全面发展之中，竞技体育成为全体人民共同参与喜闻乐见的社会生活、文化生活和健康生活方式。

（三）主要措施

1. 构筑竞技体育发展新使命

（1）推动竞技体育与群众体育融合发展，助力健康中国建设

新时代，竞技体育要创新发展理念，以提高人民的健康水平、促进人的全面发展为重要方向，积极与群众体育融合，通过发展竞技体育引领全民健身工作深入开展，助力健康中国建设。

一是在协会组织上引领，竞技体育运动项目协会把普及运动项目，提升运动项目水平和参与度作为新的使命和职责，加强对基层项目协会的指导，支持基层协会发展个人会员，让群众广泛参与到协会当中去，把运动项目的普及纳入单项运动协会的工作评价，通过协会定期组织民间体育活动，利用协会组织把群众体育带动起来。

二是在赛事活动上引领，大力推广民间体育赛事，要在专业赛事上设业余组，通过专业赛事的组织把业余赛事带动起来，除了全运会增加群众性比赛项目

外，还要鼓励其他竞技体育赛事搭建群众性比赛平台，从而扩大赛事参与人群，利用赛事引领扩大体育人口。

三是在竞技标准上引领，要在规范专业标准的同时，构建不同项目的业余标准，让不同项目的业余爱好者每年都有新的上升目标，有更高的标准要求，通过加强对不同等级标准参与人群的指导，让更多爱好者享受竞技体育的乐趣。

四是在竞技文化上引领，竞技体育创造的中华体育精神一直是中华民族精神和社会主义核心价值观的重要组成部分，要通过积极弘扬中华体育精神、践行中华体育精神来引导民众参与体育，培养意志力。利用体育明星引领群众体育开展，通过开展体育明星公益类社会活动，让明星接近民众，向民众普及运动常识，推广从事的运动项目。

五是在运动项目上引领，以人民对竞技体育需求结构的变化不断调整竞技体育的项目结构，积极推动运动项目的普及工作，如尽快推动冰雪运动推广工程，通过创新运动项目来激发群众参与体育的积极性。

六是在科学技术上引领，把运动员的训练方法、康复手段推广到大众中去，对民众的科学化健身提供指导，利用运动损伤康复、高精尖训练、人工智能技术、生物技术等运动训练中的新科技打造覆盖不同人群的健康指导方案，实现以“运动”这一非医疗手段促进人民健康。

此外，要推动竞技体育场地设施上向社会开放。大型场馆建设要立足于多种体育功能的充分利用，要结合人民长期的健身、休闲需求，充分利用竞技体育资源弥补群众体育资源的不足，各类训练中心和基地在完成训练任务的同时，可以向群众开放，为群众提供基本公益性体育服务。

(2) 健全竞技体育治理体系，提升国家体育治理能力现代化水平

竞技体育作为体育事业的组成部分，与国家各项事业关联密切，竞技体育治理能力的提升能够有效提高社会自治水平，可以把竞技体育治理作为推动我国体育治理的突破口，通过提升竞技体育治理能力引领国家体育治理能力现代化。

第一，统筹政府、社会、市场和各类项目协会的关系，推动多元主体协同治理。打造共建、共治、共享的竞技体育治理格局是提升社会治理能力现代化的重要内容，当前大力推进的体育事业“扁平化”管理、运动项目社会化改革等能够激活社会体育组织的活性，有效调动运动项目协会、市场组织等多元主体参与体育治理的主动性，从而提升社会治理水平。新时代，竞技体育要担当起服务于提升体育治理能力现代化建设的重任，厘清国家、社会和市场在竞技体育治理中

的角色定位，合理规划不同主体的治理权限，协调好不同主体的关系，推动政府、社会组织和市场构成的多元主体协同治理。重点发挥社会市场在竞技体育治理中的主体作用，利用市场资源创新组织活性，规范项目协会组织合作的行为准则，通过多元主体的共商共治推动竞技体育发展。

第二，健全竞技体育相关制度，强化竞技体育的制度治理。根据竞技体育社会化改革需要，健全竞技体育相关制度，主要包括竞技体育人才培养管理制度、职业体育制度、竞赛制度、运动员社会保障制度以及其他相关配套制度。还要健全竞技体育多元参与主体利益保障制度和联赛监管、仲裁制度，建立利益相关者共同参与的决策制度、监控问责制度、诚信制度、权力制衡制度、财务透明制度、绩效评估制度等。在竞技体育社会化改革进程中，要对职业体育联盟、职业俱乐部、运动员等不同主体建立相应的配套制度，通过制度规范不同主体的治理权限和利益边界，充分调动不同主体的积极性，最终实现竞技体育的制度治理。

第三，把法治理念融入竞技体育治理，提升竞技体育法治化水平。增强竞技体育管理部门的执法能力，完善竞技体育法规建设，打造满足市场需求导向的竞技体育法治构架，加大竞技体育的执法队伍建设，培育和拓宽竞技体育法治的社会基础，将竞技体育法律法规落到实处。要强化竞技体育执法，健全竞技体育行政执法程序，规范体育仲裁制度，将体育行政、仲裁和司法体制紧密衔接，利用法治保障竞技体育健康可持续发展，通过提升竞技体育法治化水平引领我国体育事业的法治化建设。

（3）拓宽竞技体育的政治价值，服务新时代国家战略需要

竞技体育作为一种政治符号，利用竞技体育塑造良好的国家形象，是凝聚中国力量、助力“中国梦”的重要方式。新时代的竞技体育要服务于国家发展战略，积极适应国家全方位、立体化外交的新格局，担当起增进国家间对话交流、协调国际关系的战略角色，要进一步发挥竞技体育的政治价值，对外塑造中国体育大国形象，对内提升民族凝聚力，体现中国特色社会主义制度的优越性。

首先，竞技体育的发展要服务于新时代的国家发展战略。在当前世界多极化不可逆转、经济全球化深入发展的趋势下，中国竞技体育的发展要服务于新时代的国家发展战略，进一步推动竞技体育对外开放，为促进世界体育的和谐发展作出更大贡献；要积极服务于“一带一路”建设和构建人类命运共同体战略，与世界各国开展双边、多边体育交往，在教练员援外、运动员交流、场馆建设等方面加深合作；要继续与国际体育组织深度合作，积极参与国际奥委会、国际单项

体育联合会等组织，参与多边体育事务，承担相应的国际体育责任和义务，维护国际体育秩序朝着更加公正合理的方向发展；要通过竞技体育树立起一个负责任的大国形象，为人类和平与世界体育发展发挥更加积极的作用。

其次，竞技体育的发展要服务于新时代的国家外交战略。竞技体育作为世界共通的语言，能够起到攻破外交壁垒、缓解外交摩擦的重要功效，要利用竞技体育搭建公共外交平台，服务于国家外交战略。一是继续发挥大型赛事的外交价值，利用举办 2019 年男子篮球世界杯赛、2022 年杭州亚运会、北京 2022 年冬奥会等重大国际赛事契机，促进国家间交流，展现新时代的中国大国形象；二是推动传统体育文化“走出去”，要积极在世界各国推广中国武术、太极拳等传统体育，通过在世界各地举办各类民族传统体育赛事等形式，将一些影响力广泛的我国传统体育项目推广到世界；三是推动首脑体育外交，在国家领导人外事活动中积极谋划形式多样、内容丰富的体育赛事活动，使具有中国特色的体育赛事成为对外人文交流的新特色；四是积极参与国际体育组织，选拔一批优秀退役运动员、教练员、裁判员等进入各类国际体育组织，参与多边体育事务治理，在国际事务中不断发出中国声音，提升国际体育话语权。

（4）发挥竞技体育的经济价值，促进国家经济社会转型升级

新时代，伴随着经济社会供给侧结构性改革的不断深入和民众消费意识的不断增强，竞技体育相关产业在促进经济社会转型升级中的主体作用将日益明显。对此，要把握中国经济进入“新常态”的历史契机，将竞技体育相关产业打造成为现代服务业中的支撑产业，全力助推中国经济社会转型升级。

第一，大力发展竞技体育项目产业助推我国产业结构转型升级。推进产业结构向服务化、高端化转型是新时代国家经济改革的重要内容，大力发展运动项目产业，推动运动项目的市场化运作，促使体育竞赛表演、体育场馆运营、体育赛事转播、体育经纪等第三产业的比重上升，实现我国产业结构不断向服务化方向转型。新时代健康新观念、科技新成果的融入将为运动项目产业发展带来新动力，助推运动项目产业与相关产业融合，实现与其他产业在生产、技术、产品、消费等各个环节密切关联、相互渗透，带动相关产业不断创新和转型。通过调整运动项目产业结构，扩大产业规模，大力推动“赛事+”发展，使不同运动项目赛事与健康、交通、旅游、餐饮、消费、传媒、保险、娱乐等相关产业深度融合，形成多元产业链。如通过拓展“赛事+传媒”市场空间，促使体育媒介、竞赛表演等产业合并，转化为全新独立的业态体系。

第二，大力发展职业体育引导我国消费结构转型升级。通过优化职业体育项目结构，大力发展中超联赛、CBA 联赛，加快推进排球联赛、乒超联赛、羽超联赛等职业化改革，打造多门类、多层次的职业赛事品牌，为社会提供高质量的职业体育竞赛产品。此外，要做好赛事宣传，引导人们投入体育赛事消费，大力培育体育消费人口，通过体育赛事人口的提升推动社会消费结构转型，促使体育消费方式从实物型向参与型和观赏型扩展。在打造高品质职业联赛的同时，要广泛利用社会市场资源，培养具有广泛市场的职业体育俱乐部，打造不同项目的职业体育联赛体系，提升竞赛表演、场馆运营、职业体育等业态比重，为经济发展“新常态”下扩大消费需求、拉动经济增长提供持续动力。

（5）弘扬竞技体育的人文价值，推动国家文明与社会和谐

竞技体育具有特殊的人文价值，不仅能够促进人的身体协调、动作健美，而且可以培养高尚道德，促进智力发育。积极向上的竞技体育文化还可以充实生活，缓解压力，增加人们的愉悦感和幸福感，是凝聚人心、促进国家文明与社会和谐的重要方式，能不断为强国梦输送持续而强大的正能量。

第一，发挥竞技体育的文化教育价值，提升民族的意志品质。竞技体育运动训练过程既是不断克服各种艰难困苦、迎接对手各种挑战的过程，又是不断调整自身生理极限、忍受极度疲劳的过程，参与竞技体育活动本身就是一种意志体验，具有强大的激励斗志、凝聚人心的作用，对提升公民精神和意志品质意义重大。通过引导竞技体育项目从业者深入基层指导大众开展运动技能学习，让广大民众在学会运动技能的同时，体味竞技体育中的顽强拼搏、不卑不亢的文化精神，通过打造各种各样的民间体育赛事丰富人们的业余生活，通过经常性的体育参与提升公民的文化素养，打造健康文明的体育生活方式。

第二，弘扬中华体育精神，推广竞技体育核心价值观。习近平在会见第 31 届奥运会中国体育代表团时指出，我国体育健儿在里约奥运会上的表现，展示了强大正能量，展示了“人生能有几回搏”的奋斗精神，实现“两个一百年”奋斗目标、实现中华民族伟大复兴的中国梦，就需要这样的精神。深度挖掘竞技体育自身所具备的公平、公正、公开竞争的精神品质，挖掘竞技体育背后所附带的道德、礼仪、审美、情感、创新等文化元素，积极与和谐社会倡导的新理念进行对接。借助各类媒介，积极弘扬中华体育精神，利用“乒乓外交”“女排精神”等优秀体育文化，引导青少年学生培养健康积极的体育价值观。通过将中华体育精神融入学生课堂、校园体育竞赛和课余体育活动等，让广大青少年学生在参与

体育赛事的过程中感受优秀竞技文化，提升内在修养，培养凝心聚力的感召力、为国争光的爱国主义、敢于争先的拼搏精神和扬我国威的民族自信，从而为培育具有现代意识的合格公民奠定基础。

第三，践行竞技体育的社会服务价值，推动和谐社会建设。围绕社会日益增强的体育文化需要，发挥竞技体育的社会服务价值，通过整合教育系统、体育系统、社会组织和各项目协会的体育资源，拓宽竞技体育社会服务的内容，大力培育政府以外的竞技体育公共服务主体，让市场、社会组织、俱乐部等共同参与承担竞技体育服务。通过举办多种层次的体育竞赛和民间民俗体育文化主题活动，引导不同民族和社会背景的民众广泛参与，利用体育赛事搭建平台，促进不同民族、不同地区的文化交流，沟通人际，弥合民族疏离，增强民众超越宗教、民族、文化背景的集体意识和情感认同。通过借助体育赛事交流平台促使各个民族求同存异，从而增强民族凝聚力，促进全国各民族的团结与和谐。

2. 建立竞技体育发展的新体制、新机制

（1）建立举国体制与社会市场相结合的新机制

随着新时代社会主义市场经济体制改革的不断深入，举国体制面临经济社会转型的新挑战，需要通过全面深化改革破解难题。体育强国建设进程中，一方面，要继续坚持举国体制，发挥举国体制的特殊效用，为体育强国建设助力；另一方面，要进一步完善举国体制，构建举国体制与社会市场相结合的新机制。

第一，推动举国体制与市场机制深度结合，全面深化“放管服”改革。加强顶层设计，转变政府职能，以更为“开放”的观念创新竞技体育发展方式，进一步降低各类市场主体参与竞技体育的门槛，放宽准入，逐渐使市场在竞技体育资源配置中起决定性作用，由原来体育部门管理竞技体育，转变为全社会共同参与管理竞技体育，合理运用计划和市场两种手段，从宏观和微观两个层面调动社会资源，形成管理有序、结构合理、效率优先的新型管理体制，为举国体制注入新的活力。

第二，深入推进竞技体育管理体制改革，推行条块结合的“扁平化”管理。一是打造政府指导下国家与社会共同兴办、人民群众广泛参与的竞技体育运行机制，通过协调政府与社会、市场的关系，充分发挥政府、社会、市场各自的作用，形成“三轮驱动”、通力合作的运行机制；二是拓宽多元投资渠道，广泛吸纳社会资源支持竞技体育发展，引导社会力量参与竞技体育赛事组织，提高竞技体育的社会化水平，形成多渠道、多层面、社会广泛参与的竞技体育多元发展新模式，构建“小政府、强社团、大社会”的新格局，提升竞技体育的社会化水平。

第三，打造管办分离、内外联动、各司其职的新机制。贯彻政事分开、管办分离的指导思想，大力推进全国性体育协会与行政机关脱钩改革，优化国家体育总局、全国体育总会、中国奥委会职能，推动国家体育总局与中华全国体育总会、中国奥委会与各单项体育协会的职能分开，实现管办分离。以法律手段规范国家体育部门、社会组织和各类协会的权责，进一步引导各级体育事业单位和社会体育组织明确自己的权利与职责，构建责任层层分解、压力层层传递的举国体制。在明确不同主体职责的前提下，充分开发竞技体育的有形和无形资产，多渠道、多形式调动社会各方力量共同参与发展竞技体育事业。

（2）建立多元参与的竞技体育治理体制

新时代，国家治理体系和治理能力现代化建设为竞技体育治理方式的优化提供了基础，构建多元主体协同治理格局是提升竞技体育治理能力现代化的关键。要厘清国家、社会和市场在竞技体育治理中的角色定位，处理好不同主体的关系，打造多元主体协同联动的竞技体育治理体制。

第一，建立政府支持、协会主导、市场自主的新型竞技体育治理体系。改革竞技体育项目管理体制和运行机制，合理界定竞技体育行政管理部门、项目协会和市场主体的治理职能和责任，加强中国奥委会、各单项体育协会等组织间的协同，充分利用社会资源，依靠社会力量，推进政府、社会、市场、项目协会等组成的协同治理，打造多元主体协同合作、多种机制相互配合、多个主体共商共治的竞技体育治理体系。

第二，打造与经济社会相适应的竞技体育政府主导型治理体制。合理定位政府在竞技体育治理中的角色，推动政府主体的有序退出与有效介入。规划政府主体治理的职权边界，强化政府的调控型服务式治理，政府要“让位”、放权于社会市场，推进行政机关与竞技体育行业协会脱钩。同时，政府又不能“缺位”，政府要承担制度设计和治理监管的责任，监督竞技体育活动的开展和市场主体的生产经营行为，形成与经济社会相适应的竞技体育政府主导型治理体制。

第三，发挥社会市场在竞技体育治理中的主体作用。市场主体在竞技体育治理中要保持活性，在遵守市场规律的同时，通过制度激活市场活性，发挥市场的体育资源配置优势，不断引导运动项目协会进市场，以协会、社会市场为治理主体，以竞技体育资源配置最大化为治理客体，以法规制定、调控督导、协调服务、组织管理等为治理行为，结合我国国情，打造以竞技体育核心利益为主、多元利益相关者协同治理的机制。

3. 创新奥运备战模式

（1）创新奥运备战政策体系和参赛策略

东京2020年奥运会和北京2022年冬奥会、冬残奥会是体育强国建设进程中的两项阶段性任务，做好两项赛事的备战工作，对于体育强国建设将起到引领作用。新时代，要以夏季奥运会和冬季奥运会取得优异成绩为重点，实施奥运战略，确定“以备战促改革，以改革促备战”的整体思路，创新奥运会备战组织管理运行新机制、新模式，做好高水平人才培养、复合型备战团队组建、科技助力等工作，以“真选、真练、真高、真干”的方法论做好奥运备战工作。

第一，调整和完善奥运备战政策体系。包括完善国家队多元组建扶持政策、参赛运动员选拔政策、奥运激励与保障政策、教练员选聘与保障政策、训练基地建设管理政策、竞赛政策、运动员和教练员人才交流管理政策、运动员升学就业保障政策、少数民族地区培养高水平运动员政策等，从制度、法规等层面支撑奥运备战。通过整合竞技体育制度性资源，发挥各地在人才、科研、资金、管理、保障等方面的优势，通过健全评价、奖励制度，调动全国备战奥运会的积极性。

第二，优化奥运备战优秀人才选拔方式，建立多元联动的人才输送体系。实施奥运备战“直通计划”，推动备战队伍与总局决策组织直通、经费直通、人才直通、决策执行直通。激活优秀竞技体育人才多元选拔方式，根据项目特征创新青少年运动员选材标准，推行“跨项选材”“青春期后选材”和“晚定项的动态选材”，推进不同项目联动递进的后备人才梯队建设。要建立严格的国家队奥运选拔政策，打造国家队、省市队、地方队多层次联动的人才输送体系，以公开、公平、公正为原则，遴选成绩最好、状态最好的运动员进入国家集训队，形成精英运动员培养与选拔的长效机制。

第三，优化竞技体育项目结构布局，制定不同项目的奥运备战参赛策略。一是坚持突出重点，拓展优势空间，恶补弱势项目，统筹奥运与非奥运项目、夏季与冬季项目、优势与潜优势项目、集体球类项目与基础项目及弱势项目的协调发展，建立良性竞争、优势互补的竞技体育项目发展格局。二是从全局的视角对奥运备战任务统筹规划，要覆盖对不同项目备战目标、任务的策划，注重抓重点项目的顶层设计，在奥运参赛项目上不能一味追求“大而全”，要根据我国参赛项目的现状进行分类，有所偏重、有所区别地制定不同项目的参赛措施。各项目国家队要根据奥运会备战总体计划，统筹制订本项目备战计划，设计不同年度、不同项目和不同领域的分计划，并将备战计划层层分解至各个教练组、教练员和运动员。

（2）构建国家和社会多元参与的奥运备战体系

奥运备战是一项系统工程，伴随着新时代我国体育体制改革的深入，大量的社会力量将介入竞技体育领域，我们要利用好竞技体育社会化改革的趋势，借助社会力量，吸收更多的社会主体参与奥运备战，构建国家和社会多元参与的奥运备战新体系。

第一，建立多元参与的“扁平化”奥运备战组织管理体系。一是以奥运比赛项目为单位，组建复合型训练与备战管理团队，建立备战领导小组、项目管理团队的“扁平型”奥运备战组织管理体系。明确管理人员、教练员、医务人员、科技人员等相关人员的责任，逐步形成“奥运备战有落实，任务落实有主体”的奥运备战组织管理体系，保障奥运备战目标任务的有效完成；二是各项目中心要成立国家队队委会和复合型训练管理团队，对各项目管理中心、协会和运动队实施目标任务责任制，搭建备战领导小组、项目中心、协会和运动队多层责任体系，细化目标，落实责任，统筹安排比赛周期和年度训练、比赛计划等工作。

第二，提高备战奥运工作的社会化、专业化、市场化水平。调动更多社会力量支持奥运备战，广泛利用社会市场资源，发挥不同项目的特点，吸引社会资本介入奥运备战工作，可以选取一些设施完善、资金雄厚的俱乐部承担部分项目的备战任务。广泛利用社会力量做好奥运融资，寻求更多的赞助商，发挥社会力量调动多方资源，推动多渠道、多方式共同资助奥运备战，实现备战奥运会资金结构的社会化和多元化，从而降低政府运作成本。

第三，推进奥运会备战模式的多元化。奥运会备战过程中要有效整合政府、社会、协会、俱乐部等各种竞技体育资源优势，激发奥运项目发展的内生动力，充分调动和发挥地方备战奥运会的积极性。在推进奥运备战模式多元化的实践中，要继续发挥举国体制的优势，支持各种社会力量参与备战工作，从而实现精英体育资源的共建与共享，提升备战效率。

（3）大力推进“科技助力奥运”工作

科技水平是衡量体育强国的重要指标，随着现代科技的发展，科学技术已经成为提高运动训练水平的关键因素。科技助力奥运是奥运备战的重要创新途径，要针对重点项目实施“引智工程”，打造“科研—训练—保障”多元融合的奥运备战体系，发挥科技在提高运动训练水平中的作用。

第一，强化奥运备战科技攻关，完善科技助力奥运的工作机制。以备战东京2020年奥运会、北京2022年冬奥运为首要任务，通过制定相关政策引导国家、社会、各类俱乐部协同开展科技助力奥运工作，大力推进科技介入日常运动训练，充分发挥科技的先导作用，加强对重点夺金项目训练理论与方法的研究与应用，有针对性地解决运动训练的实际问题。重点围绕奥运参赛项目的技战术、训练方法手段、器材开发、伤病预防、疲劳恢复等进行研究，紧密结合运动训练实践，以科研创新带动科技助力奥运工作。

第二，打造多元融合的复合型训练备战体系，提升备战训练科技含量。针对重点项目实施“引智工程”，打造“科研—训练—保障”多元融合的复合型训练体系。一是组织人员专门对先进国家奥运项目制胜特征进行研究，对竞技体育项目发展中的重点、难点问题进行联合科技攻关，通过器材的创新、设备的改造升级等逐步提高项目的科技含量；二是组建科研保障团队，打造奥运科技协调创新平台。与有关高校、科研所等合作，在国内外遴选综合实力强的科研团队，针对备战中的难题进行联合攻关，将科技与教练员训练结合起来解决实际工作中的问题。把科研实验室实施运动队化，把阶段性运动员测试日常化，每一个项目或项群可以与高校实验室或科研机构签订合作协议，对重点小项、重点运动员的制约短板进行深入研究，提升奥运备战的科技含量。

4. 多途径多渠道培养竞技体育人才

（1）创新国家队组建模式，推行跨界、跨项、跨地域多元人才选拔方式

实施国家队管理体制改革是推动体育事业改革的重要组成部分，通过创新竞技体育优秀人才选拔方式，激发项目发展的内生动力，充分调动各方参与的积极性，对于提高我国竞技体育综合实力和推进体育强国建设意义重大。在体育强国建设进程中，要创新国家队组建模式，优化优秀人才选拔方式，推进国家队办队模式多元化。

第一，推进国家队办队模式多元化。一是推进国家队办队模式的社会化，促进体育单项协会与社会组织合作建设新型国家队，依托多方力量，调动社会参与的积极性，促进单项协会积极建设新型国家队，针对市场化程度较高、竞技成绩

优异、项目特色鲜明的体育单项协会，与其共建新型国家队；二是推进国家队办队模式的院校化，发挥高等体育院校教、科、竞、训一体化优势，积极与一些高等院校建立合作伙伴关系，如北京体育大学成立中国足球学院，上海体育学院成立中国乒乓球学院，南京体育学院成立中国网球学院，天津体育学院成立中国排球学院，国家体育总局与清华大学正式签署战略合作协议等；三是推进国家队办队模式的地方化，通过与地方政府签署合作协议的形式，采取年度考核，实行动态调整，实施扁平化管理，以创新的管理模式和考核体系规范国家地方队，赋予地方构建国家队训练团队的主教练选人用人的主导权，运用“省市选派、自主聘用”实现团队构建。可以选择项目成绩较好、后备人才充裕的省、市，以协议方式与之共建国家队，实现精英体育资源的共建与共享。

第二，推行跨界、跨项、跨地域多元人才选拔方式，建立国家队、省市队、地方队层次明确的人才输送和培养模式。打破传统的“早期选材”和“终身一项”的三级人才输送体系，建立项目选拔与跨界选拔相结合的选拔机制，形成精英运动员培养与选拔的长效机制。一是将教育政策和竞技体育政策结合起来培养优秀竞技体育后备人才，激活优秀竞技体育人才多元选拔机制，要跨界跨项，跨出体育界，跨到教育界，打造不同项目联动递进的后备人才梯队；二是针对性地面向全球选材和重点地区选材，如针对华人、华侨和华裔，面向特定地区、特定人群、特定项目、特定行业等实施多元选材。

（2）实施体教融合，完善竞技体育后备人才培养体系

体育强国建设进程中，要有效发挥教育系统、体育系统和社会组织的作用，不断优化“体教融合”的三级训练网络体系，打造教育系统、体育系统和社会力量多元投入的新型竞技体育人才培养体系。

第一，实施“竞技体育后备人才培养工程”，建立规模、布局、结构合理的人才培养体系。政府部门要继续发挥主导作用，在资金、政策、教育、培训等方面给予更多的关注和支持，社会组织和团体要通过各种途径，积极吸纳社会资源，发挥在项目普及和培养后备人才方面的作用。要建立贯通“小学—初中—高中—大学—职业体育”的人才传递体系，调动学校和家长支持学生参与竞技体育的积极性，完善学校、社区、家庭相结合的青少年体育网络和联动机制，培育竞技体育后备人才发展的社会环境，保障竞技体育后备人才规模平稳增长。

第二，打造多元投入的新型竞技体育人才培养体系。后备人才培养中，要实施业余体校、运动学校、学校运动队、体育俱乐部的有机结合；学校竞赛体系、

青少年竞赛体系、职业竞赛体系的有机结合，在各类学校、体校、俱乐部和职业队中选拔运动员组建国家队。根据运动员的不同层次，打造层层递进、密切衔接的人才培养体系，支持学校通过创建青少年体育俱乐部、与各级各类体校联办运动队、组建校园项目联盟等形式，创新体育后备人才小学、初中、高中一条龙培养模式，最终形成多元投入的新型竞技体育人才培养体系。

第三，推动体教融合，厚植竞技体育后备人才培育基础。一是完善支撑后备人才培养的制度基础，健全后备人才输送、人才培养、人才交流奖励制度，利用制度调动人才培养单位、组织和个人的积极性、主动性和创造性，拓宽运动员人才培养的“绿色通道”和“金色大道”。二是培育后备人才培养的教育基础，充分利用教育资源，完善三级训练体系，发挥学校在后备人才培养中的积极作用，形成以学校为主体的运动员培养模式，在推动教育系统、体育系统及社会组织多方融合的基础上，为国家培养全面发展的高水平竞技体育人才。

（3）健全教练员、裁判员等人才队伍的培养和保障体系

实现体育强国目标离不开一支专业水平突出的复合型团队，提升教练员、裁判员、科研人员、管理人员等队伍的综合素质是提升竞技水平的关键。体育强国建设进程中，要健全教练员、裁判员等人才队伍的培养和保障体系，打造具有国际水平的竞赛组织人才队伍和国际体育组织认知的人才团队，培育能够适应未来运动训练需要的复合型训练管理团队。

第一，大力实施精英教练资助计划和基层教练员培训工程，提升高水平教练员综合素质和创新能力。一是健全教练员培训体系，根据项目特点组建中外结合的教练员团队，做好国外优秀教练员引进、聘用工作，规范外籍教练员聘用和管理方式；二是大力推行精英教练员培养计划，健全市、区（县）和学校三级培训课程体系，完善教练员培训的分类管理，通过开发网络培训课程资源，建立教练员网络研修社区，并对培训效果进行跟踪监控，从而真正提升教练员的专业素养；三是加快我国体能训练人才培养，成立中国体能训练协会，利用高校建立体能、康复专业，实施权威考核认证，扩大我国体能训练和康复再生人才规模，满足竞技体育强国建设和健康中国服务需要；四是加强教练员、裁判员队伍系统建设，提高教练员、裁判员岗位社会认同和价值地位，创新教练员、裁判员业务能力考评机制，完善教练员、裁判员继续教育和职业培训制度，建立教练员、裁判员终身学习制度，优化奖励办法，促使教练员、裁判员队伍建设走向规范化。

第二，健全复合型团队的激励、奖励保障机制，提升复合型团队的科学化水

平。一是完善复合型团队的管理办法，明确复合型训练管理团队的构成、分工、职责等，合理分配教练员、医务人员、管理人员、科技人员等团队人员的责任，充分利用成员的专业优势，建立教练团队、科研团队及其他专家团队的沟通机制，“让专业的人做专业的事”，打造一支能够深刻把握项目训练规律，具有科学训练理念和方法的复合型训练管理团队；二是完善复合型训练管理团队收入分配和激励保障政策。围绕团队不同成员的职责和工作分工，落实各项激励和奖励政策，合理提升团队成员的收入和奖励额度，将复合型训练管理团队的工作业绩与个人收入、奖惩、政治荣誉挂钩，形成责、权、利相统一的激励保障机制；三是打造具有国际水平的竞赛组织人才队伍和国际体育组织认知的人才团队，支持和鼓励合适人员竞选国际体育组织的相应职务，争取更多地参与国际体育组织活动和决策，增强我国在国际体育事务中的影响力和话语权。

5. 提升运动训练的科学化、智能化水平

（1）推动“科技助力”与运动训练紧密融合

科学化、智能化水平是衡量体育强国的重要指标，在推动体育强国建设进程中，要大力提升运动训练的科技元素，推进“科技助力”工作，提升运动训练的科学化、智能化水平。

第一，完善“科技助力”工作的体制机制。建立与社会主义市场经济体制相适应、与运动训练实践密切结合的科技服务体系，完善统一的管理机制，打通各个项目间的壁垒，通过打造资源共享和经验交流平台，将科技与训练实践紧密结合。广泛利用社会市场资源，吸纳社会各方力量参与“科技助力”工作，共同进行科研攻关、科技服务和训练康复保障工作，打造高效率、多渠道、多形式的运动训练信息服务网络及体育科技激励、保障机制，提高科技服务的质量和效率。

第二，实施“科技助力”和科技支撑计划，提升运动训练的现代化科技含量。引进大数据和人工智能技术，加强国际信息情报收集，动态分析掌握各国竞技体育大数据；围绕运动训练的实际需求展开科技开发，以科技为手段，组织多元力量对重大竞技体育科研项目进行攻关，推动高新技术在运动训练实践中应用；加强技战术训练大数据分析，提高专项体能训练和科学恢复再生水平，加快生物技术、体育装备、训练器材和科研仪器等更新迭代；加强科学训练、营养恢复、状态调控以及多学科科技攻关，提高训练过程和状态监控的科学化、信息化

水平，通过器材的创新、设备的改造升级等逐步提高项目的科技含量。

第三，构建现代化多功能智能场馆。提高我国训练场馆设施的科技元素，通过器材的创新、设备的改造升级等逐步提高场馆设施的科技含量，推进训练、科研、医疗、康复保障等多个元素融入训练场馆。要不断升级与改造满足备战奥运需要的“科研、训练、保障”三位一体的多功能智能场馆，打造技术诊断、医务监督、信息情报搜集、身体恢复等多功能融合的智能训练中心，为运动训练与竞赛提供优良的硬件保障。

（2）打造“训练—科研—保障”复合型训练团队

复合型团队可以整合多学科的知识和人才，让专业的人员做专业的事，可以全方位地提高运动训练水平。在体育强国建设中，要构建科学化复合型训练团队，提高科技对训练的引领作用。一是整合社会和国际科技资源加入“科技助力”训练工作，建立多学科和国际化的高水平研究团队和平台，提高竞技体育的科技攻关和科技服务水平。各项目国家队要在国内外遴选综合实力较强的复合型团队，签订服务协议，建立合作伙伴关系，通过复合型团队的整体效用提升运动训练的科学化水平。二是在国际化高水平“科技助力”团队的引进和构建中，既要以体能、恢复、康复、营养、赛前训练等具有共性的学科为主体，解决竞技训练中长期存在的关键问题、难点问题和共性问题，也要以特定项目或运动员，尤其是重点项目和高水平运动员为研究对象，进行重点攻关和精准保障。通过研究重点项目的特征和训练趋势，对项目训练和竞赛规律进行深度认识，在训练方法、手段及技战术方面不断创新，促进科技成果转化与应用，提升对训练和参赛的驾驭和操作能力。三是做好复合型训练团队的协调工作，以运动员训练为基础，以科研为先导，以医疗服务和组织管理为保障，解决运动员日常训练、参赛过程中遇到的实际问题，利用科学的组织管理推动训练、科技、医务、监控及组织保障等工作落到实处。

（3）加强赛风赛纪和反兴奋剂工作治理力度

赛风赛纪和反兴奋剂治理工作是一项长期的系统工程，在体育强国建设过程中，我们必须坚持正风肃纪，加强行业作风建设，完善国家反兴奋剂综合治理协调机制，推进国家反兴奋剂综合治理体系建设，树立中国竞技体育的良好形象。

第一，健全体育竞赛赛风赛纪立法，完善反兴奋剂法规体系。一是全面贯彻实施《体育法》《反兴奋剂条例》《反兴奋剂管理办法》，积极推进反兴奋剂违规入刑工作，强化教练员、运动员及辅助人员自觉抵制兴奋剂的意识和能力。二是完善反兴奋剂管理体系，建立反兴奋剂责任制，完善运动队反兴奋剂准入制度，推进“标本兼治、综合治理、惩防并举、注重预防”的预防与惩治相结合的反兴奋剂综合治理体系建设。

第二，深入开展赛风赛纪和反兴奋剂专项治理。建立健全反兴奋剂风险防控体系，整合中国奥委会反兴奋剂委员会和国家体育总局运动医学研究所的部门职能，加强兴奋剂控制过程的计划、协同、执行、监督和改进，健全有效的防范制度和应急处理机制，联合部委兴奋剂综合治理协调小组、大型赛会纪律检查委员会、各赛会组委会监察机构以及各参赛代表团的监察机构等对竞赛过程实施监督，提升反兴奋剂专业化水平。

第三，不断提高兴奋剂检测水平。加强兴奋剂检测实验室建设，一是利用体育院校、运动医院和相关科研院所的优势，推进兴奋剂实验室建设，促使相关单位在承担兴奋剂检测任务的同时，进一步做好硬软件设施建设，开展新型兴奋剂检测技术开发，利用新科技提高兴奋剂检测水平。二是加强反兴奋剂国际合作，与世界竞技体育强国开展反兴奋剂领域的双边交流，密切跟踪国际发展动态，深入交换反兴奋剂信息，切实提高反兴奋剂治理工作的实效与水平。

6. 构建中国特色现代化竞赛体系

（1）全面推进竞赛体制改革

在迈向体育强国的道路上，要进一步推进竞赛体制改革，建立与经济社会转型和竞技体育发展规律相适应的竞赛体制，通过鼓励社会广泛参与，推动竞赛体系的社会化、科学化、制度化和多样化，逐步建成具有中国特色的政府引导、形式多样的竞赛体系。

第一，健全全运会、冬运会、青运会等竞赛制度，推动竞赛的市场化和社会化改革。一是对国内赛事实行分级分类管理，通过深化全运会、冬运会、青运会体制改革，带动我国竞赛体制的全面改革，发挥全运会在推进赛制改革方面的引领作用；二是加快推动竞赛的社会化，对商业性、群众性赛事，坚持谁主办，谁负责的原则，加强服务监管，改革和完善赛事申请办法、项目设置、赛制编排、运动员注册、计分办法和监督措施等，充分调动地方体育部门和社会力量办赛的积极性；三是大力鼓励“跨单位跨项跨界”组合比赛，利用社会市场资源，建立科学合理的竞赛协作机制，扩大专业赛事举办和参赛的灵活性、开放性和自主性，对多个单位组织的比赛同等公布所取得成绩，共同分享获得名次；四是加快推进市场化、社会化程度较高的项目建立职业联赛体系，逐步建立起适应社会主义市场经济、符合现代体育运动规律、与国际接轨的现代单项竞赛制度。

第二，打造围绕国际大赛参赛目标、服务奥运战略的竞赛体系。积极适应国际上以奥运会、冬奥会为中心的奥运资格竞赛制度和以市场为导向的职业竞赛制度，坚持全运会与奥运会接轨，年度赛事与全运会挂钩，通过开展形式多样的系列赛、大奖赛、分站赛等，将国内比赛和国际比赛有机结合。从利于奥运会参赛为出发点安排国内比赛，根据奥运项目的规律特征以及项目的市场化、社会化程度，协调年度竞赛计划，积极发挥竞赛的杠杆作用，形成科学、合理的奥运备战竞赛体系。要以满足奥运需求为目的，扩大赛事规模与数量，构建既符合项目发展和市场化、社会化、多元化赛事需要，又符合青少年运动员成长规律和成才规律要求，与国际接轨的单项竞赛制度，通过打造多元竞赛体系挖掘不同项目运动员的最大竞技能力，让竞技状态最好的运动队或运动员脱颖而出。

(2) 大力推进多层次学校体育竞赛体系

学校体育是竞技体育后备人才培养的基础，构建多层次学校体育竞赛体系是筑牢体育强国建设根基、适应新时代人才培养工程的重要载体。通过打造多元化学校体育竞赛体系，有利于培养学生体育意识和体育兴趣，提高运动技术水平，从而更好地实现竞技体育在新时代体育强国建设中的育人功能。

第一，整合竞赛资源，打造多层次、多样性的学校体育竞赛体系。国家、省、市、县要建立常态化的校园体育竞赛机制，构建相互衔接的县、市、省、国家四级学校体育竞赛体系。可以根据不同项目特征，实行国家投入、市场运行的纵向分级混合赛制，明确不同部门的权责分工，教育部门抓人才培养，体育部门管运动竞赛，形成教育部门与体育部门相互配合、齐抓共管的新格局。可以根据我国学校的地域分布，在全国范围内构建相对固定的校际体育联盟和竞赛区域，使校际体育联盟成为推动区域竞技体育赛事发展的新生力量，并逐步形成辐射能力强的全国学生精品赛事。

第二，协调不同系统的关系，构建多元参与的学校体育竞赛体系。推动体育系统、教育系统、社会组织共同投入学校体育竞赛体系，形成学校运动队、业余体校、运动学校、体育俱乐部有机结合，青少年竞赛体系、学校竞赛体系、职业竞赛体系有机融合的新型竞赛体系。发挥全国学生运动会的引领作用，完善区域竞赛体系，推动开展跨区域学校体育竞赛活动，定期举办综合性学生运动会，促使各级各类竞赛协调发展。具体实践中，可以把一些国家重点扶持的运动项目作为突破口，积极发挥单个项目的示范效应，如在全国上下大力发展校园足球的背景下，要尽快落实校园足球振兴计划，打造精英赛、联盟联赛、联盟杯赛、草根联赛，涵盖小学、初中、高中、大学四级以及 U9—U22 共 11 个组别的赛事体系。

第三，改革学校体育竞赛形式，完善竞赛选拔机制。科学设计学校运动竞赛内容，完善学校体育竞赛管理办法，明确青少年比赛要以体能类游戏竞技为主，随级别增高逐步增加竞赛难度，运用挑战赛、对抗赛、大奖赛、等级赛等多种形式，增强竞赛的娱乐性与观赏性，充分发挥学生参与体育竞赛的主体作用。此外，要改革运动员的注册制度和比赛身份的核实制度，完善运动员区级、市级、省级、国家级注册制度，建立竞技体育后备人才信息网，畅通学生运动员进入各级专业运动队、代表队的渠道，稳步提升竞技体育后备人才输送的数量和质量。

(3) 建设中国特色职业体育联赛制度

体育强国建设进程中，中国职业体育要积极与世界职业赛事接轨，进一步创新职业体育赛事发展方式，建设中国特色职业体育联赛制度，不断提升职业赛事的国际化水平。

第一，做好职业体育联赛顶层设计，创新中国特色职业体育发展方式。一是充分利用社会市场资源，将国内比赛与对外市场开拓紧密结合起来，严格联赛准入制度，扩宽项目协会的组织形式，由项目协会和参与其中的俱乐部共同拥有联赛产权，推动职业赛事的品牌运营；二是进一步深化运动项目协会改革，打造不同级别的职业联赛，发挥运动项目协会的行业管理职能，构建政府引导、依托市场、协会监管的联赛管理制度。根据项目特点，将国内比赛、世界大赛与市场化职业赛事的品牌建设有机结合，以职业赛事开发为核心，打造符合中国国情的多样化、多层次的职业体育联赛体系，建立具有中国特色的职业联赛发展模式。

第二，发挥俱乐部在职业联赛中的主体地位，推动职业联赛的实体化运营。充分发挥市场的主导作用，进一步探索足球、篮球、排球、网球、冰球、高尔夫球等项目职业化道路，不仅要打造不同项目的职业联赛，而且要以职业联赛为载体打造职业体育的“联盟体制”。借鉴国外职业联盟的成功经验，不断完善我国职业联盟的运行体系，推动职业联赛的实体化运营，为市场提供优质的体育赛事产品。通过办好职业联赛，逐步提高职业体育的成熟度和规范化水平，不断推出具有中国特色的精品职业赛事。

第三，积极与世界顶级职业赛事接轨，培育具有国际影响力的职业化品牌赛事。充分利用社会市场和国家对外政策，加强与世界职业体育组织的沟通与交流，积极推动职业赛事与国家“一带一路”倡议融合，将国内一些职业化水平高的赛事带入“一带一路”沿线国家，打造精品赛事，进而不断向世界其他地区推广。可以根据我国体育项目的职业化程度和在世界的影响力，挖掘赛事文化，不断增强职业体育赛事的市场化程度。重点推动一些传统优势项目赛事的国际化推广，乒乓球、羽毛球等项目要率先实行走出去战略，到2050年重点培育出3~5个具有国际影响力的职业化品牌赛事。

（南京体育学院　杨国庆）

第四章

体育产业改革与发展

北京2008年奥运会成功举办以来，中共中央和国务院领导高度重视体育产业发展，国务院多次专题研究部署，并于2014年10月20日出台了《关于加快发展体育产业促进体育消费的若干意见》（以下简称“《意见》”）。《意见》的出台为我国体育产业的发展指明了方向。

加快发展体育产业不仅对体育强国建设具有重大意义，还对体育进一步融入社会经济发展有着不可替代的独特功能和作用。一方面，发展体育产业既是体育强国建设的重要内容，也是加快体育强国建设的重要手段，有利于推进体育体制机制改革，转变体育发展方式，缓解体育领域供给侧结构性改革中的矛盾，解决体育发展不平衡不充分的问题；另一方面，发展体育产业有利于引导积极健康的生活方式，强化体育与相关产业融合发展，形成服务业重要增长点，对促进社会和谐、释放消费潜力、拉动社会资本投资、推动产业转型升级、培育中长期经济发展新动能具有重要作用。

一、体育产业改革与发展主要成就

（一）总体水平大幅提升

1. 产业规模不断扩大

从全国体育产业统计数据来看，2008—2016 年我国体育产业总规模和增加值总体呈现持续上涨的态势，2008 年体育产业总规模为 4628.0 亿元，实现增加值 1554.7 亿元；2016 年体育产业总规模为 19011.3 亿元，实现增加值 6474.8 亿元。与 2008 年相比，2016 年体育产业总规模涨幅达到 310.8%，年均增长率为 19.3%（未扣除价格因素）；体育产业增加值涨幅达到 316.5%，年均增长率为 19.5%（未扣除价格因素）。无论是体育产业总规模的增速，还是体育产业增加值的增速都远远高于 GDP 的增长速度，凸显出体育产业作为国民经济新兴产业的巨大潜力。

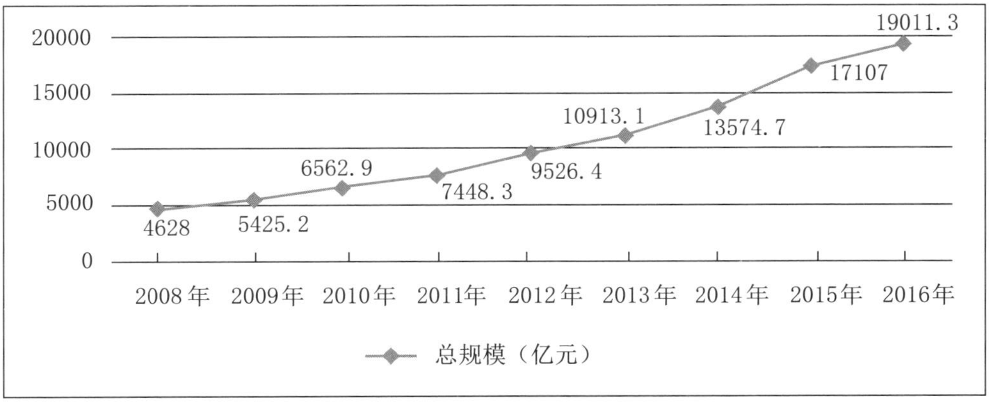

图 4-1　2008—2016 年中国体育产业总规模示意图

从分业态看，2008—2016 年，体育服务业保持高速增长态势，尤其是 2014 年以后，受体育市场化改革和产业政策利好刺激，体育服务业迎来爆发性增长，2016 年体育服务业增加值首次超过体育制造业，达到 3560.6 亿元，是 2008 年的 8.5 倍。体育制造业的发展受国民经济发展和体育事业发展等多重因素影响。近年来我国体育事业发展持续向好，为体育制造业发展提供了良好的支撑，2008年至2016年期间，我国体育制造业一直保持增长态势。但受到我国经济发展放缓的影响，2013年至今我国体育制造业增长速度明显降低。此外，从2008年开始，受国家4万亿投资计划的刺激，我国体育建筑业迎来蓬勃发展的时期，2013年体育建筑业的增加值是2008年的3.2倍；2014—2016年，受国家经济增速下降的影响，我国体育建筑业出现了较大幅度的波动，2015年体育建筑业的增加值仅为35.3亿元，只有2013年的22%。

表4-1 2008—2016年中国体育产业增加值一览表

单位：亿元人民币

类别	2008年	2009年	2010年	2011年	2012年	2013年	2014年	2015年	2016年
体育服务业	416.8	534.3	652.7	892.1	1085.1	1215.1	1357.2	2703.6	3560.6
体育制造业	1088.3	1224.2	1472	1673.0	1920.4	2189.6	2547.0	2755.5	2863.9
体育建筑业	49.6	77.4	95.4	124.0	130.4	159.0	136.8	35.3	50.3
合　计	1554.7	1835.9	2220.1	2689.1	3136.9	3563.7	4041	5494.4	6474.8

2. 产业体系不断健全

经过数十年的发展，我国体育产业体系不断健全，基本形成了以竞赛表演、健身休闲为引领，体育场馆服务、体育培训、体育制造、体育用品贸易等共同发展的产业体系。与此同时，随着体育产业向纵深发展，体育产业与相关产业相互交叉、相互渗透、相互融合，催生出体育旅游、体育康养、体育文创、体育广告、体育传媒、体育会展等多种新兴业态。在体育旅游领域，全国正在着手打造一批具有国际影响力的体育旅游目的地，以及一批国家级体育旅游示范项目和体育旅游精品线路。在体育文创领域，我国正步入价值蓝海，电子竞技、体育传媒、体育影视、体育动漫等体育文创产业迅速发展。在体育会展领域，中国体育旅游博览会、中国体育文化博览会逐步壮大，中国国际体育用品博览会已发展成为亚太最大、世界排名前三的综合性体育用品展会。在体育健康领域，体育在推进健康关口前移、慢性病干预、健康促进、生活品质提升等方面的作用逐步显现，社会资本开办的康体、运动康复等各类机构迅速增加，全民健身与全民健康的融合程度不断增强。此外，随着互联网和信息技术的飞速发展，社会资本对“互联网+体育”发展的路径探索已经开始，特别是以云计算、物联网和大数据为代表的新一代信息技术与运动装备、体育服务的融合创新发展正悄然兴起。

3. 产业结构不断优化

相关数据表明，2008 年全国体育产业各领域增加值的构成为：体育用品、服装鞋帽制造占 69. 99%，体育用品、服装鞋帽销售占 9. 12%，体育组织管理活动占 7. 56%，体育场馆管理活动占 1. 93%，体育健身休闲活动占 4. 79%，体育中介活动占 0. 29%，体育培训活动占 0. 87%，体育彩票占 2. 27%，体育建筑业占 3. 19%。2014 年全国体育用品、服装鞋帽制造占 63. 03%，体育用品、服装鞋帽销售占 11. 41%，体育组织管理活动占 6. 79%，体育场馆管理活动占 1. 72%，体育健身休闲活动占 5. 90%，体育中介活动占 0. 72%，体育培训活动占 3. 56%，体育彩票占 3. 49%，体育建筑业占 3. 39%。以上数据可以看出，2008—2014 年，体育制造业比例在逐年降低，而体育服务业中体育健身休闲活动、体育中介活动、体育培训活动、体育彩票比例呈逐年增长的趋势，体育场馆管理活动比例呈现波动中缓慢下降的趋势。

2015 年国家体育产业统计分类发生变化，由原先的 8 大类变为 11 大类。统计数据表明，2015 年国家体育产业增加值的构成为：体育用品及相关产品制造占 50. 2%，体育用品及相关产品销售、贸易代理与出租占 28. 4%，体育管理活动占 2. 1%，体育竞赛表演活动占 1. 0%，体育健身休闲活动占 2. 4%，体育场馆服务占 8. 3%，体育中介服务占 0. 3%，体育培训与教育占 3. 5%，体育传媒与信息服务占 0. 7%，其他与体育相关服务占 2. 5%，体育场地设施建设占 0. 6%。2016 年国家体育产业增加值的构成为：体育用品及相关产品制造占 44. 2%，体育用品及相关产品销售、贸易代理与出租占 33%，体育组织管理活动占 2. 2%，体育竞赛表演活动占 1. 0%，体育健身休闲活动占 2. 7%，体育场馆服务占 8. 8%，体育中介服务占 0. 3%，体育培训与教育占 3. 6%，体育传媒与信息服务占 0. 7%，其他与体育相关服务占 2. 8%，体育场地设施建设占 0. 8%。以上数据可以看出，2015—2016 年，体育制造业比例明显下降，体育场地设施建设比例略有上升，体育服务业中的体育健身休闲活动、体育场馆服务、体育培训与教育、其他与体育相关服务比例均呈现上涨的态势，而体育竞赛表演活动、体育中介服务和体育传媒与信息服务比例变化较小。

总体而言，我国体育服务业所占比例的持续增长和体育制造业所占比例的明显下降，反映了我国体育产业内部基本结构的变动趋向，体育产业软化率大幅提高，内部业态结构改善明显，体育产业呈现出良好的发展态势。

4. 产业主体不断壮大

近年来，尤其是《意见》颁布以来，社会力量投资体育产业的热情高涨，体育产业主体激增。以上海为例，根据上海市体育产业统计公布的数据显示，2015 年主营体育产业的机构数为 7938 家，2016 年主营体育产业的机构数达到 8910 家，2017 年更是突破万家大关，达到了 11489 家，两年时间上海主营体育产业的机构数增长超过 40%。产业主体的迅速壮大主要表现在以下几个方面：一是国有体育产业集团稳步增长。据不完全统计，目前有山西、黑龙江、上海、江苏、浙江、湖北、湖南、广西、陕西、青海 10 个省（区、市）成立了省级体育产业集团（企业），辽宁、贵州、内蒙古、江西、河南、新疆等省（区）正在筹备或者计划成立省级体育产业集团。除了省级体育产业集团外，有条件的地市也纷纷成立了体育产业集团公司，如南京市体育产业集团、常州市体育产业集团、温州市体育产业集团等。二是民营体育企业迅速崛起。体育产业是民营经济投资的集中地，民营体育企业则是体育产业的主力军。以上海为例，2017 年上海市主营体育产业的 11489 家机构中，民营体育企业数量超过了 10000 家。近年来，旗舰型体育民企不断涌现，一批规模大、实力强、后劲足的体育民营企业集团迅速崛起。安踏体育、泰山体育、力盛赛车、英派斯、万国体育、乐刻体育、洛合体育等民营企业都逐渐成为细分领域的龙头。三是体育“双创”热情不断高涨。各类体育产业创新创业平台、体育产业众创空间、体育产业孵化器、体育产业创新创业大赛等纷纷举办，营造了良好的创新创业氛围和环境。2015 年以来，涌现出了 Keep、昆仑决、虎扑体育、耀宇文化、美骑网、乐动力、趣运动、懂球帝、黑鸟单车、懒熊体育等一批体育创业品牌，并纷纷获得资本市场的青睐。

5. 产业质量不断提升

十年来，我国体育产业在保持产业规模扩大和产业结构优化的同时，也在逐步转向高质量发展阶段。主要体现在以下几个方面：一是体育服务业不断迈向中高端水平。越来越多的体育服务企业开始关注技术和商业模式创新，注重线上线下互动，整合标准化的服务资源，探索多样化的“互联网+”跨界合作模式。体育服务的创新还进一步优化了体育资源配置，体育服务业与制造业之间的融合日益加深。体育制造企业由单纯提供产品转为提供产品和服务，乃至提供整套服务解决方案。掌握核心技术或业务的体育服务企业，通过集成平台连接上下游企业，扮演产业链资源整合的角色。二是体育制造业持续转型升级。越来越多的体育制造企业正由低效益、低附加值、同质化程度高的产业链低端向品牌化、国际化、科技化、智能化的产业链高端转化，由劳动密集型向技术密集型、资本密集型攀升，由“中国制造”向“中国创造”升级，安踏、泰山、红双喜等一批具有国际竞争力的品牌企业迅速涌现。三是体育与大数据、互联网、物联网、人工智能等高新技术融合程度不断提高，消费者运动休闲体验全面提升。各类体育APP实现了体育资源的高度共享，提升了场馆预订、健身指导、运动分析、体质监测、交流互动、赛事参与等综合服务水平，形成体育产业新生态圈。

6. 产业贡献日趋突出

有关数据表明，十年来，体育产业占当年国民生产总值的比重持续上升，产业贡献度逐步提升。2008—2016年，体育产业增加值占当年国民生产总值的比重从2008年的0.49%提升至2016年的0.9%，尤其是受《意见》发布的影响，2015年体育产业增加值占国民生产总值的比重从2014年的0.64%跃升至0.8%，增长幅度达到了25%。从区域来看，长三角地区作为我国体育产业最发达的区域之一，体育产业对地区经济贡献也较为突出，2015年长三角三省一市体育产业增加值占当年长三角地区生产总值的比重达到1.1%，超过全国0.8%的水平。体育产业作为劳动密集型产业，极大地带动了就业。相关统计数据表明，2008—2014年，我国体育产业吸纳就业人口持续走高。2008年体育产业吸纳就业317.09万人，2014年这一数据达到425.77万人，6年间增长了25.5%，显示出强大的拉动就业能力。

7. 产业政策不断完善

近年来，国家对体育产业发展高度重视，各级政府部门围绕体育产业发展，制定和出台了包括《意见》在内的一系列政策文件，为体育产业发展创造良好的政策环境。

一是宏观指导性政策。国家在《服务业发展“十二五”规划》《国务院办公厅关于进一步扩大旅游文化体育健康养老教育培训等领域消费的意见》《国务院办公厅关于进一步激发社会领域投资活力的意见》等重要文件中均多次提及体育产业。国家层面还专门制定和发布了《体育产业“十二五”发展规划》《体育产业“十三五”发展规划》，作为指引我国体育产业发展的纲领性文件。2014 年 10 月，《意见》正式颁布实施，该文件立足于激活体育消费，以破解制约我国体育产业发展的诸多体制性障碍为重要着力点，进一步明确了体育产业在国民经济中的重要地位，将体育产业视为我国经济转型升级的重要力量。2016 年《国务院办公厅关于加快发展健身休闲产业的指导意见》（国办发〔2016〕77 号）将发展健身休闲产业作为不断推动我国体育产业向纵深发展的强劲引擎，《国家旅游局、国家体育总局关于大力发展体育旅游的指导意见》（旅发〔2016〕172 号）将发展体育旅游作为促进旅游业转型升级的必然要求和推动体育产业提质增效的必然选择。2016 年以来，国家还将发展运动项目产业作为推进体育产业发展的重要举措，国家体育总局联合国家发展改革委、工业和信息化部、财政部、国土资源部、住房和城乡建设部、交通运输部、国家旅游局等多个部门先后出台了水上、山地户外、航空、马拉松、自行车、击剑等一系列运动项目产业规划。

就地方而言，截至 2017 年 12 月底，全国有 31 个省（区、市）全都出台了关于加快本地区体育产业发展促进体育消费的实施意见，28 个省（区、市）单独制定了《体育产业“十三五”发展规划》，河北、山西、江苏、安徽、福建、湖北等 21 个省（区、市）出台了健身休闲产业实施意见，北京、天津、辽宁、江苏、湖南等 8 个省（区、市）研制了运动项目产业专项规划，北京、吉林、浙江、山东、湖北、重庆等 19 个省（区、市）制定了鼓励社会资本投资体育产业的政策，上海、浙江、安徽、福建、山东、广东等 17 个省（区、市）出台了促进体育旅游发展的相关政策。地方系列指导性政策的出台基本形成了中央与地方政策相互促进的局面，为有效促进全国及地方体育产业的健康发展起到了必要的政策引导作用。

二是专项扶持政策。近年来，各级政府部门制定了各类体育产业专项扶持政策，如《体育场馆运营管理办法》《体育场馆公共体育服务专项资金管理办法》《国家体育产业基地管理办法（试行）》《关于鼓励和引导民间资本投资体育产业的实施意见》《体育总局关于推进体育赛事审批制度改革的若干意见》《在华举办国际体育赛事审批事项改革方案》《体育总局办公厅关于推动运动休闲特色小镇建设工作的通知》《支持社会力量举办马拉松、自行车等大型群众性体育赛事行动方案（2017 年）》《关于体育场馆房产税和城镇土地使用税政策的通知》等国家层面的政策，分别从吸引民间资本、推进赛事改革、促进场馆开放等方面助推我国体育产业发展。另外，专项扶持政策还体现在产业引导资金、产业基地培育、体育小镇建设、体育人才培养等方面。

8. 产业平台不断搭建

近年来，政府与市场主体特别重视产业平台搭建，各类体育产业平台如雨后春笋般纷纷涌现。一是产业载体平台持续壮大。体育产业基地作为体育产业载体平台是我国重点培育的体育产业排头兵和国家队。自2006年设立深圳国家体育产业基地以来，经过10余年的精心培育，国家体育产业基地的发展已初具规模，到目前为止先后培育建设了36家国家体育产业基地。运动休闲特色小镇作为体育产业发展的重要载体也得到政府的高度重视，2017年国家体育总局公布运动休闲特色小镇试点名单中，全国（除港、澳、台）有96个运动休闲特色小镇入选。二是产业资源交易平台不断搭建。中关村科技园、国家版权局和中国国际版权交易中心等发布了中国首个体育产品资源交易专项平台，北交所和华奥星空共同推出发布了中国首个体育产业资源交易平台，上海文化产权交易所、北京中奥盛世体育文化发展有限公司与上海奉贤南桥新城建设发展有限公司联合推出了中国首家体育文化产权交易中心。截至2017年12月底，天津、河北、山西、上海、安徽、山东、重庆、贵州8地已建设体育产业资源交易平台；北京、江苏、浙江、湖北、广东、青海6地正在筹建中，辽宁、福建、河南、陕西、甘肃、宁夏、新疆7地计划建设体育产业资源交易平台。

9. 产业基础愈发坚实

十年来，我国体育产业发展基础持续向好。一是体育人口持续增长，有锻炼习惯的人越来越多，潜在的消费群体越来越大，消费拉动的效应不断放大。二是体育场地面积迅速增加。《第六次全国体育场地普查数据公报》显示：截至2013年底，全国共有体育场地169.46万个，体育场地用地面积39.82亿平方米，建筑面积2.59亿平方米，场地面积19.62亿平方米。其中，室内体育场地16.91万个，场地面积0.62亿平方米；室外体育场地152.55万个，场地面积19.30亿平方米。对比第五次全国体育场地普查，全国体育场地数量增加84.45万个，用地面积增加17.32亿平方米，建筑面积增加1.84亿平方米，场地面积增加6.62亿平方米，人均场地面积增加0.43平方米，每万人拥有体育场地数增加5.87个。三是体育消费稳步提升。国家体育总局发布的《2014年全民健身活动状况调查公报》中指出，2014年，在20岁及以上人群中，有39.9%的人有过体育消费，全年人均消费926元，较2013年的645元提高43.57%。全年体育消费总额在499元以下的人数占比为47.6%，在500~999元的为24.4%，在1000~1499元的为11.2%，在1500~1999元的为4.6%，在3000元以上的为6.5%。另据统计，2014年上海20岁以上人群人均体育消费为1464元，到2016年，上海市居民人均体育消费达到2094元，较2014年有了较大的提高，体育产业的消费支撑逐步增强。

（二）主要领域亮点频现

1. 健身休闲业蓬勃发展

随着人们生活水平的不断提高，健身休闲产业迎来快速增长期，已经逐步成为经济发展新常态下扩大消费需求、拉动经济增长、转变发展方式、促进社会和谐的有力支撑和持续动力。2008年我国健身休闲业增加值为74.5亿元，2016年健身休闲业增加值达到172.9亿元，涨幅达1.3倍。

一是健身休闲服务体系日益完善。市场发展早期，健身休闲业依托各类健身俱乐部，主要提供游泳、乒乓球、羽毛球、保龄球、舞蹈、器械健身等服务。经过近10年的发展，追求小众化、个性化、时尚化的户外运动已经成为健身休闲产业的重要内容，冰雪、山地、水上、汽摩、航空等运动逐步兴起，热气球、滑翔伞、攀岩、漂流、沙漠穿越、野外生存等项目发展势头强劲，极限运动、电子竞技、击剑、马术等时尚运动备受年轻消费群体的青睐。受此影响，与时尚健身消费相关的体育创意、体育旅游、在线健身休闲平台等呈现蓬勃发展态势。

二是健身休闲消费市场逐步成熟。以社区、商业圈、城市综合体为中心的个性化、专业化健身休闲场所日益普及，以中体倍力、青鸟、一兆韦德、威尔士、浩沙等为代表的一批全国连锁式健身场所已经初步形成品牌，以旅游目的地为载体的运动休闲度假基地已经初具规模，以融合发展为特征的运动养生、体育娱乐、户外拓展等新兴健身休闲活动日益活跃。国外知名健身企业纷纷抢占国内市场，逐步形成了多元化、多层次、多类型的健身休闲市场格局。

三是室内健身与户外运动两大领域快速发展。室内健身“群雄割据，龙头待起”，形成大型健身俱乐部、小型健身工作室、“互联网+健身”共存的发展格局，深耕产品和服务的经营理念不断强化。室内健身在持续发展壮大的过程中，还涌现出了轻模式运作、共享健身等一些新型商业模式，健身企业与合作伙伴、利益同盟对接，建立标准规范也成为室内健身产业发展的新动向。户外运动产业近年来也迅速崛起，冰雪运动、山地户外、水上运动、汽摩运动、航空运动等已经成为中产阶级休闲生活方式的重要组成部分。

2. 竞赛表演业精彩纷呈

十年来，随着我国竞赛表演市场经济社会效益的逐步显现，各地申办和承办高水平国际体育赛事的热情逐渐高涨。经过赛事组织者的不懈努力，我国赛事运作的社会化、市场化、专业化程度得到提升。2015 年我国竞赛表演业总产出 149.5 亿元，实现增加值 52.60 亿元；2016 年总产出达 186.8 亿元，实现增加值 65.5 亿元。

一是赛事数量不断增加，影响力逐步增强。英国体育营销研究机构 SPORTCAL 统计显示，2007—2018 年中国承办的国际重大赛事数量全球最多，如北京 2008 年奥运会、2010 年广州亚运会、2011 年夏季世界大学生运动会、2014 年南京青奥会、2015 年世界田径锦标赛等。此外，北京还成功获得了 2020 年冬奥会、冬残奥会的承办权，杭州也成功拿到了 2022 年亚运会的承办权。一系列国际综合性体育赛事的成功举办（申办），不仅向世界展示了中国的综合实力和办赛水平，而且得到了国际体育组织的认可。在大型国际单项赛事方面，上海已连续成功举办 15 届世界一级方程式锦标赛上海站比赛，顶级网球赛事也相继落户国内各大城市，2015 年深圳、北京、上海相继承办了国际职业男子网球协会的网球赛事（又称 ATP 世界巡回赛），广州、武汉、北京、天津和香港举办了国际女子职业网联的赛事（又称 WAT 巡回赛）。美国职业篮球联赛季前赛、意大利超级杯足球赛等一大批商业赛事也接踵而至，国内申办和承办国际性体育赛事的热情越来越高。

二是精品赛事不断涌现，品牌效应逐步形成。足球、篮球、排球、乒乓球等职业联赛规模和影响不断扩大，经济效益和社会效益不断提高，已经成为国内竞赛表演市场的主角。全运会作为国内规模最大的综合性体育赛事，经过历届主办方的不懈努力，赛事商业品牌价值不断凸显。北京马拉松、环青海湖自行车赛、中国网球公开赛、重庆武隆国际山地户外公开赛等已发展成为亚洲乃至全球的顶级赛事品牌，中华龙舟大赛、中外武术散打争霸赛、河南世界传统武术大会、宁夏国际摩托车旅游节、青海抢渡黄河极限挑战赛、湖北长江三峡国际龙舟拉力赛等民族品牌赛事不断形成，以“谁是球王”为代表的群众参与性体育精品赛事不断涌现。

三是组织模式不断丰富，社会化与市场化程度逐步提高。随着各种赛事逐步丰富化和国际化，我国一大批商业性赛事的组织运作模式率先与国际接轨，体育赛事社会参与和市场化运作的成分逐渐增大。美国职业篮球联赛中国赛、意大利足球超级杯等纯商业性比赛完全由体育中介公司运作，上海世界职业男子网球协会 1000 大师赛、国际田联钻石联赛等顶级赛事已完全由企业承办。此外，在利好产业政策的引导下，国内一批商业巨头和大型民营企业凭借高资本化、经营国际化等优势，纷纷跨界竞赛表演市场，开放办赛的良好格局逐渐形成。

3. 场馆服务业高速发展

体育场馆既是体育产业发展的空间载体之一，也是体育产业发展的重要内容。近年来，体育场馆数量的快速发展不仅为场馆服务业的发展创造了良好的条件和难得的机遇，也极大地促进了场馆服务业的发展。2008 年我国场馆服务业的增加值为 30 亿元，2016 年场馆服务业的增加值达到 576. 6 亿元，涨幅接近 20 倍。

一是场馆经营服务内容不断拓展。现阶段我国大型体育场馆已突破承办一次性大型体育赛事、场地出租等基础性功能，日渐成为竞赛表演、商贸会展、文化娱乐、体育旅游等有效集聚的体育综合体和城市功能区。体育场馆经营服务内容的拓展和转变，不仅提升了场馆服务功能和综合利用水平，一定程度上盘活了体育场馆资源，而且促进了体育与商业等其他产业的有效融合。当前国内已经涌现出智美场馆、五棵松、佳兆业、体育之窗、微赛体育、中体产业、珠江文化等一批专业场馆运营主体，市场化的场馆运营实体的出现促进了场馆运营的规模化、专业化、连锁化和商业化运营水平，带动了场馆服务业的快速发展。

二是场馆市场化运营模式不断丰富。近十年来，我国在体育场馆市场化运营方面进行了一系列的探索，基本形成了包括承包责任制、租赁经营、建立或改建股份制公司、行政部门法人治理、委托经营模式、采用集团化经营管理等多元化运营管理模式。与此同时，随着场馆所有权和经营权分离的深入推进，结合江苏、浙江和重庆改革试点积累的实践经验，科学、合理的市场化运营模式盘活了大量大型体育场馆资源。此外，政府和社会资本合作（PPP）模式得到广泛推广，开辟了专业的场馆运营公司进入国有体育场馆运营领域的模式。截至 2017 年 3 月，已有 223 个体育场馆类 PPP 模式项目，总投资额达 1583 亿元。此类模式不仅为专业体育场馆运营主体找到市场空间，而且在一定程度上缓解了政府筹资的压力。探索体育场馆市场化运营模式同样备受政府部门（包括体育行政部门）的重视，国家体育总局副局长赵勇在 2018 年全国体育产业发展大会上表示，要在全国推行场馆“改造功能、改造体制”，让大型体育场馆有全民健身的功能，将场馆交给市场运作，政府放开资源，带动竞赛表演业发展。

三是场馆惠民服务政策持续推进。继国家体育总局等八部门联合印发《关于加强大型体育场馆运营管理改革创新提高公共服务水平的意见》之后，国家体育总局与财政部又共同印发了《关于推进大型体育场馆免费低收费开放的通知》和《大型体育场馆免费低收费开放补助资金管理办法》。相关数据显示，2014 年和 2015 年大型体育场馆免费低收费开放补助资金达到 8.5 亿元和 8.7 亿元，补助免费低收费开放大型体育场馆 1265 个和 1212 个。仅江苏省 2015 年就安排 5342 万元补助了 115 个场馆，2016 年安排 4868 万元补助了 111 个场馆。2016 年长三角地区每年开放天数在 270 天以上的体育场地数量为 182082 个，占比约 53.73%。

4. 体育培训业井喷发展

随着国民健康意识和健身需求的全面提升，体育培训业获得了前所未有的快速增长。尤其是素质教育理念的深入民心，体育培训作为素质教育重要的组成部分，越来越受到人们的重视。2008 年我国体育培训业增加值为 13.48 亿元，2016 年增加值为 230.6 亿元，涨幅超过 17 倍。

一是培训服务范围不断扩大。足球、篮球、棒球、橄榄球、网球、羽毛球、乒乓球、游泳、滑冰、跆拳道、柔道、空手道、武术、轮滑、桌球等传统运动项目培训需求依旧旺盛。高尔夫、马术、击剑、帆船、潜水、赛车等新兴时尚类运动项目培训广受人们欢迎。武术等民族传统运动项目培训也备受市场的认可。河南省登封市仅专业武术院校就有 48 所，海内外学员高达 10 万余人，在 30 多个国家和地区设有少林功夫馆、培训中心等机构，每年直接收入达 30 多亿元，登封市现已发展成为全球最大的武术教育培训基地，在全国乃至世界都拥有较好声誉和较大知名度。需求旺盛的体育培训市场同时也造就了一批初具规模的培训企业，例如，专注于武术培训的鑫度武术，专注于网球培训领域的新赛点，以冰球培训为核心业务的奥瑞金，提供专业化击剑培训服务的万国体育，以高尔夫培训为主的金博禄体育，提供专业橄榄球培训的巨石达阵。

二是青少年培训市场蓬勃发展。根据 2016 年教育产业报告，我国每年参加各类培训的青少年超过 1 亿人次，其中体育培训内容占到三分之一，整个市场规模超过 1000 亿元。另据国家体育总局数据显示，青少年每周参加 1 次及以上体育锻炼的人数占比为 94. 6%，在校外参加体育锻炼中接受专业指导的比例达到 84. 6%。青少年足球培训服务发展尤为突出，2016 年我国足球培训潜在人口在 3000~4000 万，目前国内青少年足球培训机构约有 6000 家。由于收益率较高、投资回报周期短的特点，体育培训业广受社会资本的青睐。在企业融资方面，2016—2018 年共有 24 家从事青少年体育培训的创业公司获得融资，处于 A 轮及以上的公司有 16 家，占总投融资公司数量的 66. 7%。运营状况方面也显示出市场持续盈利，击剑领域培训公司万国体育 2016 年实现营业收入 1. 83 亿元，净利润 458 万元；篮球领域培训公司动因体育已在 18 个城市正式运营，营收增长速度达 200%；青少年美式橄榄球培训品牌巨石达阵，活跃学员达 5000 余人，年利润达到 1000 多万元；青奥马术培训负责人表示，2016 年马术培训市场迎来爆发式增长，该马场全年营收近千万元，比 2015 年翻了一倍。

5. 体育中介业势头良好

在我国体育产业发展环境持续向好和巨大体育市场需求的刺激下，连接供给市场和需求市场、国外市场和国内市场的体育中介业获得了长足的发展。2008 年体育中介服务业增加值为 4. 46 亿元，2016 年实现增加值 17. 8 亿元，涨幅接近 4 倍。

一是市场体系更加完善。经过多年的发展，我国体育中介市场已经逐步形成多元服务内容和领域的市场体系。初步形成了包括经纪服务市场、咨询服务市场和监督服务市场的格局。当前在经纪服务市场中，以体育赛事推广业务为主要内容，其次是运动员代理业务（包括转会代理和形象代理）。咨询服务市场随着近些年体育改革的深入推进和体育市场需求的持续递增，开始显示出较大的市场需求，主要包括体育政策资讯、产业发展规划、经营管理咨询、市场调查咨询、体育投资咨询、项目融资咨询等内容。此外，社会监督类中介服务也成为重要服务内容，例如，一些职业体育俱乐部的重组和资产评估均委托会计和审计事务所承担。

二是市场主体更加多元。十年来，市场需求的持续兴旺，催生了一批本土体育中介企业的出现。北京众辉国际体育管理公司、北京高德体育经纪公司、上海久事国际赛事管理集团、双刃剑体育文化传播公司等国内体育中介企业凭借得天独厚的社会资本经过深耕细作，已经初具影响力和规模。中国体育产业的迅猛发展同样吸引了国外同行企业的关注，一批国外知名体育中介企业凭借良好声誉和专业能力积极抢占国内体育中介市场。瑞士盈方体育传媒集团、美国八方环球市场推广咨询有限公司、英国谢菲尔德国际场馆管理集团、日本电通公司等均在中国设立分公司或办事处，开展赛事推广、奥运会和亚运会赞助商咨询服务、城市体育产业功能区的规划和运营咨询服务。

三是业务服务更加专业。随着国内体育市场的不断扩大，以及竞争的日趋加剧，尤其是国外专业体育中介公司对国内体育中介公司的冲击，国内体育中介企业都面临着市场细分和寻找目标市场的选择。这种变化趋势的结果就是要求专业的公司做专业的事，擅长运动转会代理业务的中介企业，主营服务内容也都是运动员转会代理，长期提供体育咨询的中介企业，服务内容的侧重点也是体育咨询业务。总的来说，体育中介服务业的专业化分工已愈加明显。

6. 体育用品业稳步增长

体育用品业在经历短期衰退和滞涨之后，随着体育产业政策的持续利好、人民生活水平的不断提高，体育用品业逐渐升温回暖，进入新的发展周期。特别是在群众健身需求和体育消费需求全面释放的背景下，我国体育用品业步入了新一轮的“黄金十年”。

一是从直线增长走向波动增长。面临复杂的国内外环境，体育用品业在经历内需不足与外需疲软、实体去产能的阵痛之后，产业效益出现较大幅度下滑，行业运行形势日趋严重，增长已经打破传统的连续上升态势，表现出较大的波动。增速由 2007 年的 22.57%快速下滑到 2009 年的 12.95%，下降了 9.62 个百分点，虽然 2010 年有所反弹，之后再次持续下滑，至 2012 年已经降到 13.62%，增长显示出较大程度的震荡，体育用品转型升级已显迫切。经历过自身调整，2014 年实现了 14.38%的增速，2016 年增长率为 11.65%，行业整体呈现出较为积极的态势。

二是从同质化走向品牌化。中国体育用品业已经开始由过去的同质化向品牌化转变，一批具有国际影响力的品牌企业迅速涌现。红双喜乒乓球系列产品已经占据了国际比赛用球的 80%，成为世界名牌；泰山体育产业集团以六大门类 200 多种器材一次性进入北京 2008 年奥运会，占奥运会体育器材总量的 43%，提升了国际实力；李宁公司与美国职业篮球联赛和世界职业男子网球协会进行深入合作，努力开拓国际市场，打造国际品牌，并先后成为瑞典和西班牙奥委会的官方合作伙伴；安踏通过与中国奥委会的合作，进一步提升了其在中国市场的占有率；361°成为亚运会、大运会合作伙伴。同质化到品牌化的积极转变，标志着我国体育用品业开始进入新的发展阶段。

三是从要素驱动走向科技创新驱动。产业演进规律显示，技术资本创新决定体育用品经济利益和格局，依靠科技创新加速核心竞争力升级已经成为业内的重要战略与方向。安踏集团率先成立了国内体育用品第一家运动科学实验室，先后创造超过40项国家级专利技术。金陵体育通过聘请专业设计人员，与日本尼西、意大利盟多、美国斯伯丁和荷兰冠军芯片等国际知名公司建立技术合作关系，提升企业自主创新能力。从研发投入占比来看，国产品牌正在不断追赶国际知名品牌（国内研发投入占营业收入比重均在2%~5%），安踏的研发投入在国内运动鞋服品牌中处于最高水平（2014年为2.1亿元，占营业收入的2.4%）。

7. 体育旅游业悄然兴起

随着我国国民生活水平的提高，近年来人们运动休闲的需求日益增长，体育旅游已经成为国民休闲选择的重要方式。根据国家旅游局测算，我国体育旅游产业目前正以30%~40%左右的年均速度增长。2015年我国体育旅游市场规模约为2065亿元。

一是多样化的体育旅游产品体系初步形成。十年来，随着体育主题旅游的逐步兴起，以大型赛事观战游、体育表演观赏游和体育景观观赏游为代表的体育观赏类旅游，以冰雪运动、水上运动、山地户外运动、高尔夫运动和民族民间体育活动体育参与为主的体育旅游产品体系开始逐步形成。在观赏类体育旅游方面，主要以观赛游为主，国内主要以北京、上海为主要体育旅游目的地，如北京中国网球公开赛、世界一级方程式锦标赛上海站等赛事。参与类体育旅游方面，主要以各大城市的马拉松为主，如北京国际马拉松、上海国际马拉松、广州国际马拉松。

二是体育旅游投资主体的社会化更加显著。目前我国体育旅游投资主要有三种形式：一是传统景区为提高游客流量而进行的体育项目（包括赛事）开发；二是体育系统为增加收入而进行的项目开发；三是社会资本为实现资本扩张而进行的项目投资。其中，社会资本投资是体育旅游投资中最为活跃和最为主要的部分。不论是高端的游艇、高尔夫还是相对大众的滑雪、漂流、露营都有社会资本投资的身影。可以说，体育旅游业是体育产业中吸引社会资本最为活跃的业态。

三是体育旅游三大市场初显雏形。体育旅游市场已经形成以国内游客为主体、国外游客为补充、出境游客为点缀的格局。在国内一些高水平体育赛事举办期间，吸引了大量的国内游客到体育赛事举办地观赛和旅游。入境游近年来也成为国内体育旅游市场的重要组成部分，高水平的体育赛事举办地成为入境游重要的目的地，如世界一级方程式锦标赛上海站，入境游客占到观众总数的近 30%。广州亚运会期间，入境游客达到 21%左右。参与型体育旅游入境游客较少，例如，滑雪、登山、高尔夫等运动项目，入境游在 5%左右。入境游客主要来自韩国及中国台湾地区等。除了人流的流入以外，流出也成为近些年我国体育旅游的发展趋势，中产阶级开始走出国门，出国观赏顶级体育赛事和著名体育景点（如百年球场、百年职业体育俱乐部）。

8. 体育传媒业迅猛发展

近些年体育传媒在体育产业、信息娱乐产业的双重推动下，获得了迅猛的发展。2015 年体育传媒与信息服务业实现增加值 40. 8 亿元，2016 年实现增加值 44. 1 亿元。

一是多元媒体格局基本形成。十年来，随着数字技术、互联网技术、移动通讯技术等新技术对我国传播媒体的重塑，现代体育媒体整体上可以归纳为三种类型：一是以报纸、期刊、杂志、广播、电视等传统媒介为载体的体育传统媒体，如《体坛周报》《中国体育报》、CCTV-5、五星体育等；二是以互联网门户网站、网络电视、移动电视、移动广播、数字电视、数字报纸等新兴传播媒介为载体的新媒体，如虎扑体育、新浪体育等；三是以虚拟社区、社交软件等为代表的自媒体，如博客、微博、QQ、微信公众号等。在受众注意力与喜好深度细分化、个性化的过程中，媒体间的合作与博弈趋势也越来越明显：传统体育媒体凭借差异而成熟的运作体系、精心的内容制作等，在权威专业和精美内容方面显示出巨大的优势；新媒体异军突起，成为用户获取体育资讯的重要渠道，加速体育传媒业产业链重塑；体育自媒体迅速完成转型迭代，打破了原有的专业媒体机构主导的信息传播格局，逐渐形成了以大众为主导的信息传播新格局。

二是赛事版权商业价值初步显现。体育赛事转播权是体育产业中较为稀缺和顶端的产权资源，其商业价值的充分挖掘对发展体育产业具有重要的作用。长期以来，受到我国体育体制的影响，绝大多数优质体育赛事的版权资源无法流向市场。加上体育产权传统分散交易方式的弊端，导致真正能够走向市场的赛事版权资源不多，走向市场后真正能够盈利的赛事版权资源较少。2014 年《关于加快发展体育产业 促进体育消费的若干意见》的出台，明确指出要放宽转播权的限制，积极挖掘赛事版权等产权资源的商业价值。对赛事转播权的松绑，能够将优质体育赛事版权资源迅速推向市场，并能够充分体现赛事版权的商业价值。例如，2015 年体奥动力以 80 亿元买断中超联赛 2016—2020 年电视公共信号制作和版权。

三是赛事版权资源争夺更加激烈。国内激烈的竞争环境和优质体育赛事版权资源的稀缺，导致国内体育媒体企业纷纷把矛头转向国外市场，国外优质体育赛事版权资源成为共同竞争的对象。例如，万达体育成立世界铁人公司，并入股马德里竞技足球俱乐部；腾讯体育积极抢占美国职业篮球联赛、国际篮球联合会、英超、法网、欧冠、美国职业冰球联盟及女排世俱杯等顶级赛事版权资源；体奥动力、央视体育、PPTV 体育等也都纷纷加入到优质赛事版权资源的争夺战中。

二、体育产业发展面临的主要问题

（一）产业发展不平衡与不充分并存

近些年我国体育产业一直保持着较高的增长速度，在国民经济中的比重持续提升，逐渐成为促进我国经济发展的重要动能。但当前体育产业发展存在发展不充分和不平衡的问题。产业发展不平衡主要表现在：一是区域体育产业发展不平衡。由于我国经济发展水平和人民群众生活水平存在区域性差异，这一定程度上决定了我国体育产业发展存在着不平衡问题。长三角地区是我国体育产业最为发达的区域，2015 年体育产业总规模和增加值分别为 5589.66 亿元和 1812.93 亿元，占当前全国体育产业总规模和增加值的比重分别为 32.7%、33.0%。与长三角地区相比，我国中西部地区体育产业规模就明显相对较小。二是城乡体育产业发展不平衡。根据《2014 年全民健身活动状况调查公报》显示，20 岁及以上经常参加体育锻炼的人数百分比为 14.7%，其中城镇居民为 19.5%，乡村居民为 10.4%。可以看出，我国城乡之间的发展差距依然较大，以及受制于我国城乡二元结构的长期影响，城乡居民经济基础、消费观念等差异，一定程度上制约区域体育产业的发展。三是我国体育产业结构发展不平衡。在体育产业各业态中，体育健身休闲活动和体育竞赛表演活动在体育产业中的比重较低，体育用品及相关产品制造在体育产业中的比重相对较高，形成了不合理的体育产业结构。随着体育消费结构的不断升级，我国居民逐渐从实物性体育消费向观赏性体育消费和参与性体育消费转变，而我国体育产业结构不合理，制约体育消费水平的提升，影响区域体育产业发展。

产业发展不充分主要表现在：一是体育产业的经济贡献率不充分。从纵向看，2006—2016 年，我国体育产业增加值由 982.89 亿元增长至 6475 亿元，体育产业占 GDP 比重由 0.46%提升至 0.9%。我国体育产业占 GDP 的比重不断提升，但与西方发达国家体育产业占 GDP 比重达到 2%~3%相比，仍有较大提升空间。从横向看，旅游、文化、体育、健康、养老“五大幸福产业”快速发展，既拉动了消费增长，也促进了消费升级。但体育产业与旅游产业、文化产业相比，存在着总规模偏小、结构不合理等问题。综合纵向和横向看，我国体育产业对国民经济的贡献还不充分。二是我国体育服务业发展水平不充分。体育服务业作为体育产业的重要组成部分，其发展水平一定程度上反映了体育产业发展状况。2016 年我国体育服务业总产出为 6827.0 亿元，占国家体育产业总产出的比重从 2015 年的 33.4%提高到 35.9%。尽管我国体育服务业发展势头良好，但发展仍不充分，发展水平仍有待提高。三是运动项目产业开发不充分。运动项目产业是体育产业的本质和核心内容，围绕运动项目所形成的产业链条是最具有活力和生命力的，几乎所有体育产业发达的国家和地区都有其特色的运动项目产业。但长期以来，由于体育管理体制的原因，我国各个奥运会项目管理中心的主要任务是“奥运争光”，而各个非奥运会项目管理中心则主要是办各类比赛，以至于各运动项目发展缺乏产业思维，运动项目产业开发水平低、各运动项目产业开发程度差距大等问题较为突出，急需建立以“发展运动项目产业”为核心的体育产业发展思路。

（二）有效供给不足与有效需求不旺并存

随着供给侧结构性改革的深入推进，我国体育产业领域的供需矛盾和结构性问题较为突出，集中体现在体育产业有效供给不足和有效需求不足并存。

有效供给不足表现为：一是体育产品有效供给不足。体育企业经营管理水平不高，对大众居民体育消费需求和体育市场变化把握不够，可供大众居民选择的体育消费项目不多，产品不能较好地适应市场需求。体育企业自主创新能力不强，研发投入力度不足，品牌附加值低，缺乏龙头企业引领。体育产品种类单一、服务质量参差不齐，市场竞争力不强，难以满足大众多样化、多层次的体育消费需求。二是体育服务经营单位整体实力不强。在体育服务经营实体中，小微企业、轻资产运营的企业较多，缺乏有品牌影响力的龙头企业和有资本实力的上市企业。体育服务经营主体根据市场需求变化创新产品和调整产品结构的能力较弱，便民利民的体育场馆设施严重不足，现有体育场馆设施，特别是大型体育场馆设施的利用率有待提高，针对不同人群的体育服务产品明显不足。由于有效供给不足，直接导致公众体育服务消费得不到有效激发和释放。三是体育主导产业发展相对缓慢。体育健身休闲业和体育竞赛表演业作为体育主导产业，在体育产业中没有发挥应有的作用。《2016 年国家体育产业总规模与增加值数据公告》显示，2016 年，我国体育健身休闲业增加值为 172. 9 亿元，占体育产业增加值的 2. 7%；体育竞赛表演业增加值为 65. 5%，占体育产业增加值的 1. 0%。当前，我国健身休闲业和竞赛表演业市场环境不乐观，吸纳社会资本进入体育产业领域的政策不完善。与此同时，由于高端体育健身休闲项目供给不足，竞赛表演市场发展水平较低，体育主导产业有待进一步发展。

有效需求不足表现为：一是实物性体育消费占主导。体育消费在扩大内需、拉动经济增长中具有重要作用，对体育市场发展具有导向作用。但在目前形势下，受到体育消费结构单一、产品供给不足、发展资金匮乏、居民个人可支配收入有限，以及对未来收入预期下降等因素的影响，大众体育消费主要来自于实物性体育消费，体育消费行为受到了极大的限制，直接造成我国体育消费明显不足，制约了我国体育产业发展。加之，由于体育健身作为健康生活方式的习惯尚未普遍养成，公众体育消费意识不强，相当一部分人认为体育应是政府和单位提供的福利，体育消费尚未成为生活性消费的组成部分，造成体育服务消费动力不足。二是体育消费意识薄弱。当前我国居民体育消费意识薄弱，在全国总人口中有实际体育消费愿望和消费能力的人口比例较低，支撑体育市场发展的有效需求水平仍在低位徘徊。居民体育消费内容层次低，缺乏活力和消费热点。居民服务型消费不足，体育消费结构亟须优化。居民体育消费方式单一，城乡之间和东西部地区之间体育消费差异明显，体育消费的质和量都亟待改善。

（三）企业规模不大与盈利能力不强并存

随着全民健身上升为国家战略，体育产业高速发展，企业营业收入快速增长、资本蜂拥而入。《体育产业发展“十三五”规划》指出，培育骨干企业、扶持中小微企业，市场主体进一步壮大，涌现一批具有国际竞争力、带动性强的龙头企业和大批富有创新活力的中小企业、社会组织。现实中体育企业面临着规模不大与盈利不强的问题依然存在，制约体育产业发展。第一，企业规模不大。一是市场可供交易标的物不多。由于我国体育产业尚处于起步阶段，符合资本投资标准的体育企业并不多，再加之资本投资热情高涨，于是便出现了“水涨船高”的现象。二是以新三板市场为主的资本市场为资本快速变现提供了相应渠道。由于新三板市场对企业盈利能力的要求不高，且亲睐未来具有较大增长空间的新兴产业，资本投入体育产业后，具有快速变现的预期，致使泡沫产生。三是以足球、篮球为代表的职业体育俱乐部对引进球员、教练员的投入大幅增加。近年来，随着恒大淘宝、江苏苏宁、上海上港等职业足球俱乐部花巨资引进外教、外援，取得中超、亚俱杯等比赛好成绩后，球员特别是外籍球员身价不断上涨，转会费不断攀升，造成成本大幅增加。除此之外，还有各类天价却难以变现的版权，职业俱乐部重资购买球员，造成不当竞争等。第二，企业盈利能力不强。国家统计局联网直报数据显示，2016 年 1—9 月份，体育行业 678 家规模以上企业中，有 399 家企业亏损，占 58.8%，亏损总金额 42.1 亿元，较同期有所扩大，增亏 12.1 亿元。出现企业亏损和盈利能力不强的原因有：一是由于我国体育产业发展刚刚起步，大多数企业还处于成长阶段，普遍存在高投入、低产出、变现期限长等特点，例如，网球、赛车等相关企业尚处于“赔钱赚吆喝”的阶段，以大幅投入来换取知名度，打开市场。二是市场对于体育产业未来的发展前景乐观，具有良好的发展预期，纷纷投入重金，积极布局，但体育产业的盈利模式尚不清晰，体育消费的支撑还不足。三是资本流动性过剩。由于近年来，我国货币供应过快增长，再加上经济步入新常态后，传统行业缺乏有利的投资机会，故资本在短时期内纷纷集聚前景广阔的体育产业领域。

（四）产业人才数量不多与质量不高并存

人才问题是制约我国体育产业发展的一大瓶颈。体育产业人才培养的步伐、数量、结构等与快速发展的体育产业需求相比还很不协调，特别是复合型高级人才非常缺乏，在培育体育产业高层次人才和团队方面缺少相应的基础与政策支持。第一，体育产业人才数量少。近年来伴随着我国体育产业的高速增长，与文化、旅游、健康、科技等产业的不断融合，以及在国民经济中的地位和作用稳步提升，从事体育产业活动的单位数量迅速增加，随之而来的一个问题就是体育产业人才的匮乏。当前体育产业人才匮乏已经成为阻碍体育产业发展的重要原因。

此外，体育产业职业标准化水平比较低，市场化水平不高，缺乏综合化的人力资源管理平台，缺乏对体育产业人力资源分类和对新兴业态体育产业人才的培养。统计数据表明，随着政策红利的逐步释放，体育产业已成为经济发展的新“风口”，体育产业机构数量明显增加，年增长率达 21.7%；吸纳就业不断增长，体育产业从业人数达 440 余万人。这与蓬勃发展的体育产业实际需求相比有巨大差距，主要表现在高层次专业化人才缺乏、体育产业人才的区域和行业分布不均匀、体育产业与相关产业的复合型人才缺乏等。第二，产业人才质量低。体育产业是现代服务业的重要组成部分，是以现代科学技术为主要支撑，建立在新的商业模式、服务方式基础上的服务产业，对人才质量的要求较高，但体育产业高质量人才密度低的状况已经远远不能满足实际发展需要，主要表现在体育产业人才队伍的专业化水平不高、整体业务素质不强、开拓创新能力不够等。究其原因在于：一是体育产业人才队伍建设缺乏相应的政策保障。目前既缺乏扶持体育产业人才队伍建设系统的政策体系，也缺乏现有人才政策的具体落实。二是体育产业人才队伍缺乏合理的建设机制。关于体育产业人才的投入机制、用人机制、人才引进机制和人才激励机制等均不完善。三是体育产业人才公共服务不健全，亟须建立体育产业人才供求状况动态监测制度，构建体育产业人才信息平台，定期开展体育产业人才状况调查工作。四是体育产业人才培养体系不完善。目前高等院校培养体育产业人才的方法和体系已经难以满足体育企业对复合型、实践型和创新型体育产业人才的需要，亟须建立产学研协同培养体育产业人才的机制。

（五）产业政策不完善与难落实并存

随着国发〔2014〕46 号文件的出台，近年来，各级政府部门围绕体育产业发展，制定和出台了一系列政策文件，为体育产业发展创造良好的政策环境。时任国家体育总局副局长赵勇在 2018 年全国体育产业发展大会上的讲话指出，“国务院 46 号文件出台以来，各地方、各部门研制出台了一系列政策，现在关键的问题是要抓好落实。国家层面的运动项目产业规划已经出台很多了，省、市、县的同类规划很多地方都还是空白，要进一步完善和落实体育产业政策，这是一个瓶颈。关键问题是税收政策，水电价格，金融保障支持，安保成本等政策环境要共同努力。”可以看出，体育产业政策不完善与难落实的困境并存。首先，与文化、旅游等产业政策相比，我国体育产业政策体系尚未形成，政策力度不大，实施效果尚不明显。完善的体育产业政策有利于体育产业持续、快速、健康发展，从体育产业具体政策看，我国体育产业的财税政策、价格政策、土地政策等仍不完善，一定程度上制约体育产业的发展。随着体育产业供给侧结构性改革的深入推进，需充分认识体育产业发展过程中面临的困境，制定适宜于体育产业发展的政策，为体育产业发展提供政策保障。在国发〔2014〕46号文件的指导下，截至2015年底，全国31个省（区、市）全部出台了本地区关于“46号文”的实施意见，但从整体上看，我国体育产业政策落实情况不容乐观。此外，产业政策难落实的现象也非常突出。根据《国家体育总局关于开展体育产业专项行业督查工作情况的报告》显示，各地对“体育场馆健身场所的水电气热价格不高于一般工业标准执行”情况普遍不理想；以及各地均对“新建居住区和社区要按室内人均建筑面积不低于0.1平方米或室外人均用地不低于0.3平方米”的标准进行了明确，但现实执行仍存在较多困境。目前，除《关于加快体育产业的指导意见》以外，国家层面没有进一步出台针对体育产业发展的政策性文件，尤其是体育服务领域相关税费优惠政策难以落实到位，市场主体的积极性没有得到有效地调动，促进体育产业发展的有效措施严重不足。体育服务业作为体育产业的核心组成部分，当前体育服务业在国家层面尚未形成系统完善的引导扶持政策。虽然国发〔2014〕46号文件从投融资、税收、能源、无形资产开发保护等方面提出应予优惠扶持的政策要求，但体育产业的扶持性、刺激性政策，仍需进一步落到实处。

三、新时代体育产业发展展望

（一）发展趋势

1. 政策红利不断释放，产业发展环境不断优化

随着我国社会经济改革的不断深入，尤其是体育改革的不断推进，体育赛事、体育场馆、明星运动员等体育资源将逐步进入市场。此外，伴随着政府的“放管服”改革，与体育产业发展息息相关的空域、水域等资源将逐步放开，安保、媒体等服务的市场化、社会化进程将不断加速，这将有力地促进我国体育产业的发展。未来一段时间，体育产业政策将逐渐从目前的注重政策制定逐渐向抓政策制定和政策落实双管齐下转变。一方面将继续从推进政府“放管服”改革，促进体育资源市场化配置，发展运动项目产业，推动“体育+”和“+体育”发展，吸引社会投资，壮大市场主体等方面出台相关政策。例如，进一步推动有条

件的运动项目出台产业发展规划，通过制定政策进一步促进体育与文化、健康、科技等融合发展以及不断加强对体育市场的监管等。另一方面，将更加注重对现有政策文件的落实，通过出台更加具体和务实的政策举措进一步推动体育产业发展，例如，落实现有税费价格、规划布局与土地、人才培养与就业等优惠政策，建设运动休闲特色小镇，打造体育旅游综合体，建设体育产业园区，加强体育产业标准化建设，构建各类体育产业发展平台等。总而言之，体育产业在财政、税收、土地、就业、信息化和标准化建设等方面的政策将更加灵活具体，政策的可操作性将逐步增强，产业发展环境将明显优化，体育市场活力将不断激活，作为朝阳产业、绿色产业、幸福产业的体育服务业将迎来巨大的发展空间。

2. 体育产业发展的内在逻辑逐渐清晰

随着体育产业逐步进入快速发展阶段，社会力量投资体育产业的热情将空前高涨。一是体育消费的不断扩大是体育产业快速发展的基石。如何通过供给侧结构性改革来丰富产品供给，培育体育消费，促进消费升级将成为重点。二是运动项目产业是体育产业的本质。国际经验表明，围绕运动项目所形成的产业链条是最具有活力和生命力的，它是体育产业的本质和核心内容，几乎所有体育产业发达的国家和地区都有其特色的运动项目产业。随着我国行业协会改革的不断深入，足球、篮球、冰雪、山地户外、水上、航空等运动项目将得到快速发展。三是体育赛事引领体育产业发展。长期以来，以体育赛事为核心产品的竞赛表演业一直是发达国家体育产业的龙头，引领和带动了其他业态的发展。可以预见未来数年，我国体育赛事在引领体育产业发展中将表现为以下几个特点：第一，职业体育联赛和群众性体育赛事将取得大发展。第二，体育赛事的市场化、商业化程度将逐步提升，成为竞赛表演业发展的关键驱动力。第三，体育赛事的举办不仅将有效带动健身休闲、中介、培训等业态的发展，还与旅游、新闻出版、互联网、住宿、餐饮和交通运输等产业有广泛的关联性。

3. 体育与相关产业的融合态势不断增强

体育作为大健康、大休闲的组成部分，是一个具有较强融合性特征的行业，体育与文化、养老、教育、健康、农业、林业、水利、通航等产业的融合发展是未来我国体育产业发展的必由之路，也是拓展体育产业业态，转变产业发展方式的重要手段，具有巨大发展潜力。未来一段时间，“体育+旅游”“体育+健康”

的发展空间最大。体育旅游领域，以户外运动为主题的运动休闲主题游将不断涌现，运动休闲、运动体验、康体度假、赛事观赏、山野户外、体育节庆和民族民间民俗体育等旅游产品供给将逐渐丰富，我国将逐渐形成一批具有国际影响力的体育旅游目的地，以及一批国家级体育旅游示范项目和体育旅游精品线路。体育健康领域，体育在推进健康关口前移、慢性病干预、健康促进、生活品质提升等方面的作用将逐步显现，社会资本开办的康体、运动康复等各类机构迅速增加，全民健身与全民健康的融合程度不断增强。

4. 体育新需求、新业态、新模式将不断涌现

当前，在全球新一代信息技术革命和新产业革命融合对接的背景下，以市场为导向的，以技术、应用和模式创新为内核并相互融合的新型经济形态将不断取得发展，并助推我国经济发展方式转变和能级提升。体育产业作为近期才取得快速发展的新兴产业门类，尽管发展基础较为薄弱，但其后发优势也较为明显。未来一段时间，随着我国休闲时代的到来，广大老百姓多元化、多样性的体育消费需求将被激发，再加之我国体育领域创新创业的不断深入，以及“互联网+”战略的逐步实施，体育产业领域将不断发现新需求，创造新需求，以此为基础，体育产业的新业态、新模式将空前发展，为体育产业发展带来前所未有的空间。

5. 科技和金融将为体育产业腾飞插上翅膀

当今时代，科技和金融在助推产业发展方面发挥的作用越来越明显。体育产业在遵循客观发展规律的基础上，也离不开科技和金融的大力支持。在科技方面，互联网+、物联网、虚拟现实（VR）、增强现实（AR）、机器人、无人机等现代科技成果和信息技术向体育产业领域的转移与应用，将加快推进体育产业在内容、形式、方式和手段等方面的创新。在金融方面，股权投资、债券投资、融资租赁、众筹、保险等金融工具和产品将不断被应用在体育领域，针对大众健身、体育赛事、体育场馆、户外运动、职业俱乐部、运动员等体育金融业务不断创新，成为我国体育产业快速发展的重要助推器。

（二）总体思路

近年来，我国体育产业逐步成为社会经济和体育事业发展的重要组成部分。这一时期，我国体育产业以“提高可持续发展能力”为主线，既体现出其在构建和谐社会和建设体育强国中的作用和地位日趋明显，同时也符合我国社会经济发展对体育的需求以及体育产业发展的阶段特征。随着中国特色社会主义进入新时代，我国社会主要矛盾已经转化为人民日益增长的美好生活需要和不平衡不充分的发展之间的矛盾。体育产业是新时代人民日益增长的美好生活的重要组成部分，在满足广大人民更高层次的社会需求、决胜全面建成小康社会和推进社会主义现代化建设等方面，都有着不可替代的独特功能和作用。与此同时，我国体育产业在区域间、城乡间、行业间、人群间、运动项目间发展不平衡，体育事业和体育产业发展互动支撑效果不明显，体育产品和服务有效供给不足，以及体育促进经济社会持续健康发展的作用发挥不充分等问题依然突出。必须通过加强体育领域供给侧结构性改革，创新体育管理体制和运行机制，把发展体育产业作为满足广大人民多层次、多样化健身需求和增强人民幸福感、获得感、安全感的必要之举，促进体育与经济社会发展不断融合、有效解决体育发展不平衡不充分问题的有力之措，持续有力地加以推进。

进入新时代，我国体育产业发展的主线也将发生变化，并逐渐演变为以“提升发展质量和效益”为主线。围绕这一发展主线，新时代我国体育产业发展要顺应广大人民对美好生活的向往，树立以人民为中心的体育发展理念，以发展运动项目产业为核心，以产业集群化、业态融合化、产品服务高端化和运营主体集团化为方向，以丰富产品有效供给为基础，以完善产业体系为关键，以促进体育消费为根本，加大改革创新力度，吸引社会投资，提升体育产业能级。

开启新时代体育产业发展新征程，要深化体育供给侧结构性改革，充分激发各类市场主体的创新活力，走创新发展之路；处理好体育与经济社会之间、体育事业与体育产业之间的关系，走协调发展之路；充分发挥体育行业绿色低碳优势，挖掘体育产业在建设资源节约型、环境友好型社会中的潜力，走绿色发展之路；加强体育与社会相关领域的融合与协作，积极吸引社会力量共同参与体育发展，走开放发展之路；把满足人民美好生活需要作为体育产业发展的出发点和落脚点，在资源配置上向全民参与体育倾斜，让体育普惠全社会全人群，走共享发展之路。必须从我国体育产业发展实际出发，遵循现代体育产业发展的内在逻辑和规律，顺应经济社会发展新特点、新趋势，加快转变体育发展方式，实现体育产业更高质量、更有效率、更可持续的发展。

（三）战略目标

根据我国社会主义现代化建设提出的“三步走”战略目标，以《关于加快

发展体育产业 促进体育消费的若干意见》《体育产业发展“十三五规划”》和《“健康中国2030”规划纲要》等政策文件为依据，提出新时代体育产业发展的战略目标。

第一阶段：从现在到2020年。初步构建结构合理、布局均衡、功能完善、门类齐全的体育产业体系，基本形成各种经济成分竞相参与、共同兴办体育产业的发展格局。体育供给更加丰富，体育消费不断扩大，体育产业保持快速增长，成为“五大幸福产业”发展的重要标志，在国民经济发展中的地位和作用更加突出。

第二阶段：从2021年到2035年。体育产业在实现高质量发展上不断取得进展，基本形成健身休闲、竞赛表演、场馆服务、中介培训、体育用品制造与销售等体育产业各门类协同发展格局。体育产业环境明显优化，产业基础更加坚实，产业结构更加合理，对国民经济的综合贡献率明显提升，成为促进经济社会发展的重要力量。

第三阶段：从2036年到21世纪中叶。体育产业发展质量和效益显著提升，形成实力雄厚、门类齐全、具有国际影响力的体育产业体系。体育产业又大又强，成为国民经济的支柱产业之一。

（四）主要措施

1. 持续推进“放管服”改革，大力吸引社会投资

第一，持续深化简政放权，构建现代体育管理大格局。进一步转变体育行政部门职能，调整体育行政部门与体育总会、各单项体育协会的职责，实行管办分离、政社分开，把能够由体育社会组织承担的职能交由体育社会组织承担。积极推进单项体育协会改革，推动各类体育协会实现自治、善治，使其依法独立运行。继续推进体育赛事审批制度改革，对与举办体育赛事相关联的审批事项，相关部门不得要求赛事主办方提交体育部门的审批材料。对确需保留的安全许可以及道路、空域、水域、无线电使用等行政审批事项，进一步优化审批流程。

第二，进一步强化政府监管，提高体育行业管理水平。加快建立覆盖体育组织、体育企业、从业人员等的行业信用体系，建立“黑名单”制度，将有关信用信息纳入全国信用信息共享平台并向社会公示，依照有关规定实施联合惩戒。制定体育行业协会自律办法，鼓励社会公众参与体育市场监管，发挥媒体监督作用，促进体育产业健康发展。按照总体规划、分步实施的原则，全面推动体育产

业标准体系建设。引导和鼓励企业积极参与行业和国家标准制定。加强体育产业统计工作，定期发布体育产业及体育消费统计数据，建立体育产业大数据中心。加强体育产业行业协会建设，发挥各级体育联合会在体育产业发展中的作用。加快制定促进体育产业发展的相关法律法规，积极为体育产业发展营造良好政策环境。

第三，进一步创新服务方式，提升政府服务体育水平。大力推行“互联网+政务”服务，全面梳理行政审批和服务事项，加强网上办事大厅服务事项清单、办事材料目录化、标准化，建立体育产业多部门联合“一站式”服务机制。搭建体育信息服务平台、体育产权交易平台、体育产业投融资服务平台、体育科技成果转化服务平台等体育产业服务平台，围绕体育企业及项目的诉求，提供最具权威的政策咨询、人才招募、投融资、产权交易、项目孵化、技术合作及品牌塑造等特色专项服务，优化体育产业发展环境，降低体育企业市场运行的行政成本，提升体育企业发展效率。

2. 加强体育赛事引领，大力发展运动项目产业

第一，积极打造各类运动项目的赛事体系。充分发挥体育赛事的引领作用，推动有条件的运动项目打造涵盖职业、商业和群众性赛事的多层次、多样化的体育赛事体系。大力发展足球、篮球、排球、乒乓球、羽毛球、围棋等职业联赛，鼓励网球、自行车、拳击、赛车等有条件的运动项目举办职业赛事，建立具有独立法人资格的职业联赛理事会，合理构建职业联赛分级制度。做好顶层设计，创新社会力量举办体育赛事的组织方式，广泛开展马拉松、武术、搏击、自行车、户外运动、航空运动、赛马运动、极限运动等项目赛事，采用分级授权、等级评价等方式，增加赛事种类，合理扩大赛事规模。鼓励各地加强体育赛事品牌创新，积极打造体现地方传统文化、凸显生态优势、融合新技术的体育品牌赛事，培育一批社会影响力大、知名度高的精品赛事。

第二，以产业化思维推动运动项目发展新方向。以产业规划为引领，以运动项目市场化发展为原则，积极发展传统运动项目产业、时尚休闲项目产业和民族特色项目产业。进一步落实产业规划“百张蓝图”计划，有条件的运动项目要抓紧制定产业发展规划，通过制定规划，厘清各个运动项目产业发展的思路，明确项目产业发展的目标和任务。加强各运动项目中心的产业职能，设立专门的产业部门，加强产业工作力量。打造国家级体育产业大数据平台，对接各业态、各

运动项目子平台，支持与现有大数据企业合作共享。

3. 积极构建体育全产业链条，打造现代化体育产业体系

第一，不断完善体育产业内容，努力打造体育全产业链条。主攻健身休闲、竞赛表演、体育培训、智能体育、体育用品制造、体育彩票六个产业方向，以市场和消费者为导向，打造上下游资源配置平衡、创新与品牌贯穿始终，融合产品链、资源链、服务链、创新链、价值链的体育全产业链条。发挥体育行业组织的引导带动作用，加强产业链上、中、下游企业的协调，提高资源的配置效率。推动东、中、西部体育产业良性互动发展、区域体育产业协同发展，实现体育产业链条的空间联动效应。积极发挥体育产业的平台经济功能，深度融合健康、旅游、文化、生态农业、地产、金融、传媒、教育等业态，实现全产业链条闭合发展。

第二，不断丰富体育产业现代元素，努力打造现代化体育产业体系。加快推动互联网、大数据、人工智能与体育实体经济深度融合，引用现代管理制度，创新生产方式、服务方式和商业模式，促进体育用品制造业转型升级，促进体育服务业提质增效，丰富中、高端体育消费供给，提升体育产业“实”高度。以大数据、传感器、5G通信、互联网、物联网、体感控制、虚拟现实（VR）、增强现实（AR）、机器人、无人机等新兴技术为支撑，加快推进现代科技成果和信息技术向体育服务领域的转移与应用，促进体育产业内容创新、形式创新和发展方式创新。建立健全多元可持续的体育产业投融资机制，积极探索股权投资、债券投资、融资租赁、众筹、保险等金融工具和产品应用于体育领域的金融服务模式，积极探索针对大众健身、体育赛事、体育场馆、户外运动、职业俱乐部、运动员等的体育金融业务，形成市场化、多层次、广覆盖和可持续的体育金融支持体系。大力发扬“以人为本”的发展理念，推动体育产业领域“大众创业、万众创新”，激发和保护企业家精神，建设知识型、技能型、创新型体育人才队伍和体育人才智库，夯实体育产业人才基础，释放人才红利。

4. 推动“体育+”和“+体育”发展，大力促进产业融合

第一，大力发展“体育+”，培育体育新业态。研究制定“体育+健康”“体育+文化”“体育+旅游”“体育+教育”“体育+养老”等行动计划，重点在产业发展规划、场地设施建设、赛事活动打造、产品研发设计、宣传营销推广、复合型人才培养、市场秩序规范、投融资机制构建等方面加大整合力度，推动体育与相关行业融合发展。深入挖掘体育资源价值，支持文化、旅游、地产、交通、制造、信息等行业研发体育领域的附加产品和服务，形成体育产业新业态。加大现代科技成果和信息技术向体育产业领域的转移与应用，重点支持“体育+科技”创新发展，促进新一代信息技术与体育服务、体育用品制造等领域融合创新。

第二，加快推进“+体育”，促进体育融入国家发展大局。结合新型城镇化建设、乡村振兴等国家重大部署，推进体育与城镇化设施建设紧密结合，推动生态农业、生态旅游业与体育互动融合，优化城镇空间布局，提升生态经济的内涵。将体育元素纳入城镇化和新农村建设规划、管理的全过程，打造体育特色小镇，建设城市体育特色社区、乡村体育综合体，推进体育与文化、商业、旅游、居住等建筑功能的联系，突出体育与建筑功能的互动融合。积极发展乡村体育旅游业，通过体育旅游资源要素配置不断向“三农”倾斜，通过城乡融合、城体融合、体旅融合，补短板，强弱项，实现生态增值，助推生态经济发展，全力为乡村振兴做出新贡献。促进体育空间与其他空间的渗透和融合，利用冰雪、森林、湖泊、江河、湿地、山地、草原、戈壁、沙漠、滨海等独特的自然资源打造健身休闲集聚区和运动休闲产业集群。

5. 鼓励体育领域创新创业，推动产业转型升级

第一，积极搭建创新创业平台。整合优势体育场馆资源、赛事资源、体育旅游资源、运动康养资源等，设立体育产业专项资金、体育创业投资基金，构建一批低成本、便利化、全要素、开放式的体育众创空间。发挥政策集成和协同效应，实现创新与创业相结合、线上与线下相结合、孵化与投资相结合，为广大体育创新创业者提供良好的工作空间、网络空间、社交空间和资源共享空间。

第二，大力发展体育智能制造。推进体育用品智能制造，鼓励建设智能工厂和数字化车间，培育引领体育用品智能制造的骨干企业和创新团队，开发新型运动康复装备、运动健身指导技术装备、可穿戴式运动设备等，加大虚拟现实（VR）技术在体育领域的推广与应用。鼓励发展与跑步、骑行、登山、钓鱼等群众参与度高的运动项目相关联的专业化运动装备，积极开展个性化体育用品定制服务。加强体育场地建设新技术、新工艺、新材料研发应用，鼓励发展气膜体育馆、拆装式游泳池、组合式体育设施等新型体育设施，推动体育建筑设计创新。

第三，深入推进体育服务创新。引导体育服务企业利用云计算、物联网、大

数据、人工智能等现代信息技术实现服务内容创新，开发专业化、个性化、时尚化产品和服务。推动体育服务企业开展电子商务，促进营销模式和服务方式创新，通过线上线下互动，有效运用私人空间，支撑体育服务业创新发展。健全体育服务业质量标准体系和质量管理体系，延伸服务链条，提升服务品质。

6. 加快产业载体建设，积极拓展发展新空间

第一，拓展体育产业发展空间。分类建设与各层级城市规模和功能作用相协调的各类载体平台，创造分级分类、形态多元、特色鲜明、功能完备的体育发展新空间。因地制宜打造国家体育产业示范基地、国家运动休闲特色小镇、国家体育旅游示范区、国家体育产业园区等各类国家级体育产业发展载体，不断提高集聚水平、规模效应和带动作用。支持有条件的地方建立体育特色小镇、体育产业园区、体育服务综合体等各类具有地方特色的产业发展载体平台。强化技术指导服务，编制各类体育产业基地、园区、特色小镇、体育服务综合体等载体平台建设标准。创新运营管理，加快建立适合各类载体平台自身特点，符合行业发展规律，与地方经济社会发展水平相适应，能够充分发挥载体平台效能的运营管理模式。

第二，搭建体育产业发展平台。加快推动体育赛事版权和转播权市场化运营，推进体育赛事制播分离，积极打造国家体育传播平台，引导有条件的地方电视台创办体育频道，增加体育节目，延长播放时间，将奥运会、亚运会、全运会等综合性体育赛事及足球世界杯转播权由央视扩展到地方卫视、网络平台，体育赛事播放收益由赛事主办方或组委会与转播机构分享。充分发挥市场的决定性作用，引导建立各类体育资源交易平台，促进体育资源公平、公正、公开流转，提高体育资源配置效率。引导和鼓励建立各类体育产业信息平台、展览展示平台、智库平台、技术研发平台、科技转化平台等，通过各类平台建设有效助推体育产业高质量发展。

7. 推进区域产业协同发展，积极打造产业增长极

第一，以国家战略为引领，加快推进国家重点区域体育产业发展。全面对接京津冀协同发展、长三角一体化发展、粤港澳大湾区建设等国家战略，以奥运会、足球世界杯等重大赛事为引领，重点打造京津冀地区、雄安新区、长三角地区、粤港澳大湾区等体育产业增长极。充分发挥各个区域区位优势和政策创新优势，积极吸引国内外优质的人才、资金、企业、项目落户落地。进一步强化区域内规划对接、战略协同、专题合作、市场统一、协同机制完善等，促进区域在体育资源共享、制度对接、要素互补、流转顺畅、待遇互认、指挥协同方面的良性互动，推动区域在体育健身圈建设、体育赛事举办、体育人才培养交流等方面的协同发展。

第二，以区域资源禀赋为依托，优化区域运动项目产业发展。围绕不同区域地域特点与资源特色，因地制宜地发展不同的运动项目产业，重点打造以云贵川为核心的山地户外运动产业，以黑吉辽和京津冀为重点的冰雪运动产业，以广东、海南、福建为分布带的滨海运动产业，以河南、湖北为重心的武术运动产业，以北京、上海为龙头的竞赛表演业，以浙江、江苏、安徽、江西为重点的山水运动休闲产业等。从国家和区域两个层面，强化运动项目产业发展专项规划的编制或在区域体育产业规划中对运动项目产业进行专门的规划，实现有序发展，杜绝同质化建设。

8. 以重点人群为目标，积极扩大体育消费

第一，培养青少年体育消费习惯。加强学校体育师资队伍建设，保障传统学校体育教育质量。具体实施校园青少年专项运动技能教育，培养青少年对特定运动项目兴趣爱好和消费倾向粘性。积极探索学校与社会优秀专业体育培训机构合作机制，开展多种形式的青少年体育培训。引导优秀教练员进校园指导青少年运动开展，探索建立运动员校园培养机制。大力推动青少年校外体育活动场地设施建设，开发适应青少年特点的运动器械、锻炼项目和健身方法。

第二，完善老年人体育消费内容。制订实施老年人群体质健康干预计划，加强体医融合和非医疗健康干预，发布老年人体育健身活动指南，建立完善运动处方库。推动形成体医结合的疾病管理与健康服务模式，发挥体育健身在老年人健康促进、慢性病预防和康复等方面的积极作用。大力发展老年人喜闻乐见的运动项目，扶持推广太极拳、健身气功等民族、民俗民间传统运动项目。对标发达国家，加快完善老年人体育器材、场地、服务、规划等系列标准体系建设，促进老年人群体育社会培训机构服务更规范，服务质量水平更高。

第三，丰富中产阶级体育消费产品。准确把握中产阶级引领的体育消费升级新趋向，大力加强优质体育产品的生产和供给，特别是冰雪、潜水、赛车、赛马、击剑、高尔夫等小众体育项目的培育与发展，为扩大体育消费提供源头活

水。鼓励各类市场主体向中产阶级群体提供多层次、多样化、个性化的体育产品。对体育产品供给主体在财税和金融政策上进行适当扶持，促进其生产出更多的符合市场需求的体育产品。

9. 推动实施新开放战略，提升产业国际化水平

第一，推动实施新开放战略。积极拓宽国际交流合作，主动融入全球化进程，有效畅通各类国际体育优质资源进入渠道，提升我国全球体育资源配置能力。持续优化营商环境，吸引国外体育企业总部、功能性体育行业协会、国际体育组织落户，加大前沿理念、先进模式和高端人才引进力度，集聚国际优质体育资源。加强政府推动的跨国协作，支持全国重点体育产业园区、骨干企业、研究机构与国际领军体育企业的全面交流和深度合作。探索建立国际化体育智库，提升中国在国际体育市场的影响力和话语权。

第二，大力实施“走出去”战略。以“一带一路”建设为主线，坚持“引进来”和“走出去”并重，大力拓展体育产业对内对外开放新空间。借鉴和推广金砖国家运动会成功经验，打造品牌活动。做好武术、健身气功、舞龙舞狮、龙舟等传统体育项目的国际推广工作，推动落实中华武术“走出去”战略，以打造“一拳（中华太极拳）一馆（中华武术馆）一赛（中华武术搏击）”国际体育文化品牌为核心内容，促进体育产业国际化发展水平。

（上海体育学院　黄海燕）

第五章

体育文化与体育宣传改革与发展

体育文化与宣传是文化强国、体育强国建设的重要内容，在实现中华民族伟大复兴过程中发挥着独特的作用。体育文化是体育宣传的内容，体育宣传是体育文化传播的手段，两者相互统一、相互协调。改革开放40年以来，体育文化建设与体育宣传的发展均体现了创新、融合与开放的时代精神。大体育文化格局、大体育宣传格局的建立与完善必将共同促进体育事业的发展。

一、体育文化建设与体育宣传改革与发展主要成就

（一）体育文化建设取得的成绩

1. 体育文化建设的战略地位不断提升

体育文化建设一直以来都得到了党和国家领导人的高度重视，体育文化对民族、国家及个人的重要作用也得到社会的广泛认同。20 世纪 80 年代由女排精神延伸出的振兴中华的体育精神成为激励中国人民从事社会主义现代化建设的强大力量。在北京取得 2008 年奥运会申办权以后，有关体育文化、奥林匹克文化的研究大量涌现，对体育文化的思考开始由学者、官员向普通民众传递，为我国体育文化的建设打下了思想基础和群众基础。但因体育文化一直被视为一种精神观念，而缺乏具体工作目标和强有力的抓手，直到 2009 年体育文化建设作为我国体育发展的中心工作被提出以后，体育文化才与群众体育、竞技体育和体育产业并列，成为我国体育事业发展的四轮驱动之一。2010—2016 年，体育文化建设工作在制度建设层面逐渐推进，2011 年 4 月，在国家体育总局政法司发布的《体育事业发展十二五规划》中明确规定：十二五期间，体育事业发展应加强体育文化的建设，深入挖掘体育的文化内涵，夯实体育发展的社会基础和文化根基，提升中国体育的软实力，通过体育促进建立健康、科学、文明的生活方式，塑造积极、健康的社会价值观和大众人生观。体育文化建设被列入国民经济与社会发展规划表明体育文化建设的战略地位不断提升。

从对体育文化的思考开始由学者、官员向普通民众传递到体育文化建设工作任务的提出，再到将体育文化工作置于体育事业发展的核心地位，并将体育文化建设列入国民经济与社会发展规划，这些变化体现了党和政府对体育文化建设的深刻理解和高度重视。尤其是将体育文化建设与中国文化软实力相勾连，拉开了我国体育文化建设的序幕，增强了体育文化建设的内驱力，体育文化大格局的蓝图使体育文化建设工作进入新的阶段。

2. 体育文化建设的内容不断丰富

体育文化建设包含了三个层面的内容，一是精神层面，是对中华体育精神的

挖掘、提炼与内涵解析；二是制度层面，是体育精神、体育观念的呈现，表现为体育事业发展的规划、目标、任务及政策保障等；三是器物层面，是体育精神、思想、观念、品格的可视化、载体化、故事化、产业化与生活化的表现。改革开放40年以来，体育文化建设从单纯对中华体育精神内涵的挖掘与提炼向制度文化、器物文化、项目文化等方面延展，可见其内容不断丰富。

近十年来，伴随奥林匹克精神在国内的传播、国家战略由全民健身向全面健康的转向，以及体育文化建设得到高度重视，中华体育精神被重新演绎为“爱国主义精神、英雄主义精神、乐观自信精神、公平精神、团队精神、实用理性精神”，也以“爱国、超越、拼搏、合作、公正、尊重”等更简练的语言予以了表达。中华体育精神是中国传统文化与西方文化融合后的创新型优秀文化，既表现了热爱生活、自我完善、健康阳光、充满活力的价值内涵，也含有求实创新的价值理念。在面对新时代的竞争挑战中，中华体育精神与“富强、民主、文明、和谐、自由、平等、公正、法治、爱国、敬业、诚信、友善”的社会主义价值观高度契合，包含了国家层面的价值目标、社会层面的价值取向和公民个人层面的价值准则，为我国迈向体育强国和实现民族的伟大复兴提供了精神动力和支持。

在体育观念上，公众对体育的认识经历了一个不断发展、不断更新的过程。伴随着中国经济的崛起、国力的强盛，社会公众的体育观念逐渐从单一的强国强种的国防观的束缚中解放出来，强身健体的健康观、为国争光的爱国观、奥林匹克主义的教育观与尊重感官体验的休闲观等体育观念逐渐形成与普及，反映出了中国时代的变迁与社会的进步。

将体育融入“五大建设”是体育强国建设之路。2017年国家体育总局提出了“从大格局谋划，实现强国梦想”的体育发展思路。具体到体育文化建设上，则是建立体育文化大格局，即要求将体育文化规划和体育事业发展总体规划结合起来，和各地区大的文化事业发展规划结合起来，和各地区其他规划统筹起来。体育文化建设不仅要落实到精神层面，还要落实到产业层面，落实到空间布局上，落实到项目上，落实到体育文化人才培养上。体育文化建设需要提高引导和创造体育文化的能力，通过抓一批重点项目，深入实施体育文化精品建设工程，打造体育文化产品。

建立体育文化大格局的构想使体育文化建设有了明确的目标和抓手，丰富了体育文化建设的内容，回应了国家对体育强国发展战略的要求，全社会参与体育文化建设的积极性不断提高。

3. 体育文化建设的阵地不断扩大

改革开放以来，特别是近十年来，我国体育文化学术研究与交流平台不断丰富，体育文化产业发展平台逐渐拓宽，体育文化传播平台更加多样化，体育赛事传播平台不断拓展。

我国体育文化学术研究平台不断丰富，体育文化研究内容不断拓展，推动和引领我国体育文化建设不断走向深入。早在 20 世纪 80、90 年代，原国家体委便成立了体育文史委，在全国范围内建立体育史与体育文化理论的研究平台，开展了武术与少数民族传统体育挖掘整理、体育文史研究、体育年鉴编撰、体育博物馆建设等活动。2006 年，国家体育总局调整机构，将原体育文史委更名为体育文化发展中心，领导和组织开展体育文化的研究工作。2013 年底，国家体育总局宣传司综合处更名为体育文化处，进一步明确了总局体育文化工作的职能，中国的体育文化研究开始真正获得实质性的突破。“十二五”期间，国家体育总局体育文化发展中心与国内高校和地方单位等共同建立体育文化研究基地 18 个，目前，全国现有体育文化研究基地共 60 余个，初步形成了各专业、学科的高级专家学者 300 多人的科研队伍，在一定程度上推动、促进了体育文化研究的深入。

体育文化学术交流活动日益丰富。目前，在体育文化学术交流上，“中国体育文化发展高峰论坛和中国体育旅游发展创投论坛”“体育传播国际高端论坛”和“体育史学科发展高峰论坛”具有一定的知名度和影响力。上述学术交流活动提供了业界与学界对话的平台，也吸引了英、美、奥、法、德等国体育文化与体育传播研究者以及国际奥委会、国际体育传播峰会等国际体育组织的高度关注。体育文化研究成果和学术交流活动的打造引领并推动了我国体育文化建设，这些成果反过来又成为体育文化的组成部分，为体育文化提供了理论保障与智力支持，丰富了体育文化自身。

体育与文博业的合作是近年来体育文化建设工作的亮点之一，体育博物馆的种类与数量逐渐增加。目前，全国范围内体育博物馆的数量由 2008 年的 10 余家增加到 2017 年的 107 家。中国体育博物馆、古代体育博物馆等综合性博物馆不断涌现，蹴鞠博物馆、武术博物馆、风筝博物馆等专项传统体育博物馆也分别建成，体现了体育界与博物馆界跨界合作的起步。2017 年，由中国体育博物馆、北京奥运博物馆、广州亚运会博物馆、山西体育博物馆、临淄足球博物馆、成都体育学院博物馆等11家博物馆联合成立了“中国体育博物馆联盟”，开启了体育与文博系统的资源共享、联动发展、合作共赢之路。

专业体育电影节和体育影像节成为传播体育文化的重要平台。北京国际体育电影周创办于2005年，是北京2008奥运周期“北京奥林匹克文化节”的重要组成部分，是一项重要的奥运遗产。从2009年开始，电影周作为“人文奥运”的延续活动，由北京奥运城市发展促进会继续举办并纳入北京奥运城市体育文化节，同时也成为米兰国际体育电影电视节国际体育电影电视联盟（FICTS）全球总决赛（World FICTS Challenge）最重要的全球分赛站之一。经过13年的发展，北京国际体育电影周已经转型成为具有国际性、专业性和教育性的体育影视交流平台。电影周在体育影视文化领域不断拓展，从电影到电视，从网络视频到微电影，从竞技体育到大众健身，通过体育影视作品的方式传播体育文化，宣扬励志向上的体育精神，传播奥林匹克文化，激励和启迪广大民众投身体育，参与运动，感悟人生。此外，在国际体育电影节的参与上，我国的体育影视创作者也从没有参与发展成为最积极的参与者和奖项获得者之一。由中国奥委会新闻委员会、国家体育总局宣传司出品，中国体育报业总社制作的《冰雪之约》获得2016年米兰国际体育电影节最佳纪录片大奖。由中国高等院校影视学会、中国体育科学学会共同发起主办，上海体育学院承办的“全国大学生体育影像节”成了吸引全国大学生创作和传播体育影视作品的另一平台。该影像节以“体育”为根基，以“人文”为内涵，以“青春、交流”为理念，从2013年开始举办，每年一次，至今持续了5年，共收到了全国在校大学生近千份体育影视作品，带动了全国大学生加入到体育影像作品的创作当中。2017年，由中国奥委会新闻宣传部、中华全国体育总会宣传部联合主办，国家体育总局体育文化发展中心承办的首届中国体育影视作品征集活动正式启动，也得到社会各界的热烈响应。这些平台对于宣传体育的多元价值，吸引更多群体参与体育影视创作具有深远影响。

体育赛事传播平台得到拓展。2012年以来，伴随着腾讯体育频道、苏宁体育频道、花椒直播、PPTV直播等新媒体的加入，PGC、UGC、OGC等内容生产方式的更新和融媒体的普及，体育赛事从借助电视转播到电视转播与移动转播并存，赛事传播方式得到拓展。在电视直播平台上，由国家体育总局和内蒙古自治区共建的足球频道于2018年3月29日正式上星，成为中国首个专业宣传足球改革与发展事业的国家级数字电视频道。这些体育赛事与体育信息传播平台的拓展，进一步打破了原有的媒体格局，使体育赛事受到社会广泛关注。

4. 体育文化精品不断涌现

体育文化产品是体育赛事、体育运动、体育活动进行艺术化的包装后产生的文化衍生产品，也是体育文化故事化、载体化、生活化的表现。体育影视、体育展览、体育雕塑、体育摄影、体育动漫、体育游戏等产品均是体育文化在器物层面的体现。近年来，随着体育与文化界、影视界、出版界的合作，体育文化精品不断涌现，进一步丰富了人们的体育文化生活。

近年来，中华民族传统体育文化展、体育书画展、体育雕塑展、体育文物展等一系列与文博系统资源互动的展览，从艺术、历史的角度展示了体育文化，唤起了社会公众的集体记忆，在增进文化认同方面发挥了积极作用。2012 年，国家体育总局、中华全国体育总会、中国奥委会和北京市政府联合举办“发展体育运动 增强人民体质 奋力建设体育强国——体育事业发展成就展”。展览面积达 2000 多平方米，精选了近 1300 幅珍贵的历史图片，是近年来举行的规模最大的室外图片展，展现了中国体育事业的发展成就。2013 年，国家体育总局宣传司与中国体育新闻工作者协会联合举办“新中国体育标识征集与展览活动”，通过展示中国不同时期的体育标识，回顾和展现了新中国成立以来体育事业的发展历程，吸引了媒体和大众对体育的关注，唤起了社会公众的集体记忆。2015 年，中国体育集邮与收藏协会主办了《助力申冬奥，喜迎世乒赛——中国体育收藏品展示交流活动》，吸引了著名书画家、中国奥运冠军和世界体坛明星的参与，拓展了体育的社会影响力。2017 年，在中国体育文化博览会上，“中华民族传统体育文化展”以独特的视角，用文字、图片、视频、实物、二维码链接等多种方式，展示了蹴鞠与足球、捶丸与高尔夫、波依阔与曲棍球等民族传统体育项目和现代竞技体育项目的关系及历史，展现了中国传统体育文化对世界体育文化的影响和贡献。“体育博物馆联盟珍品展”用一系列馆藏珍品展示“中国第一”“世界纪录”，讲述中国竞技体育的辉煌。除此以外，全国各地也举办了多种题材的体育展览，起到了良好的宣传效果。

假日体育文化产品成为传播体育文化的重要手段，美国超级碗是假日体育文化的载体和典型产品。2017 年，国家体育总局提出了打造假日体育文化的概念，并与海南省人民政府、海南省文化广电出版体育厅、三亚市人民政府、湖南亚歌文化传媒、阿里巴巴集团聚划算事业部合作打造“运动健康，乐享新春”2018

首届中国体育庙会。本届庙会吸引了国内5家卫视同时播出，凤凰卫视在欧洲频道和欧美频道向120多个国家播出，影响广泛，获得一致好评。庙会期间主会场游客超11万人次，分会场游客合计突破20万人次。中国体育庙会首次将体育和旅游、科技、文化、教育、娱乐进行融合，是一场集运动竞技、民族体育表演、娱乐健身、购物体验于一体的全民体育盛会，为广大游客营造了健康快乐的新春节日氛围，塑造了良好的运动健身环境，并实现了体育文旅IP运营模式的创新。

“中国体育旅游博览会”“中华体育文化博览会”“中国古代体育文物展”等逐渐打造成体育文博产品中的精品品牌。中国体育旅游博览会自2007年在上海举办第一届以来，截至2017年9月已经举行了11届。随着体育产业的发展，中国体育旅游博览会已经成为一个集体育旅游体验、体育公园规划、体育休闲文化、体育旅游地产、体育养生度假、体育赛事活动、体育会展服务、体育培训机构、体育产业投融资于一体的交易平台。中华体育文化博览会于2011年举办第一届以来已举行了7届，博览会由中华民族体育文化荟萃、中外著名体育俱乐部文化精髓展示、高端国际体育文化与经济论坛、国内外体育集藏精品展示交流、体育明星签名互动、品牌体育赛事文化沙龙、体育美术影视艺术博览等内容构成，全方位展现了中国传统体育文化与世界体育文化的融合。“两个博览会”吸引了中央电视台、新华社、中新社、人民网、中国体育报等中央媒体以及地方媒体的关注，实现了平面媒体、电视、网络、自媒体的全覆盖。在合作模式、展会策划等方面也进行了有益尝试，使博览会的发展走向更加专业化、市场化、精准化。

5. 全社会共同推进体育文化建设的格局初步形成

近十年来，特别是十八大以来，秉承深化改革的宗旨，体育系统“开门办体育”的理念越来越强烈，“政府引导、市场驱动、跨界合作、全民参与”的体育文化建设理念与运行机制逐渐形成，体育界与产业界、传媒界、影视界、艺术界、文博界、广告界的互动合作初现端倪，开启了全社会参与体育文化建设之路。

影视界与体育界互动合作，体育影视产品成为体育文化建设的重要组成部分。北京2008年奥运会是一个受到全球瞩目的社会性事件，也提供了体育界、影视界和奥运城市跨界交流的契机，中国的体育影视创作形成了一个小高潮，国际化、专业化和社会化水平得到了进一步的提升。这一时期，国内体育故事片的创作数量得到了显著提升，奥运题材的纪录片也备受关注，出现了北京奥运会官方电影《永恒之火》及大型奥运电视纪录片《我们的奥林匹克》《奥运档案》等一大批优秀的体育纪录片，为北京奥运会留下了丰富的视觉文化遗产。在后奥运时代，中国的体育影视创作开始掀起新的热潮，并呈现出新的特点：第一，体育影视从重视经济价值到多元价值互补；第二，政府机构、民营公司、社会公益组织等更加多元化的主体参与到体育影视的制作和传播中，从而打破了以往过于关注经济收益的局限，体育影视的艺术价值、文化价值和教育价值得以彰显；第三，体育影视作品的类型日益丰富，除了传统的体育剧情片、体育纪录片、体育科教片以外，体育动漫发展迅猛，《来吧！冠军》等各类体育真人秀节目如雨后春笋般层出不穷，成为新的体育电视节目类型。2018 年 5 月，纪念汶川特大地震十周年的体育电影《破门》上映，该片通过北川留守儿童足球队历经磨难勇夺佳绩的故事，展现了地震灾区人民重建家园的不屈精神。

出版界对体育题材关注增强。《关于加快发展体育产业 促进体育消费的若干意见》《健康中国 2030 规划》等一系列政策发布，北京申办 2022 年冬奥会成功之后，体育的功能作用被重新认识和定位，体育出版的重心和重点随之发生变化。体育出版的变化表现在以下几个方面：一是由此前的专业出版领域向全面开花转化，体育出版不再集中于人民体育出版社、高等教育出版社、北京体育大学出版社等几家专业出版社，全国 583 家出版社几乎都有体育图书出版；二是出版的品种和范围由此前的体育专业教材和体育公共课教材、大众普及读物、项目规则与体育法规、体育年鉴等，新增了许多热点领域，如马拉松、骑行、冰雪运动、轮滑、体能训练、体育政策解读、体育非物质文化遗产挖整等；三是大众普及读物进一步细分，针对中老年人、青少年、儿童等读者对象不同特点的体育出版物不断涌现；四是新技术对出版行业的影响日益明显，各家出版单位都在积极探索出版社的转型升级发展之路，尝试建立出版+体育+互联网的融合出版模式，新媒体技术在传统纸质体育出版物中广泛应用，AR（增强现实技术）、二维码链接的应用已屡见不鲜，体育教育在线教育平台正在起步阶段，新媒体技术公司发挥技术和资本优势，与出版单位展开合作，由此进入出版行业；五是民营资本进入体育图书发行领域，并通过成立体育文化公司，与出版单位合作开发选题，由之前主要侧重于大中小学公共体育课教材，向冰雪、马拉松、奥林匹克教育等热点领域拓展；六是体育图书版权贸易活跃，引进图书数量和品种激增，由传统的运动技术向体能训练、有氧运动、运动损伤防治、体育法律、体育史等领域拓展。随着“一带一路”倡议的开展，体育出版物版权输出进一步发展，尤其是东南亚国家，输出国家数量和出版物品种明显递增。

文化生态保护实验区的建立推动了体育类非物质文化遗产保护工作。非物质文化遗产是一个民族传统文化的精髓。在社会各界的关注和推动下，我国体育类非物质文化遗产保护工作取得了较大的进展。在经费投入上，从 2014 年开始，国家启动了非物质文化遗产保护利用设施建设工程，体育非物质文化遗产保护的经济投入大幅跃升，一批经济基础比较差、传承潜力大的国家级体育非物质文化遗产受到了中央财政的重点资助。在传承方式上，也形成了建立体育非物质文化遗产博物馆、数字博物馆、生态保护区和传习所等传承方式及与发展体育旅游等活态传承相结合的方式，对体育非物质文化遗产的保护形成了一套较为成熟的体系。单就生态保护区的建设来看，据不完全统计，从 2007 年到 2017 年，全国已批准形成了 17 个文化生态保护实验区，其中包括了各民族的体育非物质文化遗产项目，对体育非物质文化遗产的保护起到了重要的作用。

跨门类、跨要素、跨行业、跨地域和跨文化的资源融合、产品融合成为体育文化建设的新方向，体育文化建设平台不断扩大，全社会共同推进体育文化建设的格局初步形成。

（二）体育宣传彰显创新与拓展

在“体育事业十二五”规划胜利完成，“体育十三五规划”顺利实施的过程中，我国体育事业全面、快速发展，不断创造辉煌。与此同时，体育宣传的内部与外部环境发生了深刻的变化，互联网的迅猛崛起和信息技术、移动技术的发展，使传播呈现出主体多元化、渠道双向化、内容海量化、信息碎片化、时间即时化等特征，也彻底改变了传媒格局和社会舆论生态。体育宣传工作的重要性、必要性成为社会共识。我国体育宣传部门主动借助多种传播渠道，全面推进体育宣传工作，取得了显著成就，为推动体育事业健康发展提供了良好的舆论支持和精神动力。

1. 体育宣传工作地位由边缘走向中心

体育宣传是党和政府宣传工作的组成部分，也是各级各类体育组织的重要工作职能之一。从这个意义上说，我国体育宣传工作的性质既包括了一般意义上意识形态的宣传，也涵盖了包括体育思想、精神、理论、项目、赛事、活动、方法、手段、明星等内容的推广传播和形象塑造工作。

如果说2008年以前的体育宣传主要是体育系统内部工作的话，进入北京奥运周期以后，体育宣传工作部门开始承担与社会各层面、各团体，特别是国内外新闻机构沟通协调的重任，体育宣传工作地位由边缘走向中心，宣传观念从封闭转向开放，职能从单一向多方位拓展，从指导各地方体育局、各运动中心的宣传工作向与承担复杂的新闻服务和公共关系工作并重转变。这些转变伴随着制度上的规范、观念上的进步及宣传手段上的更新。体育宣传工作从后台走向前台，从边缘走向中心。近十年来，体育宣传在工作机制、体育宣传干部专业化、体育宣传经费配置等方面也取得了长足的进步。

（1）体育宣传工作逐步建章立制

体育宣传建章立制是体育宣传工作走向标准化、系统化的举措，是规范工作目标和工作要求的具体举措。随着经济社会的发展和舆论环境的变化，从总局宣传司到各体育局和各直属单位，相继推出了一系列规章制度，逐步完善了各项基础性制度建设，提高了体育宣传工作的规范化和制度化水平。近十年来，宣传司在宣传工作制度上的建设包括六个方面：一是编印了《体育宣传手册》，用于指导全国体育系统的体育宣传工作；二是制定实施了系列体育宣传工作评价指标，如《全国体育宣传工作评价指标体系》和《全民健身评价体系宣传工作评价标准》；三是制定了总局系统的自媒体管理办法，用于指导日常各中心、运动员、教练员的微博发布，以及大型比赛中中国体育代表团的微博和博客的信息发布；四是推动在全国体育系统建立了新闻发言人制度和突发事件应对机制；五是建立了宣传信息员管理规定及大型赛会媒体运行方面的各项规章制度；六是通过召开宣传工作会议，建立宣传工作协调机制，出台年度宣传工作要点、计划等多种方式，建立起了宣传工作的长效机制。体育宣传工作上的建章立制指导了各地方体育部门的宣传工作，有效促进了全国体育系统宣传工作的规范化与专业化，全国上下、系统内外的体育宣传工作协调联动机制正在形成。

（2）逐步形成了一支相对稳定的体育宣传干部队伍

在2005年以前，体育宣传工作在体育系统中处于边缘地位，全国大多数省市体育局没有独立的体育宣传机构和专门的体育宣传人员。2005年，国家体育总局对各省（区、市）体育局体育宣传工作队伍建设提出指导性意见，明确要求各地方体育局要加强对体育宣传工作重要性的认识，设立专人负责体育宣传工作，规范化建设体育宣传队伍。随后，部分省（区、市）体育局将宣传工作纳入体育工作整体规划中进行研究和安排，并明确体育局一名领导分管体育宣传工作。从此，全国体育系统宣传工作队伍建设正式拉开帷幕。北京奥运会后，各省（区、市）体育局体育宣传工作的基础建设得到进一步加强，无论从人员配备还是机构设置、队伍培训等方面均取得较大进展。各省（区、市）体育局配备了专职宣传干部，宣传干部逐步向专职化、固定化方向发展，不少省（区、市）体育局成立了宣传信息中心。在重大体育赛事前后，如奥运会、亚运会和全运会举办期间，国家体育总局各项目中心和运动队均确定新闻发言人和联络员，建立起“媒体公开日”和“媒体通气会”制度，加强了宣传职能和新闻应对管理。

近十年来，国家体育总局宣传司在抓好队伍建设的同时，重点通过培训的方式推进宣传工作队伍的整体素质和能力，为做好体育宣传工作奠定了坚实基础。培训工作的覆盖面逐渐拓展，培训人群呈现多层次化，培训内容多样化、专题化，突出实用性，注重能力培养。

（3）体育宣传物质保障逐年增长

经费和物资投入是体育宣传工作的重要基础，近十年来，在国家体育总局的推动和地方政府的支持配合下，各省（区、市）体育局在宣传经费和宣传工作设备器材投入方面取得了长足进步。各省（区、市）体育局在体育宣传工作方面有了独立的经费，在宣传工作的设备器材投入方面给予重要保障，并不断根据宣传工作的新发展、新手段和新需求，加大保障的力度。

2. 体育舆论引导观念从封闭走向开放

舆论引导与危机管理是改革开放后宣传工作的主要任务之一。改革开放进程中，随着利益主体的多元化、信息环境的开放化，人们的思想更加活跃，中国社会进入危机频发时期。自然灾害、药品食品安全、体育界突发事件逐渐增多，媒介生态日益复杂，体育舆论环境变得更加严峻。2004 年 4 月，中共中央发布的《中共中央关于加强和改进新形势下对外宣传工作的意见》、2006 年国务院发布的《国家突发公共事件总体应急预案》、2007 年国务院发布的《政府信息公开条例》和《突发事件应对法》、2013 年国务院新闻办印发的《关于进一步加强政府信息公开回应社会关切提升政府公信力的意见》均体现了在社会环境变化下党和政府在新闻宣传、舆论引导、信息公开上的要求，表现了舆论引导观念从封闭走向开放的变化。

在北京奥运会筹备和举办过程中，我国政府以奥林匹克主义和奥林匹克精神为舆论引导的出发点，以“国家价值”为舆论引导的落脚点，以“有特色、高水平的奥运会”为舆论引导的目标，秉承“真诚服务、坦诚面对、客观透明、多元表达”的原则，改变了传统的以控制为主的舆论引导方式，在宣传基调、运行手段、舆论引导技巧等方面均有突破和创新。国内媒介也在奥运观念、舆论引导手段、报道力度和媒介融合、受众互动方面进行了大胆开拓和尝试。

在制度建设上，国家体育总局在2011年制定下发了《关于体育系统突发事件新闻发布和舆论引导工作的意见》，着力加强对有关项目管理中心的协调和指导，做好突发事件和危机事件的新闻处置，在尽可能短的时间内有效控制事态发展，引导舆论。2013年，体育部门制定了《体育信息公开管理办法》，量化统计信息报送数量，建立信息员队伍，坚决贯彻落实党中央国务院文件精神。2017年12月，国家体育总局出台了《关于健全和完善体育总局系统突发事件舆论引导应急管理机制的实施意见》，该意见对体育突发事件进行了明确分类，并明确了完善体育突发事件舆情引导的工作机制、原则与程序，进一步加强对突发事件的舆论引导的规范化和操作化。

在舆论引导工作上，舆情收集与研判工作、新媒体建设与应用也在全国体育系统中得到了高度重视。国家体育总局自2006年起就委托第三方机构开展体育舆情监测，做到准确把握舆情、提早研判舆情、及时做出回应或处置。2017年全运会期间，国家体育总局通过建立舆情应对快速反应三级直通车、全天候监测分析舆情、主动及时发声、突出抓好网上舆情预判和快速处置、事先做好防范和应对处置预案，并通过主动做好与运动员、教练员、球迷“粉丝”的沟通和良性互动工作等方式使第十三届全运会的舆情管理有效做到防患于未然。

3. 体育宣传工作围绕中心服务大局

近十年来，我国社会发展迅速、经济水平稳步提升、人民生活越来越富足，体育事业也在竞技体育、全民健身、体育产业、体育外交等各方面取得了令人瞩目的成绩。体育宣传围绕以上中心工作，全面呈现了我国体育事业发展的主要成就，赢得了其他社会领域与公众对体育成就的认同。

（1）体育发展成就宣传形成良好舆论氛围

成就宣传是体育宣传的中心工作之一。国家体育总局在重要节点上紧紧围绕中央的部署，认真研究谋划，精心组织实施，大力开展体育发展成就的宣传，为各项重大活动的开展营造了良好的舆论氛围。2009年，在国家体育总局牵头组织的“中国体育六十年辉煌成就展”中，大型专题片《我的奥林匹克——共和国体育记忆》《光辉岁月——新中国体育名宿访谈录》《腾飞》等广受赞誉。为迎接十八大召开，中宣部、中央电视台、中国体育报、总局官网及华奥星空网站联合开展了“十八大”体育成就系列专题报道。此外，国家体育总局还联合多家部门组织了体育微视频比赛，收到了来自全国各大媒体和10余所高校的参赛作品，收到了良好的宣传效果。

（2）国内外大型赛事新闻宣传卓有成效

从北京奥运会筹备伊始，历经数次国际、国内重大综合性赛事的新闻宣传和媒体运行工作的积累，国内主流媒体主动策划、及时运用新技术，加强舆论引导，收获了大型赛事新闻宣传工作的宝贵经验。同时，国家体育总局也逐步建立起一套与国际接轨的成熟完善的赛事新闻宣传协调组织机制，有效地保障了办赛、参赛等不同阶段、不同类型的新闻宣传工作有条不紊地进行。

在大型国际比赛中，国内主流媒体的报道凸显了“更多、更快、更新”的报道理念和重大节点舆论领先的策略。2000年，中央电视台将体育频道更名为奥运频道，全方位报道奥运会的筹备工作和进展情况。北京奥运会期间，中央电视台举全台开辟了10个频道报道奥运赛事。同时，央视还建立了“央视国际”，推出了手机看奥运视频软件，实现了网络和手机电视两种传播渠道的同时播报。2014年南京青奥会期间，《人民日报》《环球时报》《新周刊》《北京晚报》《金陵晚报》等国内传统媒体对外报道共刊发9570篇新闻，视频媒体CNTV、优酷网、乐视网、腾讯视频、PPTV等共播出5577篇视频报道，央视体育频道每天有6~8小时的直播节目关注赛事以及青奥会期间的对外文化教育活动和运动员联谊等活动，全方位呈现了青奥会的精彩。青奥会（YOG）频道采用立体声、英文解说每天24小时对青奥会进行报道，并通过卫星传输给全世界的观众，报道总时间超过275小时。平昌2018年冬奥会期间，新华社、人民日报等主流媒体派出了强大阵容，报道内容丰富、形式多样、角度新颖，纸媒、新闻网站、微博微信共享资源、分众传播，为中国代表团参赛营造了良好的舆论氛围。

在国内举办大型赛事期间，国家体育总局建立宣传协调机制，整合各方力量形成合力。2009年，在第十一届全运会的新闻宣传工作中，首次成立了全运会新闻宣传领导机构——第十一届全运会新闻宣传协调领导小组，该小组由中宣部、国新办、国家体育总局和各中央新闻单位组成。这种机制使各单位形成合力，有效整合各方资源，保证各项宣传政策及时落实。此后，成立全运会新闻宣传协调领导小组便作为体育赛事宣传的一条重要经验在历届全运会宣传中推广。

2017 年第十三届全国运动会在天津召开，该届全运会的宣传以习近平关于体育工作的重要论述为根本遵循，突出建设体育强国主旋律。组委会整合资源，借助全运契机，深刻挖掘地方体育历史文化积淀和新时代中国体育文化特征，打造了“全运会体育文化精品工程”。在全运会开幕当天，体育宣传部门联合《人民日报》、新华社等有影响力的主流媒体，刊登了有影响力的社论及深度稿件，并突出创新融合报道，提升了全运会的传播力和影响力，全方位、多角度地诠释和彰显了中华体育精神和奥林匹克精神。

2017 年，国家体育总局开始大力推进体育与电视媒体的创新融合，国家体育总局与内蒙古自治区合作共建的足球频道已于 2018 年 3 月正式上星播出，目前，还在计划与其他电视台共建极限运动频道、冰雪运动频道、青少年体育频道等特色电视频道和网络电视台。

（3）全民健身宣传逐步常态化和多样化

从 1995 年《全民健身计划纲要》颁布实施开始，全民健身就成为体育新闻宣传工作的一个重要方面。全国体育系统按照健身活动报道和健身知识传播两条主线，结合地方具体工作和运动项目特点，积极开展全民健身宣传，在营造气氛和传播科学健身知识方面推陈出新。全民健身的宣传逐渐常态化、多样化和规范化，全民健身知识的传播平台也被纳入公共体育服务体系建设。近几年来，国家体育总局与中央电视台体育频道、科教频道合作，加大科学健身知识普及，策划录制了全民健身公益宣传片，为“健康之路”栏目推荐相关专家，录制了有关健步走、体质监测、科学减肥和快乐体操等多期节目，播出反响良好；2014—2015 年，《中国体育报》尝试编辑印发“全民健身特刊”，随大报赠送订户，介绍各类实用健身知识，重在惠民；体育宣传部门与《中国日报》合作策划出版全民健身英文专版，加强我国全民健身的对外宣传；与全国晚报学会合作，开辟专栏报道各地全民健身开展情况。地方体育部门在全民健身宣传中创新宣传手段、打造丰富多样的宣传平台，进一步激发了全体老百姓通过全民健身实现全民健康的认知，运动是良医已经成为全社会的广泛共识。

4. 体育宣传工作职能向多方位拓展

体育宣传部门除实现党政宣传工作在统一思想、上情下达、突发事件管理等方面要求之外，还引入体育公共关系理念，顺应国际体育公共关系管理的趋势，在大型赛事媒体运行、新闻服务方面都有很大突破，对内为体育事业的发展营造了良好的舆论氛围，对外树立了良好的体育形象。

赛事媒体运行与媒体服务成为体育宣传的主要工作之一。赛事媒体运行与媒体服务是指体育组织通过服务实现赛事营销的传播过程，也是体育组织满足媒体需求，搭建传播通道，减少传播噪音的过程。准确、及时、周到、细致的媒体运行，能够建立体育组织与媒介的良好关系，树立组织管理者的良好形象，并有利于打造赛事品牌。进入北京奥运会筹备期以后，北京奥运会媒体运行与媒介服务成为体育宣传部门承担的一项新的工作。2007 年，国家体育总局宣传司组织编写的《大型赛会新闻宣传和媒体服务指南》，用于指导国内体育比赛的新闻宣传工作。北京奥运会在媒介服务上创造了多个第一，其“尽善尽美”的服务得到了国内外媒体的高度认可。根据北京奥运会的经验，2012 年，由国家体育总局宣传司在 2007 年版的《大型赛会新闻宣传和媒体服务指南》基础上不断修正完善，完成了新版本的指南，有力地指导了全国各地体育赛事的举办与新闻宣传。赛事期间，信息服务系统的建立为媒体全面及时获取赛事信息起到了积极作用；新闻中心的建立、媒体工作间的设立，以及新闻发布会的及时召开，为媒体对赛事的宣传提供了快捷方便的服务，增强了赛事的宣传效果。

媒体运行与媒介服务在 2010 年广州亚运会、2014 年第十届少数民族运动会举办期间不断探索，并因地制宜，因赛事规模大小、主办方实际情况而逐渐完善。此后，国内各级赛事也逐渐引入了较为规范的媒体运行和媒介服务，该项工作也在国内体育赛事的举办中逐渐成熟和普及。

运动员媒介素养教育常态化。运动员形象是体育形象的有机组成部分，为进一步提高我国体育健儿面对媒体的能力，提升运动员形象和体育形象，国家体育总局从 2006 年开始逐步加大运动员媒体关系培训的工作力度。2006 年，总局对参加都灵冬奥会的中国短道速滑队和花样滑冰队的运动员进行媒体关系培训；2007 年，总局有目的、有计划、有规模地启动了运动员媒体关系培训工作，并增加了培训的精力和投入，至奥运会前，共为 22 支奥运参赛队伍的 1083 人进行了媒体关系培训，获得运动队的一致好评。2008 年后，运动员媒体关系培训逐渐形成制度。此外，国家体育总局通过培训总结经验，编写出《媒体关系培训手册》，指导运动员媒介素养培训。通过媒体关系和公共礼仪培训的系统开展，中国运动员在接受媒体采访和面对公众时的整体表现有了显著的提高，中国体育代表团的形象整体良好。

体育对外宣传塑造良好国家形象。体育外宣工作是塑造国家形象、推进国际交流、展示民族特色、体现时代发展的重要手段。近十年来，随着中国体育在世界体坛地位的提升，体育外宣工作在探索中开拓，在创新中突破，呈现出由被动到主动、由笼统到细致、由重“量”到重“质”的变化，外宣工作意识不断增强，领域和渠道逐步扩大，取得较好的工作成效。

为境外媒体采访提供便利。北京奥运会的到来，使得境外媒体的采访需求逐年增多。根据国务院颁布的《北京奥运会及其筹备期间外国记者在华采访规定》，2007 年 1 月，国家体育总局专门召开北京奥运会及其筹备期间境外记者来华签证和采访接待工作会议，此后下发了《北京奥运会及其筹备期间国家体育总局受理境外记者采访办法及签证审批程序》，对境外媒体来华采访体育的原则、程序等进行了规定，帮助境外记者较好地完成了采访报道任务。

外宣工作更加注重口径统一，正面引导。2008 年奥运会对体育外宣工作提出的新要求促使体育部门加强对于伦敦奥运会宣传周期的重视，体育总局重点安排英国广播公司、日本朝日新闻台等媒体采访总局领导、官员和运动队。赛时，又为美联社、路透社、法新社等十余家境外主流媒体提供了采访线索和相关信息，协调落实中国新闻社与欧洲时报合作出版的“奥运快报”（中文版）、“中国新闻周刊”及中国日报“奥运日报”（英文版）进入伦敦奥运会主新闻中心，做好接待服务等工作。2011 年正值“乒乓外交”40 周年，总局宣传司也参与组织策划了相关活动。7 月初，为庆祝中美乒乓外交的丰硕成果，在美国芝加哥、密尔沃基、旧金山等地先后举办了中美建交图片展、中国文化主题展、“体育与外交论坛”等，同年，在日本也进行了乒乓外交四十周年系列活动。

增加载体，拓宽渠道，外宣工作取得了显著的成效。2012 年，为贯彻落实中央关于推动社会主义文化大发展大繁荣的要求，提高中国体育文化的国际影响力，国家体育总局相关部门组织编辑出版了一套 8 本中英文对照体育对外宣传丛书，内容包括中国群众体育、运动员职业发展、运动员与公益事业、中国与奥林匹克、健身气功、武术、体育彩票和反兴奋剂 8 个方面，反映了我国体育不同方面的主要成就，反映了相关工作的特点、亮点、精神和理念，表现形式新颖活泼。此外，总局相关部门还组织编印了冰雪运动和登山户外运动的中英文双语图书等。2014 年，国家体育总局和中国日报合作，全年编辑出版 6 期体育专版，分别在国内版和海外亚洲版、欧洲版、美国版等刊登，借助中国日报这种外宣载体，扩大我国体育对外宣传的效果和影响。2015 年，除继续合作出版各地区体育专版外，体育外宣还适应新的形势，增加了相关内容的海外社交媒体推送。在体育对外宣传中，国家体育总局相关部门也注重利用“中国之家”的平台作用，将中外嘉宾交流、协作组织活动与媒体采访有机结合，向外树立了中国体育形象。此外，通过中华传统体育表演及民间交流等形式，向外推广中国体育文化和中国价值观也是进行体育对外宣传的重要渠道。

5. 体育宣传大格局目标确定

党的十八大以来，习近平关于体育的重要论述、重要指示、批示精神形成了指导体育事业发展的系统、科学、完整的理论体系，是党中央治国理政新理念、新思想、新战略的重要组成部分，为体育强国建设提供了根本遵循。在总结中国体育几十年光辉历程和历史经验的基础上，国家体育总局提出了要坚持体育工作为党和国家的中心任务服务，树立“跳出体育办体育、开门办体育、与社会共享资源办体育”的工作理念，2017 年下半年建立体育宣传大格局的蓝图应运而生。

体育宣传大格局包含了打造“报—台—网—端”一体化平台和通过“中央厨房”进行信息采集和信息发送的机制，并提出了“一体策划，一次采集，多种生成，多元传播”的思想和移动优先的原则。2018 年 5 月，新体育网正式上线，标志着体育宣传文化大格局迈出了可喜的一步，也标志着体育宣传工作进入到了一个新的阶段。此外，在实践中，国家体育总局勇于解放思想，勇于打破行业壁垒，敢于开放体育资源，开始与体育系统外媒体、地方卫视合作，共同举办体育庙会、体育春晚，摸索体育资源共享，打造体育假日文化之路的尝试，体育宣传大格局的构建迈出了大大的一步。

建设体育宣传大格局目标的确定是体育系统贯彻体育体制改革的有力举措，它不仅仅是体育系统宣传资源、宣传平台的整合，更是“开门办体育”的改革思想的具体落实。体育宣传大格局的提出一是回应了党中央对体育工作的新思路、新理念和新战略，二是符合互联网时代新闻宣传的新需求。

二、体育文化与体育宣传面临的主要问题

当前，我国体育事业发展正处在重要战略机遇期，“强体育、大体育、全体育”的体育发展思想需要进一步传播，体育事业的健康发展、跨越发展也需要文化的滋养，然而社会环境的变化，媒介技术的发展，公众思想与观念的变化需要体育文化与体育宣传工作者加强大局意识、战略意识、看齐意识和服务意识，推

动体育文化建设与体育宣传工作的进一步发展。

(一)文化、宣传战略意识需进一步提升

习近平在新闻舆论工作上提出了“48字方针”:高举旗帜、引领导向,围绕中心、服务大局,团结人民、鼓舞士气,成风化人、凝心聚力,澄清谬误、明辨是非,联接中外、沟通世界。这“48字方针”全面、准确、深刻地概括了新闻舆论工作的职责使命,即在宣传中需要坚持党性原则、舆论导向原则、以人为本原则,坚持遵循新闻传播规律,注意把握好时度效,坚持创新与面向世界的时代特质。

根据习总书记对新闻宣传工作的部署,体育文化与体育宣传工作需进一步加强战略意识。体育文化工作者要进一步学习党中央关于社会主义文化大繁荣的要求与部署,体育宣传工作者要加强政治意识,明确新闻宣传工作的方针与原则,并与体育发展战略相结合,深刻思考在强体育、大体育和全媒体环境下体育文化建设与体育新闻宣传的意识、方向、策略与手段。

(二)新时代体育精神与多元体育观需进一步传播

回顾近代以来一百多年的历史,体育始终承载着国家强盛、民族振兴的不息梦想,见证了中华民族的崛起与腾飞。融合了中国传统文化与奥林匹克运精神的中华体育精神蕴含了体育健儿们胸怀祖国的爱国精神、精益求精的工匠精神、舍我其谁的担当精神、与时俱进的创新精神和团结协作的团队精神,它构成了当代人类激励成长、自我完善和文明交往的基石。

虽然在改革开放40年的历程中,中华体育精神的内涵不断丰富,也不断激励着运动健儿和社会大众超越自我、勇于拼搏,成为了中华民族伟大复兴和国家繁荣富强的内驱力,但是竞技体育在金牌与金钱面前的异化现象也不容忽视,兴奋剂的滥用、黑哨假球、破坏规则、贪污贿赂的现象时有发生。提升体育文化的传播力、提升宣传工作的政治鉴别力,进一步挖掘新时代中华体育精神,将这笔宝贵财富传承并发扬光大,比以往任何时候都迫切。新时代弘扬体育精神,需要更多元的内涵、更接地气的表达。

改革开放40年以来,社会大众的体育观念从单一的强国强种的强国观和金牌观已经发展为多元的健身观、健康观、教育观和休闲观。这些多元的体育观念和开门办体育、融合办体育的思想进一步增强了体育的社会影响力,奥林匹克主义的教育观与尊重情感价值的休闲观将体育视为一种生活方式,让中国人民更具

有自信与活力，显示出更从容、自信的大国气质。

体育文化的影响、体育精神的感召和体育观念的改变，让参与体育、崇尚体育成为人民大众生活的重要内容，让文明健康、积极向上成为人民群众生活的重要方式，让参与体育健身、拥有健康体魄成为社会大众个体的发展理念，也让爱锻炼、会锻炼、勤锻炼以及重规则、讲诚信、争贡献、乐分享成为人民群众推崇的良好社会风尚，新时代体育精神与多元体育观需进一步传播。

（三）体育文化建设路径需进一步拓宽

2016 年，国务院紧紧围绕建设体育强国目标，提出了“实现体育工作全地域覆盖、全周期服务、全社会参与、全球化合作、全人群共享”的体育发展理念，这一发展理念是对《关于加快发展体育产业　促进体育消费的若干意见》的具体落实。无论是“全地域覆盖、全周期服务、全社会参与、全球化合作、全人群共享”的体育发展理念还是“积极拓展业态，丰富体育产业内容，推动体育与养老服务、文化创意和设计服务、教育培训等融合，促进体育旅游、体育传媒、体育会展、体育广告、体育影视等相关业态的发展”的要求，均体现了体育文化的建设融合发展的目标，这也是新时代对体育文化建设工作的新要求。体育文化建设已经迈出了跨界合作的步伐，但是文化建设是周期性较长的工作，体育文化需要进一步与科技、影视、文学领域合作，通过文学作品创作、艺术展览、新技术应用增强体育文化产品的丰富性，提升体育文化产品的消费力，扩大体育文化对社会的影响力和感染力。

目前，弘扬体育精神还缺少抓手、方法、载体、产品，在建成体育强国进程中，体育宣传文化工作还要找好介质和着力点，精准发力，关注实情，产生实效，正确阐释体育新的综合功能；需要实现从赛事到故事的宣传路径转换，着力打造一批富有时代精神、体育特色的影视产品，引导方向，汇聚能量，塑造形象；体育宣传文化工作要贴近百姓，从而改变宣传文化对公众影响力滞后、影响范围有限的现实。要通过丰富多样的形式和“合为时而作”的路径，不断丰富运动项目文化内涵和文化管理模式；要通过符合时代特征、满足大众需求的多种文化表达，通过赛事活动为老百姓提供多样的文化产品和文化服务，让体育的本质得到更好呈现，让体育运动的价值和功能产生最大的时代价值。

（四）体育舆论引导力与危机应对能力需进一步增强

目前以互联网为代表的新媒介，成为舆论的重要载体，也是舆论角力的主战场。当下中国客观存在两个舆论场：一个是“主流媒体舆论场”，另一个是依托于口口相传特别是互联网的“民间舆论场”。在社交媒体时代，这两个舆论场不仅没有出现消弭，反而呈现出泾渭分明的局面。如果说在前社交媒体时代，民间舆论场更多地作为主流媒体舆论场的补充而边缘化存在，而到了现在的社交媒体时代，两者的张力越来越大，主流媒体舆论场的新闻主导地位影响空间也不断遭到挤压。“大数据”的出现使舆情的监测变为现实，然而舆情的研判机制和应对机制需要进一步研究并验证。

在体育危机的管理上，需要进一步区分危机的类别。体育危机事件通常可分为体育道德、赛风赛纪、运动员丑闻、比赛黑幕及俱乐部丑闻等，不同的危机事件具有不同的分级分类处理方式，这需要体育危机管理者准确确定危机事件的类别进而进行分别处理。目前，国内体育系统针对明星运动员的危机公关处理办法通常是遵循娱乐明星的处理方式，这就弱化了体育明星的特点及自身意义，对运动员日后的发展极其不利。同时，过度依赖传统媒体及强制干预手段的处理方式在如今大舆论环境中也略显稚嫩。在新媒体时代，转变体育危机管理的思路，利用新方法、新途径、新思维来处理体育危机事件显得紧迫而必要。

（五）体育宣传影响力需进一步加强

目前，媒介生态已经发生极大变化，新媒体已经逐渐代替报刊、电视台等传统媒体，成为信息传播的主要渠道，报纸销量下降，电视台的开机率逐渐降低。然而从体育系统的媒体发展看，媒介融合的能力还明显不足，报刊、网络、微信、微博之间的互动还没有打通，信息的共享程度还比较低。体育系统内部的媒体影响力、拓展力、服务力和影响力还有限，服务人群比较少，内容比较单薄单一，评论缺乏思想深度和力度。在移动媒体上，体育系统还缺乏有影响力的舆论领袖和自媒体平台。体育宣传工作的主动性与计划性上还需增强。

在强体育、大体育、全媒体时代背景下，从传媒变革的趋势中分析新闻舆论的引导力、影响力和服务力，积极促进体育系统内部媒体的融合，增强其多样性和开放性，充分利用互联网的社会动员功能实现全民健身观念、健身知识与服务信息的推广与传播，增强体育消费者的向心力与归属感势在必行。

（六）体育对外传播力需进一步提升

长期以来，中国体育文化对外传播的力度和深度都还存在不足，如何输出我们的体育文化是一个极为漫长的过程。客观而言，以美国为代表的西方大国凭借在军事、经济、科技、语言等方面的优势，占据了文化传播的国际格局与话语权。当前，“中国智慧”为人类命运共同体建设开辟新路径，在这个过程中，体育扮演了十分重要的角色。

建设体育强国，就必须坚持开放发展、共享发展。要进一步推动我国体育文化、体育政策和体育经验更多走向世界。要进一步以体育为平台，推动以中华体育精神为代表的中华文化走向世界，促进世界多样化文明交流、对话和理解，大幅度提升中国体育的软实力。

三、体育文化与体育宣传展望

新时代的来临为体育文化建设与体育宣传工作提供了机会与挑战。党的十八大以来，习近平就体育工作做出重要指示批示 120 次，发表重要讲话、重要论述 15 次。习近平关于体育的重要论述、重要指示批示精神形成了指导体育事业发展的系统、科学、完整的理论体系，是党中央治国理政新理念、新思想、新战略的重要组成部分，为体育强国建设提供了根本遵循。2016 年，体育战线紧紧围绕建设体育强国目标，提出了“实现体育工作全地域覆盖、全周期服务、全社会参与、全球化合作、全人群共享”的体育发展理念，“大体育”理念推动了全民健身到全民健康的新变化，它为全民健身的发展构筑起了全新发展坐标，与时代的节拍同频共振，是全民健身上升为国家战略的体现，展示出体育更富生机与活力的图景。此外，当前世界传媒业正处于前所未有的大发展、大变革、大调整中，传媒格局、舆论生态、受众都发生了深刻变化，信息内容、传播载体、平台渠道的更新越来越快，各种新技术层出不穷。从机遇来讲，体育宣传工作有了更大的空间；从挑战来讲，体育系统“报—刊—网—端”整体的报道形式和报道水平还需要提高，体育宣传部门的舆论引导力还需要提高，体育精神和体育文化方面挖掘的能力还需要提升，体育对外传播的能力还需要加强。

（一）发展思路

“新时代”“大体育”“全媒体”对体育文化与宣传工作提出了新要求。体育文化建设与宣传工作要牢牢把握体育梦、强国梦与实现中华民族伟大复兴中国梦息息相关的战略定位；牢牢把握以人民为中心，致力于实现人民对健康幸福生活追求的战略方针；牢牢把握建设健康中国的战略目标；牢牢把握以大健康理念，推动全民健身和全民健康深度融合的战略思路；牢牢把握加快推进体育改革创新的战略举措。

基于以上时代背景与要求，未来体育文化与体育宣传的总体思路是：坚持四个意识和五个战略，紧紧围绕迈向体育强国的建设目标，从国内、国际两个大局把握体育文化与体育宣传的新使命。对内加强体育文化建设，丰富中国特色社会主义文化，在增进文化认同中坚定文化自信；大力传播中华体育精神，推进体育多元价值观的广泛接受，使体育是一种生活方式成为社会的共识；坚持对人文体育、绿色体育的宣传，注意科技发展对体育的异化，促进竞技体育、职业体育、全民健身对人全面发展的教育功能的实现；坚持“全社会参与、全球化合作、全人群共享”的体育发展理念，促进体育文化工作跨界跨领域的进一步合作；在体育宣传中体现时代性、把握规律性、富于创造性，为体育宣传工作担当新使命、开辟新路径、展现新气象，推动体育宣传大格局的建立。对外提升体育国际传播能力建设，加强中国传统体育的对外传播，讲好中国体育故事，使中国体育文化在世界范围内获得广泛认同。

（二）战略目标

第一阶段：从现在到 2020 年。借助参与东京奥运会之机，广泛传播新时代中华体育精神，激励运动员在各级比赛中奋力拼搏、完善自我，成为遵守规则、公平竞争的榜样；体育宣传大格局建构完成，体育文化跨界合作向纵深发展；体育文化建设主体进一步增多，体育文化产品进一步丰富，满足社会公众对多样态体育产品的需求。

第二阶段：从 2020 年到 2035 年。以北京冬奥会举办为契机，促进奥林匹克文化在中国，特别是在青少年间的传播，并使之成为激励青少年奋斗的精神力量；新时代中华体育精神在全社会达成共识，在国际传播中助力塑造中国形象；体育文化建设达成共享互赢的局面；通过形式多样、内容丰富的传播手段促进“体育是一种生活方式的观念”转化为公众的实际行动，形成全民积极参与体育运动，学校体育丰富多彩的新局面。

第三阶段：从 2036 年到 21 世纪中叶。体育真正成为公众的一种生活方式，人的潜能与创造力得到极大开发，社会优良秩序得以建立；体育成为世界文明交流互鉴的平台，东西方体育文化进一步融合。

（三）体育文化建设的主要措施

将体育融入经济创新发展、将体育融入政治和社会建设、将体育融入先进文化发展、将体育融入生态文明建设是体育强国建设之路，大力推动体育文化建设是建设社会主义文化强国的必然要求。围绕建设体育强国的目标，全社会需要用“文化自信”引领体育文化建设，树立“大体育文化观”，充分挖掘体育丰富的文化内涵，发挥体育文化在社会主义文化强国建设中的重要作用，夯实中国体育发展的社会基础和文化根基。

1. 坚持弘扬中华体育精神，促进多元体育价值观的传播

以“爱国、超越、拼搏、公正、合作、尊重”等品格为内涵的中华体育精神来之不易，弥足珍贵，要继承创新、发扬光大。中华体育精神是中国体育的灵魂和精髓，中华体育精神作为中国体育的一面旗帜，引领中国体育人不断前行。通过弘扬中华体育精神充分展示中国精神、中国价值和中国力量，不断增强中华民族的凝聚力、向心力和自信心。加快走出去步伐，努力讲好中国体育故事，传播中华体育精神，提升中华文化国际影响力。

体育在促进人的全面发展，建立公平有序的社会方面的独特价值日益显现。多元的体育价值观一方面表现在体育治理的思想层面上，另一方面表现在民众的体育意识中。在体育治理的思想层面上，坚持大体育文化观，改革以群众体育和竞技体育为中心建立起体育体制和运行机制，在体育文化体制的改革和体育文化市场运行机制方面寻求突破，在政府部门强有力的引导下，建立适合我国国情的体育文化市场体系，通过政府、社会、市场等各方面的共同努力促进中国的体育文化建设发展。在公众的体育意识上，坚持为国争光的爱国观、追求自我完善的休闲观和奥林匹克教育观等多元体育观念的传播，为体育成为一种生活方式打下思想基础。

2. 完善体育文化发展体系，推动体育文化精品建设工程

体育强国建设需要制度支撑和体系支撑，完善体育文化发展体系是对体育工作的宏观指导与制度保障，需要各地政府体育部门制定体育文化发展规划，要主动把体育文化建设列入地区经济社会发展的战略规划之中，制定政策、完善机制，进一步健全组织、配备人员，因地制宜制定符合实际、特点鲜明的体育文化

发展规划；要把体育文化规划和体育事业发展总体规划结合起来，和地区其他规划统筹起来。

体育文化精品建设工程是体育文化建设的强大抓手，体育文化精品工程包含以下内容：一是体育文艺精品工程。体育文艺精品工程的建设需要引导和支持社会各界拍摄体育题材的影视作品，开展体育报告文学、体育题材小说、体育美术作品、体育歌曲的创作。二是体育文化品牌工程。需要持续打造体育春晚、体育庙会等体育文化品牌活动；改革、创新中国体育文化博览会和中国体育旅游博览会，扩大其社会影响力，搭建体育文化展示平台。三是体育博物馆建设工程。加快推进中国体育博物馆建设，推动全国各地利用社会力量建设体育博物馆；扩大体育博物馆联盟，成立中国博物馆协会体育博物馆分会，推动国内体育类博物馆建设发展工作；重视体育博物馆、名人堂和档案馆等建设工作。

3. 推动运动项目文化的挖掘，加快民族传统体育项目走出去

推动以运动项目文化为核心的体育文化建设，促进竞技体育、群众体育、体育产业协调发展，充分发挥体育在促进人的全面发展，以及塑造积极、健康的社会价值观和人生观的重要作用，让体育成为社会主义先进文化的传播者和创造者，成为时代精神的倡导者和先行者。重点对不同运动项目文化内涵、项目历史、项目礼仪、项目荣耀进行深入挖掘和整理；丰富全运会等综合性赛事和单项体育赛事的体育文化内涵，全面展示体育多功能的社会价值；落实做好运动项目的历史资料留存工作，有条件的城市或者运动项目中心可建运动项目博物馆、荣誉室或线上博物馆，使博物馆、荣誉室成为青少年爱国主义教育基地和青少年体育俱乐部活动基地；重视情感传播，从体育明星与社会运动精英两方面推出先进典型，挖掘体育运动中的故事、人生经历与体验，在情感和故事中树立榜样的力量；借助社交媒体，让奥运冠军、体育明星的活动与成就故事更具生活化和贴近性。

落实中办、国办下发的《关于实施中华优秀传统文化传承发展工程的意见》精神，积极挖掘、整理和传承中华优秀传统体育文化，传承和推广优秀中华民族传统体育项目；保护和开发体育非物质文化遗产；加强优秀民族体育、民间体育、民俗体育的整理研究、推广传承和创新工作；提高中华民族传统体育的国际影响力，重视并弘扬优秀民族传统体育项目，推动蹴鞠、武术、太极、龙舟、舞狮等优秀民族传统体育项目“走出去”，使民族传统体育项目得以传承并发扬光

大；通过孔子学院等平台，推动民族传统体育项目的国际传播。通过举办比赛和交流活动，加强民族传统体育项目的文化交流。同时，加快推进民族传统体育项目进校园工程。促进具有中华优秀传统文化的民族传统项目走进学校体育，让青少年感受民族传统体育的魅力，领悟民族传统体育文化，扩大民族传统体育在青少年中的影响力；加快民族传统体育项目的保护与传承工作。

（四）体育宣传工作的主要措施

1. 加强体育宣传规律性的把握，提高做好宣传思想工作的能力和水平

第一，坚持服务大局、着眼大势，增强体育宣传文化的引导力。体育事业发展的中心工作是围绕从体育大国向体育强国迈进的目标促进，竞技体育、全面健身、体育产业、体育宣传与体育外交协同发展。这一中心任务需要通过体育改革来实现和完成。体育宣传要坚持服务大局、服务中心工作，要引导一种精神，聚集正能量，塑造体育系统和体育事业的好形象。

第二，坚持以人民为中心的工作导向，增强体育宣传文化的服务力。竞技体育中展现精彩纷呈的、高水平的体育比赛既可以满足人民娱乐需求，也是塑造专业榜样的机会；社会公众参与体育运动的独特经历可以使其感受自我奋斗与超越的乐趣；体育产业发展的蓬勃态势和积极成效可以吸引更多的社会资本和社会力量对体育的关注；体育文化产品的丰富和体育文化建设的亮点可以让群众享受到体育多方位的体验；打造专业体育明星和草根体育明星可以为社会发展塑造榜样。

第三，坚持敢于担当的精神，增强体育宣传文化的战斗力。宣传战线直面社会舆论最前沿，会遇到各种问题，体育文化与体育宣传工作者要旗帜鲜明，敢于担当，以党的利益为利益，以党的要求为要求，敢于亮剑，明辨是非，要有战斗精神。

第四，坚持深化改革，增强体育宣传文化的创新力。体育系统需要大胆的创新，构建四个新格局就是创新，在全媒体时代，加强传统媒体与新媒体融合就是创新。体育系统需要建立信息采集、编辑加工和分发的一体化平台，建立重大舆情联动机制。

2. 推进立体体育宣传体系构建，形成体育宣传大格局

第一，以习近平新时代中国特色社会主义思想为引领，围绕党的十九大提出的“广泛开展全民健身活动，加快推进体育强国建设，筹办好北京冬奥会、冬残

奥会”，服从服务于体育事业改革发展，把握导向、创新手段，构建网上网下同心圆，更好凝聚社会共识。

第二，整合资源，移动优先，建构体育宣传大平台。积极适应媒体格局深刻调整、舆论生态深刻变化的新形势，尊重新闻传播规律，创新方法手段，深度整合全国体育系统和社会各种平台资源、传播资源，坚持移动优先、融合发展的原则，构建体育宣传大格局。着力提高新闻舆论传播力、引导力、影响力、公信力，凝聚传播推进体育改革发展的强大正能量。

第三，完善体育系统报、台、网、端融合发展的大格局。借助全新的体育新媒体平台，建立覆盖PC端、移动端，构建包括web、wap网站、微博、微信、微视频和移动客户端的体育宣传、舆论引导全媒体传播矩阵。总局、中国奥委会、中华全国体育总会、各中心、各协会的三微一端和新体育网并网运行。各地方体育部门要加强体育新媒体的建设，建立专门的新闻网站。

第四，以体育文化故事化、数字化、生活化、产业化、服务化为抓手，服务体育中心工作。要充分运用“体育+互联网”，让更多的体育文化内容网络化、数字化；要把举国体制和市场机制结合起来，运用到体育文化的发展当中，实现体育文化建设的产业化；体育是以人为本的事业，关系到人的生存与发展、健康与幸福，是民生工程、幸福工程，要牢固树立以人民为中心的发展思想，始终把人民放在事业发展的最高位置，实现体育文化的生活化。以贴近群众生活、服务全民健身、倡导全民健康为目标，满足人们日益增长的科学健身、体育文化、体育消费需求，构建健康、时尚、快乐的体育新生活应用服务平台，实现体育文化建设的服务化；更加注重与社会主流媒体、自媒体的良性交流互动，让正能量传播的导向、主题、节奏更加一致，实现体育文化建设渠道的多样化；开展主动宣传的阵地更加广阔，形式更加丰富，途径更加多样，传播能力更强，更加符合移动互联网时代受众个性化的阅读习惯和信息的传播方式，实现体育文化宣传的移动化。

3. 推进舆论引导手段创新，占领信息传播制高点

加强和改善党对新闻舆论工作的领导，是新闻舆论工作顺利健康发展的根本保证。新闻舆论引导要树立大宣传的工作理念，把宣传思想工作同体育领域中的各项管理工作紧密结合起来；体育部门的各级领导要增强同媒体打交道的能力，重视媒体的作用，正确对待媒体，善于运用媒体推动体育竞技、全面健身、体育产业、体育文化、体育外交等各项事业的发展；在迈向体育强国进程中，体育界

在大型比赛及成绩宣传、全民健身宣传、优秀运动员宣传中要树立创新意识，抓住重点推进全方位创新，开拓创新宣传路径。

突发事件舆论管理应该以网络舆论引导工作为重点，体育部门应该与主流媒体主动沟通，把握体育舆情在社交媒体中呈现及传播、变异的特征；要掌握舆论引导的时机节奏，把握力度分寸，追求效果实效，建立更加快速有效的舆情反应处置机制；要增强对体育舆情生成与传播特殊性的研究，建立好信息的沟通机制，信息的共享机制，信息的会商研判机制，信息的应急处理机制。

4. 以人类命运共同体建设为指导，开展体育国际传播

构建人类命运共同体思想，是习近平新时代中国特色社会主义思想的重要内容。这一全球治理的中国方案经历萌芽、产生、发展、完善渐趋成熟。人类命运共同体的理念是开展体育国际传播的思想指导。开展体育国际传播需要遵循“政府引导，社会参与；多元共进，彰显精神；遵循规律，创新求实”的原则，着力加强赛事文化建设、深化体育文化交流、发挥明星效应、推动产业产品出海。

利用举办与参与国际比赛的时机进行体育国际传播。2022 年冬季奥运会将在北京和张家口举办，这恰是实现中华民族伟大复兴第一个百年奋斗目标的时间节点。北京冬奥会是向世界展示中国文化的窗口，也是传播中华体育精神的巨大机会，北京冬奥会通过提供完美的新闻服务和媒体运行服务可以传递出中国智慧与中国方案；体育的跨文化性使体育本身具有跨文化的传播能力，可通过体育媒介事件创造体育国际传播的机会，也可利用大型体育比赛时期，借助体育明星来表达中国体育形象。

借助“一带一路”，开展体育传播。中国是“一带一路”的倡导者和推动者，建设者是沿线多个国家。要从建设人类命运共同体的目的出发，讲共商、共建、共享、共赢的故事；要兼顾个性，构筑共性，寻找文化中的最大公约数，讲述人类共有的体育故事，利用体育在不同国家之间建立关联；要调动和凝聚官方、民间、组织、个人和社会各层次的力量传播中华体育文化，尤其是做好体育文化书籍和影视作品的中外互译和交流工作；利用传统媒体“主旋律”和新媒体声音的多音齐鸣，达到“和声共振”的效果；要转变长期以来我国体育形象塑造依靠国外媒体“他塑”的“防御”状态，提升“自塑”能力。

（成都体育学院　郭晴）

第六章

体育对外交往改革与发展

北京2008年奥运会的成功举办，使中国与来自100多个国家和地区的首脑密集展开系列主场外交活动，标志着中国开始积极、主动地融入世界，迈入展示开放、文明、友好、和谐发展的新阶段。新时代，我国体育对外交往必将从国际、国内两个大局出发，紧密围绕服务国家总体外交和助推体育强国建设，有效整合和利用体育资源。对内以体育塑造公民的文化修养、合作精神、拼搏精神、控制能力、社会准则，通过把各阶层的人联系到一起而起到社会整合作用，培育更加开放、更加国际化、更加遵守国际规则的新型文明，以满足人民对美好生活的需要。对外通过中国体育与世界体育的互动，积极参与全球体育治理，共商、共建、共享，拥抱以构建人类命运共同体为目的的人类新型文明观，为全球化的未来发展提供合理性的价值引领，为重塑全球交往理性贡献中国体育的智慧。

一、体育对外交往改革与发展主要成就

（一）元首体育外交提升中国外交亲和力

元首外交是国际交往的最高形态，有着其他外交形式无法替代的重要作用和战略价值。党的十八大以来，习近平作为中国特色大国外交的总设计师，亲自擘画和推进了精彩纷呈的元首外交，当今中国“世界和平建设者、全球发展贡献者、国际秩序维护者”的形象通过国家元首体育外交得以生动形象地展现。

习近平一路引领中国冬奥脚步，以冬奥会为契机打开了中国通向世界的另一扇大门。2014 年，习近平赴俄罗斯索契出席第 22 届冬季奥林匹克运动会开幕式，开创了中国国家元首出席境外大型国际体育赛事的先河。这是中国“奥运外交”的又一个里程碑，不仅是中俄关系史上重要的事件，也是全球瞩目的事件。习近平的索契冬奥之旅将外交工作和奥林匹克相融合，表明中国正在积极融入公共活动之中，展示了中国高层领导人亲和、开明、自信的形象，展示了中国对当今世界的开放态度、积极与国际社会互动的自信，提高了俄罗斯民间对中国的友好度和亲近度，把中国公共外交带向了新的高度。2015 年，习近平在北京申办 2022 年冬奥会的视频讲话中表示，2022 年冬奥会在中国举办将有利于推动中华文明同世界各国文明交流互鉴，带动中国 13 亿多人关心、热爱、参与冰雪运动，让中国人民再次有机会为奥林匹克运动发展和奥林匹克精神传播作出贡献。2018 年习近平在平昌冬奥会闭幕式《2022 相约北京》表演中通过视频向全世界发出邀请：欢迎全世界的朋友，2022 年相约北京！届时，北京将成为第一个“双奥之城”，必将再一次成为全世界的聚焦点。从索契冬奥会到平昌冬奥会再到北京冬奥会，习近平用其独特的外交风格，借用奥运舞台不断推进国际关系，积累友善民意，不断提升中国的软实力和全球影响力，向世界进一步敞开了中国的大门。

足球世界杯被世界公认为能与奥运会相媲美的、最具影响力的国际体育赛事，能够为举办国家提供清晰表达国家自豪感的机会，为组织者带来巨大的利益。参加和举办足球世界杯，均能显示出强大的国家实力。足球也因此成为国家领导人出访中一个重要的外交元素。德国、英国、墨西哥、荷兰、法国、阿根廷、俄罗斯、美国、爱尔兰……在到访过的多个国家，习近平都曾谈论、交流甚至上场踢过足球。2009 年 10 月，时任国家副主席的习近平访问德国参观拜耳集团公司，该公司以旗下德甲球队勒沃库森队 10 号球衣和一个 2006 年世界杯专用足球为赠送礼物，自然而然地拉近了与中国国家领导人的沟通距离。2011 年 7 月，韩国民主党党首、国会议员孙鹤圭将带有朴智星签名的足球送给了当时的习近平副主席，习近平在与韩方会晤中表达出中国世界杯出线、举办世界杯比赛及获得世界杯冠军的 3 个愿望，展现出中国领导人对足球运动发展寄予的深厚期望和长远的战略考量。2013 年当选国家主席后，习近平对于足球这项运动的深厚感情和殷切期望被全世界所了解。在国际外交舞台上，足球队服成为习近平经常收到的特殊礼物之一，他曾收到阿根廷国家队 10 号球衣、阿根廷豪门博卡青年队 10 号球衣、德国足球联赛勒沃库森队 10 号球衣、贝克汉姆的 23 号球衣等。对于中国足球来说，习近平带领中国足球向世界足球不断学习先进的经验。2013 年 5 月，习近平访问墨西哥，尽展足球情缘，指出中墨两国在足球和跳水领域合作取得的卓越成果，并期待中墨两国合作夺得更多“金牌”。2015 年 10 月，习近平到访英格兰，参观曼彻斯特城市足球学院，表示英国是现代足球发源地和世界足球强国，英国足球很多方面值得中国借鉴，希望双方加强包括足球在内的体育交流合作，提高两国人民健康水平，促进中英关系友好发展。2017 年 7 月 5 日，习近平在柏林同德国总理默克尔共同观看中德青少年足球友谊赛时向小球员们表示：“你们是中德足球事业发展的希望，也是中德两国友好合作事业的接班人。”2017 年，习近平在北京会见国际足联主席因凡蒂诺，指出足球运动的真谛不仅在于竞技，更在于增强人民体质，培养人们爱国主义、集体主义、顽强拼搏的精神，中国将进一步加强国际交流借鉴，通过扎扎实实地努力，逐步提高中国足球水平，让积极向上的足球文化成为中国人民实现中国梦的正能量，为推动世界足球运动发展作出应有贡献。习近平通过足球这项全世界体育迷最热爱的运动拉近了中国人民与世界人民的距离，增进了国际间的交流和感情，塑造了更具亲和力的元首形象，表现出了中国走向世界的大国胸襟。

2017 年，习近平在瑞士洛桑访问国际奥委会总部，这是中国最高领导人首次到访。习近平在国际奥林匹克博物馆与国际奥委会主席巴赫的亲切友好会谈中指出，北京举办冬奥会将有助于推动中国和“一带一路”沿线经济增长，有利于地区和平与稳定。习近平在国际奥委会总部的留言——“弘扬奥运精神，促进和平发展”，向世界宣示了中国坚定支持并积极参与奥林匹克运动，在奥运体育交流中担当和平发展的道义。

体育作为一种特殊的社会文化现象，是世界各地都能看懂的“肢体语言”，它有着国际通行的技术标准、竞赛规则和运作程序，较少受到国家大小、社会制度、意识形态、文化传统、宗教信仰等因素的影响，在外交中更容易跨越语言障碍和文化鸿沟，能够被不同文化背景、价值观念的人群所读懂。习近平通过足球、奥运会这种带有较少政治指向性的体育外交形式，举重若轻地实现了具有重大意义的国家外交目的。习近平的领袖风范和人格魅力给国际媒体和民众留下了深刻印象，引起了广泛共鸣，也使很多不同社会制度、不同文化背景的领导人都成为了他的好朋友，成为了中国的好朋友。习近平的“元首体育外交”以其轻松、亲和的形式拉近了中国与国际间距离，让世界听到了中国声音、看到了中国信心、体会到了中国决心，极大增进了国际社会对中国的了解，有效提升了中国的国际地位和影响力。

（二）体育人文交流贡献中国特色大国外交

北京 2008 年奥运会以来，“人文外交”成为中国特色大国外交的主导，我国体育对外交往也更多回归体育运动的本质。中俄、中美、中欧、中英、中法、中印尼、中南、中德八大高级别人文交流机制中均有体育交流的贡献。“一带一路”倡议中的体育交流搭建起民心相通的桥梁，民间对外交流通过体育的渠道深化了各国民间合作与人民间的友谊。学校体育国际交流成为实现教育国际化目的的重要内容。我国体育对外交往以这些独特的方式向国际社会传递了中国和平发展的正能量及和平、友好、负责任的大国形象，赢得了国际社会的尊重和认同。

1. 体育交流成为国家人文交流机制的重要组成部分

人文交流是推动双边和多边关系健康发展的重要力量。在中俄高级别人文交流机制中，中俄人文合作委员会体育合作分委会自 2000 年至今连续召开 17 次会议，为两国体育人文交流与合作搭建了工作机制平台。中俄夏季（冬季）青少年运动会是中俄两国最高领导人确定的为推动两国关系不断发展和两国人民世代友好而互办国家年中的一项具有战略意义的重要活动，自 2006 年至今已连续举办了 7 届。为推动中俄两国冰球运动的发展，2016 年 6 月，中俄两国元首共同见证了北京昆仑鸿星冰球俱乐部与大陆冰球联盟有限公司签署《参加大陆冰球联赛（KHL）授权协议》。2016 年 9 月，中俄两国元首为昆仑鸿星在五棵松体育馆大陆冰球联赛的首个主场比赛发来贺信。习近平在贺词中表示，这次中俄两国职业冰球队同台竞技，对加强双方在冬季体育领域的交流合作具有重要意义，也将对中国筹办北京2022年冬奥会起到积极的促进作用，成为中俄两国体育文化交流的友好纽带。2018年6月，习近平同普京总统在天津共同观看了中俄青少年冰球友谊赛，再次向世界展现了中俄两国以青少年冰球运动为友谊的新纽带，促进中俄睦邻友好关系世代相传。在中美高级别人文交流机制中，中美人文交流高层磋商、体育领域对口磋商、中美体育研讨会、中美学校体育战略对话、中美高校体育论坛等系列研讨对话活动，两国奥委会交流和两国篮球、足球交流活动等，以其独特的魅力，有力地促进了中美两国人民之间心与心的交流，为新时期中美两国建设相互尊重、互利共赢的合作伙伴关系夯实了社会基础和民意基础。在中英高级别人文交流机制中，双方对口磋商中英体育交流与合作、足球合作、大型赛事和冬奥会合作，签署了《中英奥委会体育合作备忘录》《中英体育协议》《中国国家体育总局、中华全国体育总会与英国文化、媒体和体育部、英国文化协会关于青少年足球“明日之星”计划的谅解备忘录》，成为中英在足球后备人才培养方面开展全方位合作、助力中国足球振兴发展的全新起点。在中欧高级别人文交流对话机制框架下，中欧携手推进文化体育交流品牌活动，加强“一带一路”倡议同欧洲发展战略的对接。中法高级别人文交流机制启动后，我国与法国大学生体育联合会开展合作，每年选派一定数量的校园足球教师、教练员赴法国进行为期三个月的短期公派留学。中印尼高级别人文交流机制，覆盖教育、科技、卫生、文化、旅游、体育、青年、媒体8个领域，中国在武术、乒乓球方面为印尼运动员提供强化训练，为印尼体育运动队提供技术指导等多种形式的体育交流活动，对促进中国和东盟国家及“一带一路”沿线国家人文交流，具有重要的示范和先导作用。在中德高级别人文交流对话机制中，体育领域合作重点项目包括中德青少年国际营地论坛活动、中德足球合作成果展、青少年足球精英教练员培训班等。连续举办了7届的中德体育研讨会项目，为两国体育专家和学者提供了沟通互动的平台，为推动两国体育交流与合作发挥了积极的作用。中南高级别人文交流机制是中国同非洲国家建立的首个此类机制，体育同教育、文化、科技、卫生、青年、妇女、媒体、智库、旅游、民间友好等成为诸多领域的合作内容，对于夯实中南友好的社会民意基础、深化中南全面战略伙伴关系、拓展中非人文交流合作具有重要意义。

八大人文交流机制中开展的多种形式的体育交流活动，有效促进了双边、多边国家间的合作关系，发挥着体育在国家人文交流中的正能量作用，以体育的软力量拉近中国与这些国家的距离，促进文明交流互鉴，丰富了国际交流与合作的形式，为大国外交注入了新的活力。

2. 体育交流搭建“一带一路”国家民心相通的桥梁

“一带一路”倡议是习近平在新的全球化时代条件下，顺应当今时代要求和世界各国发展愿望，践行区域合作共赢、推进全球协商共治的宏伟倡议，是构建人类命运共同体的伟大探索和实践，也是走向人类命运共同体的重要路径。“一带一路”倡议的推广与实践需要冲破国家间的文明对抗、文明冲突，已或快或慢地成为国际共识。体育通过易于接受的理念和丰富多样的形式为国际共识的达成搭建了桥梁。倡议提出以来，体育交流在推进“一带一路”建设中的作用已经逐步显现。

体育赛事是“一带一路”各国积极参与的重要活动之一。“一带一路”马拉松系列赛、“一带一路”搏击对抗赛、“一带一路”四国篮球邀请赛、“一带一路”乒乓球邀请赛、环青海湖国际自行车赛、中国武术丝路行、丝绸之路国际汽车拉力赛等赛事正在不断兴起与发展，赛事涵盖项目越来越广，赛事级别也在不断提高。这些赛事的举办弘扬了和平发展、开放包容、互学互鉴、互利共赢的古丝绸之路精神，为推动“一带一路”沿线国家友好关系的发展发挥了积极的作用。

体育论坛是“一带一路”国家进行体育交流合作的又一主要形式。亚洲博鳌论坛体育分论坛、“一带一路”驻华大使体育论坛、亚洲及大洋洲地区大众体育合作发展论坛暨中国—东盟大众体育合作发展论坛、中国—东盟体育产业发展论坛、中国—东盟武术高峰论坛等论坛的举办，为亚洲地区日益紧密的体育文化交往提供了桥梁，为各国驻华大使分享本国体育传统和特色提供了讲坛，为拉近“一带一路”各国在地理空间、物理空间和制度空间上的距离发挥了作用。

东盟国家处于“一带一路”的陆海交汇地带，是中国推进“一带一路”建设的重要伙伴。体育在融通东盟各国关系，深化和扩大各国之间的交流与合作中扮演着重要角色。“中国—东盟博览会”“中国—东盟体育交流合作中心”“中国—东盟体育信息中心”“中国—东盟体育人力资源培训中心”“中国—东盟体操交流合作基地”“中国—东盟大众体育示范实验区”等多个中国—东盟体育交流合作机构，构建了与东盟国家体育交流的桥梁和基地。东盟国际汽车拉力赛、中国—东盟篮球邀请赛、中国—东盟龙舟邀请赛、中国—东盟狮王争霸赛、东盟国际青少年足球邀请赛、东南亚运动会、东亚运动会等一批有影响力的国际赛事，为推动我国与东盟国家友好外交关系作出了积极的贡献，为构建中国—东盟命运共同体提供了重要支撑。其中，自2006年首次赛事至今已连续举办了11届的中国—东盟国际汽车拉力赛被誉为“友谊播种机”，开创了一条中国与东盟各国友好交流的现代“丝绸之路”。

在推进“一带一路”建设中，体育起到了重要的开拓作用。体育活动由单一的体育赛事发展为集赛事、论坛、演讲、考察、培训、体育节、嘉年华等多种形式为一体的文化交流活动，由政府间体育交流的单一“平面”发展到政府、民间、企业相互合作的“立体”格局，在体育交往中推动了“一带一路”不同发展水平、不同文化传统、不同资源禀赋、不同社会制度国家间开展平等合作、共享发展成果的文明进程。

3. 体育交流融通民间对外交流渠道

民间对外交流工作一直是国家总体外交战略的有机组成部分。民间体育交流以其非凡的亲和力、感召力和影响力，成为民间对外交流的重要载体。

2015年，中国航海家郭川驾船从青岛出发重走“海上丝绸之路”，扬帆亚、非、欧三大洲，凭借一连串惊人的航海壮举，一路将中国故事、中国形象传播到了沿线国家和地区，改变了国际社会对当代中国航海的认知。“中国东兴·越南芒街元宵节足球友谊赛”已成为每年元宵节中、越两国的一项品牌活动。两国通过足球赛事切磋球技，加深了对彼此的了解，推动了中越在贸易、金融、旅游等多个领域的合作，取得了经济、社会、文化的多重效益。北京外交学院与中华武术协会共同举办了“驻华使馆武术嘉年华”“驻华使馆武术一家亲”等活动，增进了使馆工作人员与中国人民的深厚情谊。成都新津国际名校赛艇挑战赛、兰州国际友人武术交流大会等丰富多彩的民间体育赛事是中国活跃于对外民间交流舞台的重要体育力量。全球78个国家的240多所孔子学院开设了中医、太极拳等中华文化课程，受到各国师生和民众的热烈欢迎。仅2016年，中医和太极拳两门课程已吸引注册学员3.5万人，18.5万人参加相关体验活动，这不仅向世界传播了中华民族传统体育文化的精髓，更是利用太极拳独有的中华文化底蕴和项目魅力，将中国传统文化融入了世界各国人民的心中。

港、澳、台民间体育交流活动往来频繁，增进了各地同胞的情感融合、认同融合、民族融合。每届奥运会后，奥运会大陆金牌选手和教练员交流团都要赴港、澳、台，深入社区、学校、体育馆、福利院等地开展体育表演、文艺汇演和互动交流活动。中国代表团奥运金牌选手和篮球明星姚明访台，中国国家体操队、武术队、滑冰队、跳水队和花样游泳队赴台表演等活动均引起了轰动和好评，极大激发了港、澳、台同胞的爱国热情和民族自豪感，营造了有利的社会氛围，配合了中央港、澳、台工作大局。两岸奥委会每年举办约 6 来 6 往 12 次活动，涉及竞技体育、群众体育、体育产业等各个领域。海峡两岸联合攀登珠穆朗玛峰、海峡杯帆船赛、厦金海峡横渡、两岸接力泳渡台湾海峡、“为中国人健康而跑”等活动，激发了两岸同胞的国家认同感和民族自豪感，丰富了两岸民间交流形式。

体育交流以富有亲和力的方式增进了各国友谊，成为我国体育对外交往的重要渠道，成为民间对外交流助力人类命运共同体意识深入人心的重要内容。

4. 体育交流丰富教育国际化形式

教育国际化是改革开放中“开放”的应有内容，是用国际视野来把握和发展教育，最终目的是培养具有国际意识、国际交往能力、国际竞争能力的人才。这其中，学校体育国际交流成为实现教育国际化目的的重要内容。

《“北京 2008”中小学生奥林匹克教育计划》使北京地区 200 多所中小学与 203 个国家和地区的奥委会结对联系，并与对方的一所学校结为友好学校。在 210 所“同心结”学校中有 199 所学校与结对国家（地区）取得了联系，182 所学校开展了交流活动，158 所学校确定了姊妹校。“同心结”学校接待包括原国际奥委会主席罗格、日本原首相福田康夫、英国原副首相约翰·普雷斯特在内的国际奥委会、外国政府官员和驻华大使 80 多人。这一计划，把奥林匹克教育同培养青少年综合素质、拓宽学生国际视野、推动中小学体育运动相结合，形成了具有中国特色的奥林匹克教育遗产。

在人文交流高层磋商机制下，融体育竞赛和文化交流于一体的中美、中法、中英、大学生体育文艺周，中俄大学生冰雪嘉年华，近千人次参与；“中英高等教育人文联盟”体育交流、“16+1 合作”校园体育交流、中韩青少年体育交流、中美学校篮球教练员培训、中法和中西学校足球教练员培训、学校体育教练员赴英、美、法、德培训，内容丰富。2015 年第六轮中美人文交流高层磋商会议期间，中美学校体育合作项目有 6 项，占成果总数的 14%。2016 年，中美学校体育合作项目占 10 项，达到 19%。如“中美篮球交流活动”“走进北美国际乒乓球训练营”“中美滑水明星对抗赛”、中国围棋队赴美参加美国围棋大会、中国武术团赴纽约联合国总部表演、中国健身气功协会赴美进行健身气功宣传推广并举办教学培训等。2006年至2015年，我国共派出了500多个代表团，近8000人次的大学生和中学生运动员及官员出国（境）参加世界大学生运动会、单项锦标赛、国际会议及两岸交流活动。2015年至2017年，我国与西班牙、法国、意大利、阿根廷、巴西等国体育部门和足球协会洽谈足球合作意向，累计聘请360多名高水平外籍足球教师到国内执教校园足球，选派133名校园足球冬令营全国最佳阵容学生运动员赴德国、西班牙、英国开展训练营和友谊赛。

丰富的学校体育国际交流活动扩大了中国学生的国际视野，提升了中国学校体育的国际化程度，丰富了我国教育国际化的形式，增进了各国青年人之间的相互理解，增强了师生的国际交往能力，对培养担当民族复兴大任的时代新人，促进人类社会的知识传播、文化传承、多元文明互鉴以及实现全球繁荣发展，具有重要作用。

十年来，我国举办的丰富多彩的国际体育人文交流活动以一种竞技性和非竞技性的方式为国家和民族之间的交流合作提供了平稳、深厚的平台，让不同国家的人们打破隔阂与心理上的距离感，用中国文化的独特魅力吸引各国人民，助推文明进程，贡献中国特色大国外交战略，助力人类命运共同体意识深入人心。

（三）大型国际赛事承载国家文化战略

十年来，我国承办和参加的大型国际赛事层次和类型不断多样化，更加积极主动地利用各种赛事平台向世界传播中国文化，讲好中国故事，展现真实、立体、全面的中国，显著提升了中国文化的世界影响力。

1. 承办大型国际赛事彰显大国国际责任

每一个大型赛事都是一个庞大而复杂的系统工程。为了满足赛事要求，承办方需要在基础设施建设、城市服务功能提升、城市硬件设施现代化等方面投入巨额资金，需要承办方强大的经济实力作为保障。

十年来，由于受国际金融危机的影响，世界各国举办大型国际赛事的意愿下降，而作为新兴的经济大国，我国积极承办大型综合性国际赛事，2009年至2017年有204个国家和地区共70000人次的运动员来我国大陆参加大型综合性国际体育赛事，如哈尔滨世界大学生冬季运动会、广州亚运会、深圳世界大学生夏季运动会、南京青年奥运会、世界休闲体育大会等。2017 年，一年审批在华举办的 A 类国际体育赛事就有 124 起。我国承办的大型综合性国际体育赛事成为我国与其他国家沟通交流的重要外交平台，展示了国家形象，促进了体育交流，传递了中华文化，为体育对外交流合作顺利开展奠定了基础，为开展元首外交、参与国际协调对话和交流提供了重要契机，充分展现了中国强烈的国际责任感。2008 年北京奥运会的成功举办树立了以大型体育赛事为载体的外交典范，实现了展示中国和平发展国际形象的目标，为全球化时代的中国总体外交提供了新的内涵和模式，为走向强国之路的中国外交积累了宝贵财富。在北京 2008 年奥运会上参与开幕式的各国政要有 106 名，其中国家元首级的领导人有 81 人，创造了历届奥运会之最。奥运会期间，时任国家主席胡锦涛先后与 70 多个外国元首举行了外交活动，并取得了一系列丰硕成果。在 2011 年深圳世界大学生运动会上，国际大学生体育联合会主席基里安及莫桑比克总统格布扎等六位外国政要以及联合国教科文组织总干事博科娃出席了开幕式，五大洲 68 个国家和地区的 163 位大学校长出席了大运会期间举办的世界大学校长论坛，为中国开展公共外交活动和民间交流活动提供了良好的契机。2017 年 6 月广州首届金砖国家运动会，习近平向运动会发来贺信，阐明了体育领域人文交流在增进金砖国家人民互相了解、夯实民意基础中的重要作用。北京 2022 年冬奥会申办成功后，我国重点加强了与挪威、芬兰、美国、加拿大、俄罗斯等欧美冰雪运动强国的交流与合作，深化了与相关国际体育组织的沟通与联络。

我国承办的每一项大型综合性国际体育赛事都成为了全世界瞩目的媒介事件，不仅成为了世界各国认知中国的“催化剂”，也成为了展示民族文化的重要平台。2010 年广州亚运会，日本主流媒体的五大报纸和四大通讯社、韩国的三大报纸与两大通讯社以及境外 35 家英语媒体机构均参与了报道。韩、日主流报纸报道共 305 篇，海外英语媒体报道共 151 篇。韩国两大电视台 MBC 和 KBS 转播的亚运会开幕式收视率分别达到了 8. 8%和 7. 7%。日本媒体盛赞广州“用务实的风格来办亚运会”。英国《泰晤士报》载文提及：广州亚运会的项目设置充分展示了亚洲的多元文化和活力，吸收的亚洲特色项目比奥运会更贴近大众。2011 年深圳大运会，来自路透社、美联社、ABC News、NBC News、法新社、俄罗斯通讯社、NHK 电视台等全球 323 家媒体机构的注册记者有 3121 名，且此次大运会的电视收视率达到了 1%。2014 年南京青奥会，CNN、路透社、BBC、《纽约时报》等境外媒体新闻发稿及转载量近 500 篇，总浏览超 2 亿人次。境外网络媒体新闻发稿及转载量超过3000篇，总浏览人数近30亿人次。在青奥会的筹备期间，尤其是在青奥会圣火传递的过程中，世界200多个国家与地区的超过1.1亿网民通过APP参与到青奥会火炬传递中来。英国体育营销研究机构SPORTCAL在对2007—2018年举办的700个国际主要体育赛事进行研究后发现，中国是全球体育赛事的中心国，不仅举办的各种体育项目的世界锦标赛最多，而且承办的重大国际体育赛事对主办国和城市的社会、经济、环境和体育界产生的影响力也最大。北京2008年奥运会、2010年广州亚运会和2011年夏季世界大学生运动会给中国带来的综合影响力指数近56000分，位列全球第一。这充分说明，中国正在积极参与国际体育事务，承担大国责任，为世界体育的发展不断贡献着中国力量。

2. 参加大型国际赛事展现中华民族精神风范

国际赛事是展示国家形象，体现国家综合实力，提升国际地位的重要舞台。竞技体育赛场是彰显体育精神的最高领地，也是让世界人民了解中国运动员精神风貌，感受中国体育精神、民族精神的最好途径。运动员和教练员身上所体现出来的体育技能、责任心、爱国心、亲和力、号召力在国际赛场被传递出去时，更容易在世界人民中间产生共鸣，从而成为国家软实力的重要组成部分。从近十年来我国参加大型国际体育赛事代表团人数和运动员参赛人数（表6-1）的变化可以看到，随着我国经济社会的发展，我国参加各类国际体育赛事的运动员人数呈现不断上升的趋势。运动员群体作为国际赛场上的“中国名片”，其高超的运动技能和积极的精神面貌在展现中华民族精神中发挥着独特价值，彰显着我国的大国实力和自信。中国优秀运动员精神风貌由民族、国家荣誉观到个人理想荣誉观的变迁，由内敛胜负观到张扬胜负观的变迁，由赛场调节到赛场霸气的变迁，展示着中国时代精神的变化。一个包含了运动成绩、个性偏好和社会参与乃至言行举止的立体多维的运动员形象成为国际社会公众认知中国的一个重要渠道，一个个优秀运动员在赛场上表现出来的高水平的体育技能、坚韧顽强的毅力、包容大度的风格、积极阳光的面貌，都向世界传递着中国体育的文化价值和独特风貌，树立着良好的体育形象，为其他形式的体育对外交往奠定了坚实的基础。

表 6-1 近十年大型国际体育赛事参赛国、中国代表团人数及运动员参赛人数

赛事类别	赛事名称	参赛国（个）/参赛运动员总数（名）	中国代表团人数（名）/运动员参赛人数（名）
夏季奥运会	伦敦 2012 年	204/10568	621/396
	里约 2016 年	207/11238	711/416
冬季奥运会	温哥华 2010 年	82/2566	182/91
	索契 2014 年	88/2780	139/66
	平昌 2018 年	92/2920	181/82
青年奥运会	新加坡 2010 年	204/3524	108/70
	南京 2014 年	203/3579	179/123
亚运会	2010 年广州	45/10156	1454/977
	2014 年仁川	45/9700	1328/897
世界夏季大学生运动会	2009 年贝尔格莱德	122/5569	438 名运动员
	2011 年深圳	151/7155	505 名运动员
	2013 年喀山	159/7966	290 名运动员
	2015 年光州	140/7432	596 名运动员
	2017 年台北	150/	193 名运动员
世界冬季大学生运动会	2009 年哈尔滨	44/2366	359/193
	2011 年埃尔祖鲁姆	52/2457	59 名运动员
	2013 年特伦蒂诺	52/1698	96 名运动员
	2015 年格拉纳达	42/1546	96 名运动员
	2017 年阿拉木图	57/1620	222/119

注：图表数据来自各运动会官方网站。

3. 设立奥运“中国之家”传播中国优秀传统文化

奥运会期间，一些有实力的国家会在奥运主办城市设立集服务保障、社交互动、新闻发布、文化传播等功能为一体的综合性场所。2004 年，中国奥委会联合当时的北京奥组委在雅典奥运会期间设立了这样的综合性场所，命名为“北京小屋”，成为“中国之家”的前身。温哥华 2010 年冬奥会期间，中国奥委会首次在温哥华设立“中国之家”。此后，“中国之家”出现在新加坡、伦敦、索契、

南京、里约热内卢、平昌的奥运城市。奥运“中国之家”成为中国代表团在奥运会期间设置的与世界奥运大家庭互动的交流中心，逐渐为奥林匹克大家庭成员所熟悉，并成功地通过体育的纽带连接起了彼此间的深厚情谊，成为展示中国体育和中国传统文化，促进中国体育对外交往的平台，在奥运会期间一直扮演着重要的文化交流角色，为奥林匹克大家庭成员构筑更加稳固的关系，拓宽体育方面的合作与交流，奠定了坚实的基础。索契2014年冬奥会期间，俄罗斯总统普京到访“中国之家”，不仅同参赛的中国运动员进行了交流，也同中国传统体育文化亲密接触，再次向世界发出俄罗斯重视俄中两国关系的积极信号。平昌2018年冬奥会，巴赫主席的到访，让“中国之家”体育外交的功能和影响力得到了拓展和提升，成为通过奥运传播中国、介绍中国的又一扇窗口。此外，“中国之家”也为国际奥委会、中国奥委会的合作伙伴提供了品牌宣传的重要平台。

我国通过举办、参与一系列国际体育大赛传播中国文化，塑造着大国形象，增强着中国的国际影响力。办赛过程中所体现出的海纳百川的气度彰显了大国国际责任，提升了中国文化的世界影响力；参赛过程中体现出的国家与运动员个人的精神气质体现着中华民族的精神风范；奥运“中国之家”为我国体育国际交往提供了有力平台，成为国家公共外交的有效手段。办赛、参赛、奥运“中国之家”的全球转播，使得我们的语言、文化、服饰以及在开闭幕式里穿插着的中国元素慢慢被全世界所了解，中国文化潜移默化被全世界所接受，国家文化软实力得以提升。

（四）体育人员交往提升全球体育治理话语权

体育人员交往展示出中国体育以一个大国应有的风度，在将自己先进的文化、技术及人才奉献给世界的同时，广泛吸收世界先进的科学技术、先进的文化和优秀的人才，彰显了中国人的自信和一个大国的自信，促进着中国与世界其他各国的科技和文化交流。

十年来，运动员、教练员及辅助团队海外输出与引进频繁、活跃，并成为常态。大量出自中国的运动员、教练员，包括前“中国棋后”诸宸、新加坡乒乓球女队教练员周树森、执教匈牙利短道速滑队教练员张晶、运动员冯天薇和王越古等，代表其他国家或地区参赛。“海外兵团”“海外教练团”将中国先进的技战术和训练方法传播到海外，为当地运动员成长奠定了基础，提高了其他国家、地区在相关项目上的竞技水平，增强了项目竞争的激烈程度，给中国队带来了挑战。“海外兵团”已被国人欣然接受，并转化为“海外使团”，让世界越来越多的人进一步了解了中国，成为展现中国竞技体育发展与进步的标志。在输出运动员和教练员的同时，我国也不断引进国外优秀的体育人才。近十年来，我国在国际大赛中聘请的外国教练员及辅助团队人员数量逐年上升。北京 2008 年奥运会中国代表团共有 7 名外教，伦敦 2012 年奥运会为 9 名，里约 2016 年奥运会为 25 名。冬奥会上外教的人数从温哥华 2010 年冬奥会的 7 名上升到索契 2014 年冬奥会的 10 名，平昌 2018 年冬奥会的 19 名。其中，中国花游队日本籍顾问井村雅代、中国女子曲棍球队的韩国籍教练员金相烈、中国男篮的美籍主教练邓华德等多位外籍教练都是中国家喻户晓的人物。我国足球、篮球等项目的职业化发展进程，为体育国际交流提供了催生性土壤，足、篮、排三大球职业联赛中众多国际知名教练员、球星的加入，不仅提升了我国职业体育的竞技水平，而且扩大了我国职业体育的国际影响力。北京 2022 年冬奥会成功申办后，我国广泛借鉴往届冬奥会主办国成功的经验，加强了与世界冰雪运动强国的国际交往与合作，与加拿大、瑞士、挪威、瑞典、芬兰、俄罗斯、法国、英国等国家签署了冬奥会合作备忘录，与捷克、日本、韩国等国家就冬季项目交流进行了磋商，在场馆建设、赛事组织运营、运动员比赛训练、引进高水平团队等方面开展了交流与合作，全面服务冬奥会备战和筹备工作。

十年来，我国体育科技教育交流活跃，体育科技人员积极参与国际体育会议和相关活动，通过主动承办、主办、参与国际会议，融入国际学术交流活动之中。我国主动承办国际组织主办的国际体育会议，如世界群众体育大会、世界大学生运动会科学大会、世界休闲运动娱乐教育协会学术大会、世界体育法大会、国际奥林匹克竞技体育和大众体育科学大会、国际体育社会学大会、国际体育经济学会学术交流大会等，让世界各国的体育科技专家、社会组织云集北京，在群众体育发展、竞技体育创新、体育产业前沿、体育院校合作、体育社会学研究、体育经济学探索等领域，为体育科技文化国际合作搭建了平台，实现了利用世界体育学术会议平台，加强与世界体育科技文化交流的重要目标，让世界感知了中国作为一个体育大国在世界体育科技文化发展过程中的责任担当。与此同时，我国不少组织和机构开始自己主办各种类型的国际体育会议，通过体育科技文化的交流，加强中国体育的对外交流与合作。例如，由大连北方国际展览股份有限公司主办，动吧体育协办的 2016 年国际足球产业大会，作为全球唯一覆盖足球全产业链的行业盛会，吸引了 50 位全球五大洲足球领域重量级嘉宾发言人，涵盖了欧洲七大足球强国国家足球协会、顶级联赛，60 多个来自世界各地的顶级足球俱乐部和 350 多位足球产业资深专家和高级代表，以及三大球王品牌：贝肯鲍尔营、罗纳尔多足球学院和马拉多纳国际足球俱乐部。我国学者还积极出境参加国际体育学术会议，展示体育科技成果，展现中国体育学者风貌。例如，在 2012 年伦敦奥林匹克运动科学大会中，中国是论文录稿最多的体育科技代表团，也是参会规模最大的体育科技代表团，2000 多人的与会者中，中国学者占了 1/4 以上。开幕式主报告环节中国人的登场，专题研讨会环节中国人的主持，大会青年学者奖、最佳自然科学奖颁奖环节中国人的摘冠，口头报告、墙报交流，会场处处闪现的中国学者的身影成了大会一道亮丽的风景。2013 年喀山国际大体联学术大会共录取中国稿件 97 篇，参会中国学者近 50 人，中国参会人数仅次于东道主俄罗斯居于第二位。2016 年里约奥科会，我国学者积极参会，传播最新体育文化研究成果。2017 年，台北夏季大运会科学报告会录取的 80 篇口头报告中，来自大陆的占 19 篇。我国积极承办、主办和参与国际体育会议，众多中国学者在国际体育学术舞台的亮相，既开阔了中国学者的视野，扩大了中国学者与外界的交流，也向世界展现了中国体育科学研究工作者的风采和水平，使得越来越多的学者加入国际体育学术组织，担任重要职位，促进了中国与世界各国体育科学研究工作者关于体育科技实践经验的交流，彰显了我国在推进世界体育科学发展过程中积极、自信的态度和较高的体育科研水平，促进了我国与世界各国体育科技文化的交往与合作。

十年中，我国在国际体育组织中任职人数不断增加，在国际体育事务中的作用不断增强。通过积极参与国际体育活动，不断深耕与国际体育组织的关系，我国在国际体育组织中任职人数稳定在 254~275，任职职位数稳定在 403~440（图 6-1）。目前，担任夏季奥运会项目国际体育组织领导职务的有 32 人，担任冬季奥运会项目国际体育组织领导职务的有 3 人，在国际大学生体育联合会任职的有 11 人，其中 1 人担任国际大体联副主席，4 人担任国际大体联下设委员会副主席、6 人担任国际大体联下设委员会委员。中国在龙舟、武术、象棋等多个非奥项目上曾担任过协会主席等领导职务。越来越多的中国人在国际体育组织任职，使中国拥有了更多参与国际体育事务的机会，不仅提高了中国在国际体育事务上的决策力，同时也有利于进一步传播积极、正面的中国体育形象。

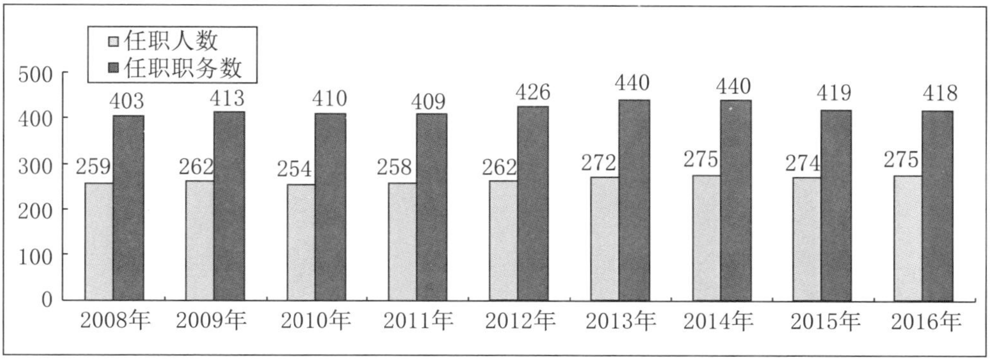

图 6-1 2008—2016 年我国在国际体育组织任职人数与职务数统计图

我国体育人员交往活动的日益频繁，让我们有更多渠道发出中国声音，提出中国倡议，有助于把中国标准、规则、理念传播出去，逐步形成一套有中国印记的多边治理规则，提升我国在全球体育治理中的影响力和话语权。2018 年 5 月 1 日，在哈尔姆斯特塔德国际乒联大会上，到场的 130 余个国家和地区协会代表几乎以全票通过决议将中文列为国际乒联官方语言之一，就是很好的例证。

（五）体育明星文化使者塑造中国国家形象

在现代国家关系中，体育明星运动员往往被称为“微笑的大使”“穿运动衣的外交家”，起到“外交先行官”的作用，为国家政治和外交活动牵线搭桥，并能起到意想不到的作用。

十年来，我国体育明星国家文化使者“名片”不断增多。登陆国外职业联赛的运动员用勤奋、幽默、睿智的人格魅力为西方人重新审视中国打开了一扇窗，树立了中国人的新形象。姚明作为篮球明星大使成功搭建起了美国职业篮球联赛和中国的桥梁。赢得了法网和澳网两个大满贯冠军的李娜为中国乃至亚洲打开了一扇宽敞的大门。以“足球大使”的身份入选英格兰足球名人堂的孙继海成为首位在英超联赛进球的中国球员、首位入选名人堂的亚洲球员。2015 年，英国原首相卡梅伦陪同习近平一同出席了他的入选仪式。2015 年，宋安东在北美职业冰球联盟（NHL）选秀大会上被纽约岛人队选中，成为该联盟近百年历史上第一位中国球员，被称为“冰球姚明”。苏炳添作为新一代中国田径领军人，他勤奋、向上、谦逊、心无旁骛的良好公众形象成为新生代的偶像。朱婷效力土耳其瓦基弗银行队，向世界展示了其坚韧、勤奋和强大的实力，获得了国际认同，吸引了全球粉丝。此外，代表中国参赛的丁俊晖、刘翔、孙杨、叶诗文、林丹、武大靖等运动员在国际赛场上高水平的运动技能、自信坚毅的精神品质彰显着中国人的体育精神和民族精神。在里约2016年奥运会上获得铜牌的游泳运动员傅园慧面对媒体的“表情包”和率真、耿直的语言，受到了国内外观众的喜爱，改变了西方世界对中国运动员呆板、严肃的刻板印象，让世界人民看到了一种更加真实健康、个性彰显的“中国表情”。优秀运动员在国际赛场上的表现不仅体现着竞技体育的独特精神与美感，更能够传递出奋力拼搏、积极进取、自信豪迈的民族精神，成为一个国家独特的民族文化“名片”。运动员在世界赛场上的表现不仅提升了中国体育在国际上的知名度与影响力，也正在塑造着中国竞技体育的国际地位与国家形象。

十年来，体育明星国家文化使者形象传播不断增强。我国国内媒体通过议程设置加深了国外受众对中国运动员形象的认知。由中共中央宣传部、新华通讯社、中央电视台推出的政论专题片《大国外交》，记述了中国冰球运动员宋安东作为中国申冬奥形象大使，入选美国纽约岛人队，登陆北美职业冰球联赛这一世界顶级冰球赛事，给中美关系发展带来的积极影响。由中国国务院新闻办筹拍的中国国家形象片（人物篇）在纽约时报广场播出，郎平、郭晶晶、丁俊晖、姚明和邓亚萍等运动员亮相，展现着中国体育的良好形象。国外媒体的传播也为我国体育明星的形象塑造起到了巨大的推动作用。法国《回声报》副主编评价姚明加入美职篮时说，“这位来自上海的年轻人用活力、微笑、自信和集体精神赢得了公众的赞赏，几年内他已经成为中国形象的代表和民族的象征”。美国《新闻周刊》记者评价，“姚明和王治郅的美职篮之旅，隐喻的是中国的和平崛起”。孙继海入选英格兰足球名人堂的主要理由是其“足球大使”的身份，他将协助曼城加强与中国企业的合作，并在一些宣传活动中为曼城提供帮助。宋安东在北美职业冰球联盟（NHL）选秀成功后，美国媒体都以“成为中国冰球第一人”为题进行报道。李娜获得大满贯之后，路透社、美联社、法新社三大通讯社都以“李娜为中国赢得首座大满贯”为题报道了李娜在法网的奇迹。中国运动员也在以个人的方式传播着中国文化。农历中国新年，在休斯敦火箭体育场的中心，姚明在休息室贴上了大红的喜字和年画，并给队友发压岁钱。李娜在国外比赛的抽签仪式中身着具有中国传统特色的旗袍。这些都体现着浓浓的中国传统文化的影子，传递着中国文化。我国体育明星运动员因其拥有较高的媒体曝光率，成为最容易被关注到的“中国声音”和“中国形象”，是外面世界了解中国文化的一扇窗，其国际影响力的大小与国际传播直接相关。

十年间，中国体育明星国际影响力不断提高，越来越多的体育明星在国际舞台上发挥着他们的影响力。姚明登陆美国后，曾经两次登上美国《时代周刊》首页，被评为全球影响力人物 100 强，掀起了美籍华人学习汉语的热潮，有的美籍华人还以姚明的成功激励自己的孩子。在 2009 年的中美战略与经济对话开幕式上，美国总统奥巴马在致辞中更是以姚明和篮球作为切入点来谈中美关系。2011 年，姚明被上海市公共外交协会聘请担任副会长及荣誉大使。冰球运动员宋安东受北京冬奥申委之邀，作为申奥形象大使前往马来西亚吉隆坡，在现场见证了北京获得 2022 年冬奥会举办权的历史时刻。李娜在《福布斯》2012 年全球最具影响力名人排行榜中排名第 87 位，成为唯一入选的中国人。在 2014 年《福布斯》发布的中国名人排行榜中，李娜曝光率（网络、报纸、广播、电视）排名第 2，综合排名第 8 名，在运动员排名中遥遥领先。朱婷作为第三位获得三大赛 MVP 荣誉的中国人，国际排联官网史无前例地盛赞朱婷是超级球星、不可思议的力量。拳击运动员邹市明在洛杉矶接受了世界拳击理事会授予的最高成就奖——“世界拳击理事会和平与和谐大使”称号，成为继拳王阿里之后，全球第 3 位获得最高成就奖的拳击运动员，也是获此殊荣的唯一一位亚洲拳手。丁俊晖 2018 年入选世界斯诺克名人堂，成为中国第一个入选斯诺克世界名人堂的运动员，也是亚洲第二位获此殊荣的人，在世界斯诺克的历史上刻写了中国荣耀和中国骄傲。

我国优秀运动员身上体现出来的超群体育技能、责任心、爱国心、亲和力、号召力通过国际赛场传递出去，颠覆了外国人对中国运动员的刻板印象，彰显出了中国文化的独特魅力与中华民族的道德智慧，塑造了真实立体全面的中国国家形象，成为国家软实力建设的重要组成部分。

（六）国际体育援助提升中国道义感召力

国际体育援助与赞助是国家对外援助的重要组成部分，且独具特色、丰富多彩，主要有对外体育人力资源培训、援建体育场馆设施器材、赞助体育赛事与人员等形式。

对外体育人力资源培训是开展对外体育交往，提升我国体育国际影响力的重要方面。我国对外体育人力资源培训包括：①援派青年志愿者。我国已向老挝、缅甸、泰国、埃塞俄比亚、毛里求斯等多个国家援派青年志愿者。例如，2016

年贵州省派出援助缅甸的青年志愿者 17 名，赴缅甸从事乒乓球、武术等项目的援外服务。②协助举办运动会。例如，2013 年中国政府无偿援助缅甸筹办第 27 届东南亚运动会，2014—2015 年，我国派出首都体育学院专家帮助刚果共和国策划组织非洲第十一届运动会开闭幕式大型团体操与武术表演，2017 年实施瓦努阿图太平洋小型运动会体育技术援助项目。③派出援外教练员。例如，2013 年派出来自全国 13 个省、区、市的 28 名教练员赴缅执教 1 年，涉及武术、射击、游泳等 13 个运动项目；接受来华训练，如 2017 年接受瓦努阿图 190 名运动员和教练员以及 20 名技术官员来华训练，广州国际乒乓球中心为 500 余名国外青少年运动员提供了全面指导等。我国通过对外体育人力资源培训，以援派青年志愿者、协办运动会、外派教练员以及接受来华培训等多种形式，向全球发展中国家提供人才援助，帮助他们提升运动水平和办赛水平，体现了我国人道主义精神和国际主义精神，加深了中国和发展中国家间的友谊。

我国为非洲、亚洲、拉丁美洲、加勒比海、南太平洋等国家和地区修建或捐建了大量体育场馆、体育基础设施。援建模式包括无偿赠送、提供低息贷款、与东道主国家共同修建等。我国援建科特迪瓦体育场，投资总额 7.5 亿元；援建马拉维国家体育场，工程造价 7000 万美元；援建莫桑比克国家体育场，出资 8000 万美元；援建坦桑尼亚国家体育场，中方捐赠 3300 万美元。另外，我国还援建了科摩罗万人体育场、多哥体育场、萨摩亚游泳馆和阿皮亚公园体育场馆等。这些援助项目，不仅体现了中国和受援国之间深厚的兄弟情谊，也是见证双方友好合作的丰碑，彰显了中国负责任大国的形象。为发展中国家捐赠体育器材装备也是我国对外援助的重要方式。例如，2010 年，中国为尼泊尔武术队备战广州亚运会援赠了 50 万元的武术器材；2013 年，中方向柬埔寨捐赠一批价值 20 多万元的体育器材等；2017 年，中国国家体育总局援助几内亚武术协会运动物资。通过援赠活动，展现了中国作为一个负责任大国的责任担当和人道主义精神，用真诚的友爱精神感化受援国人民的心。

2008 年以来，越来越多的中国企业通过与国际体育组织建立合作伙伴关系、赞助国际体育赛事等形式，走上了世界体育舞台。乔丹体育成为蒙古、哈萨克斯坦及土库曼斯坦三个国家奥委会的合作伙伴和国际大体联唯一的装备供应商，安踏集团赞助冬奥会、美职篮，361°赞助里约奥运会官方制服，匹克体育赞助支持多国奥运代表团装备和国际职业体育赛事，卡尔美持续多年与国际足球联赛合作。这些中国体育品牌通过无偿捐献和赞助的形式遍布世界各地，不但让民族体育品牌走上世界赛场，播撒中国国际主义人文精神，更是向全球传递了中国文化和中国品牌，让国外的消费者体验到中国制造的品牌价值，在认同中国产品的过程中，促使他们认同中国文化和中国价值观。

回首十年，我国体育对外交往的实践探索不仅提升了我国体育的整体层次和水平，有力地推动着我国体育强国建设，还改变着西方对中国的刻板印象，不断提升着中国体育的国际影响力和吸引力，努力塑造着与强国地位相符的国家体育形象，用体育的独特魅力吸引各国人民，助推文明进程，贡献中国特色大国外交战略，为打造人类命运共同体，开创世界美好未来，贡献着独特的力量。

二、体育对外交往面临的主要问题

十年来，虽然我国体育对外交往工作总体上取得了较为丰硕的成果，但面对日益复杂的体育全球化现象，以及国际体育组织发生深刻变革、国际体育领域争端不断、国际体育秩序不断重构、地缘体育政治不断凸显的复杂国际环境，面对新时代中国特色大国外交发展的新形势、新要求和新任务，我国体育对外交往工作无论是在体制机制创新上、战略决策应对上，还是在外交资源整合以及国际话语权的把控上，均还存在一些薄弱环节，这在一定程度上制约了我国体育对外交往工作的发展。

（一）体制机制创新不足

我国体育对外交往工作体制机制不够灵活，还停留在传统模式上，导致体育对外交往发展后劲乏力，主要表现在：

第一，体育对外交往工作仍处于被动配合阶段。2012—2016 年，国家体育总局系统每年举办的体育外事工作业务培训，主要内容是“体育外事管理工作相关重要法规、涉港澳台体育交流的有关政策规定、申办护照签证注意事项、外事公文规范，对外事审批工作中存在的问题，以及涉外礼仪基本知识”等最基本的体育外事程序性、行政性常识，未从战略理念、顶层设计、部门协调的高度深入挖掘与谋划体育对外交往在体育强国建设和国家总体外交中的价值地位，对当前我国体育领域协会实体化改革中，如何确保协会对外交往工作有序顺利开展，建立畅通高效、协同合作的协会对外交往工作体系，缺少主动研究和应对。

第二，国家层面缺乏明确的体育对外交往主责机构。在体育对外交往主体多元化的情况下，尚未形成完善的体育对外交往工作机制，造成整体体育对外交往工作缺乏统一性、连续性与稳定性，进而难以在实践操作中形成多元主体的最大合力。

第三，国家对体育对外交往政策支持力度不够。受出国政策限制，国家体育总局各层级公职人员及二线、三线队伍的青少年运动员赴国外进行培训和交流的机会较少，体育对外开放的广度和深度仍受到当前体制机制的制约。

第四，体育对外交往工作理论研究准备不够。体育对外交往理论研究滞后于体育对外交往实践，缺少对体育对外交往工作系统和全面的总结，尚未形成具有中国特色的体育对外交往理论研究体系，体育对外交往的理论分析和指导实践的作用还不能应对各种国际国内的挑战。

（二）发展战略不清晰

面对复杂的国际体育形势和国内体育改革任务，我国体育对外交往工作在战略决策应对上还存在如下问题。

第一，尚未从国家战略的高度开创体育对外交往工作新格局。面对国际国内外交发展新形势，没有采取更加积极的、更富有前瞻性的应对举措，体育对外交往主导战略欠缺，体育对外交往工作在体育强国建设以及中国特色大国外交中的重要地位和作用尚未得到充分发挥。

第二，武术等中国传统特色运动项目国际传播的战略决策与战略执行体系不系统、不完善、不协同。没有形成像日本柔道、韩国跆拳道那样的官、民、商一体的支持体系和对外推进战略；没有形成统一的具有中华文化传统精髓和底蕴的可视化、品牌化、符号化的文化符号体系；没有针对国际传播需求，开发出标准统一、内容清晰简洁的运动项目规则、竞赛评分体系；传播过程中忽略了传播对象国的本土特色、文化风土人情及话语体系，没有得到当地政府的认可和支持，竞赛体系游离于传播对象国主流赛事体系之外；尚未建立一套行之有效的国际裁判员培训和认证体系，各国裁判员队伍建设缓慢。

第三，对国际运动项目发展规律认识不深刻。武术等中国传统特色运动项目在实施“走出去”战略时，忽视了对东西方体育文化价值取向进行深度剖析，遭遇与西方体育文化价值理念的冲突和矛盾。武术等中国传统特色运动项目在项目设置和国际化传播过程中并未根据世界运动项目的发展趋势和潮流，积极推进项目改革与创新。武术入奥战略决策忽视了国际奥委会实施“奥运瘦身计划”的重点是对于打分、记点等易引起执裁争议项目的缩减，忽略了国际奥委会《奥林匹克2020议程》更注重设置能激励、吸引年轻一代群体积极参与的项目。

（三）外交资源整合不充分

我国体育对外交往工作尚未充分整合各部门、各机构、各层次的外交资源和外交力量，主要体现在：

第一，体育对外交往工作在中央政府和地方政府之间的机构对接、人员配备、经费投入上还存在着发展不平衡、不充分的问题。政府机构和非政府机构、民间企业和个人之间的外交资源整合机制尚未建立，我国外交官在推动体育对外交流与合作中的中流砥柱作用和他们的体育外交价值还没有充分发挥出来。

第二，还未真正形成有效动员民间资源和力量进行体育对外交往的体制和运行机制。独立智库、民间组织、企业等非政府组织等社会力量在体育对外交往方面的参与度还不高，公民外交意识和外交素养培育程度还不够。

第三，国际体育事务中的各类人才资源匮乏。我国还没有专门的体育外交人才培养机构；没能建立起系统化、规范化、长效化，发挥中央和地方、政府组织和非政府组织积极性的体育对外交往人才培养体系和体育对外交往人才梯队建设；具有国际影响力的高层次体育对外交往人才培养机制尚未建立。

第四，体育对外交往工作未能有效借用各种外交平台的力量。没有充分利用我国在海外设立的孔子学院和海外中国文化中心两个对外交流机构的力量，未能有效发挥海外中国企业开展体育交流的力量，高级别人文交流机制中的体育交流活动还未充分动员全国各地的参与力量。

（四）参与国际体育事务决策能力不强

我国参与国际体育事务决策能力还不够强，主要表现在：

第一，国际体育事务中的“中国声音”不强。中国在国际体育组织中参与制定规则、修改规则、制定标准、分享资源等核心关键层面的话语地位还不够高，在不少牵涉我国体育切身利益的重大问题上时常呈现出一种近乎失语的被动状态。

第二，国际体育组织核心管理层任职人员比例较低。新中国成立以来，我国有12人担任过国际单项体育协会主席。随着我国多位在国际体育组织有着广泛交往能力的任职人员的相继退休，我国在国际体育组织现有的276名任职人员中，担任国际奥委会委员和国际单项体育协会副主席以上职位的仅有5位。在冬季项目国际体育组织中，我国人员的任职率不足30%。在许多项目上的国际高水平裁判也是凤毛麟角。

第三，国际体育组织任职人员履职作用发挥不充分。在国际体育组织任职的我国体育官员普遍是公务员，出国参加会议和活动受到公务员管理制度制约，导致在国际体育组织履职的官员经常不能参加或不能全程参加国际会议和活动，影响了履职作用的发挥。我国在干部管理上实行的定期轮岗制度在一定程度上也限制了国际体育组织任职人员的稳定性和长期性，影响了拥有丰富人脉关系和经验的退休官员继续在国际体育组织履职。

我国体育对外交往中存在上述问题的主要原因是对于体育对外交往工作重要性的认识还不到位。北京2008年奥运会后，中国与世界关系的发展进入了新的阶段，国内问题与国际问题的交织互动关系更加密切和深化，我国外交工作重点悄然转型。进入新时代，围绕我国和世界发展面临的重大问题，着力提出能够体现中国立场、中国智慧、中国价值的理念、主张、方案，成为中国特色大国外交的重大使命。融入这一使命，需要我国积极转变在体育对外交往工作中的角色，回归体育运动本质，主动作为。

三、新时代体育对外交往发展展望

推动构建新型国际关系，推动构建人类命运共同体是党的十九大报告对中国特色大国外交的要求，也为新时代我国体育对外交往工作指明了前进方向，要求中国外交、中国体育对外交往以更开阔视野、更高远目标、更宏大格局、更从容步伐迈向新的征程。

（一）发展思路

高举新时代中国特色社会主义伟大旗帜，全面贯彻党的十九大精神，以推动构建新型国际关系，构建人类命运共同体为核心精神引领，深入贯彻落实习近平系列重要讲话精神，解放思想、凝聚力量、务实创新、开拓进取，从国内国际两个大局把握体育对外交往工作的新使命，深化体育改革和扩大体育对外开放，实施体育外交战略，塑造中国体育国际发展新格局，全面提升中国国际体育事务话语权，助推体育强国建设，努力将体育建设成为中国特色大国外交体系的标志性事业，为实现中华民族伟大复兴的中国梦贡献卓越的体育力量，为推动人类文明进步、和平发展作出更大贡献。

（二）战略目标

紧密围绕服务国家总体外交和助推体育强国建设，有效整合和利用体育资源，从国际、国内两个大局出发，构建立体化、全方位、多层次的体育对外交往运行机制和多元工作模式，落实“一带一路”倡议，强化体育人文交流机制，营造相互尊重、公平正义、合作共赢的体育对外交往关系，全面提升我国在国际体育事务中的话语权，提升中国体育的国际影响力和道义感召力，维护中国体育利益，维护世界体育公平正义，努力将体育对外交往工作打造成为中国特色大国外交体系的重要支柱。

第一阶段：从现在到2020年。建立部级体育外交联席会议制度，实施国家体育外交战略，统筹推进我国体育对外交往工作的体制建设、机制建设、文化建设，初步建成结构合理、机制畅通、主体多元的全方位“大体育”外交战略新格局，初步建立阶梯式体育对外交往人才培养体系，助推更加开放、更加国际化、更加遵守国际规则的体育强国建设。

第二阶段：从2021年到2035年。深入推进体育对外交往的各项工作，主动塑造外部形势，主动参与塑造标准、制定规则，维护中国体育利益，基本实现国际体育事务的参与力、主导力、竞争力，构建良好的国际体育关系，为中国特色大国外交体系提供体育对外交往的平台与路径。

第三阶段：从2036年到21世纪中叶。全面完善我国体育对外交往工作体系；全面参与全球体育治理，维护世界体育公平正义；全面实现中国体育与世界体育的良性互动、深度融合，为中国特色大国外交体系贡献卓越的体育力量。

（三）主要措施

面对新时代体育强国建设需求和中国特色大国外交赋予体育对外交往工作的新任务，进一步加快推进我国立体化、全方位、多层次的体育对外交往体系建设步伐，全面提升我国在国际体育事务中的话语权，深化同各国建立良好的体育交流关系，提升中国体育在国际社会的影响力和感召力，需要重点做好以下工作。

1. 以构建人类命运共同体为指引，积极主动开展体育外交

新时代，体育对外交往作为我国特色大国外交的重要组成部分，需要从构建人类命运共同体的高度把握体育对外交往的新内涵、新价值、新功能。

要深刻认识习近平对于体育对外交往工作的系列实践，精准把握其战略意蕴和价值导向，从国际关系、国际政治的角度，加强体育对外交往的理论和实践研究，总结我国体育对外交往的历史经验，重视和把握体育对外交往在不同阶段的价值和规律，提升认识，转变观念，保持体育对外交往在理论和实践上的统一，总结出具有指导意义的体育对外交往工作理论体系，指导新时代体育对外交往的实践。

要站在国际和国内两个大局，着眼于与体育强国和国家未来国际地位的总体，积极主动将体育对外交往工作放置于体育事业发展全局、体育强国建设首要、中国特色大国外交重要支撑的高度谋划“大体育”外交战略格局，主动提升体育对外交往在国家总体外交中的地位，深化对体育对外交往的价值判断和价值选择，不断提高体育在国家治理体系中的影响力。

要突破传统固有思想束缚，改革旧有体育外事工作思维和模式框架，积极探索体育对外交往自身的行为模式和独立工作规律，梳理“大外事、大开放”的观念，提升层次、目标与规格。体育领域全局上下解放思想、统一目标、凝聚共识、汇聚力量，推动我国体育对外交往工作的改革创新。

2. 实施体育外交战略，塑造中国体育对外交往新格局

在中国特色大国外交的总体战略需求下，进一步深化体育改革和扩大体育开放是建设体育强国的重要途径，实施体育外交战略是扩大体育开放的重要手段。

在主动服务和融入国家战略上积极作为，适时向国家提出体育外交战略，实现以大统小和由小变大的双向战略建构。以大统小就是在谋划体育外交战略时考虑到具体落实问题，使战略大而不空和遥而可及；由小变大就是把各部门各地区体育对外交往工作同国家外交总体战略有机结合，实现量的积累和质的飞跃相互促进，从而全面、系统、规模化地服务于国家整体外交。

做好体育外交战略实施中的主导思想建设和主阵地建设。加强体育外交战略中的人才队伍建设，谋划好体育外交战略实施所需要的语境语汇，推动实施体育外交战略中的“互联网+”，重视定期正式公开发布体育外交战略报告书。

抓住“一带一路”倡议为区域体育的合作互通和机制共建提供的发展机遇，开展“一带一路”国际体育合作。推动建立“一带一路”沿线国家和地区体育部长会议机制。建立丝绸之路经济带城市体育合作机制。推动“一带一路”沿线国家签证便利化，推动赛事开放、积分互认、体育保险等合作，联合打造国际

体育精品赛事，提升“一带一路”赛事品牌的知名度和影响力。

推动与世界体育大国、强国体育合作向纵深发展，深化与亚洲及周边国家体育市场、产品、信息、服务融合发展，加强与冰雪体育国家体育交流与合作，开展与非洲和拉美国家的务实体育合作，推动与相关国家城市缔结国际体育伙伴城市。

完善双多边体育对话机制，推动建立更多合作平台，倡导成立奥运城市联盟，引领国际体育合作。支持体育行业组织、体育企业参与国际体育交流，形成工作合力。推进我国与周边国家的跨境体育合作区、边境体育试验区建设，开发具有边境特色和民族特色的体育赛事和体育嘉年华。

3. 创新工作机制，构建立体化、全方位、多层次体育对外交往工作体系

灵活而高效的体育对外交往工作机制是体育外交战略目标实现的保证，是推进体育强国建设的重要动力。

建立部级体育外交联席会议制度，从国家战略的高度把握体育对外交往的总体工作布局，做好顶层设计，持续深入推进中俄、中美、中英、中欧、中法、中印尼、中德、中南八大高级别中外人文交流机制中的体育交流活动，主动谋划“一带一路”倡议、金砖国家、上合组织中的高级别体育人文交流活动，进一步丰富和完善孔子学院和海外中国文化中心中的体育人文交流形式和内容。

继续发挥举国体制的优势，突破部门内部和部门之间单兵作战的现状，明晰中央级政府主责机构，强化政府的主导作用，统筹安排各领域、各部门的体育对外交往工作，形成讲求目标一致、权责一致、高效灵活的立体化、全方位、多层次的体育对外交往运行机制，建立各部门、各层级、各要素之间通力合作、多元协同、融会创新、全面推进、理念一致、功能协调、结构统一、部件标准、资源共享的工作格局，调动和鼓励各方共同参与，不断拓展体育对外交往的范围。

充分发挥非政府组织、民间体育组织、体育公众人物、大众媒体、体育企业、普通公众、海外华侨等行为主体的多元社会力量，加强基金会、智库的建设，着力培育各种公民社会组织，积极强化与其他国家之间的体育交流，扩大与海外媒体之间的合作，为体育对外交往开辟更大的空间。

抓住新时代体育对外交往工作的核心，做到先易后难，以踏石留印、抓铁有痕的工作作风扎实推进政府各层级、各部门、各群体的体育对外交往工作，确保工作成效，切实推动体育对外交往工作的可持续发展，提升体育对外交往工作的影响力。

4. 重视公共体育对外交往，激发民间体育交流活力

重视公共外交作为国家形象与国家软实力提升的重要路径是新时代体育对外交往必须达成的共识。

要改变传统的体育对外交往工作模式，紧紧把握时代发展的潮流和国际关系变革的趋势，抓住公共外交的有利时机，全面理解和认识体育在公共外交中的价值和地位，制定切实可行的政策措施，改善民间情感，运用国外受众听得懂、看得清，符合他们文化特征和传播规律的方式讲述中国自己的体育故事，传播中国体育声音，树立良好的国际体育形象。

加紧对中华体育文化、中华体育精神的总结梳理提升工作，通过建构既彰显国内文化传统又适应国际发展需求的中华体育体系，强化中华体育文化对外交流中的传播力、渗透力、影响力、自信力，展示中国优秀的体育文化，促进国家文化软实力建设；通过体育外交的“学术语汇”，诠释中国体育外交理念，进入世界主流体育话语体系，产生国际感召力和影响力；通过当代信息科技革命的“网络语汇”，以短、平、快、众的方式影响国内外的精英和大众思维。

开展公共体育对外交往活动要运用好元首外交、“一带一路”倡议、“东盟”、重大体育赛事、孔子学院、中国文化中心等外交平台，深化与中美、中俄、中欧、中英、中法、中德、中印尼、中南体育人文交流合作伙伴关系，积极与周边国家开展赛事交流、专家论坛、文化往来等体育交流活动，促进与中非、拉美等地区国家的双边和多边体育交流与合作，扎实推进体育援助，扩大中国体育与各国的友好关系，扩大中国体育的朋友圈。

重视民间交流在全球化、信息化、网络化社会扮演的重要角色和承担的重要外交功能，多领域、多渠道、多层次开展民间体育对外友好交流活动，创建更多合作平台，引导海外华侨体育团体、国外体育机构和优秀体育人才以各种方式参与中国体育强国建设。

5. 积极参与国际体育事务，增强国际体育事务话语权

增强在国际体育组织中的领导力是提升我国国际体育议程设置能力、国际体育规范塑造能力以及国际体育影响传播能力的有效途径。

以筹办北京 2022 年冬奥会、2022 年杭州亚运会和参加重大体育赛事为契机，拓展与国际体育组织的合作领域，积极参与国际体育事务。有组织、有战略、有

目标、有步骤地实施体育对外输出工程，把国际体育裁判、国际体育组织官员的培养、输送和使用作为一项战略工程来推进，有目的地把优秀退役运动员、优秀教练员输送到相应的国际体育组织任职，把已经在自己所处领域内具有国际地位和影响力的优秀人才推荐进入国际体育组织管理层。研究制定国际体育组织工作任务的保障制度，动员一切有利的资源和力量，保证国际体育组织任职人员，尤其是在国际体育组织中任职的高级官员国内工作岗位的稳定性与专业性。

充分认识到国际体育组织运行过程中，国际体育组织职员负责将组织的法定授权转化为具体运作程序和行动，在政策制定、游说组织成员采取行动、协调不同立场、确保具体项目实施等方面发挥的关键作用，精心培育和积极推荐优秀人才成为国际体育组织职员，建立相对稳定、畅通的与国际体育组织沟通的渠道。

注重培养国际体育组织任职人员的工作方式和话语表达，积极引导在国际体育组织任职的人员转变角色，提升自身工作能力，积极主动了解国际体育组织的规则、章程，懂得国际体育组织的运行机制，融入国际体育组织，承担相应的工作责任，扩大中国在国际体育事务中的话语权和影响力，维护中国体育权益，维护国际体育公平正义。

引入战略传播思维，积极推动与媒介融合，创新体育国际传播方式，探索多音齐鸣的“复调传播”模式，官网、社交媒体同步发力，视频、VR（虚拟现实技术）等形式综合利用，构建国际体育传播话语体系。提升专业体育记者队伍的外交素养，培养出外语水平高，熟悉国际媒体游戏规则，能够积极应对各种舆论危机的国际媒体专业人才，主动出击，调和中西间的文化差异和认识误解，赢得国际传播中的主动权，提升我国体育文化的吸引力与影响力，塑造良好的国家形象。

吸引国际体育组织，尤其是国际体育组织总部入驻中国作为一项重要的战略任务来谋划设计。统筹协调全国体育资源，努力打造吸引国际体育组织落户中国的软环境。利用体育学术机构和体育智库力量，收集整理国外为吸引国际体育组织入驻而采用的有益做法和成功经验，积极推进各类国际体育组织在中国落户的竞标和筹备工作；维护并服务好已经入驻中国的国际体育组织，为其工作提供方便。改进政府管理模式，在国际体育组织入驻的报审程序上建立高效沟通机制。充分发挥国际体育组织的带动效应，吸引更多国际体育赛事、国际体育会议、国际体育人才、国际体育企业等选择中国。

6. 重视体育外交人才培养与使用，夯实体育外交可持续发展基础

硬实力、软实力，归根到底要靠人才实力。新时代体育对外交往的发展离不开对体育外交人才的着力培养和充分使用。

按照体育强国建设、中国特色大国外交发展需求，将国际体育组织人才培养上升到国家体育发展的战略高度，在国内相关外交高校、体育院校、科研院所、培训机构设立专门的体育对外交往人才培养基地，建立阶梯式培养机制，建设并储备满足不同文化国家体育对外交往需求的多元化人才梯队，以填补我国国际体育外交人才的巨大缺口。

重点打造一批优秀的具有国际影响力的知名退役运动员，将他们的培养目标与国际体育组织相关岗位要求紧密结合，强化他们的外语能力及专业的外交素养，输送到国际、洲际体育组织，负责核心岗位的工作。

注重培养来自体育、外语、法律、政治、外交、管理等不同学科专业的复合型体育对外交往人才队伍，为有志成为国际体育组织职员的年轻人提供更多进入国际组织工作的机会，鼓励更多学者和已经在自己所处领域内具有国际影响力的优秀人才走向国际体育组织。

利用不同专业智库、不同领域专家、不同国家高端顾问，为我国体育对外交往工作出谋划策、贡献智慧，促进体育国际交流水平、体育对外传播水平等的全方位提高，并利用自身影响力与号召力调动广泛的社会资源，延展中国体育话语国际传播的深度和广度。有意识地建立体育领域内体育对外交往专业团队，培育高端体育智库人才，使之生产出符合国际体育传播规律的优质思想和知识产品。充分利用智库和体育科研院所的优势，做好体育对外交往战略报告、白皮书和实施效果评估等方面的工作。

通过体育对外宣讲、培训、讲座、专栏、新媒体客户端等多种形式的教育活动，培养非政府组织、民间、社会公民个人的外交意识和外交素养。

7. 利用各种外交平台，深化体育人文交流

新时代体育对外交往工作要进一步加强中外人文交流，以我为主、兼收并蓄。

充分利用国家人文交流机制、“一带一路”倡议、金砖国家、上海合作组织等各种不同的政府外交资源平台，充分认识杭州亚运会、男篮世锦赛、北京2022

年冬奥会主场外交和东京2020年奥运会客场外交的目标导向和价值导向，从国家战略的高度做好顶层设计，在这些平台上打造独具特色，具有品牌价值的系列体育人文交流活动，向世界展示中华体育文化的多样性、丰富性、包容性，扩大中国体育对外交往的影响力。

促进奥运项目与非奥运项目、冬季项目与夏季项目、优势项目与非优势项目、民族传统项目与西方主流项目、群众体育与职业体育间形式各异、内容丰富、彰显特色的全方位“大体育”对外交流活动，广泛动员社会各界的资源和力量，搭建多领域、多层面、多参与的多边体育人文交流机制平台，以弘扬中国特色体育项目和体育文化为主，讲述中国自己的体育故事，展现一个真实、立体、全面的中国形象。

全面准确贯彻“一国两制”方针，深化内地和港澳地区体育人文交流，共创粤港澳大湾区体育赛事品牌，引导区域内开展形式多样的体育交流活动，凝聚港澳同胞的国家认同感和民族自豪感。坚持一个中国原则和“九二共识”，加强两岸体育人文交流合作，推动两岸同胞共同弘扬中华文化，促进心灵契合。要警惕“台独”分裂势力利用体育搞破坏活动，及时妥善应对国际体育涉台问题和应对涉台敏感问题，做好风险防范和预警机制，维护国家核心利益。

8. 实施中国传统特色运动项目走出去战略，提高中华传统体育文化的国际传播力

充分运用体育活动助推中华优秀传统文化的国际传播是我国新时代体育对外交往的重要使命。从国家文化输出和国家软实力建设的高度谋划实施武术等中国传统特色运动项目走出去战略，充分发挥政府的主导作用，有效利用政府、市场和社会三方资源的合力，统一谋划、统一安排、统一部署，打破武术等中国传统特色运动项目中存在的门派林立、互不融合、各自为战的发展困境；在国家层面建立战略决策与战略执行体系完善、结构合理、相互包容、求同存异、功能协同的组织管理机构，统筹实施对外传播战略，积极稳妥地做好武术等中国传统特色运动项目在世界上的推广普及工作。

对标国际体育项目发展趋势和潮流，适应国际体育项目发展需求，积极改进和调整项目发展战略；对标国际体系，制定统一的项目发展规范、评价标准、规则体系、器材设施标准和裁判员培训标准，加快武术等中国传统特色运动项目现代化、国际化步伐。

运用国际语言、国际文化、国际传播规律把握武术等中国传统特色运动项目的传播策略，着力打造具有中华文化传统精髓和底蕴的可视化、品牌化、符号化的传统体育特色文化产品，建立畅通的国内国际品牌赛事，突出品牌赛事的文化内涵建设，加快融入国际主流体育赛事体系，融入受众国本土教育和赛事体系，深入传播对象国的文化实践，促进不同国家文明之间的交流互鉴，拓展武术等中国传统特色运动项目的发展空间，提高中华传统体育文化的国际传播力和影响力。

9. 推进体育科教交流和对外援助，扩大中国体育国际影响

新时代，我国体育对外交往的发展，需要积极参与全球体育事务与全球体育治理，需要承担相应的国际体育责任，提高我国体育的国际影响力、感召力、塑造力。

进一步鼓励和支持我国体育科技教育文化交流活动，积极、主动地利用各类人文交流机制、双边或多边交流中的高端论坛，开展体育科教交流，深化与各国之间的体育科教文化关系往来，积极承办、参与各类国际体育会议、展会、论坛，开展多种形式的培训、参观、访问、讲学等活动，组织培育一支在国际舞台上具有竞争力的专家团队，发出中国声音，提出中国倡议，增强我国在国际体育事务中的话语权。

坚持“平等互利、共同发展”的援助理念，继续推进我国体育对外援助工作，在援建体育场馆、运动队，援助体育器材装备、体育科技的基础上，进一步丰富体育对外援助的内容和形式，分类施援，强化效果，让中国品牌走出去，把中国文化带出去，通过对外体育援助积极传递中国维护世界和平和合作共赢的决心和信心，切实提升中国体育在国际社会中的道义感召力。

积极参与全球体育领域的反兴奋剂工作，承担相应的国际责任和义务，维护国际体育秩序；积极推进全球体育公平问题，为消除体育领域中存在的种族歧视、性别歧视、妇女歧视等问题贡献中国智慧和中国方案，彰显大国体育责任。

（首都体育学院　钟秉枢）

第七章

青少年体育改革与发展

少年强则中国强。青少年的身心健康不仅是个人发展的需要，更是国家、民族、社会和家庭的共同期盼。青少年体育工作是体育事业发展的基础，群众体育、竞技体育、体育产业、体育文化等都有赖于青少年体育的强有力的支撑。从这个意义上说，青少年体育是体育强国建设和健康中国建设的基础，在体育工作中具有基础性、战略性位置，必须作为体育事业的核心工作摆在优先发展的地位。

一、青少年体育改革与发展主要成就

（一）青少年体育基础性战略地位的确立

1. 党和国家领导人指导青少年体育全面发展

体育强则中国强，国运兴则体育兴。党和政府始终重视青少年体育工作，关心青少年的健康成长。十八大以来，习近平围绕青少年体育，立足青少年体育的发展问题，在各类会议共发表关于青少年体育发展的讲话共计190余条，从青少年运动技能和体育科学素养培养、健康治理、文化交流、德育教育与健全人格培养、强国强军、生态治理等主要领域对青少年体育的发展进行统筹规划和任务分配，逐步构成一个一脉相承、统筹兼顾的习近平新时代中国特色社会主义青少年体育思想体系，指导青少年体育发展，为国家和民族伟大复兴奠定坚实的体育基础。

青少年是体育精神的传承者。党和国家在不断向世界传递中国声音的同时，也在不断引领青少年爱上体育，爱上运动，真正实现体育强国的中国梦。党的十八大之后，作为党和国家最高领导人，习近平在治国理政过程中关于体育强国发展路径的起点十分清晰：就是以青少年体育为基础提升新生一代强烈的运动兴趣。党和国家坚持把青少年儿童体育抓好，重视青少年体育工作，引导广大青少年继续弘扬奥林匹克精神，积极参与体育健身运动，强健体魄、砥砺意志，凝聚和焕发青春力量，做到从根本上发展好体育事业。使新生一代从小锻炼身体，也是促进未来群众体育发展的重大举措。青少年儿童时期是一个人习惯养成的重要阶段，这个时期形成的体育锻炼习惯具有很强的持久性，能达到事半功倍的效果。党和国家极其注重为青少年儿童营造良好的锻炼环境，培养他们强烈的运动兴趣，使其锻炼习惯产生持续影响。坚持体育从青少年抓起，做好分类指导，扎扎实实提高竞技体育水平，持之以恒地开展了群众体育，进一步助推由体育大国向体育强国迈进。从青少年抓起可以使竞技体育再上新台阶，特别是对短板项目将是一个新的发展契机，利用当今先进培训方式激发国人运动潜力。

在以习近平同志为核心党中央的指导与关注下，一系列青少年体育制度及文件的出台使青少年体育规范化、科学化、法制化得到进一步加强，青少年体育全面发展之路也走得更加坚实有力。

2. 青少年体育是实施“健康中国”发展战略的关键环节

中国有庞大的青少年人群，据2010年第六次人口普查数据显示：我国0~18岁人口总数达到近3亿人，占总人口数22.48%。同时，自2014年单独子女放开二胎，到2016年全面放开二胎政策实施，2016年和2017年出生人口明显增多，分别为1786万和1723万，较政策实施前的2011—2015年平均出生人口分别增加142万人和79万人，出生率分别为12.95‰和12.43‰，比此前五年平均出生率分别高0.84和0.32个千分点。从这一人口增幅数据来看，青少年群体必将成为未来人口结构中重要的一部分。2017年8月26日，中共中央政治局审议通过的《“健康中国2030”规划纲要》（以下简称《纲要》）指出：制订实施青少年、妇女、老年人、职业群体及残疾人等特殊群体的体质健康干预计划，实施青少年体育活动促进计划。《纲要》将青少年体育作为国家健康综合治理的重要手段，是青少年体育作为“健康中国”战略实施的关键环节的有力佐证。

青少年体育作为实施“健康中国”发展战略的关键环节，在于体育能将青少年的身心发展和社会发展统一起来，形成一个整体的健康促进体系，这既是健康中国大健康观的使然要求，也是青少年群体面临“疾病群”而进行大健康治理的现实要求。通过对健康政策、青少年体育政策和疾病谱转变三者关系的梳理，可以清晰地看出，青少年体育随着对多维健康的共识、疾病谱的转变，体育所具有的全面健康促进价值的属性正不断从强身走向健身育心，从自身单一育人到与其他文化相融合育人，从关照人的身心健康到关照人生存和发展的全要素健康，这种横、纵交叉的发展过程，使青少年体育在大健康观的指导下成为治理和预防青少年身心致病因素、文化致病因素、生态致病因素的战略举措。

国民体质健康是中国发展的基础所在，体育是健康治理的主要战略举措，青少年健康是健康中国的未来之基。因此，青少年体育在“健康中国”建设中具有筑基性和发展性，这一战略定位使青少年体育成为全面治理青少年健康问题的核心途径。要全方位、全周期发挥体育的健康服务功能，加强学校体育教育，将提高青少年的体育素养和养成健康行为方式成为学校教育的重要内容。全面实施青少年体育活动促进计划，广泛开展丰富多样的青少年体育活动，使青少年提升身体素质、掌握运动技能、培养锻炼兴趣，形成终身体育健身的良好习惯。为贯彻落实规划纲要对学校健康教育提出的工作要求，加强高校健康教育，教育部在全国各级各类学校推进建设健康校园，并于2017年6月颁布《普通高等学校健康教育指导纲要》。国家体育总局在推进健康中国建设中一系列的讲话和措施发布中也将青少年体育摆在了基础战略性位置上。现有的青少年体育政策从体育、医疗、教育、生态和文化等多个方面进行了全方位的规划和布局，这是对青少年健康问题的综合治理，更是中国未来健康发展的基石，其目的就是培养健康、健全和合格的社会主义建设者和接班人。

（二）青少年体育发展的工作机制不断完善

1. 建立和完善青少年体育的专门化管理机构

青少年体育工作主要由体育部门和教育部门负责。2010年5月，国家体育总局成立青少年体育司，统筹规划青少年体育发展，指导、推进和加强青少年体育工作，其工作侧重点一是加强青少年业余训练，二是增强青少年体质健康，其管理对象涵盖了中国全部的青少年人群。此外，在国家体育总局的统一部署下，部分项目中心逐步成立负责管理青少年项目推广的部门，如国家体育总局篮球运动管理中心成立了专门的青少年管理部负责青少年篮球工作。其他一些中心或专设青少年部，或在社会发展部等相关部门中设立青少年项目发展职责。各地方青少年体育机构主要职责参照青少年体育司，管理本地青少年体育工作。之后，各省市（自治区）体育局成立青少年体育处（除海南省外），部分地市体育局成立了青少年体育的组织领导机构。教育部门也设有专门的组织机构负责青少年体育工作。例如，教育部体卫艺处专门负责大中小学校体育工作，协调组织学生参加体育竞赛，指导体育教育方面的课程教材建设与科研工作。在各级教育行政部门，青少年体育工作主要以学校体育为抓手，运用基础教育行政干预手段，以改革创新精神推进制度建设，建立健全有利于加强学校体育工作、促进青少年学生健康全面发展的政策体系和制度。青少年体育司的成立，以及政策体系和体制制度的逐步完善，标志着我国青少年体育工作的政府管理体系正式建立起来，也意味着青少年体育工作进入了一个新的阶段。

2. 青少年体育管理制度的创建与完善达到新高

党的十八大以来，围绕青少年体育，立足青少年存在的健康问题，由中共中央、国务院及相关政府主管部门共颁布几十个政策文件，分别从体育本身（运动技能和体育科学素养两个方面）、文化建设、生态治理3个主要领域对青少年体育的发展进行规划和任务分配，构成一个一脉相承、相辅相成的政策文件体系，以指导青少年体育的发展。这些政策文件形成了一套完善的体育发展管理体制，为青少年运动员的发展提供了科学依据与良好的发展平台，为青少年运动员的选拔、从业余到职业运动员、从中学直入优秀大学提供了机会，为机制良好的运作提供了制度保障。

3. 青少年体育的协会机制不断深化

体育行业协会十分重视青少年体育工作，到目前为止，已有足球、篮球、乒乓球等多个协会成立了青少年项目推广和后备人才建设的组织，如中国足球协会设立了青少年委员会，中国排球协会则设有专门的青少年排球指导委员会负责青少年排球工作。行业协会青少年部的成立对开展项目的青少年推广具有十分重要的意义。过去，青少年所有体育比赛由主管体育局负责。如今，青少年体育比赛交由相应单项体育协会承办，减轻了体育行政部门的工作压力，也便于各项目直接选材。此外，协会还积极从各个方面推进青少年体育发展，例如，足球协会组织了基层中小学足球教练员研讨会、中小学足球教练员和裁判员培训班等。

国家级青少年体育俱乐部是国家体育总局于 2000 年开始通过资助方式在全国范围内推动建设的、向青少年提供体育服务的民办非企业类型的社会组织。国家体育总局青少年体育俱乐部具有社会公益性特征，是今后国家倡导并引导发展的旨在广泛开展青少年日常体育活动的社会组织。经过近 20 年的发展，国家级青少年体育俱乐部已经成为校外、课外青少年体育的重要阵地，成为社会组织类型的青少年体育服务行业发展的先锋。在促进青少年体育参与，增强青少年体质，提高青少年运动技能，培养青少年体育兴趣和习惯，发现和培养体育后备人才等方面做出了积极贡献。青少年体育俱乐部属于体育类民办非企业单位，是我国非营利组织的一种。截至 2016 年底，全国青少年体育俱乐部共有 8010 所，较 2012 年增长 48%，其中有国家级 4151 所，省级 2749 所，地市级 1110 所。全部俱乐部中共有 262 余万名在训青少年或校代表队员，教练员共有 3600 人，指导教师有 259 人。全国青少年体育俱乐部在 2016 年组织活动 24 万 4 千余次，参与人数达 2014 余万人。

同时，我国初高中阶段全面推进课余体育俱乐部制，吸引了大批在校学生参与课余体育锻炼。青少年体育协会和俱乐部的快速发展，有效地提高了青少年体育的组织能力，创造了新的青少年体育治理体系。

（三）青少年体育的保障条件不断完善

1. 青少年体育场馆资源更加丰富

场地资源一直是制约青少年体育发展的瓶颈。为了突破这一瓶颈，2016 年，中共中央国务院下发了《关于加强青少年体育增强青少年体质的意见》，要求“公共体育场馆和运动设施应免费或优惠向周边学校和学生开放，学校体育场馆在课余和节假日应向学生开放”，为有效解决青少年体育发展的场地问题提供了制度保障。据国家体育总局青少司统计，2016 年度全国中小学共计面向社会开放的学校累计 23835 个，经费投入达到 27157548.08 元。

根据我国第六次体育场地普查结果显示，截至 2013 年 12 月 31 日，全国共有体育场地 169.46 万个，用地面积 39.82 亿平方米，建筑面积 2.59 亿平方米，场地面积 19.92 亿平方米。在全国体育场地中，体育系统管理的体育场地 2.43 万个，占 1.43%；场地面积 0.95 亿平方米，占 4.79%。教育系统管理的体育场地 66.05 万个，占地面积 10.56 亿平方米，占 53.01%。我国中小学人均场地面积达 5.25 平方米/人，远高于全国人均场地面积 1.46 平方米/人的数量，这充分体现了党和政府对青少年体育事业的重视。

同时，国家体育总局也投入建设了学校、社区周边的青少年校外体育活动中心，满足广大青少年课外的体育运动需求。截至 2016 年底，全国共计建成青少年校外体育活动中心 489 所，并配备教练员 1395 人，指导教师 1553 人。部分地区试点社区、农村综合文化服务体，为青少年体育活动提供身边的服务。

2. 青少年体育基础设施快速完善且日益形成科学的功能区域

近年来，国家高度重视青少年体育这一未来工程的建设，在基础设施上投入了大量资金。基础设施建设不断健全，设施配备科学性不断提高，各项目设施布局日趋完善，不断增强了青少年体育发展后劲，也争取了社会力量积极参与，提高了青少年体育基础设施建设的全面性、系统性、科学性，为健康中国战略落实落地，实施体育强国建设奠定了物质设施基础。

学校体育是青少年体育的主战场。为了进一步推动学校体育发展，十年来，教育部门努力改善学校体育环境，大力投入建设学校体育场地，完善器材设施，努力保障学校体育经费，提高体育师资队伍质量，开展学校体育竞赛和教学活动。政府在学校体育发展中发挥了引导、服务、支持的重要作用，统筹规划学校用地，满足体育场馆建设。同时，还加大了投入、开发力度，建设了更多新的体育场馆、体育运动公园、健身步道、体育运动休闲小镇等体育场地设施。场地设施资源的快速完善及其功能区域科学化发展将助推青少年体育事业进一步发展。

3. 国家投入的主渠道作用不断加强

在党和国家对青少年体育发展工作的高度重视下，各地政府管理部门及社会组织等对青少年体育工作的资源投入呈现出跨越式增长，逐渐形成了市场机制。根据国家体育总局青少司的统计，2016 年度青少年体育总经费投入 118483. 86 万元，其中，省级体彩公益金的投入就达到了 100719. 04 万元，占总经费的 85%，比 2012 年的 65053. 75 万元增加了 35. 4%，例如，山东省和河南省的总投入超过了 1 亿元。

4. 政府、社会、市场、家庭等多主体与学校共同参与青少年运动员的培养

市场经济体制的逐步完善给我国青少年运动员后备人才培养提供了机遇，使其出现了多元化趋势：即在基础的业余体校层面上出现了体育传统项目学校、体育俱乐部、社会力量（企业及个人）办体校等，同时在更高层次的培养系统中出现了高校高水平运动队、职业化体育俱乐部、优秀运动员的自我提升等。原有三级培养体系快速开放，越来越多的体育行政部门向社会力量敞开大门，不断落实管办分离、政社分开，让更多的社会力量加入青少年运动员人才的人才培养过程中，促使竞技体育人才培养渠道日益多元化。

在相关制度改革尤其是扶持性制度的推动下，各种培养体系逐渐形成了其获取资源的渠道，运动员的发展从“体校”依附性培养的单一阶段，逐渐形成了相对自我和有选择空间的多元渠道阶段。如大、中、小学的高水平运动员招生考试、运动员训练专业单独招生等为普通学校培养体系构建了从小到大的培养渠道；俱乐部逐渐独立的运行机制使其具有较大的市场选择空间，形成了与体校、普通学校，甚至企业的相互合作，建立自身培养资源与利益的通道；家庭的日益富足，以及对某体育运动项目的认可，在各种依托培养单位和组织中，更加具有自我安排的培养模式等这些多元主体与学校共同参与，形成了青少年运动员培养的良好体系。

政府、市场主体、家庭与学校共同参与到对青少年运动员的培养中还表现在对青少年运动员培养投入的场地、资金等。如上海市通过招标形式吸引社会力量

参与青少年体育工作，给予中标单位适当补贴，并由第三方对中标单位的公益性、资金使用、运营效果等情况进行评估，形成了一套规范且共赢的合作机制，中标单位提供服务取得收入和政府补贴，通过政府公开招标获得认可，家长和孩子实现用较低的费用得到社会较高成本的培训。这种机制有效地调动了政府、社会、家长和学生多方主体的力量，形成了合作共赢的局面。

5. 社会力量积极参与青少年体育且日益形成跨界协同的社会平台

青少年体育工程建设投入了大量人力、物力、财力等资源，形成了政府、学校、社会组织、企业、家庭等为主的多个主体。在市场经济主导的多元化社会，社会力量已成为青少年体育发展的重要平台与资源，且日益形成跨界协同的社会平台系统。《青少年体育“十三五”规划》提出：“完善政府主导、部门协同、全社会共同参与的青少年体育推进机制。”各级各类社会力量积极响应党和政府的号召，迎合健康中国战略，落实体医融合策略，积极投入青少年体育工作，实现了由以往单一的政府“独轮”驱动向各级各界社会力量联动的“多轮”驱动转型。

随着青少年体育市场的扩大与繁荣，政府提供的体育公共服务产品已不能完全适应青少年体育发展的要求。社会力量参与、市场化发展成为当今青少年体育发展的主流趋势。以运动技能培训、健康促进、体能训练、休闲娱乐、兴趣培养等为主题的青少年体育产业迅猛发展。与政府、体育、教育统筹的青少年体育平台形成了互补，且逐渐呈现跨界协同的特征。就项目来讲，足球、篮球、羽毛球、乒乓球、网球、游泳、跆拳道、轮滑、冰雪等项目成为当下市场主流，帆船、击剑、橄榄球、攀岩等部分小众和新兴项目也开始发展和流行。

上海、广东等沿海省、市的社会力量参与青少年体育发展的整体工作走在全国前列。例如，由上海市体育局指导，上海市青少年体育协会、上海市青少年训练管理中心等主办的上海市青少年体育超级联赛于 2018 年 5 月在上海开赛，主要面向 12 岁以下少年儿童。青少年体育超级联赛不仅设置了橄榄球、高尔夫球、旱地冰球、街舞、篮球、轮滑、艺术体操、网球、武术套路及太极推手 10 个深受青少年喜爱的单项，还推出亲子定向赛、亲子篮球赛、亲子趣味田径赛、亲子足球赛及亲子嘉年华 5 项团体活动，鼓励更多家庭共同参赛。联赛时间跨度为 4~12月，预计吸引 1.5 万余人次的少年儿童参赛。联赛项目全部由社会力量参与承办，通过资源整合，实现了“跳出体育办体育、社会力量主体办体育”的目标，激发了青少年体育的市场活力，进一步提升了协会、中心、俱乐部、社团为青少年体育服务的质量。

2015 年，广东省在全国率先成立青少年体育联合会。该联合会是省级青少年体育非营利性、民办非企业的民间组织。联合会一年内便拥有各类体校、青少年俱乐部、企业 113 个会员单位。之后，上海、新疆、北京及全国各省（市、区）相继成立省一级的青少年体育联合会。

同时，全国的青少年培训市场火热，截至 2017 年 11 月，沪深两市共 78 家 A 股体育类上市公司，其中有 27 家上市公司在青少年体育培训方面有所布局，主要包括足球、篮球，冰雪、电竞等项目，在业务上侧重于俱乐部人才梯队建设。并且还有 118 家布局体育业务的新三板公司，其中青少年体育培训业务突出的有万国体育、鑫度武术和新赛点等公司，他们的营业收入总计达 1.54 亿美元以上。目前，青少年体育培训公司发展趋势良好，培训项目种类繁多，涉及传统足篮球、健身等项目，以及一些小众高端项目。这些充分体现了市场化繁荣发展背景下，社会力量参与体育的平台日趋广阔与坚实，也凸显出社会力量跨界协同性日益提升的良好趋势。

（四）青少年体育活动与赛事不断丰富

1. 举办多项国际青少年体育赛事

2007 年国际奥委会决定专门面向 14~18 岁年轻人创办青年奥林匹克运动会。第 2 届夏季青年奥林匹克运动会于 2014 年 8 月 16 日至 28 日在江苏省南京举行。这是继北京奥运会后，中国举办的又一项奥林匹克盛会。南京青奥会共设 28 个大项、222 个小项，有 204 个国家的 3787 名运动员参加比赛。青奥会旨在扩大奥林匹克精神在青年人中的影响，以促进青年人在体育、教育方面的交流为核心。南京青奥会的成功举办，让世界看到了中国青年人的风采，看到了中国崭新的进步，看到了体育精神和文化的融合，为奥林匹克运动在中国的发展起到推进作用。

除了成功举办青奥会外，我国还成功申请到了 2020 年世界中学生运动会及世界大学生的多个单项体育赛事，部分城市还创办了国际学生公开赛，如青岛国际学生柔道公开赛。举办这些青少年大型体育赛事是中国对促进世界青少年体育发展做出的贡献。

2. 全国性青少年运动会不断创新

全国城市运动会是一项主要面向青年的体育赛事。第6届全国城市运动会于2007年10月在湖北省武汉市举行。共有来自全国各地的57座城市，3000余名运动员参加了189个小项的比赛。第7届全国城市运动会于2011年10月在江西省南昌市举行，共有来自全国各地57座城市，6034名运动员参加了300余个小项的比赛。

为适应国内及国际体育形势的发展需要，更好地与青奥会接轨，2013年11月21日，全国城市运动会更名为全国青年运动会。2015年10月18日，由国家体育总局主办、福建省人民政府承办的第1届全国青年运动会在福州市顺利举行。运动会共设26个大项，30个分项，305个小项。

另一项重要的青少年综合性赛事是全国学生运动会，其前身为全国中学生运动会和全国大学生运动会。2009年湖南省长沙市举办了第10届全国中学生运动会，2011年内蒙古自治区包头市举办了第11届全国中学生运动会，2014年在上海市举办了第12届全国中学生运动会；2007年广东省广州市举办了第8届大学生运动会，2012年天津市举办了第9届全国大学生运动会。此后全国大学生运动会和全国中学生运动会合并为全国学生运动会。第13届全国学生运动会于2017年9月4~16日在浙江省杭州市举办，这也是全国大、中学生运动会合并后首次举办的全国性学生运动会。

全国青年运动会及全国学生运动会的定期举办是调动青少年训练积极性的有力杠杆。全国性的青年运动会及学生运动会与青奥会一脉相承，进行了有效的衔接，为国家体育人才建立合理、科学的梯队建设，源源不断地输送后备体育人才，培养、发现、选拔更多优秀青年运动员在青奥会等国际赛场上为国争光。这些运动会的改革与创新有利地促进了各地对青少年竞技体育的关注程度，也进一步促进了校园竞技体育发展。

3. 青少年比赛列入全运会

2017年在天津举行的第13届全运会上，篮球、足球、排球、田径及游泳等传统大项和有影响力的竞赛项目专门设置青少年组别，这一措施极大地提升了各省对青少年后备人才培养的重视程度。使得青少年竞技体育从幕后走上了台前。全运会后，各省市自治区和行业体协进一步加大了青少年竞技体育工作。

4. 初步形成青少年国内体育赛事体系

国内赛事层面，在党中央、国务院的领导下，在体育、教育等部门的共同努力下，青少年体育保持良好发展态势，青少年体育竞赛活动广泛开展，国家、省市区、学校和社区等不同层面的锦标型、达标型、普及型赛事逐步建立起来。

国家体育总局青少司负责全国性青少年体育竞赛管理，建立符合青少年运动员成长规律和教育要求的体育竞赛制度，探索符合青少年各个年龄阶段专门竞赛方法和奖励办法，保证训练工作系统性；建立体育、教育部门联动的赛事协商机制，资助和引导开展各项目青少年集训赛和夏令营活动，健全体育传统项目学校年度单项赛事制度，建立全国性及区域性青少年体育俱乐部单项竞赛制度；开展全国青少年比赛中增加专项基本技术、身体素质和文化水平测试试点工作，全面提高青少年运动员综合素质，加强青少年业余训练运动员注册和交流管理工作；建立全国青少年运动员业余训练注册系统，建立青少年运动员信息数据库，制定注册管理办法，规范注册工作，促进青少年运动员有序流动，强化青少年运动员资格审查，加强身份管理，杜绝青少年体育竞赛中的身份及年龄等弄虚作假行为。形成了全国、省、市、县四级全方位青少年体育竞赛体系。

具体赛事方面，全国城市运动会是一项主要面向青年的体育赛事。为适应国内及国际体育形势的发展需要，更好地与青奥会接轨，2013 年 11 月 21 日，全国城市运动会更名为全国青年运动会。因此，城运会也成为目前我国的青少年综合运动会。另一项重要的青少年综合性赛事是全国学生运动会。全国青年运动会及全国学生运动会的定期举办是调动青少年训练积极性的有力杠杆，它有利地推动了青少年体育的发展，并为我国竞技体育发现和培养了高水平的后备力量。

同时，各种社会力量与体育、教育部门联合，共同推出了一系列面向青少年的品牌体育赛事，例如，国家体育总局相关中心、协会、教育部、共青团中央、中央电视台等多部门联合创办的多项“谁是球王”系列面向青少年的品牌赛事，极大地推动了青少年体育运动，引起了社会的广泛关注。

（五）学校体育工作全面升级

1. 学生体质下降趋势得到显著遏制且出现向好趋势

青少年的体质健康水平不仅关系个人的健康成长和幸福生活，而且关系到整个民族的健康素质和我国人才培养的质量。我国教育、体育、卫生、共青团中央等部门形成的齐抓共管的良好局面，有效助推了青少年体育工作。首先，制定出台了一系列促进学生体质健康的政策措施，如先后颁布了《国家学生体质健康标准》《中小学生健康体检管理办法》《中小学学生近视眼防控工作方案》《中小学健康教育指导纲要》等；其次，建立了加强青少年体育部际联席会议制度、学生体质健康监测制度、学生健康体检制度、青少年体质监测制度，开展青少年体质调研工作，形成报告制度，定期向社会公布。

随着这些工作深入，我国学生的体质健康状况总体有所改善，特别是中小学生身体素质持续下滑的趋势得到显著遏制并出现向好趋势。这一点从国家体育总局公布的全国学生体质调研结果中也有所体现。数据表明我国城乡学生身体形态发育水平，即身高和体重等发育水平继续提高。肺活量继 2010 年出现上升拐点之后，继续呈现上升的趋势。同时，调研结果显示，城乡学生营养不良检出率进一步下降，且基本没有重、中度营养不良，乡村小学生蛔虫感染率持续降低。中小学生爆发力、柔韧性、力量、耐力等身体素质指标与 2005 年相比都有了不同程度的提高。

2. 强化学校体育工作的举措不断创新且有序推进

国家和各级政府对学校体育工作愈加重视，将其纳入我国教育事业和体育工作规划中。同时，出台相关配套措施，并适当增大经济投入，促使各项体育教育经费能够落实到位。教育部还多次修订中小学体育场地和器材配备标准，依据学校建设标准、设计规范，利用多种资金渠道，建设大量学校体育场地设施，为学校体育配备必要的教学器材。以下图表（表 7-1、表 7-2、图 7-1）中的相关数据及图示，印证了我国体育事业发展取得的喜人成绩。

表 7-1　2012—2016 年小学体育场馆面积、器械配备达标情况

年份	小学运动场馆面积达标率（%）	体育器械配备达标率（%）
2012 年	48. 17	44. 78
2013 年	51. 44	52. 13
2014 年	56. 82	59. 89
2015 年	64. 50	68. 90
2016 年	75. 00	80. 18
年均增长率	5. 36	7. 08

表 7-2　2008—2016 年初中体育场馆面积、器械配备达标情况

年份	运动场馆面积达标率（%）	体育器械配备达标率（%）
2008 年	69. 30	66. 90
2009 年	66. 02	59. 87
2010 年	55. 48	52. 19
2011 年	62. 24	63. 92
2012 年	67. 40	69. 08
2013 年	69. 68	72. 84
2014 年	73. 33	77. 72
2015 年	78. 70	83. 60
2016 年	85. 36	89. 60
年均增长率	1. 78	2. 52

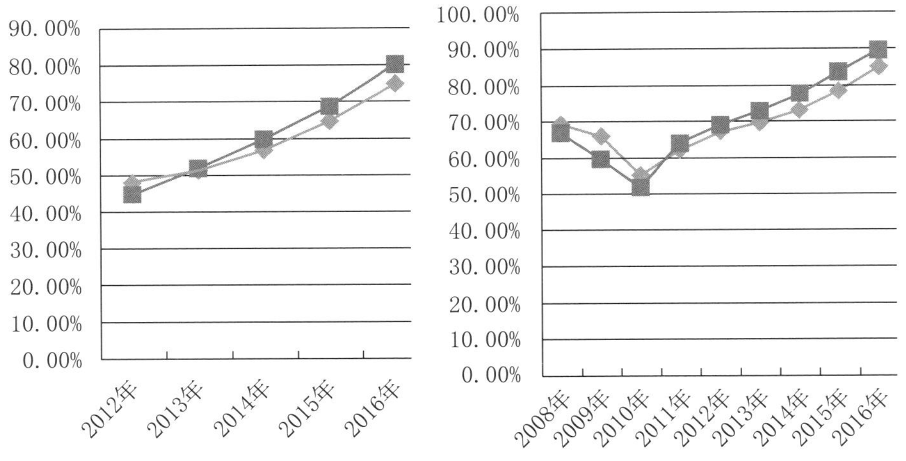

图 7-1　小学、初中运动场馆、体育器械配备达标率趋势

同时，政府还设立了专项基金资助和服务购买方式，保障重点领域和重点工作的体育专项资金投入；制订了合理的公共体育场地设施建设方案；采取“补偿措施”，加大对落后地区资源配置的倾斜力度；要求中小学校及高等院校按规定配备相应体育设施、场地；积极推动公共体育场馆设施为学校体育提供服务；要求利用青少年活动中心、少年宫、户外营地等资源开展体育活动，向学生免费或优惠开放。

此外，教育管理、规划部门对学校的体育师资力量进行有效提高，通过加大推进特岗计划体育项目、定向培养计划，为学校输送优秀的体育教学人才；通过提高体育教师的准入标准，实施多方位的培训计划，全面提高体育教师的综合素质，保证了体育教学的质量。

3. 青少年体育教育法制化建设出现多元共治的局面

根据青少年体育发展需要，中共中央、国务院适时出台了《中共中央、国务院关于加强青少年体育增强青少年体质的意见》《国务院办公厅关于强化学校体育促进学生身心健康全面发展的意见》等一系列青少年体育发展宏观政策，对青少年体育工作进一步提升。这些政策一是逐步实现了短期效应向长效机制转变，二是在政策制定过程中开始从服从向参与转变，为青少年体育发展提供了保障。

学校体育政策方面，围绕学生体质健康监测、体育办学条件、体育课程标准、校园体育活动等，国家相继颁布《中华人民共和国教育法》《中华人民共和国教师法》《中国教育改革和发展纲要》《学校体育工作条例》《高等学校体育工作暂行规定（试行草案）》《中小学体育工作暂行规定（试行草案）》《关于进一步加强学校体育工作的意见》等法规和文件，进一步完善了学校体育各项工作，确保了学校体育的管理有法可依。

各地方政府在中共中央、国务院政策指引下，相继出台了大量地方青少年体育、学校体育方面的配套政策，为进一步建设青少年体育教育法制化积极作为。

在政策、法制化指引下，学校体育的社会参与、合作群体及对象方面也积极响应，出台相应办法，丰富了青少年体育工作的共治对象。如国内外公益资金注入比例，社会组织的支持，志愿者等。

4. 以“校园足球”为核心的青少年体育校园工程迅速普及

以校园足球为引领，鼓励各级各类学校以足球、篮球、网球、排球、田径、游泳、冰雪运动和民族传统体育等项目为重点，建立特色项目学校，截至 2017 年已建立足球特色学校 20218 所。同时，支持学校通过创建青少年体育俱乐部、各级各类体校联办运动队、组建校园项目联盟等形式，创新体育后备人才培养的小学、初中、高中一条龙的培养模式。2017 年 12 月，国家体育总局、教育部联合制定并印发了中华人民共和国成立以来第一个专门针对竞技体育后备人才培养的指导性文件《关于加强竞技体育后备人才培养工作的指导意见》，开创了新时代竞技体育后备人才培养的新局面。

自2015年成立全国青少年校园足球工作领导小组后，校园足球进入发展快车道，软硬件建设水平稳步提高。一方面，专门设立全国青少年校园足球专项扶持资金，3年累计投入6.48亿元。国家级和省级教育部门共培训20余万名校园足球师资、裁判、教练和管理人员，累计选派1282名师生到足球发达国家进修学习。另一方面，校园足球特色学校快速发展，以点带面拓展推广范围，全国共认定和命名超过2万所校园足球特色学校、102个校园足球试点县（区）和12个校园足球改革试验区。

此外，校园足球顶层设计与基础实施取得初步进展。一是有关部门、各省区市的领导同志，从事体育、教育工作的有关同志，从战略上谋划、从政策上关心校园足球，建立了校园足球发展的指挥系统。二是3年来，新增7万多名足球教师，选派1000多名教练员、运动员到国外培训，引进360多名外籍足球教练来华任教，校园足球教师队伍初步建立。三是中央财政加大投入，带动地方投入近200亿元，建设足球场地5万多块，2万所足球特色学校建设的5年任务用3年完成。四是教学、培训、竞赛三大体系初步建立，形成了一整套校园足球发展的制度体系。成立全国青少年校园足球工作领导小组后，印发了《关于加快发展青少年校园足球工作的实施意见》，校园足球进入发展快车道，软硬件建设水平稳步提高。

二、青少年体育发展面临的主要问题

（一）青少年体质健康状况仍然堪忧

青少年的健康成长是整个社会可持续发展的根本保障，是民族和国家未来的希望。虽然《2014年全国学生体质与健康调研结果》显示，与2010年相比，2014年我国城乡学生身体形态发育水平，即身高、体重和胸围等发育水平继续提高。但是，在学生体质健康状况总体有所改善的同时，也存在一些严重的问题，主要有大学生身体素质继续呈现下降趋势；视力不良检出率仍然居高不下，继续呈现低龄化倾向；各年龄段学生肥胖检出率持续上升。青少年身心体质问题严重制约着青少年身心的发展。

青少年体质健康的问题直接关系到社会健康持续发展和中国梦的实现。因此，从建国初期倡导“劳卫制”，到20世纪80年代实施的《青少年体育锻炼标准》、2007年颁布的《国家学生体质健康标准》，再到2016年国务院颁布《青少年体育“十三五”规划》等，党和国家针对青少年的体质健康促进颁布了一系列政策。然而，学校体育工作和青少年体质健康并未在党和政府的高度重视及系列法规、政策的支持下实现预期状态，青少年学生体质总体连续下滑的态势虽然有所改善，但总体状况仍然让人堪忧。

相关研究指出，当前我国学校体育发展存在着指导思想迷失、发展格局封闭、实然地位的边缘、体质情结的泛滥、考试体育的追逐等 10 大新老问题。审视现状，面对 2020 年青少年体质实现“触底反弹”的政府“承诺”，学校体育改革向纵深推进已刻不容缓。处于新的历史发展阶段的学校体育应该在完善体育核心价值的基础上，通过引入社会力量激发活力，通过体制创新凸显专业力，通过培育新的增长点以实现体育增值，进而实现从承诺向现实的转变并开创学校体育新局面。

（二）多部门协同联动机制不健全

我国青少年体育工作主要由体育部门和教育部门负责。例如，青少年体质健康政策执行的机构主要包括教育部、国家体育总局及地方教育、体育等平行部门和具体执行学校。目前，虽然成立了各级体质健康检测和阳光体育运动领导小组，也成立了诸如“新时代青少年体质健康促进中心”等专门性、全国性公益组织，但整个执行组织机构互动不足，缺乏将这些环节进行有机联系和有效整合的沟通协调机制。公共政策执行的理论指出，多机构共同作用于一个公共政策并不是完善的设置，因为这样会增加绩效考核的难度和政策的执行成本，以及可能产生各自为政的问题。当然，如果有良好的多方联动机制出台，并且使得各方的资源得到更合理的配置，这些问题或许能得以妥善解决。虽然目前已经看到教育、体育等部门之间进行联动合作，并在阳光体育活动及校园足球等领域取得一定的成果，但由于体育、教育分属不同部门，作为共同执行主体也存在争取各自不同利益的情况。

青少年体育发展战略的顶层设计需要多部门、多领域、多层次协同配合，需要把多方力量打造融合成一个系统的整体，方能更好助推战略设计的顺利实施。但在现实中，青少年体育发展战略的顶层设计的系统性与协同性尚有不足，仍需进一步加强。当前的青少年体育在顶层设计中采取了积极举措，设定了目标、明确了措施，但需要进一步做好落地实施、后期评价及反馈等末尾环节，完成最后一公里的推送。落实《“健康中国 2030”规划纲要》对青少年体育做出的规划、体医融合等具体要求需要进一步增强政府、体育、教育与医疗卫生等部门对接与协同，进一步健全监管、评价体系，逐渐提升整个战略主体的系统性与协同性。

（三）青少年体育后备人才严重匮乏

青少年运动员是我国竞技运动的基础力量和未来希望。建立良好的青少年运动员多元培养体系是扩充竞技体育力量，实现竞技体育强国的关键举措。当前，我国现行的运动员培养体系主要是以“三级训练网”体系为主，同时以普通学校培养体系、企事业组织培养体系、家庭式培养体系、俱乐部培养体系和其他培养体系为辅组成的多元训练体系逐渐形成，同时也对现有体制提出了严峻考验。

第一，社会力量培养机制没有完全形成。我国青少年运动员多元培养系统协调、协同渠道不通畅，存在一定的制度障碍。第二，青少年运动员出口不畅，学生数量减少，体校竞争力不足。业余体校在运动员招、训、学、管等方面多游离在“义务教育”之外，与教育存在脱节现象，充分体现出体教融合的发展还存在障碍，体育和教育部门对青少年体育都有各自的权利与义务，具有一定的协调矛盾，缺少协调管理体系对接的体制机制。第三，教育质量提高，参训青少年人数减少。社会发展对运动员的要求不断提高，大部分家庭都不愿意孩子因进入体校而耽误文化课的学习，市场经济体制的改革使运动员职业不再具有制度保障的优越性。第四，社会大众对体育认识存在偏差。第五，青少年教练员自身知识水平的局限性导致青少年运动员训练体系缺乏科学性，主要原因在于，我国大多青少年教练员均是从小参加训练，理论学习欠缺，文化水平较低，对当代前沿训练发展趋势缺乏足够的认识，训练方法和手段较为陈旧，并不能很好的适应当今发展需求，这直接影响教练员的执教能力，进而影响竞技体育后备人才的培养。

综上所述，在运动员的培养中各种力量难以参与到学训协同中，尤其是教育与体育的剥离更是体现出青少年运动员多元培养体系协同性不足。体育与教育部门安排青少年竞赛活动冲突广泛存在，加剧了训练、竞赛、文化学习的矛盾，使得经济社会快速发展和体育系统改革相对滞后，从根源上说是体制局限。当今，体育、教育、社会等多元主体并存的大格局，更需要在青少年运动员培养中打破制度壁垒，实现制度设计上的深层次变革与协同。

（四）青少年体育公共服务有效供给不足

构建完善的青少年公共体育服务体系，不仅是增强青少年体质健康水平，遏制当前青少年体质下降的有效途径，同时也是构建人力资源强国的基础，实现中国梦的题中之义。青少年体育公共服务作为社会公共事务管理的重要组成部分，理所当然属于政府职能，相关制度的完善是形成青少年公共体育服务体系的基础。但目前，我国青少年体育相关的公共体育被分解到体育、教育、卫生、共青团等多个政府部门，为青少年提供体育的公共服务主要集中在国家体育总局青少司和教育部体卫司。这些职能部门在实际工作中涉及了大量的青少年体育事务，指定各类文件政策中也包含了青少年体育服务，同时由于缺乏一个具有统筹性的专门政府机构，文件与政策的落实过程中难免会出现交叉重叠的现象，甚至当某一事项几个部门都有责任时，最终谁也不负具体责任。例如，当前我国城市生源增加，土地资源稀缺，学校往往占用体育活动场地来增盖办公楼，学生人均活动场地极为有限，同时在农村，资金短缺导致的器材和场地的稀缺问题也很严重。由于公共财政投入较少，资金短缺，青少年体育公共服务在制度上有效供给不足。

此外，我国城乡分割的二元化社会格局及经济发展的水平的不均衡现象，使城市和乡村的青少年体育公共服务发展水平严重失衡。不论是从师资水平，还是从场地建设及器材投入来说，城乡水平都有很大的差别，在偏远的地方甚至连一块运动场地都没有，体育器材对他们来说更是奢侈品。由此可见，青少年体育公共服务存在经济发展不均衡导致的供给不足的现象。

受中国传统儒家文化的影响，“知识改变命运”是刻在人们骨子里的行为准则，且当前就业形势紧迫，不论是学校还是家长都给学生造成了应试教育的强大压力，对于未列入升学考试或仅仅只占一小部分的体育来说，是可有可无的存在，所以青少年的体育公共服务也常常被忽略。例如，当前社区的体育活动场所大多是针对老年人所设计的，节假日学校体育场地的开放不足50%，青少年在课外无处可去，严重缺乏满足青少年体育需求的活动场地。

最后，体育赛事作为体育产业和体育事业发展的双重引擎，在经济社会发展的过程中表现出快速发展的态势。大型体育赛事和以百姓参与为主要目的的群众性体育赛事，具有突出的公共性，属于准公共产品，所以青少年体育公共服务体系的建设离不开U系列赛事。但在社会充分发展的今天，青少年体育赛事的系统性不够完善，表现出总体规模小、覆盖层次不全、赛事体系不健全、市场化程度低、项目发展不均衡、社会参与程度不高等问题，另外我国冬夏季项目发展不均衡、大小球发展不均衡、东西部发展不均衡等现实问题，也能反映青少年赛事的系统与全面建设强国之间的差距。

综上所述，由于相关制度不完善、经济水平发展不均衡、传统文化根深蒂固及青少年体育赛事的非系统性，造成了我国青少年公共体育服务有效供给不足的现状。

三、新时代青少年体育发展展望

（一）发展思路

青少年体育工作发展以习近平提出的体育思想为指导，体育强国建设为根本，在广大青少年中大力普及和提高体育技能，大力培养青少年体育后备人才，以开放的思路面向全体青少年办好U系列赛事，做好青少年体育技能普及与提高工程，磨炼青少年意志，强健青少年体魄，为体育强国建设打下坚实基础；把青少年体育作为三位一体的根本保证予以高度重视，要把青少年体育摆在体育事业的基础和战略地位上，优先发展青少年体育事业，贯彻落实“五位一体”总体布局和“四个全面”发展战略，牢固树立并切实贯彻创新、协调、绿色、开放、共享“五大发展理念”；全面提高青少年体育治理体系和治理能力现代化；加大青少年体育投入力度，抓住关键点，补齐青少年体育的短板；转变青少年体育发展思路，重视身体素养在青少年体育发展中的作用。

青少年体育发展总体上必须以提高青少年体质健康水平和综合素质为根本目标，培养青少年形成良好的素养；以强化体育课和课外锻炼，促进青少年身心健康、体魄强健为根本宗旨；坚持党委领导、政府主导、部门协作、社会参与，形成政府、市场、社会组织、学生和家长共同参与的青少年体育共建共治共享的格局；继续深化青少年体育的法制化、规范化、社会化改革。青少年体育发展必须坚持以学校体育为根本、以群众体育为基础、以竞技体育为促进、以促进青少年全面发展为目的；共同营造全社会关心支持青少年体育的氛围。

（二）战略目标

第一阶段：从现在到2020年。全面贯彻中央精神，形成高度重视青少年体育之氛围，把青少年体育放在体育事业发展的基础和战略地位；继续加强和保障学校体育的中心地位，全面提升青少年体质，建立适应我国国情的竞技后备人才培养体系，全面提升我国青少年体育公共服务水平，健全青少年体育发展的法制环境，以增强青少年体质为基本目标，身体素养教育体系初步形成；学校体育场地设施与器材配置率完全达标；加强青少年体育文化教育，塑造健全人格；以促进体育在人的全面发展中的作用发挥为主要突破点，以提高发展质量和效益为中心，以建立完善的青少年体育公共服务体系为主线，坚持改革创新，不断完善体制机制，加强统筹协调；大力推进青少年体育产业化，全面引入市场机制，充分调动全社会积极性和创造性，厚植青少年体育发展基础，努力构建高水平创新型青少年体育新格局，推动青少年体育实现高质量、高效率、可持续发展。

第二阶段：从 2021 年到 2035 年。做到广大青少年体育运动意识普遍增强，体育锻炼习惯基本养成，身体素养教育教学体系基本形成，基本掌握至少两项运动项目技能，了解体育精神文化的功能与作用；青少年体育实现 0～18 岁全覆盖，活动形式更为多样、内容更为丰富，体质健康状况明显改善；家庭、学校、社区的联动效应持续增强，开展体育活动的保障条件更为完善，形成政府主导有力、部门协作顺畅、社会活力进一步释放的青少年体育工作新格局。

——青少年体育发展初步形成举国体制与市场机制相结合的新格局。打破体育部门一家办现状，实现举国体制与市场机制协调发展，形成党委领导、政府主导、社会组织、市场调控、家庭广泛参与的全社会齐抓共管、相互结合办青少年体育的治理体系；形成体教部门协同，社会与市场结合，各主体共同发力，不留空白、不留死角的青少年体育发展机制。

——青少年体育实现 0～18 岁，包含大学阶段全覆盖。加强婴幼儿体育开发、管理和建设，幼儿园体育场地、设施、师资、教材等基本完善。水上运动、冰雪运动、体操、田径、球类等项目建立符合婴幼儿特点的锻炼大纲和技术指导纲要。逐步建立婴幼儿体质健康标准测试体系。逐步完善社区婴幼儿、青少年体育场地、设施标准，纳入全民健身体系。要让青少年体育融入所有青少年生活学习中，实现生存+体育、生活+体育、学习+体育，在青少年成长全过程中融入体育要素。

——青少年体育后备力量培养体系更加丰富。各项目后备力量选材标准基本形成，后备力量人数和质量能够基本满足选材需要，形成国家队、职业队、各省、市、县区建成梯队式后备力量训练基地，形成政府、社会组织、学校、市场多元一体的青少年后备人才培养体系，各项目协会（项目中心）均成立青少年部或中心。

——青少年体育竞赛和活动蓬勃开展。足球、篮球、排球及有条件的项目与教育部门合作，形成覆盖各年龄段、覆盖全国 U 系列竞赛体系，同时，校园足球四级联赛运转正常，大力发展校园篮球等项目四级联赛，与U系列赛无缝接轨，以此为示范，建立完善青少年体育竞赛体系；不断开发全国青少年“未来之星”阳光体育大会等多种形式的竞赛活动，对青少年体育赛事活动带动作用明显增强；通过竞赛及其青少年体育活动，各运动项目在青少年中的普及程度进一步提高，青少年体育国际交流与合作进一步加强。

——青少年身体素质不断提高。体育课时得到保障，每天锻炼1小时得到严格落实，课外体育活动广泛开展，青少年体育技能培训质量与效益持续提升，基本实现青少年熟练掌握1~2项运动技能，青少年学生每周参与体育活动次数得到保障，学生体质健康标准优良率得到有效提高。

——青少年体育组织发展壮大。青少年体育组织类型不断丰富，规模不断扩大，布局更加均衡，服务与发展能力明显加强。不断加大国家示范性青少年体育俱乐部建设，加强各级青少年体育俱乐部建设。各级体育传统项目学校覆盖到区县一级。青少年体育组织覆盖乡镇（街道）、城市社区和具备条件的农村社区。

——青少年体育场地设施明显改善。各市（地）至少建立1个青少年校外体育活动中心和青少年户外体育活动营地，各县（区）普遍设置专门的青少年校外体育场地设施，社区、农村必须建设适合婴幼儿和青少年的体育场地及设施。公共体育设施和有条件的学校体育设施向青少年开放。

——青少年体育指导人员培训广泛开展。进一步提高常见体育项目学校、青少年体育俱乐部和青少年户外体育活动营地管理人员培训量；加大培训国家级和省级常见体育项目教练员和学校体育骨干教师，体育教师普遍参加各级教师培训；提高培训基层体育指导人员数量；各地大力开展各类青少年体育指导人员培训。

——青少年科学健身研究和普及成效显著。系统开展青少年科学健身理论与方法、场地设施和运动器材等方面研究。普遍开展青少年科学健身普及推广活动，青少年科学健身水平切实提高。

——青少年体育网络平台发挥重要作用。创建青少年（包含婴幼儿）的体育网络平台，开发一批网络课程、网络训练APP等，借助网络资源大力推广青少年体育理论知识、实践训练计划、健康营养套餐等。科技助力网络+体育的青少年体育快速发展。

——青少年体育均衡发展。积极支持贫困落后地区青少年体育发展，中央财政转移支付的主要部分应用于贫困落后地区体育建设。国家体育总局及其各部门、各项目协会建立与贫困落后地区长效的支持机制。贫困落后地区青少年体育发展问题得到精准解决，以促进青少年体育均衡、充分发展。

——青少年体育市场健康成长。积极推进青少年体育的市场化、产业化发展，积极鼓励和支持社会企业介入青少年体育市场，发挥市场在青少年体育资源配置中的基础性地位，创造公平竞争的市场环境。支持和鼓励企业参与青少年体育场地建设、青少年体育课程和活动开发、青少年特别是婴幼儿体育运动设备设施开发，举办多种类型的青少年体育赛事、运动项目培训、素质拓展活动等。

——青少年体育文化教育不断进展。大力推进体育文化教育进校园，不断推进体育与健康课程标准的时代化。推进中华体育精神进课标、进教材、进课堂。营造健康积极向上的青少年体育文化氛围，发挥体育在培养青少年健全人格方面不可替代的作用。

第三阶段：从2036年到21世纪中叶。青少年体育工作在全社会引起高度重视，青少年体育工作治理体系和治理能力现代化程度进一步提升。青少年体育发展协同机制畅通、高效；政府、市场、社会组织、家庭各主体作用充分发展，社会力量广泛深入参与青少年体育，举国体制与市场体制协调发展，青少年体育产业高度发达；学校体育接近或达到发达国家水平，身体素养教育教学体系不断完善，青少年身体素质稳步提高，学生体质健康标准优良率达到更高水平；体育文化教育体系进一步完善，文化教育发挥重要作用；体育锻炼成为青少年生活中不可或缺的一部分，青少年体育事业成为我国体育强国建设的重要助力；青少年后备力量培养体系进一步完备，后备人才充足，水平高；普及青少年体育竞赛，U系列与校园联赛融合，青少年参加各类体育竞赛比例进一步提高；实现婴幼儿体育体系完善，幼儿园体育场地充足，体育师资普及化，幼儿参与体育运动的时间更加合理科学。

（三）主要措施

1. 贯彻以身体素养为核心的体育教育理念

体育理念是体育教育的方向，影响体育教育思想的形成，我国现代学校体育教育指导理念的目的是为了我国学校体育的不断发展及促进学生的身心健康。进入21世纪后，在“健康第一”和“终身体育”的学校体育教育理念指导下，我国教育改革不断深化和完善。

终身体育的概念已提出多年，因缺乏实际的操作路径，多流于口号。其原因之一是缺乏统合各年龄阶段的共识。幼儿、少年、青年、成年、老年体育由不同学段的教育组织（托儿所、幼儿园、小学、中学、大学）或社会组织（社区活动中心、俱乐部、运动队等）分而治之。由于缺乏贯通性的理念，各年龄组的体育实施各行其是，多聚焦于短期目标，割裂多于衔接，冲突多于协同，无法形成积累效应。体育考核的功利化和标准化又进一步强化了年龄阶段的分割。而“身体素养”这一概念的提出，是将健康放在第一，立足于人的整体，着眼于身体活动与积极生活方式的契合关系，在情感、认知和身体等相互关联的多种维度上激发动机，培养能力，形成终身参与的行为习惯。

身体素养不是固定的状态，不是一旦形成便可终身保持的状态，而是一个动态过程，称为“身体素养之旅”。身体素养之旅始于摇篮，终于坟墓，贯穿整个生命过程的不同时期，与动态的生活过程同步展开。一个人只有在儿童少年时期打下身体素养的基础，才能在其一生的各个时期根据内外环境的变化，不断加以完善，保持终身体育的习惯。身体素养这一理念只有进入学校，尤其是中小学，并将其贯穿于整个体育教育过程，才能从根本上发挥作用。

我国应将身体素养这一核心理念贯穿整个体育教育过程，这样才能有力地推动体育融入生活中，形成终身体育的习惯，达成建设体育强国的目标。

2. 实施青少年体育资源提质增效的互联网+工程

利用“互联网+工程”带动青少年体育场馆资源的高效利用。体育场馆通过借助 APP 或公众号等互联网手段，形成与青少年的即时互动，适时掌握体育场馆的使用、空余情况，提高体育场馆的利用效率。

利用“互联网+工程”提供青少年体育信息资源的广泛共享。青少年赛事、青少年体质状况、青少年运动员库等相关的信息资源，均可以借助“互联网+工程”形成的大数据平台积极共享，为青少年掌握、观看、查询提供服务和便捷。

利用“互联网+工程”构建青少年体育学习资源并促进高效利用。以“互联网+工程”为主体，积极构建青少年相关的体育学习、动作技能、理论知识等资源库，通过青少年的访问，提高学习效率。现实的人工智能、VR 技术等新兴产品，在市场上受到了广泛欢迎和关注。为此，学校可借助、应用这些产品，帮助青少年体育学习提高。

利用“互联网+工程”搭建青少年体育人力资源互动平台，提高青少年体育交往能力。构建青少年体育人力资源平台，融入青少年体育交友、会友、组织竞赛的功能，形成线上互动、线下交往的良好局面。发挥“互联网+工程”对青少年人际关系的积极作用。

3. 研制和实施青少年体育公共服务均等化的整体方案

青少年体育公共服务的内涵是以政府为核心的多元化主体，为促进青少年健康成长，提供的体育产品和服务就青少年体育公共服务均等化，应该注意到提供的整体方案面临对象的特殊性、具备的服务性及其服务性的安全性等内容；同时要结合新时代我国国情，考虑到遵循政府主导型、公益性、需求导向性、全民性、便利性等原则，提高受益人群的最大化，服务的均等化，效益最优化。我国青少年公共体育服务体系均等化整体方案的研制和实施，可以从以下方面着手：一是青少年所处的学校、家庭、社会三方面公共服务均等化方案，这对青少年体育发展起着基础、关键性作用，也是青少年体育公共服务均等化考虑的核心。二是做好青少年锻炼、娱乐、训练、比赛之间公共服务均等化，这对于青少年从事体育的选择与决定、价值导向、出路具有重要影响。三是青少年德、智、体、美全面发展公共服务均等化方案。全面发展就是要从身、心、智、社会适应为青少年全面发展做好设计，如何协调这些关系并凸显体育，需要继续研究。四是青少年体育信息、产业、后备人才的公共服务均等化方案，做好注重青少年体育信息发展，提高青少年体育参与；产业化发展为青少年体育提供经济支持；体育活动室、俱乐部等为青少年体育后备人才产出服务。

在秉持和注重以上原则及体系的情况下，研究和实施青少年体育公共服务均等化的整体方案，还需要注意如下方面：一是青少年体育公共服务均等化主体的构成层次问题。既要体现政府职能或公共权力，又要体现社会组织参与青少年公共服务均等化。二是青少年体育公共服务均等化的供给模式，这其中牵扯到基础设施、体育管理组织、体育指导员、体育竞赛组织、体育信息技术及宣传等方面协调、运行。三是青少年体育公共服务均等化的绩效考核，这包括青少年公共体育服务理念、评价制度、服务执行满意度等。

4. 优化以青少年 U 系列赛事为主体的联赛体系

举办体育赛事是促进青少年运动技能普及与提高的重要手段，也是检验青少年运动技能、选拔青少年体育人才的有效平台。我国青少年体育赛事种类齐全：青少年 U 系列赛事、青少年运动会、锦标赛等体育赛事开展多样，为青少年搭建了同台竞技的舞台，为发现和培养优秀体育后备人才提供了支持。下一步，应以青少年U系列赛事为主体、结合国际青少年体育竞赛平台、着力打造国内与国际接轨的青少年体育联赛体系，提高赛事影响力。一是搭建起U系列赛事的管理服务平台和政策平台，把政府购买服务和U系列赛事奖励机制逐步建立并完善起来，抓紧启动“我要上全运、我要上青奥”等系列活动。二是面向普通青少年，以单项赛事为抓手，定位于全国最高赛事级别，重点打造在青少年中有广泛基础的全国赛事，如校园足球、篮球、乒乓球等，提高赛事参赛水平。三是举办国际青少年赛事的中国分站赛，树立中国分站赛的知名度。四是以青奥会为最终目标，打通青少年体育各项赛事出口，实现优秀青少年直通青奥会。五是以中国青少年具有优势的项目为龙头，举办该项目国际青少年体育赛事，邀请国外青少年共同竞赛，打造中国青少年赛事国际最高品牌。六是畅通青少年赛事到职业赛事的衔接路径，实现从青少年赛事向职业赛事的贯通。七是逐步实施U系列赛事与校园四级联赛接轨，将校园四级联赛作为U系列的组成部分，特别是将学校联赛作为U系列竞赛的最基层赛事，形成完整的竞赛链。

整合与完善青少年竞赛体系平台，要畅通青少年赛事到职业赛事的衔接路径，以开放的思路面向全体青少年办好各类U系列赛事，打造以青少年U系列赛事为主体的国内外联赛体系，通过体育竞赛磨炼青少年意志，强健青少年体魄，为体育强国建设打下坚实基础。

5. 畅通青少年拔尖人才“主-辅”多元培养工程

我国青少年运动员培养体系一直是由多种具体制度构成的制度体系来协同三级培养体系的持续、有效地运行。这种体系的对于其“主”机构的依赖较强，未能畅通和调动“辅”机构的作用。下一步应畅通青少年体育拔尖人才“主—辅”多元培养体系的体制机制，具体可借鉴青少年体育后备人才“育苗”工程。

选苗：建立起基于大数据的后备人才库，通过新格局下的科学谋划和顶层设计，打造国家队和国家集训队预备队、各级体校高水平运动队、大中学校高水平运动队、俱乐部高水平运动队、留学生群体高水平运动队5支队伍。

养苗：即在5支高水平运动队的训练培养过程中，可以尝试在国外建立基地，与国外体育组织联合培养模式，“引进来、走出去”，尝试多元化的与国际项目一流国家建立实训基地，参与国外联赛，以赛带训。支持大学承接国家队、省队；中学建国家队、省队；初中建市队，充分发挥各级各类学校的力量。鼓励家庭先期投资培养好苗子，给予政策、资金、技术上的支持等措施办法。解放思想，多元建队，集中突破，做到体育覆盖全体青少年，覆盖全部奥运项目。同时，构架复合型团队提供科学训练方法，以“2+5”模式，打造专业复合型教练团队，以一个教练为核心，一个领队为引领，五个专业人才为支撑。邀请国内外知名、优秀教练团队，构建各奥运项目的全覆盖型教练团队，不断研究更新适合我国青少年体育后备人才的科学训练方法，形成体系、形成梯队。

护苗：即从政策制度、人才通道、资金支持、场地设施等方面给予青少年竞技体育后备人才的发展强而有力的坚实保障。关键是在运动员的上学、就业、激励等方面要有一套成熟的机制。当他们面临伤病、年龄、保险等问题时，不是一下推向社会，而是要有一套合理、规范、开放的机制，让青少年运动员感觉有奔头，有退路，让家长解除后顾之忧。形成完整的后备人才训练、保障机制，紧密结合完善社会保障制度体系进程，落实运动员养老保险待遇。

分苗：即运动员的退出机制，在运动训练过程中，一部分运动员由于身体发育、伤病等原因无法再从事本项目的训练和比赛工作，需要建立完善的运动员分流和退出机制。有些运动员可能不适合从事本项目，也可以转到其他项目或从事其他工作，如从事教练员、学校体育等工作；还有些运动员可能选择退役，再就业，再教育等。因此，完善、科学、有效的运动员分流、退出机制是保障运动员运动生涯持久、人才管理科学规范的有效措施。

青少年运动员“主—辅”多元培养体系承担的另一项重要任务是做好青少年体育技能的普及与提高工作。这种体系要从幼儿园起至大学，实现全学段的覆盖。体系的主要内容包括两方面：一是普及阶段，主要以幼儿园、小学为主。二是提高阶段，主要以中学、大学为主。普及阶段的主要任务是：培养青少年对体育的兴趣、热爱，积极参与体育运动，争取每人掌握两项以上体育运动技能。提高阶段的主要任务是：提高青少年体育运动技能，参与体育运动训练，争取竞赛优异成绩。

青少年体育技能普及与提高要从以下几方面着手：第一，体育部门要担当自己的责任，推动体教结合；第二，体育设施要双向开放，一方面要让学校的体育设施向社会开放，另一方面政府的公共体育设施要向学校开放；第三，抓好冬夏令营等青少年户外体育培训，在全国搭建几个平台，鼓励各省市、社会各方通过冬夏令营活动组织体育培训，通过互联网接受青少年报名；第四，尽快公布社会大众认证运动员等级认定标准，打通青少年U系列体育赛事，畅通体教结合培养青少年体育技能普及与提高。

除了以上普及与提高青少年体育体系的构建，这一体系在不同的教育阶段，还需做好青少年体育文化的教育。一是编制与青少年学段相符的体育文化教材，供青少年教学、阅读使用。这些教材中要更多地编写体育文化知识、内涵、价值等方面内容，摒弃一味注重动作技能的做法。二是营造校内体育文化，一方面是做好以“体育文化特色学校”为典型的体育校园的建设，另一方面发挥学校体育馆、体育长廊的作用，营造体育文化氛围、开展体育文化讲座、举行体育文化演出、竞赛等。三是利用社会资源，建设体育博物馆、体育纪念堂、青少年体育文化教育基地、体育名人公益活动，加大青少年体育文化教育的校外力量。四是利用网络资源，体育部门、学校、青少年宫、体育培训机构等建设体育文化 APP 等，开展体育文化碎片化教育。

6. 全面实施以幼儿园为阵地的“启蒙体育”活动

幼儿教育阶段是人生中第一次接受全面系统的体育教育，这对于“扣好人生健康的第一粒扣子”至关重要。体育启蒙教育是儿童全面和谐发展的重要组成部分，是增强儿童体质最积极、最有效的措施，是儿童形成最基本体育技能和后继体育学习能力的关键所在，是儿童终身体育意识和能力形成的良好铺垫。

“健康中国”战略要求体育提供全生命周期的健康服务，一是要落实“从娃娃抓起”的要求，扩展体育的新空间，遵循体育发展规律，抓好适合幼儿参与的足球、小篮球、快乐体操、趣味田径、游泳等体育项目，做实做好幼儿“启蒙体育”教育；二是要紧抓幼儿教师的培训活动，办好示范性的幼儿体育教师培训班，通过培训幼儿教师的体育技能来普及幼儿体育技能；三是要建立一批“启蒙体育”试点幼儿园，加强幼儿体育教育，通过合理布局，以点带面，辐射整个区域、人群的身体素养与体育技能教育。

7. 系统开展青少年体育多学科融合的研究工作

青少年体育是整个体育工作的基础和重点，没有青少年体育工作的良好运行，不可能有全民族体育健康、体育事业的蓬勃兴旺，也不会有教育事业的健全发展，民族振兴和社会进步也将难以实现。一直以来，关于青少年体育研究的工作备受学者们的注意，比如青少年体质、青少年体育参与、青少年体育教学等，审视这些研究所属的学科，多以体育学为主。

立足新时代，青少年体育肩负的责任更多，面临的问题也将更加复杂。以单学科一己之力，对遇到的问题不能完全解决，需要多学科系统性地融合，从各自专业角度得出新的知识和方法，进而完成共同的研究任务。系统开展青少年体育多学科融合的研究工作。一是体育学跨学科研究。跨学科研究的核心是强调研究的交叉性，实现新的学科进步发展。以跨学科研究的这一显要特点，甄别属于体育学跨学科的研究范畴。如青少年体育网络工程研究，从表面来看似乎是一个体育学研究领域问题，但却难以解决。需要运用网络工程等多学科交叉，才能取得良好结果。二是体育学多学科研究。多学科研究是指围绕青少年体育某个重大社会实践问题，将 2 个或 2 个以上的研究人员组织起来，每个参与研究的学科力求从本学科的角度，运用本学科已有的知识、方法，产生独立的、具体的学科研究成果，是一种学科间视角、知识与方法的非综合性混合研究形式。如青少年体育竞技水平的提高，是一个全方位、多因素的系统化工程，需要体能、营养、生理、训练、心理、社会保障等多学科合作进行研究。三是体育学超学科研究。超学科研究是指在熟练掌握 2 个或多个独立学科理论与方法的基础上，提炼学科间共同互通的理论与方法，形成超越独立学科理论、方法和问题的更加一般化的理论范式，进而将这个理论范式转化或应用到不同研究领域，增进对其他研究领域或复杂性问题的解决。如青奥会的研究，就可以根据不同的研究切入点来选择研究范式与方法，最终得到最好的结果。

此外，还应该通过宏观、中观、微观等不同视角，质性研究与量化研究相结合方法，对青少年体育进行全方位研究。只有通过这些多学科、多视角、多方法的融合，共同研究，青少年体育发展才能更好。

（陕西师范大学　史兵）

第八章

体育科技改革与发展

近年来，习近平多次深谈科技创新，多次强调创新是第一动力，提出“体育强，中国强”的体育事业发展的战略定位。体育科技是体育事业发展的重要保障之一，要成为体育强国，必须具有强大的科技实力，谁在体育科学研究与科技创新方面领先，谁就能够占据体育事业发展的主动权。因此，体育科技的创新与发展是建设体育强国的重要支撑。

2008年北京奥运会以来，体育科技的创新与进步已经融入我国体育事业发展的各个领域，并取得了一系列的成就。

面对未来，体育科技如何对接健康中国的建设，继续推动全民健身与全民健康深度融合？如何助力2020年东京奥运会和2022年北京冬奥会，实现奥运会的新突破？如何加快发展体育产业，助力中国经济转型升级？如何促进体育领域各项改革进一步深化，提高体育科技创新能力对建设体育强国的贡献率？这些都对我国体育科技工作的发展提出了更新更高的要求。为此，必须抓住机遇，迎接挑战，科学规划，深化改革，有效推动我国体育科技事业的进一步发展，为实现体育强国做出应有的贡献。

一、体育科技改革与发展主要成就

（一）体育科技管理体制和政策逐步完善

我国科技事业发展战略的指导思想从“科教兴国”逐步向“自主创新”转变，体育科技的外延扩展至社会科学和人文学科领域。在此战略思想指导下，我国体育科技发展的指导思想也从“科技兴体”逐步向“科教兴体”转变，管理政策也进行了相应调整，即坚持以科技政策方向为导向，越来越重视体育科技研究，以体育战略调整为依据，坚持制定体育科技发展规划，坚持体育科技行政管理体制和体育科技科研管理体制改革。

党中央、国务院的重大决策部署极大地激发了体育事业发展活力（表 8-1），体育科技政策体系越来越健全，对全民健身、竞技体育和体育产业发展的助力效果日益显现，体育科技工作不断开创新局面，推动我国由体育大国向体育强国迈进。

表 8-1　近 10 年我国主要体育科技政策一览

年份	政策名称	改革导向
2010 年	《全民健身计划（2011—2015 年）》	促进全民健身与竞技体育协调发展，提高全民族身体素质、健康水平和生活质量
2010 年	《国家体育总局体育哲学社会科学研究项目管理办法》	加强了对国家体育总局体育哲学社会科学研究项目的管理
2011 年	《体育科技、教育和反兴奋剂工作“十二五”规划》	提高体育科技成果转化水平
2011 年	《体育事业发展“十二五”规划》	加大科教兴体力度，继续深化体育科技管理体制改革
2012 年	《国家体育总局中长期体育科学与技术研究指导纲要（2011—2020）》	提高自主创新能力和解决体育实践关键问题的能力
2014 年	《国务院关于加快发展体育产业促进体育消费的若干意见》	首次将全民健身上升为国家战略
2016 年	《体育事业发展“十三五”规划》	提出“完善体育科技创新体系”

续表

年份	政策名称	改革导向
2016年	《全民健身计划（2016—2020年）》	强调“强化全民健身科技创新”
2017年	《体育标准化管理办法》	推进科技创新成果推广应用标准化

近年来，我国高度重视体育科技工作，体育科技组织机构逐步完善，科研管理逐步走上规范化、制度化、法制化的轨道。目前，已逐步形成“政府指导、科研院所和高等院校为主力、社会组织为支撑”的体育科技行政管理体制。具体表现为以国家科技部、教育部、国家体育总局、全国哲学社会科学办公室和国家自然科学基金委员会、中国体育科学学会为宏观管理；以各省（区、市）科技部门、体育科研机构和体育院校（系）为主体；以各省（区、市）体育科学学会等体育科研团体为社会支撑。

竞技体育科技攻关与服务工作是我国体育科技工作的重要内容之一。从2008年奥运会后，国家体育总局对备战奥运科技攻关项目的立项制度进行改革与创新，由原来的课题研究制，改革为服务合同制（购买服务制）。科研项目立项由国家体育总局各运动项目管理中心负责组织，项目管理中心和国家队（或国家集训队）成为科研项目的直接管理单位，强调把科研成果能否应用于训练实践、能否解决运动训练实践中的关键问题作为科研项目的主要评价标准，极大地调动了各运动项目管理中心、国家队（或国家集训队）和教练员参与课题立项、管理的主动性和积极性。

为规范国家体育总局体育科技服务购买工作，加强对国家队科研攻关与科技服务工作的管理，国家体育总局制定了《国家体育总局购买体育科技服务管理办法》。此外，从2008年开始，国家体育总局通过重点实验室建设、科研项目管理改革、体育科技行政管理体制改革等一系列机制创新，促进了体育科技工作的全面发展。

（二）建立起多层次体育科技工作平台

近10年，国家和体育总局对体育科技非常重视，加大体育科技人才、课题数量、科研机构、科研仪器设备的投入力度。20世纪80年代之前，我国专职的体育科研机构仅有7个，到2016年，我国体育系统专职的科研机构已达60个。至2018年，各省级行政单位（台湾、香港、澳门除外），除海南外，都建立了体育科学研究所。

近 10 年，我国基本建立了多层次的体育科技工作平台，提供强有力的科技支撑与保障。现有的重要的国家体育总局布局设立的体育科技工作平台（表 8-2）。另外，我国各省（区、市）也在积极探索建立体育类的科技基础创新平台。

表 8-2　我国重要的体育科技工作平台一览表

序号	平台名称	平台建设目的	平台主要内容和现状
1	国家体育总局重点实验室	为高水平运动队备战国内外比赛和开展全民健身研究提供高水平科技保障平台	2002 年国家体育总局在直属单位进行了直属重点实验室建设，首批直属重点实验室 6 个，到目前已在全国建立了 50 多个国家体育总局重点实验室。2018 年发布了《国家体育总局重点实验室管理办法》，并举办重点实验室科研人员培训班
2	国家体育总局体育科技示范园	为促进体育科技成果转化，实现科技与体育的深度对接	经国家体育总局批准，全国首家“国家体育总局体育科技示范园”于 2009 年在上海体育学院正式挂牌成立。国家体育总局体育科技示范园开展了体育科技成果转化与产业化综合服务平台建设
3	国家队体育科技信息化平台	充分利用信息技术，提高国家队科学训练和管理水平	自 2006 年起在 17 支国家队（或国家集训队）建立了首批体育科技信息化平台。体育科技信息化平台为推动体育科技创新提供了有力支持
4	国家体育总局训练基地科技平台	为了满足国家集训队备战世界重大比赛日常科学训练的需求	自 2001 年起逐步为奥林匹克体育中心、射击射箭项目管理中心、自行车击剑项目管理中心等七个训练基地配备先进的科研仪器设备，改善科研的基础条件，推动体育科技创新
5	国家体育用品工程技术研究中心	对体育用品现有技术的再次开发利用和自主知识产权新产品的研发	2014 年研究中心通过了科技部组织的专家验收，代表了我国体育用品工程技术领域的最高水平
6	公共体育设施产业技术创新战略联盟	整合产业技术创新资源，促进产业技术集成创新	2014 年公共体育设施产业技术创新战略联盟正式启动，并挂靠在国家体育总局体育装备中心。引导创新要素向企业集聚，提高产业技术创新能力

续表

序号	平台名称	平台建设目的	平台主要内容和现状
7	国家体育总局体育社会科学重点研究基地	繁荣我国体育哲学社会科学，培养优秀学术人才，形成学术交流平台	首批体育社会科学重点研究基地为6个，截至2015年，国家体育总局体育社会科学重点研究基地已发展到25个。积极组织高水平研究，培养了一批优秀的体育哲学社会方向的学术人才
8	国家体育总局体育文化研究基地	深入研究体育文化，通过体育平台展示“和平崛起、和谐发展”的中国新形象	国家体育总局体育文化发展中心自2008年起在全国已经建立了50多个体育文化研究基地。不断推动体育文化繁荣与进步，促进高等学校学科建设和发展

（三）体育科学研究投入与高水平课题立项数量明显增加

1. 体育科技投入明显增加

从投入看，2008—2016年我国共投入体育事业经费30885393.71万元，其中投入科学技术共47316.14万元，占体育事业总经费的0.15%，科学技术支出经费保持平稳；2008—2016年我国共投入体育科研经费154625.22万元，占体育事业总经费的0.50%。体育科研经费的投入呈快速增长的趋势（表8-3），从2008年的4119.9万元增长到2013年的16020.97万元，增幅为289%；而2016年的体育科研经费高达96744.16万元，是2015年体育科研经费的8.75倍，主要加大了对地方体育科研经费的投入。体育科研经费占体育事业总额百分比从2008年的0.13%提高到2016年的2.38%；2016年体育科研经费占体育事业总额的百分比为2008年的18.3倍，为2015年的7.68倍。

表8-3　我国体育科研经费、体育技术支出经费及占体育事业总额百分比

内容	2008年	2009年	2010年	2011年	2012年	2013年	2014年	2015年	2016年
体育科研经费（万元）	4119.90	3416.00	3013.00	3898.70	4372.20	16020.97	11989.13	11051.16	96744.16
科学技术支出经费（万元）	4705.13	5367.98	5209.85	5496.58	4933.88	5111.05	4817.54	5708.33	5965.80
体育事业总额（万元）	3078847.20	2899548.20	3259153.10	3652094.60	3884185.90	3157941.18	3337892.36	3549526.63	4066204.62
体育科研经费占体育事业总额百分比（%）	0.13	0.12	0.09	0.11	0.11	0.51	0.36	0.31	2.38

续表

内容	2008年	2009年	2010年	2011年	2012年	2013年	2014年	2015年	2016年
体育技术支出经费占体育事业总额百分比（%）	0.15	0.19	0.16	0.15	0.13	0.16	0.14	0.16	0.15

注：数据均来源于《体育事业统计年鉴》《中国科技统计年鉴》、国家体育总局。

2. 高水平课题立项数量明显增加

近10年来，体育科技体制和机制改革取得成效，科研环境和条件不断改善，科研经费大幅增长，科研成果在数量和质量上均获得显著提高，从国家级科研成果，如国家社科基金项目、国家自然科学基金项目，到国家体育总局及各省、自治区、直辖市科技、社科类项目均取得丰硕成果，体育科学研究获得了空前的发展。

近10年国家社科基金体育科学类的立项数量为1118项（表8-4），包括重点项目、重大项目、一般项目、青年项目和西部项目。研究主题有竞技体育、群众体育、体育产业、社会体育、体育文化、学校体育、体育理论等，立项课题总量呈现稳步增长的趋势。近10年国家自然科学基金体育科学类的课题立项数量为724项（表8-5）。

表8-4 近10年国家社科基金体育科学课题立项情况（项）

年度	重点项目	重大项目	一般项目	青年项目	西部项目	合计
2008年	1	0	44	14	9	68
2009年	3	2	40	18	3	66
2010年	4	2	47	25	8	86
2011年	3	1	57	29	6	96
2012年	5	0	57	35	8	105
2013年	3	1	69	41	8	122
2014年	5	2	89	30	3	129
2015年	4	2	93	24	8	131
2016年	4	3	113	22	9	151
2017年	12	3	116	25	8	164
合计	44	16	725	263	70	1118

表 8-5 近 10 年国家自然科学基金体育科学课题立项情况（项）

年度	重点项目	面上项目	青年项目	专项项目	国际项目	地区项目	合计
2008 年	0	22	12	1	2	1	38
2009 年	1	36	11	2	2	1	53
2010 年	1	40	11	8	1	4	65
2011 年	0	39	31	6	2	5	83
2012 年	1	41	22	7	1	2	74
2013 年	2	55	35	3	4	5	104
2014 年	3	44	30	1	1	9	88
2015 年	1	49	33	0	1	2	86
2016 年	0	28	23	0	1	9	61
2017 年	0	26	39	0	0	7	72
合计	9	380	247	28	15	45	724

国家社会科学基金与国家自然科学基金资助体育学的立项数逐年增加，体育科技经费投入呈爆发式增长，体育自然科学经费获批项目总经费由 2008 年的 803.5 万元增加到 2013 年 5528.45 万元，增幅为 588%。体育科学研究工作总体呈现蓬勃发展的局面。

（四）反兴奋剂工作力度不断加大

长期以来，我国坚持反对使用兴奋剂的立场和观点，国家体育总局始终坚持“严令禁止、严格检查、严肃处理”的反兴奋剂三严方针。目前已经形成以联合国教科文组织的《反兴奋剂国际公约》为指导，国务院的《反兴奋剂条例》《中华人民共和国体育法》《关于严格禁止在体育运动中使用兴奋剂行为的规定》（总局 1 号令）及《反兴奋剂管理办法》（总局 20 号令）为基本框架的反兴奋剂法律体系，为我国的反兴奋剂工作提供了充分有力的法律依据和司法保障。经过 20 多年的努力，我国逐步建立了统一的反兴奋剂管理体制。

我国紧密对接世界科技发展的前沿动态，加大反兴奋剂研究的力度，积极开展《兴奋剂检测技术与方法研究》《运动员食品安全研究》《兴奋剂重组生长激素检测方法研究》等重大反兴奋剂攻关项目的研究力度与水平，为中国代表团在北京奥运会、伦敦奥运会和温哥华冬奥会、索契冬奥会兴奋剂“零阳性”提供了关键的技术支撑，实现了精神文明和比赛成绩双丰收。

2007 年，北京兴奋剂检测实验室成立。实验室每年检测的样品数量为 15000 例左右，样品量在全球 WADA 认可的 33 个实验室中位居前列，先后圆满完成北京 2008 年奥运会、2010 年广州亚运会、2013 年全运会、2014 年第二届夏季青年奥林匹克运动会等国际国内重大赛事反兴奋剂工作。实验室开展大量深入的检测方法研究，承担和参与了多项国家和部委级的科研课题，取得了包括国家科技进步一等奖、国家体委/国家体育总局科技进步特等奖和一等奖等，以及中国分析测试协会特等奖在内的多项科研成果。2018 年，上海建立了兴奋剂检测实验室，两个兴奋剂检测实验室，计划做世界第一个基于大数据的精准检查项目，实现反兴奋剂工作与科技创新的有机结合，为北京 2022 年冬奥会提供服务保障。

（五）科技助力体育发展成效明显

1. 科技助力奥运取得成效

近 10 年，我国体育科技与运动实践紧密融合，解决关键问题的能力逐步提升。如跳水、体操、举重等优势项目在奥运会上不断夺金，体育科技的支撑作用功不可没；部分潜优势（帆船、水上、游泳等）项目在奥运会比赛中取得优异成绩，国家科技支撑计划项目《我国竞技体育潜优势项目取得突破的关键技术研究》，所取得的一大批创新成果发挥了巨大作用。

近 10 年，我国竞技体育领域的研究应用成果共获得 4 项国家科技进步奖（均为二等奖）（表 8-6）。在备战 2008 年、2012 年奥运会过程中，广大科技人员以科技创新为引领，深化对不同运动项目规律的认识，系统研究妨碍运动员竞技能力提升的关键问题，解决了训练监控、体能训练、运动项目致胜关键技术等一系列困扰训练质量提升的核心问题，是我国在北京、伦敦奥运会取得优异成绩十分重要的保障。

表 8-6 近 10 年我国竞技体育领域获得国家科技进步奖的科研成果统计表

年份	项目名称	主要完成人	主要完成单位	推荐单位	授奖等级
2009 年	中国优秀运动员运动训练的生理生化监控理论与方法	冯连世，冯美云，冯炜权，盛蕾，周志宏，张漓，洪平，邱俊强，武桂新，刘建红	国家体育总局体育科学研究所，北京体育大学，北京市体育科学研究所，江苏省体育科学研究所，湖南省体育科学研究所	国家体育总局	二等
2010 年	提高运动员体能的关键技术研究	谢敏豪，陈佩杰，林炳承，冯炜权，曹建民，矫玮，林文弢，盛蕾，严翊，何文革	北京体育大学，上海体育学院，中国科学院大连化学物理研究所，广州体育学院，江苏省体育科学研究所，河北省体育科学研究所	国家体育总局	二等
2012 年	竞技体育对抗性项目致胜关键技术系统研究与应用	虞丽娟，张辉，凌培亮，陈佩杰，章建成，孟宪明，戴金彪，孟范生，王继红，周成林	上海体育学院，同济大学	上海市	二等
2014 年	中国游泳运动训练的关键技术突破与创新	陆一帆，杨红春，郑闽生，程燕，贾蕾，闫会萍，温宇红，马云，蔡有志，许琦	北京体育大学，国家体育总局游泳管理中心，浙江体育科学研究所，上海体育学院，国家体育总局体育科学研究所，国家体育总局运动医学研究所	国家体育总局	二等

近 10 年，科技助力国家游泳队、花样游泳队、艺术体操队、举重队、乒乓球队、皮划艇队、田径队等国家队。在科技攻关服务中，组建成立复合型的科研医务保障团队，内容包括体能训练、运动康复、运动营养和机能监控等科技服务小组；进行生理生化机能测试，包括血液生化指标、肺功能、3D 形态、身体成分扫描等，为运动员机能监控与营养保障提供数据支撑；制订个体化的康复治疗方案，实施关节稳定性训练、肌肉平衡化训练和物理因子治疗等运动康复措施，为运动员日常训练及参加世锦赛、奥运会等重大赛事提供了有力保障；为重点备战运动员提供辅助专项力量监测、专项速度能力诊断和损伤筛查与康复治疗等一系列综合科技服务，提高了运动员训练质量和关键技术；提供国际最新信息情报，针对性地对世界体育强国相关项目的相关活动进行信息收集与分析，发现最新发展动态，向国家队提供主要竞争对手的技术分析报告和信息、视频等，用信

息为队伍提供技术支持。

国家主导的教、科、训一体化青训体系为奥运备战及国家青训体系建设提供教育、科技和智力（智库）支撑；建立“人工智能体育实验室”，以大数据为依托，以运动人体科学、运动训练学研究成果为依据，助力备战奥运会，加快人工智能与体育深度融合。

为了保障北京2022年冬奥会各项工作顺利推进，科技部制定了《科技冬奥（2022）行动计划》，真正实现科技助力冬奥会筹备工作。

2. 科技助力全民健身成果颇丰

近10年，体育科技研究在国民体质监测与评定领域取得了较为丰富的成果，针对不同人群，尤其是中老年人、青少年体质健康水平进行了深入调查与研究，为体育与教育部门公共政策的制定和实施提供了重要理论依据和实践指导。

全民健身已成为国家体育事业发展的关键领域。国家体育总局和中国体育科学学会分别于2009年、2010年和2014年召开了“全民健身科学大会”，专门对近年来涉及全民健身的研究进行深入交流和讨论。教育部陆续与地方高校共建了3个体育学重点实验室（表8-7），实验室建设聚焦于为群众体育服务，为体育强国建设提供科技保障与支撑。

随着全民健身事业的发展，越来越多的科研力量积极投入全民健身工作，全民健身科研活动广泛开展，科研成果迅速增多。为充分发挥科技在群众体育事业发展中的先导和支撑作用，国家体育总局设立全民健身研究领域课题，围绕全民健身工作中的难点问题、共性问题开展研究。“十二五”国家科技支撑计划项目《科学健身专家指导系统和服务平台的关键技术研究》及《运动促进体质健康关键技术的研究与应用》取得一系列成果。运动健身专家指导系统关键技术的研究、运动健身监控网络平台的开发与应用、大众体质健康评价标准研制与特定人群健身方法开发、“科学健身示范区”相关仪器设备及技术标准研究与应用等课题，对于全民健身科学指导和决策服务发挥了积极作用。

表8-7　教育部和地方高校共建体育学重点实验室

名称	运行单位	获批时间	研究定位
运动与体质健康教育部重点实验室	北京体育大学	2009年	针对国民健身需求，广泛开展运动与体质健康基础与应用性研究

续表

名称	运行单位	获批时间	研究定位
青少年健康评价和运动干预教育部重点实验室	华东师范大学	2010 年	为中国青少年体质健康的综合评价及运动干预的标准化、科学化、普及化提供服务
运动健身科技教育部重点实验室	上海体育学院	2011 年	运动健身生物学基础、特殊人群运动健身及运动健身工效学研究

健身科技创新平台是构建全民健身科技创新体系的基础工程。2011 年，国家体育总局在 6 个省（区、市）启动了国家级国民体质测定与运动健身指导站建设试点工作。“十二五”时期，依托全民健身活动中心和各类综合性体育中心，初步建立了国家、省、市三级“体质测定与运动健身指导站”网络，为广大群众提供体质测定、运动能力测定和科学健身指导，各省市结合自身特点展开了不同形式的科学健身指导活动，提高群众科学健身的意识。为推动全民健身科学研究，有关部门和组织还举办了各种全民健身科学专家论坛、报告会、研讨会，如全国综合性体育科学大会、体育发展战略研讨会等。

（六）体育科普成效较为显著

1. 面向公众开展了丰富的体育科普活动

全国各地科协和科普组织在各种大型活动中积极开展科普宣传和科普咨询活动，提升了体育科技助力群众体育发展的水平。大力宣传倡导科学健身理念，激发广大群众“想健身”的积极热情。利用全国科普日和科技周等各种活动开展了人民群众喜闻乐见的体育活动；开展了国民体质检测、健康咨询和开具运动处方等免费活动，激活广大群众“去健身”的行动力；开展了“全民科学健身大讲堂”等活动，向公众发放科学健身的宣传页和宣传品，普及了科学健身知识。加强各级体质测定与运动健身指导站的建设，积极宣讲科学健身知识，开展城乡居民日常体质测定和科学健身指导，不断满足人民群众日益增长的体育健身需求。

2. 加快科普信息化建设，搭建网络科普平台

由国家体育总局体育科学研究所、国家国民体质监测中心主办，各省区市体育局承办的全国首个大型科普健身活动“科学健身中国行”，自 2009 年以来，构

建了一个政府主导、地方承办、专家参与、社会支持的科学健身指导平台，义务为广大群众提供科学健身指导服务。各地还开展了全民健身网络知识竞赛活动，运用新媒体传播手段普及推广体育健身知识。利用科学健身科普中国网等网上平台，积极宣传和普及科学健身理念、方法，指导群众科学健身。

3. 推进科普创作，设立“科学健身科普书籍资助出版”项目

资助出版科普专著，为广大体育健身爱好者提供切实可行的健身指导，普及科学健身知识，推广科学健身方法，提高全民健身的科学化水平，从而推动科技创新与科学普及两翼的共同发展。其中，《全民健康十万个为什么》系列丛书曾获得 2016 年国家科技进步二等奖。

（七）国际交流合作开创新局面

1. 国际合作研究水平明显提高

我国在国际体育科研文献合作率指标上已处于较高水平，国际合作已成为推动我国国际体育科技文献快速增长的重要动力。近 10 年（2008—2017 年，表 8-8）我国学者投稿国际体育核心期刊文献 4075 篇，其中国际合作文献为 1966 篇，占总量的 48. 25%。从纵向发展趋势看，我国整体文献量一直保持较高的增长态势，年均增长率 27. 3%。随着整体文献量的增长，国际合作文献量也在快速增长，平均占总文献量的 48%。合作国数量从 2008 年的 22 个扩增到 2017 年的 46 个，我国体育学者与国外机构的交流越来越广泛。

表 8-8　中国国际体育科研合作情况一览

	2008	2009	2010	2011	2012	2013	2014	2015	2016	2017
文献量	194	198	263	333	372	406	443	556	639	670
篇均作者数	4. 0	3. 9	3. 9	3. 9	4. 1	4. 1	4. 2	4. 0	4. 0	4. 0
国际合作率	45. 9%	49. 5%	48. 7%	47. 4%	46. 8%	44. 6%	50. 1%	49. 3%	47. 3%	50. 7%
合作国家数	22	25	30	28	35	33	43	45	44	46
通信作者率	44. 3%	47. 9%	46. 1%	40. 5%	52. 0%	47. 0%	44. 8%	51. 6%	53. 1%	52. 6%

通信作者率能够反映我国学者在国际合作工作中的分工和角色。近 10 年来，我国在该指标上始终保持在 40%以上。我国国际体育科研在该指标上处于较高水

平，在国际合作中拥有较高的话语权和主导地位。近两年，我国国际体育文献合作率始终保持在47%以上，通信作者率始终高于52%。伴随着国际体育科研文献总量的增长，说明国际合作在推动我国国际体育科研增长的同时，也推动了科研合作主导力的提升。

2. 国际（地区）间体育科技交往活动频繁

国际（地区）间交流是连接国内外体育科技工作者的路径与桥梁。近年来，国家体育总局、我国体育高校和体育科学学会等主办和承办的国际会议次数明显增多，会议层次明显增高，交流论文的数量和质量都不断提升。其中影响较大的学术会议有：世界运动心理学大会、运动与健康国际论坛、世界体育信息科学大会、世界运动医学科学大会、国际运动生物力学大会、国际神经与认知科学大会。例如，2012年国际体育科学、教育与运动医学大会在北京举办，这次大会我国共1080余篇论文被大会录用，其中，口头报告250余篇，墙报交流830余篇，参会代表400余人。

近些年，国家体育总局、专业体育院校和体育科学学会等多次组织体育科技相关人员赴英国、美国、澳大利亚、德国、日本、芬兰等国参加学术会议，并与部分国家开展了双边交流。国内学者积极参与欧洲体育科学学会年会、美国体育科学学会年会及国际体育科学学会年会等重要的科技学术会议，并有一批高水平专家在国际重要学术会议上进行大会专题主报告，推动了我国体育科技进步的国际化进程。

二、体育科技发展面临的主要问题

（一）管理体制机制与发展需求不平衡

1. 体育科技管理体制不健全

重大体育科技研究缺乏顶层规划设计，在体育科技创新管理中缺乏总体部署和有效安排，体育科技体制改革中许多重大决策落实还没有形成合力，难以有效形成统一的战略部署，也难以形成完整的创新链条。宏观管理存在多头管理、机构重叠、条块分割现象，导致项目交叉重叠和人才、资源的浪费。

科技部、国家体育总局、教育部、全国哲学社会科学办公室和国家自然科学基金委员会、中国体育科学学会等宏观管理层尚未形成体育科技创新决策和组织机制，宏观管理层各部门之间没有统一的联动机制，科研攻关、科技服务管理脱节，科技创新的宏观决策机制亟待完善，我国体育科技管理体制还不能完全适应建设体育强国的需要。

2. 多元主体协调联动机制不畅

由于不同体育科技管理部门机构设置不同，国家体育总局体育科学研究所、各省市体育科学研究所、体育院校、体育企业等多元主体间的协同没有联动机制，多元主体之间缺乏有效的统筹协调，浪费了有限的科技资源，制约了体育与科技的有机融合和互动发展。除北京体育大学由国家体育总局直接管理外，上海体育学院、沈阳体育学院、成都体育学院、武汉体育学院和西安体育学院等高等体育院校全部交由地方管理，间接导致了高等体育院校与行业主管部门的脱节，科技创新难以实现无缝式对接，难以实现资源共享，缺乏健全的、有效的科技信息与资源的共享机制。

3. 资源共享平台不完善

国家体育科技创新体系整体效能不强，体育科技创新资源分散、重复、低效的问题还没有从根本上得到解决。资源共享平台是体育科技创新体系的重要组成部分。重点领域资源共享和交流平台的不完善，导致体育科技成果在竞技体育领域的应用和转化成效不明显，体育科技对体育公共服务体系建设及促进体育产业发展的支撑不足等。

共享平台孤立、不交叉。我国目前初步形成了竞技体育信息共享平台、群众体育健身指导平台和体育产业服务平台，但 3 个平台之间彼此分割、相互独立，基础理论研究薄弱，信息不能共享和交换。

网络平台建设缺失。在互联网应用普及的环境下，体育科技共享资源网站缺乏且不健全，无法及时互通不同重点领域内的资源和积累的经验和教训，也不能及时共享、掌握不同信息平台的前沿动态，不利于体育科技创新的实现。

（二）体育科技基础研究与应用研究发展不平衡

1. 体育重大基础性和原创性研究滞后

目前，我国的体育科学研究主要集中在应用研究和科技服务上。而与世界体育强国相比，我国体育类重大基础研究和原创性研究明显滞后，对基础研究重视不够，重大原创性成果缺乏。总体表现为体育科技结构不合理：基础研究薄弱。我国体育科技基础研究投入比重偏低，在管理上仍沿用传统的分散管理模式，在选题上缺乏科技含量高的重大课题研究，在操作上缺乏资源共享和有效监督。由于缺乏系统的基础研究，具有自主知识产权的核心技术和重大原创性研究成果匮乏，极大影响了科学研究的质量。

2. 群众体育和体育产业研究滞后

体育科技成果的研究领域主要包括竞技体育、群众体育、体育产业和其他领域。整理2011—2017年我国679项体育科技成果并按上述研究领域进行归类，结果如图8-1所示，77%的体育科技成果的研究方向集中在竞技体育领域，在竞技体育领域科技成果中，又以训练方法和理论的创新、技战术分析、机能评定和运动康复为主，为国家队和省队训练竞赛提供技术支撑。群众体育领域科技成果和体育产业领域科技成果分别仅占8%和2%。总体数量偏少，不利于我国群众体育和体育产业的快速进步和发展，应加强对群众体育和体育产业方面人才的培养，提高这两个领域科技成果的数量和质量，为构建体育强国奠定基础。

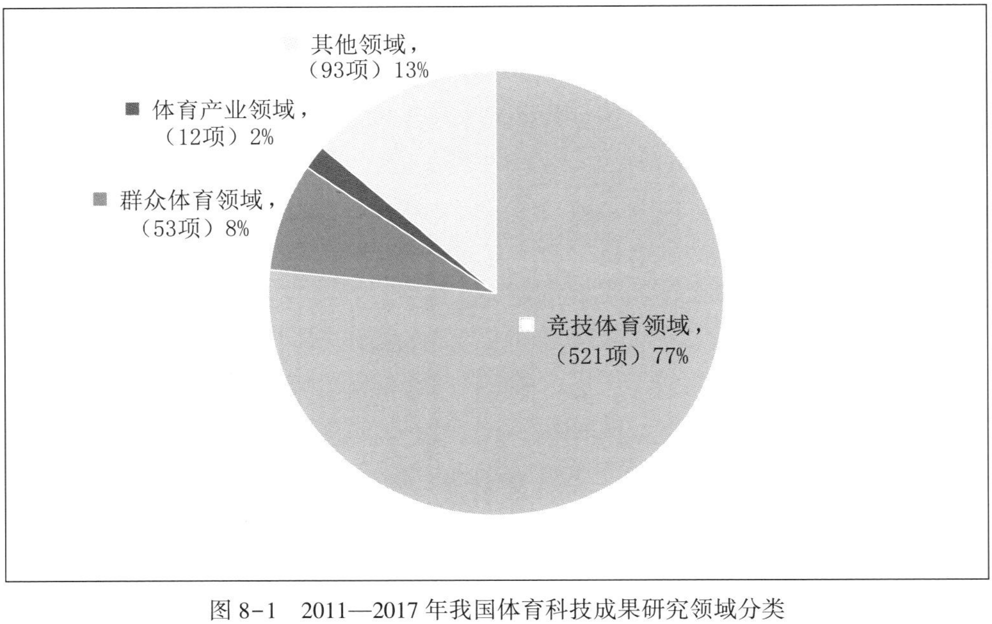

图8-1　2011—2017年我国体育科技成果研究领域分类

3. 体育科技成果转化与应用滞后

现在，体育科技投入成倍增加，但体育科技成果转化、实现产业化、创造市场价值的能力不足，导致科技成果产出率、投入产出比低。主要表现为：一是体育科技重投入、轻转化的投入结构不合理，很多体育科研项目的科研成果没有得到及时推广与应用；二是体育科技成果中涉及材料科学、人工智能、信息技术等创新性成果并不多，科技成果的实用性和可靠性有待完善与提高；三是体育科技成果评价机制不完善，体育科技创新政策与体育产业政策的统筹衔接还不够，以金牌为导向的评价机制会造成体育科技资源更多流向传统优势项目，加剧运动项目发展的不平衡。目前，许多高校对科研成果的评价仅仅是以成果的论文数、获奖数和专利数为依据，而忽视了科研成果对市场、对实践的影响，从而大大降低了科研成果的真实价值。缺乏科学合理的体育科技成果评价机制及体育科技结构布局落后之间的矛盾，是制约体育科技成果产业化的显著不利因素。

（三）重点领域科技攻关与服务能力不平衡

1. 重点领域解决关键问题的能力不足

在竞技体育领域，科研攻关深度有待增强。科研攻关还不够深入与到位，还存在攻关与服务、科研与应用相对脱节的现象，主要表现为运动训练实践与科研的结合不够紧密。现有科研攻关与科技服务能力发展不平衡，还不能完全满足奥运会项目备战实际需要。在运动训练学科理论研究方面，解决专项重大问题的理论储备不足，解决专项重大问题的技术创新点较少。人工智能新技术、生物技术等在运动实践中的应用不广泛，信息源有待进一步拓宽等。对项目特征的认识还不够深刻，训练手段评价、运动损伤康复、生理心理监测调试等方面有待加强。

在全民健身领域，竞技体育科技成果转化不够。自然科学领域中涉及全民健身的研究还不足，成果产出对全民健身效果的提升还远远不够。自然科学领域全民健身研究还存在国际热点跟踪迟钝、接轨较慢的现状，缺乏从运动健康促进、运动干预慢性病的机制、方法等角度来进行研究，缺乏中国特色的运动处方库。交叉学科研究助力全民健身还相对缺乏，“体医”融合模式如何构建，更好服务全民健身有待探索。基础水平探究运动促进健康的机制还不健全，重复性研究较多，方法单一，而且不同院系、不同团队研究之间的横向合作较少。云计算、物联网、大数据等新一代技术还没有与全民健身很好地融合创新。

2. 跨学科资源动员和整合能力不强

学科交叉研究往往是科学上产生重大发现的重要途径，当前许多重大的体育问题往往很难归为单一的学科，多数是交叉性的，解决这样的问题需要多学科协同、交叉的能力。在重点领域，体育科技人员自发收集信息资源的意识不强，整合处理信息资源的能力不足，较少动员多学科力量来解决体育中的重大问题。将其他领域科学研究方法的移植再生用于体育领域的能力薄弱，不利于从多角度、多层面对体育现象和体育活动开展共时性的横向研究与历时性的纵向研究，从而影响体育新的研究领域的开发。

3. 体育产品自主研发能力薄弱

目前，我国体育领域的科研院所、实验室中心、国家队（或国家集训队）使用的各类体育科研仪器设备、高端训练器材等基本上都是体育发达国家研发与制造的。而由我国自主研发制造的产品比例很低，高端产品更是凤毛麟角。目前存在体育科技成果供需双方信息不对称、科技成果转化率低等问题。

我国体育器材生产企业尽管数量非常多，但是体育器材产品性能和科技含量不高，缺少高端研发，与国际水平相差甚远。我国体育器材生产企业技术投入经费占企业收入比重较低，大部分企业都没有专门的科技研发部门，阻碍了企业的可持续发展。我国体育用品产业的标准管理远远落后于发达国家，缺乏对核心技术和关键零部件的掌握，缺乏技术创新，不重视研发对体育器材产业标准制定的支撑作用，技术标准的研制和技术创新需求不匹配。对专利不重视，无法从标准专利技术的许可中获益，整体来说，体育用品产业的标准形成过程缓慢。

（四）人才培养模式与人才需求不平衡

1. 体育科技人才培养供给不足

没有形成对人才的多层次、多形式、开放性的梯队式培训或培养体系。缺少具备多学科知识，既懂体育又具备科研能力的新型复合人才。人才培养基础仍偏窄，知识结构相对单一，应用型人才短缺。全国公共体育科研机构中与其他领域横向比较而言，体育科技人员从业人数和比例都偏低，体育科技吸引力在减弱，很多优秀人才不愿意从事体育科技科研工作，人才与梯队培养跟不上，高层次人才严重缺乏，一些重点实验室后继无人。

2. 体育科技人才评价激励体制机制有待完善

近 10 年，我国体育科技人才发展体制机制还不完善，仍然存在过度注重年度考核现象。体育科技人才评价制度不合理，唯论文、唯职称、唯学历的现象仍然严重，名目繁多的体育科技评审评价让科技工作者应接不暇，人才管理制度还不适应体育科技创新要求。许多省市的体育科学研究所、高等院校的体育科研领域，对科研成果的评价仍以论文数、获奖数和专利数为依据，很多青年科技人才为达到考核标准，疲于应付眼前而拆分科研成果，从而缺乏科研工作的长远规划。激发人才创新创造活力的体育科技激励机制还不健全，缺乏多学科融合、多团队协同、多技术集成的重大研发与应用平台。在体育科技人才的各项政策上，包括支持科研立项、科研奖励等方面有待完善，科技人才的激励政策在广度和深度上都有待加强。

3. 体育科技领军人才严重不足

目前，竞技体育领域既懂运动项目训练，又具有丰富科技攻关服务经验和创新能力的体育科技专家非常少；群众体育领域既掌握丰富的运动促进健康理论基础知识，又具有丰富实践指导和服务能力的体育科技专家非常少。特别是在国际上有影响力的体育科技专家和创新团队数量偏少，高水平领军人才和高水平创新人才仍然不足。有专业背景和一线实践经验的高层次科研人才缺乏，科研人员开展原创性科技创新的积极性不高，应有的潜力和能力未能充分激发。

（五）国内外体育科技交流不平衡

1. 国际体育科技交流亟须加大力度

近年来，我国在体育科技国际交流合作方面取得了一定成果，但影响力仍有限，国际化的科技创新成果较少，吸收国际体育科技资源的能力和参与国际合作研发的能力还较弱。我国国际体育科技合作交流事业目前还处于发展初期，无论是总量还是国际影响力，都与欧美发达国家还有较大差距。受到技术水平的限制，我国在国际科技项目中仍处于从属地位，多层次、专业化的国际交流与合作有待加强。

2. 国际合作参与层次单一，投入经费力度不足

我国参与国际体育科技合作主题太过单一，总量也偏少。而且项目参与主体限于部分高水平高校、行业带头企业与科研所。国际科技合作经验缺乏，导致我国体育科技视野狭窄，科研能力提升不快。此外，我国在国际体育科技合作上投入经费有限也是造成我国国际体育科技合作水平不高的原因之一。尽管我国逐渐重视国际体育科技合作，经费投入总量增多，但与欧美发达国家相比，投入比例仍较低。这是亟待解决的问题。

三、新时代体育科技发展展望

（一）发展思路

面向新时代，我国体育科技领域要以党的十九大精神为指导，深入贯彻落实习近平新时代中国特色社会主义思想，着力推进国家体育总局“五位一体”和“四个全面”的战略布局，以体育科技创新为根本，以体制机制改革为动力，以体育事业发展实践需求为依据，以多元化体育科技人才队伍建设为关键，以国际国内融合发展为途径，全面提升宏观管理、理论创新、服务决策、技术研发、实践指导、引领发展、国际融合、协同创新的能力，达到体制改革与机制创新见实效、主要领域的核心竞争力显著增强、体育科技服务保障支撑力度强大有力、多样化体育科技人才规模排名世界前列、国际合作与融合程度明显提升这一建设目标，为体育强国和健康中国建设提供强有力的科技支撑和保障。

（二）战略目标

依据我国社会主义现代化建设和体育强国建设战略目标，新时代我国体育科技事业发展的战略目标分为 3 个阶段。

第一阶段：从现在到 2020 年。体育科技体制改革和机制创新初见成效，体育科研质量和水平稳步提高；基本建立围绕竞技体育、群众体育、体育产业三大主体工作的科技服务保障体系，完成竞技体育专项研究平台、群众体育科学健身指导平台、体育产业科研服务平台建设；科技助力东京奥运会成效显著；科技开发力度和成果转化率大幅提升，人才素质和能力明显增强；初步建立起服务国家任务、满足社会需求、支撑行业发展的现代体育科技管理的体制和机制。

第二阶段：从 2021 年到 2035 年。完善体育科技创新体系，强化顶层设计，

优化体育科技结构布局，建立资源分布合理、配置优化、多元化立体型的科技管理体制；联合不同行业开展限制体育重点领域发展关键技术研究，布局重大基础研究和前沿问题；加快推进现代生物技术、人工智能、大数据、新一代互联网技术在体育领域的研究与应用水平，实施科技和数据驱动战略；积极推进体育科技工作与经济社会发展、体育改革发展的协同联动，适应“互联网+”的要求，推动科技创新、体医融合、军民融合，建立多方合作、资源共享、协同创新、融合发展的新平台、新机制。

第三阶段：从 2036 年到 21 世纪中叶。建立顶层设计合理、科技资源配备均衡、中央与地方联动紧密、符合体育强国建设目标、高效运转的体育科技创新管理体系；全面实施智慧体育工程，基本完成覆盖全社会的公共体育信息服务体系；基本完成各类体育专项数据库的建设，智慧体育场馆、智慧运动社区建设在全国城乡覆盖率超过 60%；科技助力竞技体育、全民健身和体育产业全面实现信息化、智能化和数字化；各项体育科技基础设施、体育科研经费、资源条件与世界体育强国持平；高水平复合型体育科技创新人才规模世界领先；体育科技创新能力突出，整体水平位列世界前列；基本实现中国体育科技管理体系、创新体系、应用体系的现代化。

（三）主要措施

1. 积极构建更加开放和高效的多元化体育科技管理新体制

（1）加强顶层设计，优化体育科技结构布局

加强顶层设计，建立新型体育科技管理制度和机制。从体育科技创新深层次的宏观问题着手，充分发挥政府体育主管部门在顶层设计和政策引领等方面的主导作用，促进群众体育、竞技体育和体育产业协调发展。在充分调研的基础上，打破原有的传统的单一化的科技管理体制，大胆引入职业化、市场化和社会化机制，国家宏观体育科技管理部门应积极研究与制定我国不同层级的体育科技发展战略和政策。明确体育科技企业、体育院校、体育科研院所创新主体在创新链不同环节的功能定位，统筹协调国家体育总局、体育科研机构、体育院校、企业不同部门、多环节之间的问题，集中攻关，保障新型体育科技创新体系有序、高效运行。打破条块分割，统筹体育科技管理资源，建立公开统一的国家体育科技管理平台。整合我国现有体育科技计划，构建功能清晰、布局合理的具有中国特色的体育科技计划体系，打通中央到地方的区域壁垒，实现体育与科技、医学、产

业等其他领域多元化的融合创新，建立和形成目标明确、绩效导向、科学高效、公开透明的体育科技管理制度和机制。

优化体育科技结构，建立中央与地方联动的技术支撑平台。对国家体育总局层面管理的国家（重点）实验室、国家体育科技信息化平台等和各省（区、市）管理的体育类科技基础研究平台等进行合理归并，按功能定位分类整合，进一步优化布局。提高体育院校、体育科研单位科研设施开放共享程度，鼓励国家体育科技基础平台对外开放共享，提供高质量体育科技资源供给，实现资源的高效整合，促进国家重大体育科研基础设施和科研仪器向公众开放，并提供技术服务，建立跨机构、跨地区的技术共享平台。

（2）建立体育科技成果共享与区域创新协调发展机制

逐步推进实施国家体育总局与地方体育科技联合创新平台建设。加强国家与地方、区域的联动，高标准建立和完善由国家和地方体育科学研究所（中心）、高校体育科技创新与服务体系、体育科学研究重点实验室、体育信息技术服务平台等构成的多元化多层次体育创新体系。中国体育科技的创新发展既要重视国家体育总局及其直属科研院所的总体发展，又要兼顾各个地方体育科研院所、体育科技企业的特色发展，逐步形成各层次、各地区的中心与区域的协调发展与成果共享机制：一是要理顺各体育科学研究所（中心）与区域的优质资源，建立资源共享机制；二是要将国家体育科技及产业规划与各地资源进行合理匹配，国家体育科技创新中心的建立与体育科技的集聚同步对接；三是建立国家体育科技资源市场平台，形成良好的体育科技创新与市场环境，建立健全多渠道、多形式投入的国家体育科技创新体系。

（3）建立国家体育科技重大问题的协商机制

体育科技在重大问题研究上缺乏国家层次常设的科技决策咨询、评估机构，要加快建立体育科技重大问题咨询、支撑行政决策的体育科技决策机制，发挥智库和专业研究机构作用。需要建立由国务院牵头的体育科技联席会议制度，由国家体育总局、教育部、科技部、全国哲学社会科学办公室和国家自然科学基金委员会等多方参与，对体育科技发展政策和战略问题等进行协商，在政策指南制定、体育科技创新发展战略制定和体育研究课题设置等重大问题上有明确的规划和分工。聚焦国家重大体育科技创新战略任务，面向世界体育科技前沿，面向国家重大需求，超前部署，瞄准突破口，推动科技创新，建立围绕国家体育科技重大问题的协商机制。

(4) 建立更加科学规范的科研项目申报管理制度

一是建立集中、高效、专业的体育科研项目管理机构。建立统一的国家体育科技管理信息系统，将现有具备条件的体育科研管理类事业单位改造成规范化的体育科研项目管理专业机构，依托体育科研专业机构来统一进行项目的申请，组织项目评审、立项、过程管理和结题验收等；分析研究过往项目数据、发掘前沿体育科技领域；科学规划重点项目领域，拟定研究目标，协助指导项目设置。二是体育科研专业机构应加强规范项目过程监管。对申请通过的项目及其资金管理进行详细的规定，包括定期的进度报告、发明报告、项目财务报告及项目审计等，同时对项目研究进展和经费执行进行监管，评估项目开展情况；在项目开展执行阶段对项目评估结果进行反馈，指出项目中潜在的问题及可能需要技术支持与指导的方面。三是制定体育科研专业机构管理制度和标准，权责清楚，加强对体育科研专业机构的监督和评价，鼓励具备条件的社会化科技服务机构参与竞争，推进体育科研专业机构的市场化，并与国际化接轨，使体育科技管理工作进一步规范化。

2. 聚焦国际前沿，积极开展原创性基础研究

(1) 追踪世界科技前沿发展动态，着力推进原创性基础研究

面向国际科技发展的前沿，我们必须加强理论问题研究，特别是全局性、战略性和前瞻性的重大基础问题。在追踪世界科技前沿发展动态的基础上，以推动重大体育科技项目为抓手，实现前瞻性基础研究，加强引领性原创成果重大突破，加大原创性研究力度，围绕体育发展中的重大理论与现实问题开展基础研究；重点加强与完善体育管理体制改革与治理研究、体育推进健康中国的研究、体育拉动消费促进经济增长的研究、体育文化尤其是项目文化的研究、体育法治的研究、职业体育的研究、体育哲学社科话语体系的研究、体育国际话语权的研究、体育基础理论的研究。尤其加强在竞技体育和群众体育工作中开展科学研究，加强竞技能力提升机制、健身提高免疫力、健身解决慢性病的机理和方法等基础理论研究。加强对采用新技术监控运动训练过程、健身提高人民生活质量等前瞻性研究的超前部署。

重视基础学科、自然学科与体育学科的交叉性研究，以多学科理论和方法为背景，立足于体育问题，鼓励跨学科探索研究，在新兴前沿交叉领域成为开拓者。同时制定激励政策，鼓励从事基础性和前瞻性研究，对创新性显著、影响力

较大的相关研究进行奖励，强化基础研究创新性。

（2）着力推进冬季项目和潜优势项目的原创性基础研究

充分发挥国家科技支撑计划项目的支撑和引领作用，以发展促备战为指导思想，调动各方面体育科技资源参与北京冬奥会科技备战工作和潜优势项目备战的各个过程，着力推进冬季项目和潜优势项目的原创性基础研究，提升奥运会备战训练过程的科技含量，促进北京2022年冬奥会在筹办过程中攻克一批核心关键技术。

借鉴夏季优势运动项目科研管理和组织工作的成功经验，探索建立复合型科研攻关团队，加强科技创新。根据冬季项目和潜优势项目各项目特点，组建成立体能训练、运动康复与心理、运动营养和机能监控等多个科技服务小组，研究跨界、跨季与跨项选材与训练、伤病预防与康复、医学豁免等有关原创性研究，开展多学科、综合性科研攻关，着力解决关键问题，提供全方位科技保障。借助2022年冬奥会的契机，联合科技部，提升科研立项的数量和质量，促进冬奥会运动员竞技能力关键技术的提升和原创性研究的立项。以冬季项目和潜优势项目的原创突破为前沿技术提供更多创新资源，增加冬季项目发展的基础理论研究和潜优势项目的理论研究，取得更多创新性科研成果。

（3）要大力开发与应用前沿科学新技术

高度重视体育科技领域先进的科学技术应用与创新。继续加强科技的支撑和引领作用，推进以人工智能、云计算、大数据、物联网和互联网为新技术与体育服务、运动装备制造等领域的深度融合创新，着力攻克竞技体育关键核心技术，破解创新发展难题，在重大科技课题中不断取得突破，着力增强自主创新能力。论证人工智能提升高水平运动员科学训练水平和竞技实力的实现方式，充分发挥科技助力奥运的作用。探讨人工智能、大数据等提升体育核心领域科学训练水平的可行性和实现路径，建立重点运动员备战重大赛事的科技服务系统。研究生物科学、信息科学、材料科学等领域内高新技术对体育竞技方面的介入和影响。利用生物科学的最新制品来提高运动员承受训练负荷和能力与参与竞技的能力，将信息科学的新成果运用到训练和比赛中的信息采集，传输和处理能力中，结合材料科学的新产品，来促进运动成绩的不断攀升。

通过大数据等架设运动训练与健康的桥梁。支持现代化科技成果和信息技术在全民健身领域的转移与应用，促进以云计算、物联网、大数据人工智能为代表的新一代技术与全民健身的融合创新。加强“体医融合”和“非医疗健康干预”，提高“健康绩效可测性”，务实、高效地把“全民健身”推向纵深。采取不同的科技服务策略，提升全民健身服务品质。提高大众健身科学化水平，建立测试、诊断、干预、评价和服务相结合的立体化体系，系统研究和全面应用服务并举，重点开展成果的应用转化。研究通过健身提高免疫力，解决慢性病的机理、方法等基础理论和前沿技术，建设中国特色的运动处方库。与科技部、中医药管理局等协同合作，为全民健身科技工作争取良好的外部环境和更有力的外部支持。

构建人工智能体育产业支撑体系。一是面向重点产品研发和体育行业应用需求，支持建设并开放多种类型的人工智能海量训练资源库、测试数据集和云服务平台，完善人工智能标准和评估体系，建设体育知识产权等服务平台，加快构建智能化基础设施，打造体育人工智能网络安全保障体系；二是积极探索“互联网+体育”发展的新路径，促进以云计算、物联网、大数据为代表的新一代信息技术与体育服务、运动装备制造等的融合创新。用智能化引领体育用品行业转型升级，加强技术创新，推动体育科技成果转化和应用。

3. 聚焦成果应用，大力推动重点领域研究的成果转化

(1) 完善体育科技成果转化机制，提升科技成果转化程度

加强配套法律和宏观政策支持。推动法律法规的落实与完善，各地方、各级体育主管部门、各体育研究开发机构、高等院校单位都需要切实落实政策，建立跨部门的体育科技成果转化项目的统筹决策和联动管理制度，争取相关部门出台针对体育科技成果转化的财政、税收、土地等配套制度。各级体育主管政府应积极发挥体育科技成果宏观调控和引导功能：在体育类研究开发机构和高等院校中设立科技成果转化管理职能部门，或者专职或兼职的相应管理职位，或者委托独立的科技成果转化服务机构开展技术转移；要将体育科技转化作为科技管理工作的新常态；设立推广体育科技成果转化示范基地和示范点；要建立完善体育科技成果转化的长效工作机制和管理制度，加强对体育科技成果转化的管理、组织和协调。

发挥市场对技术研发方向、各类创新要素配置的导向作用，让市场真正在创新资源配置中起决定性作用。加快体育科研成果从样品到产品再到商品的转化，把科技成果充分应用到现代体育事业中去。建设国家层面体育科技成果信息交流制度，设立全国科技专用数据库，全面掌握有关人力、科技成果、技术水平和成

熟程度、产业化应用前景等方面的情况，为合作双方提供灵便、高效、准确的信息。瞄准世界体育科技前沿，促进创新链和体育产业链精准对接，推动体育企业成为技术创新决策、研发投入、科研组织和成果转化的主体，培育一批核心技术能力突出、集成创新能力强的创新型领军体育企业。要完善政策支持、要素投入、激励保障、服务监管等长效机制，带动体育新技术、新产品蓬勃发展。要加快创新成果转化，破解实现技术突破、产品制造、市场模式、产业发展转化的瓶颈。

（2）大力推进竞技体育领域科技创新与应用研究

面向未来发展，我国竞技体育科技工作重点主要集中于以下几方面：优秀运动员备战重大国际比赛的科研攻关与科技服务；运动训练理论与方法创新；优秀运动员竞技状态的科学诊断与调控；优秀运动员心理训练与调控方法；优秀运动员营养与膳食；优秀运动员的运动伤病防治；康复性体能训练；消除运动性疲劳的新方法与新技术；信息的综合管理与应用；兴奋剂检测新技术；提高竞技水平的基础性研究。

立足于我国体育事业发展的需求，聚焦突破限制运动员竞技能力提升的关键技术，着力突破重点研究项目和优先主题，推动竞技体育关键技术突破要依靠自主科技创新。一是制定合理的竞技体育科技管理制度。在竞技体育科技服务上，应建立统一的管理机制，打通各个项目之间的壁垒，建立资源共享和经验交流平台，提高竞技科技服务的质量和工作效率；二是始终坚持科技引领，解决训练关键问题。以竞技体育关键共性技术、前沿引领技术创新为突破口，努力实现竞技体育关键核心技术自主可控。组织协调好各类学科综合参与、共同研究突破竞技体育关键技术。科技助力竞技体育重点放在运动关键环节的重大创新突破和运动训练科学化水平的快速提高上，坚持以训练监控为重点，加强科技服务体系建设，切实做好科技服务工作；坚持科技创新，组织科研攻关，着力解决训练中的关键和难点问题；三是深化对项目规律的认识和把握，总结项目备战经验教训，深化对重大赛事周期项目制胜规律的认识。总结训练比赛的经验与教训，揭示影响训练、比赛的主要矛盾和本质原因，掌握项目规律，推动训练创新。科技创新奥运备战实践，让新的训练理念和方法手段在国家集训队广泛、有效应用；四是建立国际化的创新科研团队，搭建人才交流平台。制定鼓励体育科技人才发展的政策，发挥科研团队智慧，突出科研团队负责人的带头作用。积极促进科研和医疗联合攻关，提高研究攻关水平和科技服务的能力。以全球视野谋划和推动体育科技创新，深化基础研究国际合作，在更高起点上推进自主创新，强化体育科技人才战略核心，主动布局和积极利用国际创新资源，建立国际交流平台；五是积极提高反兴奋剂研究水平。跟踪世界反兴奋剂研究的前沿动态信息，加大反兴奋剂宣传与教育，大力开展反兴奋剂科学研究及检测技术的研究，保持我国兴奋剂检测的国际先进水平。

（3）大力推进全民健身领域重要科技成果的产业化运用

全民健身领域科技攻关主要涉及领域有：科学健身方法的研究、运动健身指导平台研究、国民参加体育锻炼的行为与效果评价、青少年健身活动的改善研究、增强国民体质的基础性研究、体育运动促进身体健康的机制研究、运动干预新方法与新技术等。

需要从以下几方面开展科技：一是全民健身不仅涉及健身指导，还需要扶持各类群众组织机构，构建多种形式的健身环境，培育优良健身氛围。需要加大人文社会领域的相关研究，探讨政府、社会、市场的“三轮驱动”运作机制，研究如何助推民间体育组织的规范发展，大力促进市场机制，形成良性循环。二是加强“体医”融合的研究，探讨体育系统和医疗系统之间资源的共享机制，促进全民健身的水平。全民健身不仅是体育部门的职能工作，需要社会各领域，尤其是卫生部门的配合。三是继续加大投入，加大全民健身体育的基础研究，解决目前危害我国公民身心健康的常见慢性病。对常见肥胖等慢性病的发病机制和预防、治疗手段进行深入探究，鼓励群众积极参与国家各级部门的体质监测研究，以便准确获取我国公民体质健康数据。加大运动健康促进的机制研究，确定运动健康促进的科学证据，为体医融合工作提供重要参考。四是应继续加大群众体育法规的研究，为各级人大和政府机关献计献策。科技部门、教育部门、体育部门应改变过去研究立项招标突击化、临时化特点。使群众体育科学研究固定下来，形成常态化，大力促进群众体育科研的产业成果转移，形成有效的法律保障。制定法规对体育相关学术性质行业协会进行支持，促进体育协会在全民健身领域的研究和指导工作。

（4）大力推进体育产业领域高新技术和成果应用程度

要以关键共性技术、前沿引领技术创新为突破口，努力实现关键核心技术自主可控，要强化战略导向和目标引导，强化科技创新体系能力，加快构筑支撑高端引领的先发优势，大力推进体育产业领域高新技术和成果应用程度。

一是大力研制开发具有自主知识产权的产品，加强成果转化和应用，原始创新取得具有自主知识产权的专利，促进体育产业发展研究领域中的优先主题，关键技术装备的进口替代研究；体育服务及安全标准的研制；专项训练器械的研制与市场开发；专项测试与分析系统的研制与市场开发；体育装备的研制与市场开发。二是推行体育科技成果与市场全周期合作机制，加快体育科技成果的应用速度。推行从科技立项、研发、转化、市场和反馈等整个科技成果转化全生命周期的产业、研究机构、教学单位和政府多方合作机制，在科技成果的各个环节中都充分进行产学研政合作机制的设计，鼓励引导社会各方力量参与体育科研项目的研究。三是构建体育科研技术专家和企业家沟通与交流平台，提升科技成果的应用程度。成立由科研机构和市场人士共同参加的联系工作会议制度；科研单位将研究中心直接设立在体育产业开发园区和体育龙头企业之中；聘请体育产业界人士作为科研研发外部专家；鼓励科技团队引进合作企业；定期举办各类技术讲座、人才培训、交流参观等活动。

4. 着力培养具有国际视野的高水平复合型体育科技创新人才

(1) 积极营造有利于科技人才成长的培养环境

不断改善人才发展环境、激发人才创造活力，努力创建有利于人才成长的培养机制。为科技创新平台的建设和发展创造良好的外部环境，创新体育科技机制体制，以机制创新吸引更多的高层次人才。不断提高思维创新的水平，要注重学习现代自然科学领域里的交叉学科与边缘学科知识，从而不断改善知识结构，及时掌握现代运动训练方法与手段的新动向，逐步提高运用现代信息技术的水平。同时，还要充分发挥协作攻关能力，养成良好的合作意识。加强中青年和后备体育科技人才培养，加强基础研究后备科技人才队伍建设，继续探索和建立有利于科技人员在一线服务的机制，加强体能康复等紧缺人才的培养，支持具有发展潜力的中青年体育科技人才开展探索性、原创性研究。

(2) 深化促进体育科技人才成才和发展的制度改革

加强人才投入，优化人才政策，推进平台专业技术人员职称评定等政策的完善，培育专业化的基础设施平台建设和管理队伍，要加强制定人才培养规划，进一步完善培养和使用人才机制，加快形成有利于体育科技人才竞相成长、各展其能的保障和激励机制。要创新体育科技人才评价机制，建立健全以创新能力、贡献为导向的体育科技人才评价体系，形成并实施有利于体育科技人才潜心研究和创新的评价制度，改变片面将论文、专利、资金数量作为人才评价标准的做法。坚持人才优先发展战略，进一步深化干部人事制度改革，建立更灵活的人才管理机制，制定更积极、更开放、更有效的人才政策，健全更完善、更贴心、更便捷的体育科技人才服务体系。

（3）大力加强多学科创新科研团队建设，培养国际知名领军人才

能够根据队伍需求自我淘汰更新，培养了一批热爱和熟悉项目训练规律的创新人才，培养国际高水平体育科技人才和创新团队。牢固确立人才引领发展的战略地位，加强协同合作，全面聚集人才，建立具有专项特色、结构合理、开放协作的体育科研工作团队。解决人才队伍结构性矛盾，构建完备的人才梯次结构，构建有效的引才、用才机制，培养造就具有国际水平的战略体育科技人才和科技领军人才，培养一批具有前瞻性和国际眼光的战略体育科学家群体，鼓励青年体育科技人员深入体育实践，开展创新研究。选拔有杰出贡献的体育学科带头人，围绕国家重大项目和需求，在重点领域设立学科带头人工作室。创新机制，与不同行业领域合作，让带头人结合实际情况组建多学科相结合的科研团队，加大培养国际知名国际知名领军科技人才，打造国际知名体育科技领军人才团队。

5. 整合国际体育科技资源，建设体育科技强国的战略创新高地

（1）借鉴与学习世界体育强国备战奥运会备战经验，做好国际科技资源开放和整合的顶层设计

里约奥运会英国93%奖牌的获取都得到英国国家体科所的支持，借鉴英国备战伦敦2012年奥运会的过程中科技助力的经验：一是与高水平技术单位合作，改进现有训练方法与环境；二是开展Ideas 4 Innovation计划，推动我国和国际不同科研机构在体育科学、运动医学、技术和工程等方面协同研发创新，并在备战奥运会过程中进行应用；三是进行全新训练辅助设备的研发与应用，与世界体育强国著名大学、行业协会、高科技企业合作，研发我国优势运动项目和潜优势运动项目的辅助训练设备。日本东京将举办2020年夏季奥运会，日本投入巨资发展运动科学。首都东京有两个旨在提高本国精英运动员水平的机构：2001年成立的日本体育科学研究所（JISS）和2008年建成的国家培训中心（NTC）。这两所机构由日本体育理事会管理，官方称花费超过6.2亿美元。JISS资助了约150名从生物力学到心理学的各学科研究人员，拥有八层最先进的运动设施，日本各地的运动员来这里进行训练和咨询。

体育科技全球化亦成为必然趋势。借鉴英国、澳大利亚、日本等国科技助力体育的战略启示，大胆引进国外优秀学者和科技专家和国际高水平科技服务团

队，在各支国家集训队组成训练、科研、管理一体化的“多国部队”，在重点研究领域进行联合攻关，加强重点领域科技资源和信息情报的收集，主动布局和积极利用国际科技资源，提升国内外科技资源整合能力，做好国际科技资源开放和整合的顶层设计，最大限度合理用好全球体育科技创新资源，为我国备战奥运会提供全方位科技支持与保障，让运动员插上体育科技的翅膀，提高训练质量，提升竞技成绩。

（2）构建新型国际体育科技合作机制和合作途径

主动融入全球体育科技创新网络，全方位加强国际体育科技创新合作，提高国家体育科技计划的对外开放水平，鼓励我国科学家发起和组织国际体育科技合作计划。全面提高我国体育科技创新的全球化水平和国际影响力，在更高起点上推进自主创新，为更多的高校、科研机构，包括体育企业的研发部门提供更多元的平台和更多的机会来参与国际性的技术合作项目，通过多元化的合作路径，为我国体育科技合作项目提供更广阔的发展大环境。

围绕体育事业需求，认真分析和研判可能在短期内实现弯道超车的重点研究领域和关键技术，组织国内外最优科技资源，依托国内该领域最好的一所高校或研究单位（实验室、科研中心），采取跨国、跨省、跨院校、跨学科的兵团式攻关模式，全力打造世界一流创新高地。对暂时不具备条件的研究领域，要积极引导其加强国际交流，通过引进、学习进行消化和吸收，尽快缩小与研究领先国家的差距。待条件具备时，予以重点支持。对有明显差距的落后研究领域，要以储备和培养人才为主，创造条件，加强国际交流，逐渐缩小和研究领先国家的差距。

（3）建立多学科和国际化的高水平研究团队与平台

采用多种形式，有计划、有针对性地学习国外运动项目最新的科研理念与方法，引进先进的科研仪器设备，合作建设体育科技创新联盟和科技创新基地，建立多学科的国际高水平体育科技创新合作平台，联合开展体育科学前沿问题研究。同时，也要注重对国外先进成果的引进、吸收和再创新。加强国际间体育科技交流，以最低的成本和最快的速度直接进入世界体育科技发展的前沿，利用后发优势实现跳跃式的发展，实现赶超目的。加强国际人才交流与合作，培养具有国际水平和全球视野的战略体育科技人才、体育科技领军人才和高水平创新团队，打造人工智能学术和体育科技的创新研究高地。

（上海体育学院　陈佩杰）

第九章

体育人才队伍建设改革与发展

国以才立、政以才治、业以才兴。党的十九大报告指出 “人才是实现民族振兴、赢得国际竞争主动的战略资源”。体育人才是体育事业发展的第一资源，党和政府紧密围绕体育强国建设的奋斗目标，持续深入实施“人才强体”战略，为我国加快推进体育强国建设提供了重要保证。当前，中国特色社会主义进入新时代，体育强国建设对体育人才队伍建设提出了更高的要求，我们必须以习近平新时代中国特色社会主义思想为指导，坚持党管人才原则，建设一支与体育强国建设相适应的高素质的体育人才队伍，为体育强国建设提供更加坚实的人才保证和广泛的智力支持，为实现“两个一百年”奋斗目标和中华民族伟大复兴的中国梦做出贡献。

一、体育人才队伍建设改革与发展主要成就

（一）体育人才管理原则与发展理念不断落实

1. “党管人才”的工作原则进一步夯实

党管人才是人才工作的重要原则。习近平明确指出，择天下英才而用之，关键是要坚持党管人才原则。2008 年以来，国家体育总局和各地体育部门积极落实“党管人才”原则，成效显著。

一是有效形成“党管人才”工作格局。坚持党管干部、党管人才，必须牢牢把握组织路线为政治路线服务，国家体育总局成立了“党管人才”领导小组，建立了党管人才工作例会制度，压实党委主体责任，形成了党委（党组）统一领导、组织人事部门牵头抓总、有关部门各司其职、密切配合的人才工作新格局，切实加强党委对人才评价、考核的统一领导。

二是注重加强思想政治建设。按照中央部署，认真贯彻落实党的十八大、十九大精神，紧密结合“三严三实”“党的群众路线教育““两学一做”和“不忘初心，牢记使命”等主题教育，努力提升领导干部的政治意识，坚定领导干部的政治信仰。通过开展分期分批的集中轮训、调训，对处级以上领导干部学习党的十九大精神实现全覆盖，坚定不移地走中国特色体育强国之路。树立正确的用人导向，坚持德才兼备、以德为先的干部选拔标准，努力把党政人才选准用好，营造风清气正的良好政治生态。进一步深入贯彻全面从严治党要求，加强干部监督管理，强化领导干部的作风建设，严格要求、导向鲜明、动态管理、监督有效，保证体育系统干部队伍的健康发展。

三是不断完善人才选用机制。每年定期召开体育系统人事工作会议，聚焦党管人才工作，提出体育系统人事部门要把体育人事人才工作放在建设体育强国的大背景中去思考、去研究。始终坚持党管干部、党管人才的原则，紧紧围绕体育事业发展中心任务，加强干部队伍建设，制订选拔任用计划，严格干部选拔程序，强化干部监督管理；强化系统思维，注重顶层设计，积极拓宽人才培养渠道，稳步推进人才专项培养计划，强化党对人才工作的领导。

2. “人才优先”的发展理念进一步强化

人才是事关体育事业发展的关键因素。从中央到地方，体育系统高度重视人才，把“人才优先”的发展理念贯穿到政策制定与具体工作过程之中。《体育事业发展“十二五”规划》指出：深入实施人才强体战略。坚持“服务发展、人才优先、以用为本、创新机制、高端引领、整体开发”的人才发展指导方针。牢固树立人才资源是第一资源、科学技术是第一生产力的观念，重视和发挥人才在体育事业发展中的关键作用，依靠科技和教育发展，提高人才队伍素质，发挥各类人才作用。《体育发展“十三五”规划》进一步强调：坚持人才优先发展，优化体育人才成长环境，完善体育人才培养开发、选拔任用、流动配置、激励保障机制，提高竞技体育人才队伍质量，提升全民健身体育人才服务水平，扩大体育产业人才规模，形成一支德才兼备、结构合理、能力突出、业绩显著的骨干人才队伍。《全民健身计划（2016—2020年）》也指出：要树立新型全民健身人才观，发挥人才在推动全民健身中的基础性、先导性作用，努力培养适应全民健身发展需要的组织、管理、研究、健康指导、志愿服务、宣传推广等方面的人才队伍。

为备战好伦敦、里约奥运会，国家体育总局明确要求，所有备战工作贯穿一条主线，就是牢固树立人才资源是第一资源的理念，树立大体育观、大人才观，坚持人才优先发展的战略布局，全面推动体育人才工作，将为奥运备战提供人才支撑和智力支持这条主线贯穿于各项工作的始终。为备战2022北京冬奥会，国家体育总局专项经费重点向冬季项目人才培养和“百人计划”“精英教练双百计划”“体育产业经营管理人才能力提升计划”等专项人才培养计划倾斜，注重人才资源的投入与开发，致力于发挥人才资源的先导作用。可见，“人才优先”的发展理念已经成为共识，体现在体育的各个领域。

（二）对接强国目标，体育人才发展战略与培养体系不断强化

1. “人才强体”的发展战略持续推进

2008年以来，我国紧紧围绕“体育强国”的发展目标，不断强化“人才强体”战略。根据全国人才工作会议精神和《国家中长期人才发展规划纲要（2010—2020年）》，结合体育事业发展需要和体育人才发展实际，国家体育总局于2010年出台了《国家体育总局全国体育人才发展规划（2010—2020年）》，

重点推出并实施了系列人才培养专项计划，“人才强体”发展战略得到有效实施，为体育事业全面、协调、可持续发展提供坚实的人才保证。

一是“领导班子后备干部培养计划”。该计划致力于培养一批适应新时期体育事业发展的年轻化、知识化、专业化党政管理干部，2013 年国家体育总局印发了《国家体育总局司局级后备干部工作暂行办法》。自 2012 年至今，共举办了 3 期中青年干部培训班。二是“优秀社会体育指导员培养计划”。2011 年国家体育总局第 16 号令公布了《社会体育指导员管理办法》。截止 2014 年底，共建有国家级指导员培训基地 29 个，一级社会体育指导员培训基地 204 个，二级社会体育指导员培训基地 474 个，三级社会体育指导员培训基地 1609 个。全国已建立省级社会体育指导员协会 28 个，地市级社会体育指导员协会 199 个，县级社会体育指导员协会 766 个。三是“群众体育组织管理人才培养计划”。国家体育总局 2010 年制定《群众体育干部培训规划（2011—2015 年）》，2011—2017 年面向全国群众体育干部共计举办培训班 35 期。四是精英教练“双百”培养计划。2012 年国家体育总局出台《国家体育总局精英教练员双百培养计划实施办法》，并且于 2012 年 12 月，举办首期“双百计划”培训班。截至 2017 年底，优秀运动队精英教练已举办 8 期培训班，3 期出国培训班；业余训练精英教练员已举办 6 期培训班，2 期出国培训班；共资助了 200 名优秀教练员。五是“中青年体育专业技术人才培养计划”。2011 年国家体育总局出台《国家体育总局“优秀中青年专业技术人才百人计划”实施办法（试行）》。分别于 2011 年、2016 年面向全国体育系统选拔了 109 名和 104 名培养对象，以 5 年为一个周期进行重点培养。通过搭建平台、承担任务、营造环境、强化培养、跟踪考核、动态管理等一系列措施对“百人计划”培养对象开展有针对性的培养，并在国内培训、出国（境）培训、留学等方面给予适当倾斜，以促进培养对象的成长、发展。

2.“科教兴体”的人才战略成效显著

“科教兴体”战略是我国体育事业繁荣兴盛的引擎，是我国体育人才健康可持续发展的原动力。为保证我国体育事业持续、快速、健康发展，2001 年国家体育总局正式提出“科教兴体”战略，努力把体育事业的发展切实转移到依靠科技进步和提高体育人才队伍素质的轨道上来。

第一，高等院校体育人才培养迅速发展。一是随着社会对体育人才需求的增加，在专业体育院校培养的基础上，综合性高校也陆续开始设置体育相关专业，其中不乏清华大学、浙江大学等国内高水平综合大学。二是体育学科及专业（方向）的建设发展与时俱进，体育学学科建设的内涵外延大大拓展，近十年中，在原先体育康复、体育产业、体育管理、体育新闻等新专业的基础上，又陆续增设了休闲体育、体育旅游、信息管理、冰雪运动、场馆运行与管理、电子竞技等新兴专业（方向）。三是人才培养的层次和规格得到较大的提升，高职—本科—硕士—博士多级培养体系不断完善，培养了大批硕士、博士研究生，较好满足了我国体育事业快速发展所需的高层次人才，基本形成了全方位、多层次专门人才培养输送的格局。

第二，体育科技人才不断成长。全民健身计划要大力开展科学锻炼方法的研究，对传统健身方法的挖掘整理及各种健身器材的研制工作。同时还需要通过“互联网+”、大数据、云计算技术等手段来进行健身监测，以上任务推动了全民健身科技队伍的发展。在竞技体育领域，为做好科技奥运攻关任务，国家体育总局主推的“科训医管”一体化建设（坚持以训练为中心、以科研为支撑、以医疗服务为保障、以管理为手段）催生了竞技体育领域科技人才的迅速发展。“科教兴体”战略实现体育与科技的深度对接，培养大量体育科技创新人才，为体育产业的迅速崛起打下坚实的人才基础。

第三，“体教结合”培养模式不断创新。一是运动员文化学习工作进一步完善，切实保障运动员接受文化教育的权利，2010 年国务院办公厅颁发了《关于进一步加强运动员文化教育和运动员保障工作的指导意见》（国办发〔2010〕23 号），运动员文化教育取得明显成效；积极探索学训一体化模式，采取送教上门、在线课程等新颖的教学手段，为广大运动员提供切实可行的学习条件；不断完善普通高校高水平运动队，武术与民族传统体育专业、运动训练专业单独考试，冠军班招生办法等运动员求学升学招考政策，更好满足运动员全面发展的要求。二是为促进教练员掌握现代竞技训练方法与手段、丰富竞技训练理论知识、更新执教理念、提高执教水平，国家体育总局及各级地方体育行政主管部门每年定期举办各类教练员业务培训，做好教练员岗位培训工作。三是为了深化“体教结合”的实践探索，近年来，许多高校，尤其是体育院校纷纷结合各自特色优势创办项目运动学院，如乒乓球学院、马拉松学院、网球学院、冰雪学院、篮球学院、足球学院、排球学院等，此类项目学院，大多集“培训、科研、教学、赛事、训练、交流和文化传播”为一体，体现了我国“体教结合”人才培养的模式创新。

（三）遵循人才规律，体育人才政策体系与发展格局不断优化

1. 体育人才政策体系不断完善

自2008年北京奥运会以来，体育系统对标“体育强国”建设需求，聚焦《体育事业发展“十二五”规划》《体育发展“十三五”规划》《全国体育人才发展规划（2010—2020年）》的战略性目标，在充分遵循体育人才成长规律前提下，通过制定政策引导人才成长，创新政策培育人才成长，完善法律法规规范人才成长，目前已初步形成具有中国特色的体育人才政策保障体系，促进我国体育人才工作逐步迈向科学化、法制化。

梳理近十年来的体育人才政策可以看出，为了保障体育强国、人才强体战略得以有效实施，结合我国体育人才建设发展需要，先后推出了《关于进一步加强运动员文化教育和运动员保障工作的指导意见》《全国体育人才发展规划（2010—2020年）》《“优秀中青年专业技术人才百人计划”实施办法（试行）》《社会体育指导员发展规划（2011—2015年）》《国家体育总局精英教练员双百培养计划实施办法》《关于加强竞技体育后备人才培养工作的指导意见》等重要政策（表9-1），体育人才培养经费保障、专项计划、职业规划、后备人才培养、激励机制等方面的政策逐步细化、完善，政策体系逐步形成。

表9-1　2008—2017年我国主要体育人才政策文件目录

政策名称	发布时间
《运动员保障专项资金实施细则》	2008
《关于进一步加强运动员文化教育和运动员保障工作的指导意见》	2010
《关于“优秀体育人才培养”和“体育干部教育培训”专题经费使用及管理的通知》	2010
《全国体育人才发展规划（2010—2020年）》	2011
《“优秀中青年专业技术人才百人计划”实施办法（试行）》	2011
《社会体育指导员管理办法》	2011
《社会体育指导员发展规划（2011—2015年）》	2011
《“优秀体育人才专项经费”和“体育干部教育培训”专项经费管理办法》	2012

续表

政策名称	发布时间
《关于深入贯彻落实〈关于进一步加强运动员文化教育和运动员保障工作的指导意见〉的通知》	2012
《国家体育总局精英教练员双百培养计划实施办法》	2012
《关于进一步加强运动员职业辅导工作的意见》	2013
《奥运项目竞技体育后备人才培养中长期规划（2014—2024）》	2014
《运动员、教练员体育运动奖章授予办法》	2014
《关于进一步做好退役运动员就业安置工作有关问题的通知》	2014
《国家高水平体育后备人才基地认定办法》	2014
《关于加强竞技体育后备人才培养工作的指导意见》	2017

资料来源：国家体育总局门户网站（http://www.sport.gov.cn/）。

2. 人才培养多元格局不断优化

2008 年北京奥运会之后，我国由体育大国向体育强国迈进，体育人才发展模式发生变革。近十年，我国不断优化体育人才发展方式，在充分遵循体育人才成长规律前提下，积极调动社会资源培养体育人才，拓宽体育相关人才的培养渠道，引导体育人才的合理流动，实现人才资源合理配置。

一方面，在体育系统内部初步形成竞技体育、群众体育和体育产业三大领域人才有效流通和良性互动的发展态势。比如，依托国家的相关保障措施，在竞技体育人才退役安置和再就业方面，通过引导、培训、再教育等途径，大量的优秀竞技体育人才退役后纷纷加入群众体育和体育产业中来，有效提升了群众体育和体育产业的人才质量，缓解了人才队伍紧缺的局面。群众体育的蓬勃发展，体育人口的不断扩大，体育发展环境的逐步优化，有效地拓宽了竞技体育后备人才的基础储备，为竞技体育的持续、稳定、健康发展打下了坚实的基础。同时，体育产业的腾飞有效吸引了更多的人才资源投入体育领域中来，推动了群众体育和竞技体育的发展，为群众体育和竞技体育发展注入了新鲜的血液。

另一方面，在体育系统外部，逐渐形成以政府为主导、社会参与、市场调节的人才培养新格局。比如，在体育人才培养方式上，竞技体育人才不再完全依靠体育系统“独家管培”，从政府体育部门独家办，向社会、市场、个人办和体制外的多家办、共同办转变。我国体育人才培养初步发挥了政府、社会与市场的联动效应，逐渐形成“协作联动、统分结合、资源共享、优势互补”的新型格局。

（四）立足发展需求，体育人才数量和质量明显改善

1. 体育管理人才政治素质切实加强，业务能力明显提升

体育管理人才的综合质量高是影响我国体育事业发展的关键因素之一。

近年来，体育系统注重从基层选拔领导干部，并且把一定数量的女干部、少数民族干部和党外干部不断充实到各级领导班子队伍之中。系统内部持续优化领导班子年龄结构、知识结构、专业结构和工作经历结构，逐渐形成了梯次合理、素质优良、数量充足的后备干部队伍。同时不断强化体育管理人才政治能力建设和业务能力培训，切实提高体育管理人才的政治素质和业务能力。十八大以来，国家体育总局认真落实中共中央指示精神，深刻领会新时代党的建设总要求，多维度、高频次强化政治学习，主动提升自身的政治素质和党性修养。面对我国体育管理体制与国际接轨及随之出现的各种机遇和挑战，主动加强业务能力培训工作，提高业务水平，积极适应体育事业发展要求，真正发挥各级、各类群众体育组织在开展全民健身活动中的桥梁和纽带作用，推动群众体育工作的科学化。

2. 竞技体育人才数量稳中有升，队伍结构显著改善

第一，在优秀运动员队伍方面，国家级健将及以上等级运动员组成了我国高水平竞技体育人才，他们是参加国际竞技大赛的核心力量，代表和反映了我国竞技体育的基本实力和综合水平。2008—2016 年间，我国累计培养国际运动健将 2725 人，国家级运动健将 21020 人。在队健将级运动员数量保持长期相对稳定。

第二，在教练员队伍方面，十年来，我国十分重视教练员队伍建设，为加强高素质教练员队伍建设，国家体育总局从 2012 年开始组织实施“精英教练员双百培养计划”（简称“双百计划”），该计划在未来 10 年将重点培养 100 名专业运动队优秀教练员和 100 名业余训练优秀教练员。2008 年我国体育系统在岗专职教练员为 21653 人，2016 年我国在岗专职教练员为 24354 人。总体而言，我国竞技体育教练员队伍是呈现稳步发展状态的趋势（图 9-1）。

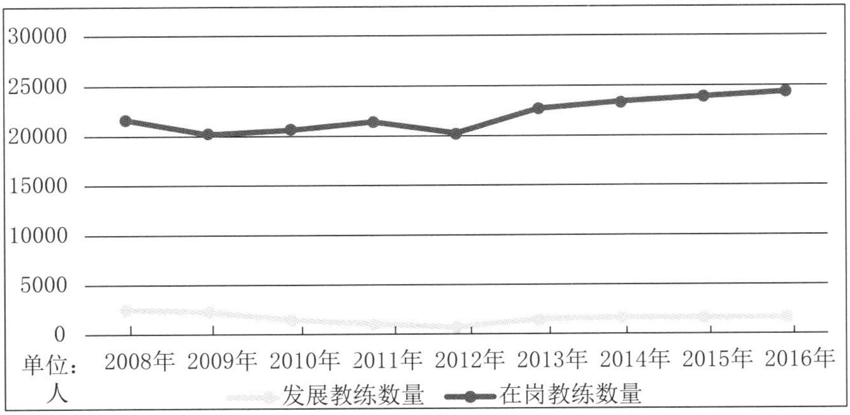

图 9-1　2009—2017 年体育系统在岗专职教练人数及发展教练人数变化趋势

资料来源：2009—2017 年体育事业统计年鉴。

第三，在裁判员队伍方面，十年来，我国从多方面加强了裁判员队伍建设，在部分有条件的项目，如足球、篮球等，开始逐步建立起职业裁判员队伍。2008—2016 年，是我国体育系统裁判员队伍跨越式发展时期。截至 2016 年我国裁判员队伍已经实现了从少到多，从低级到高级的跨越式发展。2008 年全国裁判员数量总计 4100 人，其中国际级裁判 548 人、国家级裁判 139 人、一级裁判 350 人、二级及以下级裁判 1013 人；2016 年全国裁判员数量总计 47736 人，其中国际级裁判 485 人、国家级裁判 1819 人、一级裁判 6663 人、二级及以下级裁判 38769 人。（资料来源：2009—2017 年体育事业统计年鉴。）

从人才结构来看，十年来竞技体育人才项目分布、地域分布结构得到逐步优化。一是项目分布结构逐渐优化。纵观伦敦、里约两个奥运周期可以看出，竞技体育人才队伍结构得到逐步优化。以田径和游泳两个传统大项为例：从田径项目来看，在伦敦奥运会中我国拿到 1 金 5 铜，而在里约奥运会中，我们拿到 2 金 2 银 2 铜的历史最好成绩，尤其是在短跑、接力、跳跃、竞走和投掷等项目上的表现，都实现了历史性突破，展现了我国竞技体育选手在这些项目上的潜力，同时也涌现出苏炳添、谢震业、张文秀、王镇等一批中国田径选手。从游泳项目来看，在伦敦奥运会中我国拿到 5 金 2 银 3 铜的好成绩，而在里约奥运会中，我们仅仅拿到 1 金 2 银 3 铜，但是在里约的泳池中，中国游泳队的 6 枚奖牌有 4 块来自男子选手，以往只靠女子运动员撑门面的情况得到很大改观。特别是在此前一些弱项，如仰泳、混合泳和蝶泳上，徐嘉余、汪顺及李朱濠的出现，给中国男泳带来了新的希望。

二是地域分布结构逐渐优化。东中西部优秀运动员不均衡发展问题得到有效改善，截至 2016 年，东部地区（包括 12 个省、直辖市、自治区，分别是辽宁、北京、天津、河北、山东、江苏、上海、浙江、福建、广东、广西、海南）优秀运动队运动员数量为 12834 人，占比 51.5%；中部地区（包括山西、内蒙古、吉林、黑龙江、安徽、江西、河南、湖北、湖南 9 省）优秀运动员数量为 12834 人，占比 28.6%；西部地区（陕西、甘肃、青海、宁夏、新疆、四川、重庆、云南、贵州、西藏 10 个省、直辖市、自治区,）优秀运动员数量为 12834 人，占比 19.9%；相比于 2008 年中东西部优秀运动员数量比例（68.3∶22.8∶8.9），可以看出优秀运动员发展地域不均衡问题得到了改善。

3. 群众体育人才总量增长迅速，专业程度明显提高

一方面，群众体育人才数量呈现逐年增加趋势。作为全民健身的宣传者，科学健身的指导者，群众体育活动组织者，体育场地设施维护者与健康生活方式引领者，社会体育指导员的数量成为衡量群众体育人才发展程度的核心指标之一。在 2014—2016 年三年间，社会体育指导员队伍分别是 1812782 人、1938290 人和 2699323 人，总体数量呈现逐年递增的态势，人数保持较快的上升速度和趋势，充分说明社会体育指导员队伍已经成为开展大众体育活动的重要力量。

另一方面，群众体育人才专业程度不断提高。以社会体育指导员为例，虽然近年来社会体育指导员的总数量呈上升趋势发展，但是随着居民健身需求逐渐向高层次，多样化转变，社会体育指导员专业素质水平亟待加强，因此，国家通过技术等级制度来提升社会体育指导员的素质水平。职业社会体育指导员分为指导师、高级、中级和初级四个等级层次。2008—2016 年期间，除指导师级别人数发展较为稳定外，高级社会指导员从 2008 年的 265 人上升为 2016 年的 1556 人，翻了 7 倍。中级社会体育指导员和初级社会体育指导员分别从 1718 人和 2369 人上升至 32370 人和 92320 人，翻了 19 倍和 39 倍之多，涨幅巨大。这充分体现了群众体育人才队伍建设的发展成就。

社会体育指导员的培训工作进一步规范。早在 1993 年便由国家体委颁布了《社会体育指导员技术等级制度》，规定了申请授予技术等级称号或晋升上一等级称号者均应参加相应级别的业务培训，考核合格并达到规定条件者才能获得相应等级称号和证书。为了适应社会发展的需要，国家体育总局颁布了《社会体育

指导员国家职业标准（2011）》，至此，社会体育指导员的从业标准和技能水平都有了相应标准，我国社会体育指导员等级制度已经渐趋完善，社会体育指导员队伍进入了标准化培养时代。另外，2008—2012 年五年间接受社会体育指导员业务能力培训的人数从 226843 人次激增到 464849 人次（图 9-2），年增长率达到了 19.65%，这充分体现了社会体育指导员的培训力度在不断加大。

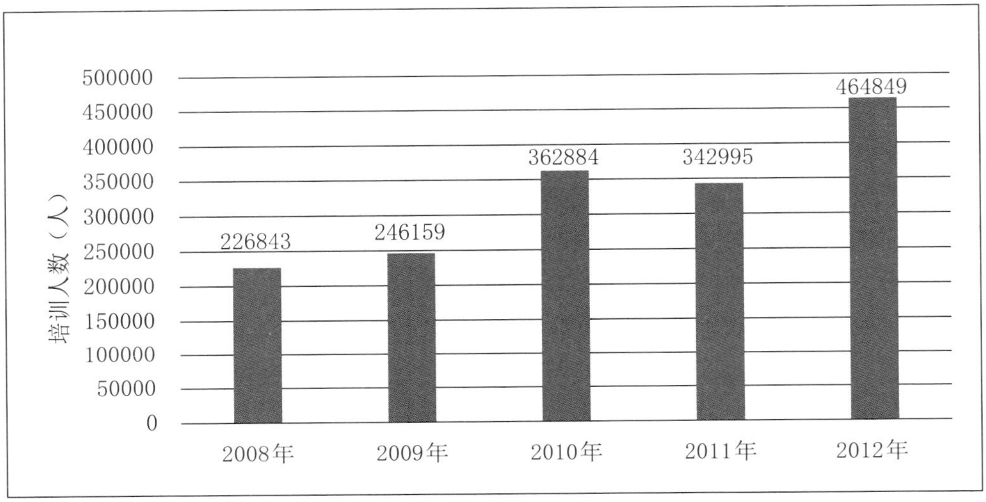

图 9-2　2008—2012 年五年社会体育指导员培训人数

4. 体育教育人才规模不断攀升，师资力量切实加强

一方面，体育教育人才总体规模不断扩大。以我国高等体育院校为例，根据中国教育统计年鉴中的数据：2008 年，我国共有体育院校 30 所，其中大学专门院校 16 所，专科院校 14 所。2016 年，体育院校增加到 34 所，其中大学专门院校 16 所，专科院校 18 所。从体育院校培养人数规模来看，在 2008 年总计毕业人数为 23159 人，其中，本科 18165 人，专科 4994 人。截至 2016 年，毕业人数达到了 30440 人，平均每年增加近 800 人，增长较快。以 2008 年体育院校在校生人数和 2016 年进行对比，可以发现：规模超过 10000 人的体育院校从 2008 年的 8 所增加到了 2016 年的 13 所，可以看出十年来我国体育院校整体人数逐步增加，为我国体育事业发展输送的人才数量逐年增加。

除高等体育院校人才规模不断增加外，我国中小学体育教师人才规模发展趋势也呈上升态势。如图 9-3 所示，分类别看，我国普通高中体育教师人数从

2008 年的 72042 人上升到 2016 年的 83249 人，增长了 16%。普通初中体育教师人数从 2008 年的 169222 人上升到 190505 人，增长了 13%。小学体育老师人数从 205052 人上升到了 311594 人，增长了 52%。从总人数看，中小学体育教师从 2008 年的 446316 人上升到 585348 人，增长了 31%。总体来说，我国中小学体育教师在 2008—2016 年在规模上有了巨大的提升，显示出近年来我国中小学体育教育人才的发展成就斐然。

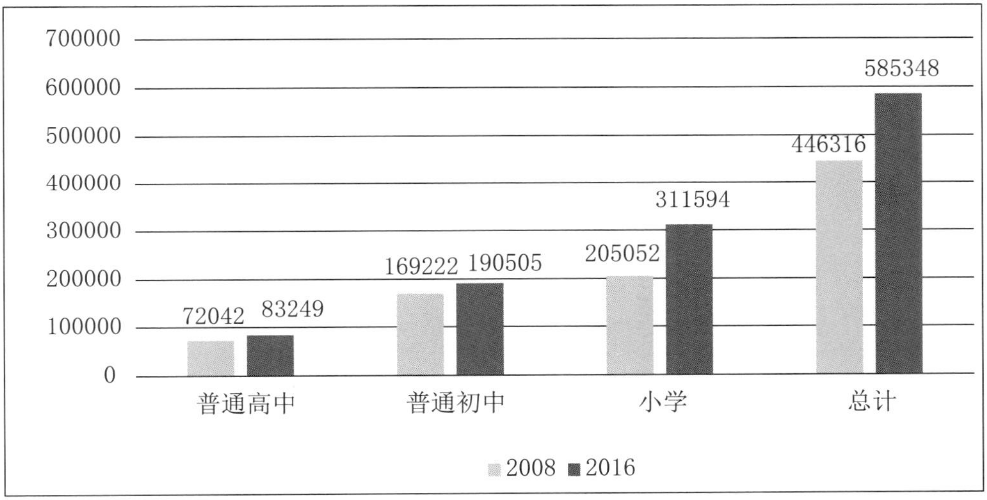

图 9-3　2008 和 2016 年我国中小学体育教师人数汇总表

资料来源：根据中国教育事业年鉴数据整理。

另一方面，体育高级职称教师总量不断增长。以高等教育专任体育教师（包括普通高校、成人高校和民办其他高等教育机构）为例：2008 年我国高等教育专任体育教师中具有正高级职称人数为 3057 人，2016 年正高级职称专任体育教师人数上涨到 4679 人，每年的上涨平均速度为 6.7%，副高级职称教师人数从 2008 年的 16179 人上涨到 2016 年的 20131 人，获得初级职称的教师人数也从 2008 年的 9426 人上涨到 2016 年的 13398 人。由此从一个侧面反映出，我国高等教育各等级专任体育教师的专业素质水平有不同程度的提高。

5. 体育科研人才初具规模，科研成果日益丰富

伴随着体育高等教育的不断发展，体育学科不断拓展，体育专业逐渐丰富，高校体育教师群体逐渐发展成为体育科研领域的中坚力量，总体数量在持续上

升。截至目前，仅全国体育类院校科研教师数量就多达6000多人。

伴随着学科交叉的不断拓展，“体育+”“+体育”领域不断扩大，在体育科研人员逐步增加的基础上，体育各研究领域的专著数量也明显增多，科研成果日趋丰富。据相关统计，2007—2017年期间，在全国期刊中以“体育”为主题的文章多达25万余篇。近十年，国家体育哲学社会科学课题立项的数量为1118项（表9-2），研究主题涉及竞技体育、体育产业、体育文化、社会体育、公共体育服务、学校体育、体育理论、体育管理和民族传统体育等方向。总体上看，国家社科基金项目立项数量一直保持稳定增长。这反映出，一方面，近年来体育科学研究的学术氛围越发活跃；另一方面，也说明体育科研人才队伍也在日益壮大和快速成长，在国家体育事业发展中的作用愈加凸显。

表9-2　近十年国家社科基金体育科学立项类别情况

年度	一般项目	青年项目	重点项目	重大项目	西部项目	合计
2008年	44	14	1	0	9	68
2009年	40	18	3	2	3	66
2010年	47	25	4	2	8	86
2011年	57	29	3	1	6	96
2012年	57	35	5	0	8	105
2013年	69	41	3	1	8	122
2014年	89	30	5	2	3	129
2015年	93	24	4	2	8	131
2016年	113	22	4	3	9	151
2017年	116	25	12	3	8	164
合计	725	263	44	16	70	1118

6. 体育产业人才迅速壮大，人才效应日益显现

北京2008年奥运会后，根据当时体育产业的发展需要，国家颁布了《体育及相关产业分类（试行）》，将体育产业分为八大类。各类体育人才也随之出现，推动行业迅速发展。伴随着体育产业结构的不断完整和细化，2015年国家统计局通过了《国家体育产业统计分类》，新推出的《分类》在原有的八个分类

的基础上增加了三大类：体育竞赛表演活动、体育培训与教育、体育传媒与信息服务。此分类兼顾了与体育相关的上下游产业及新兴产业，将“互联网+”概念融入其中，强调了体育与其他行业的融合。伴随着国务院 2014 年 46 号文件的颁发，体育产业发展迎来了春天，体育产业规模逐步扩大，体育产业人才种类不断增加，体育产业人才总数逐渐壮大。

以体育经纪人为例，体育经纪人是伴随体育产业市场化逐渐发展起来的，是体育市场供需双方不可或缺的一个群体。一些优秀体育经纪人把国外先进的体育经营理念、管理经验等带到中国，把高水平的竞赛、高水平的运动员带到中国，把许多社会资金带到体育运动队和比赛中来，对繁荣我国体育市场，促进体育社会化发挥了极大的作用。近年来我国体育经纪人发展势头迅猛，总体基数不断攀升，总量从 2011 年 371 人增加到 2017 年的 910 人。

此外，在“体育+”和“+体育”的背景下，体育产业辐射领域不断拓展，越来越多的各行业人才被吸纳到体育产业中来，体育产业人才的数量、质量和结构都有了快速的提升，据估算，截至 2017 年，我国各类体育产业人才达百万之众，这些人才为我国体育产业的繁荣发展，做出了积极的贡献。

7. 体育外事人才总量稳步增加，国际交往日益频繁

体育外事人才是提高体育对外交往能力和增强在国际体育事务中的影响力和话语权的重要力量。近十年来，我国体育外事人才在国际体育组织中的任职人数不断增加，国际交流活跃，在国际体育事务中的作用不断增强。以国际体育组织任职人员为例，从图 9-4 中可见，随着我国在世界政治、经济地位的不断提升，从 2010—2017 年，我国在国际体育组织中任职人数呈递增趋势。这一发展趋势不仅向世界发出“中国声音”、提供“中国方案”，而且有效提升了我国国际话语权，有利于进一步传播积极、正面的中国体育形象。

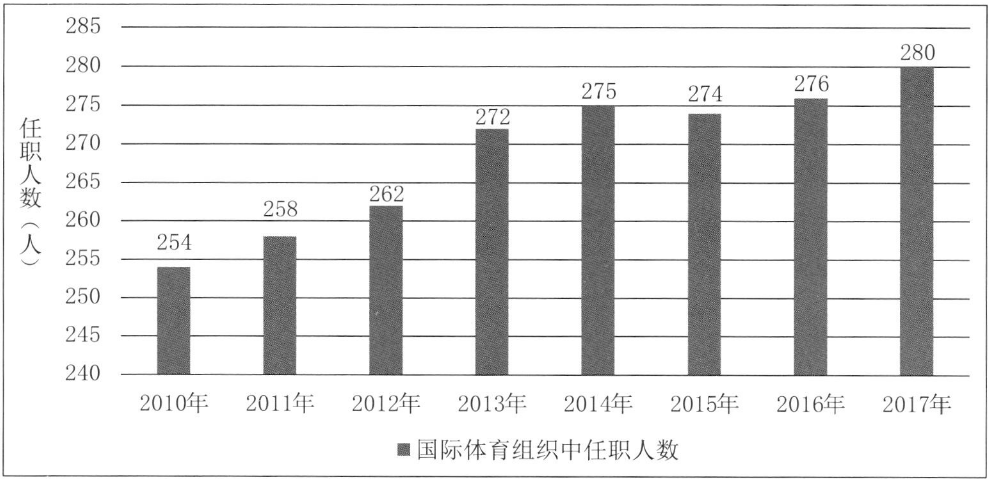

图 9-4　2010—2017 年国际体育组织任职情况统计表

二、体育人才队伍建设发展面临的主要问题

（一）体育人才治理体系有待健全完善

第一，体育人才政策体系还不够完善。近十年来国家出台了一系列推动体育事业发展的政策，但体育人才政策覆盖的领域也不够全面，对竞技体育后备人才的教育、训练、职业规划及社会保障方面缺乏配套政策。而在高层次体育人才、体育产业人才和群众体育人才等重点领域，相关配套政策需要进一步完善。

第二，体育人才管理的法治化程度不高。当前我国体育人才管理的法治化进程较为滞后，一些行之有效的体育人才政策有待梳理、整合和加工，上升到更高的法律、法规层面。

第三，体育人才发展的制约瓶颈需要创新突破。比如，竞技体育提高与社会体育普及之间的矛盾、职业体育运动员无形产权归属、高层次体育人才社保、引进体育人才的编制、事业单位专业技术人员结构比例、事业单位绩效工资总量、体育人才服务部门机构设置、体育人才管理部门职能交叉等问题仍然阻碍我国体育人才持续健康发展，对标具有国际竞争力的体育人才制度仍然有一定差距。

（二）体育人才工作机制不够开放灵活

一是人才培养机制有待进一步创新。从竞技体育领域来看，体育人才培养的思想观念落后、封闭，未能把学校体育、社会力量充分纳入人才培养的载体。从群众体育领域来看，适应全民健身发展需要的组织、管理、研究、健康指导、志愿服务、宣传推广等方面的人才队伍建设亟待加强。从体育产业领域来看，体育人才培养校企合作模式有待深化，体育经营策划、运营管理、技能操作等专业应用型体育人才和复合型体育人才匮乏，体育产业人才培育的国际交流与合作有待加强。

二是人才评价机制有待进一步优化。我国当前对体育人才的评价仍然存在着按年龄、资历和身份指标分配的现象，甚至是按平均主义分配，这种落后的人才评价机制严重挫伤了体育人才创造的积极性和主动性，并不利于体育事业的可持续发展。科学的评价机制应以业绩为核心，同时由品德、知识、能力等要素构成的综合评价体系，更要逐渐形成自我评议，群众互评，专家评价等多元化的评价创新制度。

三是人才流动机制有待进一步完善。当前，政府、项目协会、市场之间的壁垒森严，相关政策与制度障碍长期阻碍着三者之间体育人才的自由流动。区域体育人才市场分割严重，发展不均衡，体育人才市场不同程度地存在体制不顺、机制不活的现象。体育服务产业人才发展也较为落后，体育中介人才发展还处在初步阶段等。

（三）体育人才资源开发投入力度还需加大

第一，在竞技体育领域中，教练员进修学习的覆盖面不高，部分项目教练员岗位培训开展情况不容乐观，优秀运动员退役择业再教育培训力度不大、覆盖面不广、经费投入难以满足当前的人才发展需要。而在群众体育领域中，基层群众体育人才投入较少，无法满足基层人群对群体人才的需要。另外，我国对高端体育人才的扶持、奖励和支持力度还有一定差距，体育人才培养中的资金较为短缺，包括运动员的保险资金与社会保障资金在内的投入都难以满足新时期体育发展对人才的要求。

第二，随着我国由体育大国向体育强国转变，我国体育人才队伍呈现出需求数量大、层次高、专业化强等特点。伴随着全球一体化进程，体育领域也显现出国际化发展趋势，国际化的体育事业需要一批精通业务、国际化语言表达、素质高、能力强的体育高端人才来支撑。而长期以来，受外语水平、外事外交工作经验等因素的影响，我国国际化高端体育人才仍然比较匮乏，体育人才综合素质有待进一步提高。

第三，目前我国体育产业进入发展的黄金时期，飞速发展的产业需要优质人才的支撑，然而在现实中，受行业壁垒的限制，我国体育产业的新型人才主体仍是来源于体育行业内部，跨界融合与跨项目协作的理念有待进一步深化，体育产业人才的综合素亟待提升。

（四）体育人才队伍规模结构有待优化

我国目前的体育人才结构已经朝着趋于合理的方向发展，人才规模不断扩大，专业类别有所增加，业务知识能力和素质水平也在逐步提高。然而，新时代在体育强国目标下，我国各类体育人才发展结构仍然存在一些问题，体育人才发展结构还有待进一步优化。

第一，在竞技体育的田径、游泳等基础大项中，我国高水平人才相对不足，在世界大赛上的竞争力有待加强。足、篮、排等集体项目竞技水平与世界先进水平相比仍存在较大差距，特别是篮球和足球项目高水平后备人才不足，优秀球员断代现象仍然存在。同时我国还存在冬、夏奥运项目发展不均衡，人才储备差异性较大等突出问题，目前我国冰雪项目人才发展较为落后，且集中在东北等少数地区，没有充分挖掘出优秀后备人才。

第二，在群众体育领域，由于我国区域发展和城乡发展不均衡，人才结构失衡问题较为明显；群众体育人才中复合型人才较少，既精通社会体育知识又擅长运动康复等专业技能的多元性人才较为短缺。在体育产业领域，我国体育产业发展起步较晚，从业人数的数量和质量相对于发达国家来讲都有较大差距，职业经理人等高端人才十分缺乏。

第三，因地缘因素、经济发展水平等影响，总体来看体育教育人才存在师资不足、地位弱势、缺乏成就感等问题，特别是偏远农村地区、边疆少数民族地区，学校体育师资严重短缺，许多农村学校无专职体育教师。此外，受社会发展变革影响，体育人才培养出现滞后现象，体育产业领域和新兴体育领域人才缺乏，体育人才队伍建设还不能适应快速发展的形势，高素质多效能复合型的体育管理人才依然缺乏。这是新时代体育人才建设亟待解决的问题。

三、体育人才队伍建设发展展望

习近平指出，“我们每个人的梦想、体育强国梦都与中国梦紧密相连。”并进一步强调，“加快建设体育强国，就要把握体育强国梦与中国梦息息相关的定位，把体育事业融入实现‘两个一百年’奋斗目标大格局中去谋划。”党的十九大开启了迈向中国特色社会主义新时代、全面建设社会主义现代化国家的新征程，赋予了体育前所未有的历史使命，对体育人才建设既带来了新机遇，也提出了新要求。我们必须抓住这个千载难逢的发展机遇，以“人才强体”推动我国由体育大国向体育强国的转型，以体育强国梦助力中国梦的实现。

面向未来，体育人才建设与发展必须遵循社会主义市场经济规律、体育事业发展规律和体育人才成长规律“三大规律”，实施“三步走”战略，立足“全方位”“全过程”“全周期”“全球化”和“全要素”，坚持党管人才，构建中国特色的人才治理体系；坚持分类管理，构建灵活有效的人才政策体系；坚持人才强体，构建跨界贯通的人才工程体系，努力建设一支与体育强国建设相适应的高素质的体育人才队伍。

（一）发展思路

新时代我国体育人才建设改革和发展的思路是：以习近平新时代中国特色社会主义思想为指导，坚持党管人才原则，坚持“服务发展、人才优先、以用为本、创新机制、高端引领、整体开发”的人才发展指导方针，坚持聚天下体育英才而用之，对接体育强国、健康中国、人才强国建设战略目标，充分把握“大体育观”对“大人才观”的基本要求，牢固树立人才是第一资源的理念，牢固确立人才引领发展的战略地位，遵循社会主义市场经济规律、体育事业发展规律和体育人才成长规律，深化体育领域干部人事制度改革，构建“全方位”的体育人才治理体系、“全过程”的体育人才政策体系、“全周期”的体育人才培养体系、“全球化”的体育人才交流体系、“全要素”的体育人才保障体系，努力建设一支与体育强国建设相适应的高素质的体育人才队伍，为体育强国建设提供更加坚实的人才保证和广泛的智力支持，为实现“两个一百年”奋斗目标和中华民族伟大复兴的“中国梦”做出贡献。

（二）战略目标

新时代我国体育人才总体战略目标定位为：进一步深化改革，在体育人才发展体制机制的重要领域和关键环节上取得突破性进展，体育人才管理体制更加科学高效，不断强化人才强国、人才强体观念，培养和造就一支数量充足、结构合理、门类齐全、素质优良的体育人才队伍，体育人才在体育事业发展、体育强国建设中的基础性、战略性、决定性作用得到充分发挥。

实现这一战略目标，可以分“三步走”。

第一阶段：从现在到2020年。着力改革和完善体育人才发展工作体制机制，破除体育人才管理中的体制机制障碍。深入实施重大体育人才工程，着力加快体育人才队伍结构的战略性调整和优化，全面打造与体育强国建设总体目标相适应的体育人才新格局。

第二阶段：从2021年到2035年。更加注重提升我国体育人才在规模、效能、国际化等方面的核心竞争力，努力建成一支规模充足、结构优良、效能突出、具有国际影响力的体育人才队伍，初步为加快实现体育强国建设目标、增加我国体育国际话语权奠定坚实的体育人才基础。

第三阶段：从2036年到21世纪中叶。构筑更具国际影响力和中国特色优势的体育人才高地，聚集和拥有与中等发达国家经济发展、政治文明、社会民生相适应的高质量体育人才队伍，基本确立我国体育人才的国际竞争比较优势，并成为推动世界体育发展的中坚力量。

（三）主要措施

1. 坚持党管人才，构建中国特色的人才治理体系

协调推进“四个全面”战略布局和“五位一体”总体布局，贯彻落实五大发展理念，实现“两个一百年”奋斗目标，对人才工作提出了新的更高要求。《关于深化人才发展体制机制改革的意见》提出，构建科学规范、开放包容、运行高效的人才发展治理体系。这一命题是推动我国由人才大国迈向人才强国的必然要求，是深化人才发展体制机制改革的重要目标，也是推动人才工作发展的现实课题。

第一，鲜明凸显人才工作中国特色。强化党对体育人才工作的领导，充分发挥党的思想政治优势、组织优势、密切联系群众优势，确保人才工作的正确方向，明确体育人才“为谁培养”的根本性问题。坚持党管人才，管宏观、管政策、管协调、管服务，发挥党委（党组）在人才工作中的核心领导作用，保证党的人才工作方针政策全面贯彻落实。发挥政府在体育人才工作中的主导性作用，发挥市场在体育人才配置中的基础性作用。加强人才思想政治工作，培育和践行社会主义核心价值观，强化奥运精神与中华体育精神的贯穿融入。

第二，加快形成人才发展治理体系。坚持人才培养的高端导向，坚持人才配置的市场导向，坚持人才发展的国际导向，坚持服务体育人才成长发展的精准导向，加快形成有利于人才成长的培养机制、有利于人尽其才的使用机制、有利于竞相成长各展其能的激励机制、有利于各类人才脱颖而出的竞争机制，加快构建具有全球竞争力的体育人才制度体系，构建科学规范、开放包容、运行高效的体育人才发展治理体系。系统推进体育人才治理理念的变革与创新，营造公平竞争、流动有序、开放透明的体育人才发展大环境，提高各体育人才工程及项目的实施、监管透明度。推进体育人才治理法治化、开放化与科学化建设，做好体育人才发展法治保障规制的有效供给，深入推进与体育人才发展相关激励政策的颁布、实施，加强区域间、行业间人才治理模式的交流、合作，取长补短，完善体育人才治理手段。

第三，努力构建协同治理生态体系。要正确处理政府、市场和社会的关系，发挥市场配置的决定性作用，更好发挥政府宏观调控作用，培育完善社会组织的服务功能，形成政府、市场、社会和人才协同治理的生态体系。一是转变政府人才管理职能。根据政社分开、政事分开和管办分离要求，强化体育行政管理部门在人才宏观管理、政策法规制定、公共服务、监督保障等方面的职能，建立政府人才管理服务权力清单和责任清单，完善政府宏观管理、市场有效配置、单位自主用人、人才自主择业的人才管理工作方式，发挥用人单位在人才培养、吸引和使用中的主体作用，切实把政府部门对体育人才具体的“抓”和有形的“管”，转变为宏观的“调”和无形的“服”。推进体育事业单位人事制度改革，建立权责清晰、分类科学、机制灵活、监管有力，符合体育事业单位特点的人事管理制度。二是发挥市场配置决定性作用。人力资源是最重要的市场核心要素和主导资源，遵循市场资源配置的基本规律。要充分发挥市场在体育人才资源配置中的决定性作用，就要把市场机制引入体育人才制度之中，遵循市场竞争规律、供求规律和价值规律，通过价格机制、竞争机制来配置体育人才资源，进而实现体育人才的优胜劣汰和开发配置的有效均衡，营造体育人才竞相汇聚、蓬勃涌现、自由竞争、开放发展的良好的市场环境。三是发挥社会组织人才服务功能。要大力培育和扶植体育人才服务的社会专业组织和第三方人才中介服务机构，深化体育人才公共服务类机构改革。探索政府体育人才工作部门与公共机构、民间组织、私营单位等多元主体的合作治理模式，建立起高端人才的“旋转门”制度，推动人才在政、学、商、产等不同领域之间有序流动，形成有序分工、协调合作、良性互动的人才资源开发新格局。大力推动政府购买人才服务，体育人才规划、人力资源评估等工作，可以通过授权委托或招标方式，交由专业的社会第三方机构来组织实施。

2. 坚持分类管理，构建灵活有效的人才政策体系

有效实施分类管理人才政策，科学谋划体育人才改革思路和政策措施，促进体育人才规模、质量和结构与体育事业发展相适应、相协调，实行更加积极、更加开放、更加有效的人才政策，加强人才投入，解放和增强人才活力，推进分类施策、分类管理、分类指导和分类评价。

第一，完善立体完备的政策体系。构建体育人才政策体系，就要在纵向上构建以总政策为统领、基本政策为支撑、具体政策为落实的政策体系，一是分阶段制定面向未来的体育人才总政策，目前，国家层面已经制定了《全国体育人才发展规划（2010—2020 年）》的总政策，但到 2020 年该政策将告一阶段，要马上启动《全国体育人才发展规划（2020—2035 年）》的中期规划，该规划要对接我国从 2020—2035 年基本实现社会主义现代化的目标，通过体育人才的发展带动体育事业发展，助推“社会文明程度达到新的高度，国家文化软实力显著增强，中华文化影响更加广泛深入”的目标实现，基本实现公共体育服务均等化，让体育成为“全体人民共同服务迈出坚实步伐”的有力证明，并成为“社会充满活力而又和谐有序”的重要支撑。同时，要对接把我国建成富强民主文明和谐美丽的社会主义现代化强国的奋斗目标，考虑制定《全国体育人才发展规划（2035—2050 年）》的远景规划。二是分层次制定体育人才基本政策。在总政策基础上，要统一协调，进一步细化总政策的目标任务，制定体育人才的基本政策，构建体育人才的基本政策体系。三是分区域制定具体的落实政策。各省市县包括乡镇，必须在上级总政策和基本政策指导下，根据本地域的实际特点、情况和需求，制定好更为具体的落实政策。从横向来看，要进一步构建和完善以党政管理人才政策、竞技体育人才政策、群众体育人才政策、体育教育人才政策、体育产业人才政策等为主要内容的政策体系。

第二，构建闭环运转的政策体系。构建闭环运转的政策体系，要注重体育人才培养政策、流动政策、评价政策、保障政策形成良性的运转体系。

一是在培养政策方面，创新人才教育培养模式。突出“体育强国”战略实施的需求导向，建立高校体育学科专业、类型、层次和区域布局动态调整机制，改革体育教育人才培养模式。注重体育人才创新意识和创新能力培养，进一步探索建立符合“大众创业、万众创新”要求的创新创业型人才培养机制，完善体育“产学训研用”相结合的协同育人模式。统筹体育产业发展和体育人才培养开发规划，加快培育体育重点行业、重要领域、战略性新兴体育人才培养。加大人才培养投入力度，以更积极、开放的政策推动人才培养工作的实施，突破体育人才培养的内外部机制障碍。

二是在流动政策方面，畅通体制内外人才流动通道。国家体育总局要进一步加强对体育人才工作的统筹协调与指导，健全人才协调机制，加强对体育人才流动市场的监管，形成政府部门宏观调控、市场主体公平竞争、用人单位严格自律的人才有序流动新格局。逐步健全体育人才流动方面的政策体系，实行体制内和体制外人才资源的统一配置，消除长期困扰我国人才流动的身份壁垒问题，将以行政级别为主的“身份管理”转变为以职务聘任为主的“岗位管理”，摆脱地域、身份、户籍、人事编制等限制，建立体育人才流动的“旋转门”制度，鼓励机关、事业单位之间、公办及民企之间的人才合理流动，采用“买鸡下蛋”和“借鸡生蛋”的办法，实现体育人才资源共享，鼓励引导人才大胆走向市场，发挥功能。

三是在评价政策方面，形成具有科学导向的评价体系。要以体育人才的科学分类为基础，以推动体育人才良性发展和激发体育人才创新创业活力为目的，加快形成导向明确、精准科学、规范有序、竞争择优的科学化、社会化、市场化人才评价机制。遵循社会主义市场规律、人才成长发展和体育自身规律，突出品德、能力和业绩评价导向，分类建立体现不同职业、不同岗位、不同层次人才特点的评价机制。分类健全人才评价标准，坚持思想政治素质和业务能力双重考核标准，全面考察和突出重点相结合，坚持分类指导和分层次评价相结合，根据不同职业的类型和特点设置相应的标准。改进和创新人才评价方式，科学设置人才评价周期，畅通人才评价渠道，创新多元评价方式。坚持“用伟大的事业凝聚人才，用崇高的精神鼓励人才，用真挚的感情关心人才，用适当的待遇吸引人才”，积极探索适合人才特点的激励措施。

四是在保障政策方面，优化体育人才发展的政策环境。持续推动体制机制改革和政策创新，形成体育人才发展制度优势和动力体系。在《体育产业发展“十三五”规划》和《全国体育人才发展规划（2010—2020 年）》等基础上，要不断修订、完善人才培养工作中现有文件、政策和标准，尽快填补空白领域的法规、制度，既保障人才的权益，也保障我国体育事业的健康发展。继续推进《中华人民共和国体育法》的修订工作，完善现行各项法律政策，推进体育事业改革。加强立法，做到有法可依、有法必依，提高我国体育人才管理的法制化程度，从而对我国体育人才起到法律保护，最大限度发挥人才价值。

第三，构建内外交融的政策体系。根据“大体育观”“大人才观”的理念要求，要造就一大批符合体育强国战略的人才，就要坚持不同类型人才、不同行业人才、不同地域人才为我所用的原则，在体育系统人才基础上，引入体育系统之外的人力资源，构建以体育系统人才为中心、以其他系统人才为外围的体育人才政策体系。一是体育行业内外人才的互通政策。在原有的体育系统内部人才基础上，大力吸引体育行业之外的人才进入体育人才队伍，做到“跳出体育”用人才。二是国内国外体育人才的使用政策。制定激励性、吸引性政策，大力吸引国外体育人才，尤其是国外的体育教育人才、体育科技人才等，要通过“千人计划”等国家人才项目，使其助力于体育教育、体育科技发展。三是传统新兴行业人才的融合政策。在立足传统体育人才基础上，要切实加强新型体育人才培养，要推动现有人才综合发展，不断适应经济发展新常态、新科技革命、互联网业态、人工智能等的发展趋势，不断培养各类新型体育人才。

3. 坚持人才强体，构建跨界贯通的人才工程体系

深入推进“人才强体”战略，以高层次体育人才培养为龙头，抓住培养、吸引和使用三个重要环节，营造良好的用人机制和环境，使体育人才的总量不断得到增加，党政管理人才、竞技体育人才、群众体育人才、体育教育人才、体育产业人才、体育科技人才等不同类型的人才竞相迸发，使人才结构更加合理，各类人才素质得到提高，为体育事业全面、协调和可持续发展提供强有力的人才支持。根据当前“体育强国”战略的需要和以上各类人才的基本情况，按照“亟须”原则，可以推出以下人才工程。

第一，运动员跨界跨项选材工程。改变国家队的选拔体制，打破国籍、地域、行业的局限，打通职业体育、专业体育、业余体育的人才通道，跨选、跨练、跨赛，真正把有潜力、有优势的竞技体育项目人才发掘出来。尤其面临北京冬奥会，我国冰雪项目人才缺乏的现状，要打破常规、创造性开展工作。既要发挥举国体制优势，又要利用市场机制和社会力量，拓展人才工作思路和人才培养模式，开拓思维，跨界、跨项目、跨年龄选取适合冬季项目发展的运动员、教练

员和专业技术人员，实现夏季运动项目人才转换，推动冬季项目人才创新发展。注重高层次人才培养。要通过多种方式、多种手段、多种途径，着重培养一批年富力强、技术过硬、业务熟悉、结构合理，能在2022年发挥核心骨干作用的冬季项目高层次人才队伍。坚持自主培养开发人才与引进人才并举。对于办赛急需人才，既要考虑利用夏季项目竞赛人才资源，也可以部分聘请国外职业办赛人才。

第二，竞技体育后备人才培养的“青苗工程”。一方面，大力推动体教结合。体教结合是加强学校体育工作、推动素质教育、促进青少年训练、为国家培养和造就高素质劳动者和优秀体育后备人才的一项新的重要举措，是整合体育、教育等资源而实施的人才培养战略的重要措施，体现了体育、教育事业最根本的培养目标，符合人才培养的内在要求。运动员培养要坚持“体教结合”原则，充分发挥教育系统的资源优势，转变“运动员学生”为“学生运动员”，培养高水平运动队和竞技、学习俱佳的学生运动员。另一方面，夯实学校体育基础，创新体育后备人才小学、初中、高中“一条龙”培养模式。强化青少年三级训练网络建设，着力在培养兴趣、增强体质的基础上发现优秀苗子，对青少年学生进行科学系统的训练，开发青少年的运动天赋和专项特长。以中等体育运动学校、竞技体校为龙头，突出国家高水平体育后备人才基地的引领示范作用，努力拓宽办学渠道，提升办学层次，科学系统训练，提高输送率和成才率。

第三，教练员精英培育工程。要“深入研究教练员队伍培养模式的创新路径，系统梳理培养高素质组训人才存在的矛盾问题，将教练员队伍建设纳入人才队伍建设规划，进一步明确教练员队伍建设地位作用、培养任务和目标要求。”深入实施《精英教练员双百培养计划实施办法》，重点提高专业运动队和业余训练教练员专项规律认识水平、创新能力和执教能力，培养一批具有国际视野、创新思维和较高执教水平的领军型教练，推进竞技体育可持续发展。加强基层教练员队伍建设，完善基层教练员保障体系，进一步提高基层教练员待遇，为他们创造更多的发展机会，引导教练员扎根基层，安心培养更多优秀体育人才。

第四，全民健身优秀指导员工程。《全民健身计划（2016—2020年）》指出，要树立新型全民健身人才观，发挥人才在推动全民健身中的基础性、先导性作用，努力培养适应全民健身发展需要的组织、管理、研究、健康指导、志愿服务、宣传推广等方面的人才队伍。一是坚持“增量提质”原则，扩大队伍规模与提高人才质量相结合。一方面，要不断扩大队伍规模，大力培养以社会体育指导员为主体的群众体育人才；另一方面，要加强对群众体育人才的专业指导和培训，切实提高群众体育人才的专业化水平。二是坚持“人才互通”原则，推动人才培养和人才跨界发展相融合。一方面，要将全民健身人才培养与综治、教育、人力资源社会保障、农业、文化、卫生计生、工会、残联等部门和单位的人才教育培训相衔接，畅通各类人才培养渠道；另一方面，要加强竞技体育与全民健身人才队伍的互联互通，形成全民健身与学校体育、竞技体育后备人才培养工作的良性互动局面，为各类体育人才培养和发挥作用创造条件。三是坚持“协同治理”原则，实现政府规划与市场配置相统一。在政府统一规划和指导下，充分发挥市场配置和社会配置作用，大力推动政府购买公共体育服务，加强高水平社会体育指导员培养和培训；创新全民健身人才培养模式，加大对民间健身领军示范人物的发掘和扶持力度，重视对基层管理人员和工作人员中榜样人物的培育；创建群众体育优秀人才培育基地，打造队伍、培育人才、选优选尖、创造佳绩、引领示范，提升项目专业水平和社会效益；树立开放培养理念，积极整合社会体育资源，有效拓宽共建群众体育优秀人才培育渠道，形成群众体育优秀人才多渠道、多层次、多元化的培养格局，构建一支责任心强、专业水平高的群众体育人才队伍。发挥互联网等科技手段在人才培训中的作用，加大对社会化体育健身培训机构的扶持力度。

第五，职业“运动处方师”培训工程。对接“健康中国”战略，贯彻落实国务院《关于加快发展体育产业促进体育消费的若干意见》《健康中国 2030 规划纲要》和《全民健身计划（2015—2020 年）》，推进体医结合，梳理“大健康”理念，启动国家级“运动处方师”培训工程，完善健身指导的基本内容、工作流程和岗位资质标准，加强运动处方的基本理论、实验体系和应用体系的推广，培养更多可以为人们开出“运动处方”的医务人员、能够科学安全有效指导运动行为的健身教练和体育教师及健身指导从业人员。

第六，卓越体育企业家培育工程。在体育产业领域，2016 年中国体育产业的从业人员大约 430 万，也就是说未来五年还要增加 170 万人，平均每年要增长 30 多万人，这说明中国体育产业人口在数量上有着巨大缺口。为此，要着眼于提高我国体育产业发展水平，培养一批具有世界眼光、战略思维、创新精神和经营管理能力的体育产业经营管理人才。通过举办战略研修、研讨交流等活动，加强对产业经营管理人员的培养。组织战略规划、资本运作、企业经营管理、人力资源管理、财务管理、法律等专题培训项目，不断提升体育产业经营管理人才的整体素质。适应体育产业发展的需要，打造一支熟悉体育经济工作规律，了解体育业务，具备财务管理、市场运作、经营开发和产业管理能力，适应体育产业发展需求的体育产业人才队伍。同时，鼓励社会多方投入，积极开展各类体育产业培训，多渠道培养复合型体育产业人才。加强体育产业人才培养的国际交流与合作。

第七，高端体育科教人才培育工程。一是强化“科教兴体”，体育类高校要承担起培养高水平竞技体育人才的使命与责任，在“体教结合”模式下培养出更多高水平竞技体育人才；要聚焦体育培养高层次优秀体育人才，要进一步突出体育特色，聚焦体育主责主业，强化内涵，进一步提升人才培养的体育特色；要提高人才培养质量，体育类高校要坚持“质量立校”，强化人才培养的质量意识，构建人才培养的质量保障体系，切实培养出优秀体育人才；要以市场为先导，把握人才需求的主流方向，坚持“厚基础、宽口径”“一专多能”的人才培养理念，抓住人才培养的各个环节，注重“体育+”和“+体育”学科的拓展，促进体育学科与非体育学科的充分交叉和深度融合，力争培养熟悉媒体、营销、经纪、青训、金融（尤其是保险）、IT、场馆等复合领域的复合型高端体育人才。二是强化科技先导，大力加强体育科技人才培养。关注体育科研前沿领域，有效推动体育科技创新；要充分把握当前经济社会发展新形势，坚持“互联网+”和“体育+”思维，顺应大数据、云计算、共享经济、人工智能、区块链等新技术发展趋势，不断培育适应新时期体育发展新常态、体育产业新形态、体育科技新业态的各类新型体育科技人才。三是推动高端体育科研人才队伍建设。重视体育领域的理论和实践研究，依托“长江学者奖励计划”、国家“千人计划”青年项目、文化名家暨“四个一批”人才、国家“万人计划”哲学社会科学领军人才、中国青年科技奖等国家重大人才工程项目来培养造就高层次科研领军人才。

第八，“体育外交官”培育工程。体育强国建设，必然要求一批在国际上能够发出“中国体育声音”、讲好“中国体育故事”的人才，并且随着中国日益走向世界舞台的中心，国际体育治理不能没有中国的参与，也不能离开中国的参与，为此，必须加大国际体育人才培养。一是推动国际体育组织官员培养。在当前具有国际影响力的运动员、教练员、裁判员中，选拔一批具有良好政治素质、体育素养的人员，加强政治培训、外事培训、语言培训、礼仪培训等，推动他们在国际体育组织中的任职，增强中国体育的国际影响力和话语权。二是推动国际化体育人才培养。主动对标国际，推进体育人才培养的国际交流与合作。坚持体育人才培养的国际化标准，着重突出体育人才培养的视野国际化、理念国际化、专业知识与能力国际化；探索建立与世界接轨的卓越人才培养体系，力争培养出具有创新精神、全球化视野的高端体育人才。三是坚持“走出去”和“引进来”的国际化战略，充分地开发利用好国内外高端体育人才资源。一方面，选派国内优质体育人才“走出去”，积极沟通留学基金委，借助公派出国留学和培训项目，加强体育人才国际交流与合作，拓展国内体育人才的国际化视野，提升我国体育人才的国际化水平。另一方面，积极落实“引智工作”，树立“优势互补、合作共赢”的理念，力争与世界体育大国、体育强国进行广泛交流与合作，及时聘请国际一流专家团队，协助本土体育人才的国际化培养。

4. 坚持多方协同，构建精准服务的人才保障体系

第一，做好运动员服务保障是核心。运动员队伍是发展体育事业最宝贵的人才群体，做好运动员保障工作是我国竞技体育举国体制优势所在。一是要整合资源，形成做好运动员保障工作的合力。运动员保障不是体育人事部门一家的事情，与竞体、青少、科教、党委等各部门所肩负的训练竞赛、后备人才培养、文化教育、思想政治工作等密切相关，又承担着为群众体育和体育产业、体育文化培养体育人才的任务。要站在体育事业发展全局的高度去思考、参与和支持运动员保障工作；要从完善竞技体育后备人才培养、促进体育人才资源开发的高度去认识和定位，用运动员保障工作来促进竞技体育、群众体育和体育产业、体育文化等事业的发展和融合。二是要精准定位，继续完善运动员保障制度体系。要抓住政策制度这一“牛鼻子”，着力改革创新，继续在聘用管理、社会保险、行业保障、职业辅导、退役安置等关键方面制定和完善运动员保障政策。各单位各级运动队伍要做好运动损伤预防和康复工作，及时开展工伤认定、伤残鉴定和赔偿。人事部门要继续细化伤残互助保险、关怀基金等政策配套，完善老运动员特殊医疗照顾等政策，加强行业保障政策与社会保障政策的衔接和补充，进一步完善运动员职业辅导和就业安置政策。三是要突出关键环节，不断完善职业转换社会扶持体系。继续加大运动员就业服务力度，加强与专业人才机构的合作，为运动员实现职业转换提供高质量的就业信息和个性化的就业指导服务。继续建设运动员就业实训平台，开辟运动员与社会就业岗位之间的联络通道。继续实施“繁星计划”，拓宽渠道，创新方式，精细管理，努力实现运动员人才资源与社会就业岗位的对接。不断引导退役运动员自主创业，大力倡导创业创新，开展运动员创业创新培训活动，引导更多的退役运动员从事学校体育、青少年体育、社会体育及体育产业。

第二，完善政策法规保障是重点。要着力加强顶层政策制度设计与落实，继续完善体育人才队伍建设政策法规保障，相关配套政策要与国家政策相衔接和统一，重点聚焦运动队管理、收入分配、教育培训、退役安置等问题。继续完善投资引导政策，推动落实财税等各项优惠政策，为保障体育人才建设投入开启绿色通道，保障竞技体育人才、群众体育人才、体育产业人才队伍建设的长效化、制度化与专业化。

第三，加大保障经费投入是关键。要加大体育人才队伍建设经费投入，探索建立政府主导、市场参与、社会支持的体育人才队伍建设经费投入机制。要充分利用现有的体育发展专项资金、体育产业投资基金，使投入产出效益最大化；充分发挥社会力量办体育，盘活体育彩票公益金、体育基金会、企业冠名和赞助及个人捐赠等多元投入渠道，健全体育人才开发投入模式；鼓励和引导有条件的部门和单位设立人才工作专项经费，强化经费投入保障。

（上海体育学院　陈晓峰）

第十章

体育法治建设改革与发展

党的十九大指出，“全面依法治国是国家治理的一场深刻革命，必须坚持厉行法治，推进科学立法、严格执法、公正司法、全民守法”。在体育领域推进治理现代化，必然形成对法治体育的内在需求，体育治理法治化将成为我国实现从“体育大国”到“体育强国”的重要保障。要实现我国体育全面协调可持续发展、建设体育强国的目标，就必须借助法治的手段。依法治体，通过体育法治建设助力体育强国建设。

一、体育法治建设改革与发展主要成就

（一）体育法治建设地位稳步提高

1. 党和政府高度重视体育法治工作

法律是治国重器，法治是国家治理体系和治理能力的重要依托。加强体育法治建设，始终是党中央、全国人大和国务院高度重视的一项重要工作。2008 年以来，党和政府对体育法治工作的重视，首要在于部署制定了一系列事关体育事业发展全局的政策措施。十八大以来，党中央、国务院多次提出完善体育法治的构想，《关于加快发展体育产业促进体育消费的若干意见》《中国足球改革发展总体方案》《中国足球协会调整改革方案》《全民健身计划（2016—2020 年）》《“健康中国 2030”规划纲要》《关于进一步扩大旅游文化体育健康养老教育培训等领域消费的意见》等带有顶层设计性质的政策文件相继出台，对完善体育领域法律法规、打牢体育行业治理规范基础进行了高屋建瓴的规划部署。

十年来，党和政府对一些重要体育法律法规的制定、修改也进行了全面布局。2008 年北京奥运会结束后，群众健身热情高涨，为引导人民群众积极参与健身活动，保障公民在全民健身活动中的合法权益，国务院于 2009 年颁布了《全民健身条例》，为全民健身活动的稳步开展提供了有力的法律保障。2016 年，全国人大常委会通过了《公共文化服务保障法》，为实施全民健身国家战略再添新的法律依据。在党和政府的关心下，《彩票管理条例》《反兴奋剂条例》《学校体育工作条例》等体育行政法规相继出台或根据新形势进行了修改，夯实了体育法治建设的制度基础。

在十年来各地体育事业和法治建设的迅速发展中，体育法治建设逐渐成为地方党政工作的重要组成部分。各地人大、政府在地方体育立法、执法和法治宣传方面进行了大量卓富成效的工作，有关全民健身、体育产业、足球改革等方面的地方实施细则纷纷出台，进一步展示了地方党和政府对营造良好地方体育法治环境的高度重视。

2. 依法治体基本方针进一步坚持和巩固

体育治理是国家治理的重要组成部分，依法治体则是体育治理的基础与重要保障。《体育事业发展“十二五”规划》提出了“增强体育法治观念，将体育工作纳入法治化轨道”的工作要求。《体育发展“十三五”规划》明确将“坚持依法治体”作为“十三五”时期体育发展的基本原则。在竞技体育、体育产业、青少年体育、足球等具体领域的规划中，也进一步坚持和巩固了完善相关法规制度建设、提高依法行政能力和水平、运用法治思维和法治方式、全面提升法治观念和法治水平，创造平等参与、公平竞争的发展环境等相应的依法治体举措。

在地方层面，依法治体基本方针也在各地贯彻执行党和政府决策过程中得到了进一步推动与加强。各地专门出台了针对地方体育法治建设的“十二五”“十三五”规划实施方案，将体育法治建设纳入地方体育行政部门工作安排，强化了对依法治体工作的组织领导。一些省、市体育局已经形成了召开年度法治工作会议、制定年度体育法治工作要点的常态化机制。一些地方体育行政部门特别注重加强与当地人大和政府其他部门的工作联系，组成联合检查组实地调研体育法律法规的贯彻实施情况，收到了良好的效果。

3. 体育法治机构和队伍进一步完善和充实

完善、健全的体育法治机构是加强体育法治建设的前提之一。近年来，越来越多的地级市和基层体育行政部门设立政策法规机构，负责地方体育规范性文件的拟定和体育行政复议、行政应诉及普法宣传等工作，体育法治工作行政组织网络进一步覆盖全国。多地创新体育行政执法工作机制，组建了专门的执法机构，明确了相应的执法依据和职责权限，为体育法治建设奠定了重要的组织基础。

十年间，各级体育行政部门法治队伍建设成绩卓著。国家体育总局连续多年举办全国体育政策法规工作培训班，提高全国体育系统政策法规工作水平。为了培养体育行政部门干部职工的法律意识、提高体育管理队伍依法治体工作水平，一些地方体育行政部门相继成立了依法行政工作领导小组，专门组织举办领导干部法治专题讲座，积极开展干部职工法律知识学习和考试工作。一些地方体育行政部门专门出台了领导干部和工作人员学法用法的规范性文件，按年编制学法计划，体育法治队伍建设由此获得了长久的制度性保障，遵法守法、学法用法在各地体育行政部门蔚然成风。

为了贯彻落实中共中央关于“积极推行政府法律顾问制度，建立法律顾问团队，保证法律顾问在制定重大行政决策，推进依法行政中发挥积极作用”的精神，政府法律顾问制度在国家体育总局和一些省市体育行政部门相继建立起来。专门的法务机构和律师在大型赛事的筹备、举办过程中日益发挥着重要作用。一些体育社会组织设立了法律机构，一些地方在律师协会下成立了体育法业务委员会。这些社会机构和人员成为体育法治建设的重要力量，加强体育法治队伍建设已经在体育行业形成广泛共识。

（二）中国特色社会主义体育法律体系初步确立

1. 以《体育法》为中心的多层次体育法律体系基本确立

经过十年来的完善修补，我国以宪法及宪法性文件为基础，以《体育法》《公共文化服务保障法》为核心，以体育领域行政法规、地方性法规、部门规章、地方政府规章和其他规范性文件为主体的多层次的体育法律体系已经基本确立。

我国《宪法》规定了国家发展体育事业、开展群众性体育活动、增强人民体质的责任，确立了中央政府、地方政府及民族自治地方的自治机关管理体育事务的职责，为体育领域其他法律法规和规范性文件的制定提供了直接宪法依据。《体育法》从总体上对我国体育事业的发展进行了全面规范与保障，在效力上仅次于宪法，是整个体育法律体系的核心。《公共文化服务保障法》进一步落实了宪法规定的国家开展全民健身活动的具体要求。在原有的《奥林匹克标志保护条例》《公共文化体育设施条例》《外国人来华登山管理办法》《反兴奋剂条例》《学校体育工作条例》五部行政法规外，2009 年，国务院又新制定了《全民健身条例》《彩票管理条例》两部行政法规。随着 2022 年北京冬奥会的临近，《奥林匹克标志保护条例》的修订已经提上议事日程。

国家体育总局作为中央体育行政管理部门，十年来充分发挥部门立法作用，单独或者联合其他部委制定了《彩票管理条例实施细则》《经营高危险性体育项目许可管理办法》《反兴奋剂管理办法》等多个部门规章和规范性文件。截至 2018 年 1 月，现行有效的体育部门规章达到了 32 件，规范性文件 151 件，它们构成了体育行业的有力立法保障。地方体育立法在近十年亦迈入了快车道，有立法权的地方人大及其常委会、地方政府制定了相当数量的体育地方性法规和地方政府规章，奠定了我国体育法律体系的坚实根基。相关资料显示，2010—2015

年期间，我国地方体育立法达 431 件，平均每年 70 余件，占改革开放以来地方体育立法总量的 41.9%。

国内外体育社会组织的自治规范包括体育规则、组织章程、体育理念和国际体育仲裁院（CAS）裁决，在体育实践中发挥着重要作用。它们作为体育“软法”，构成了对国家制定法的重要补充，成为我国多层次体育法律体系的重要组成部分。

2. 体育行业立法工作迈向科学化和规范化

体育行业立法的深入开展必然带来科学立法、规范立法的要求。《体育法》和《奥林匹克标志保护条例》的修改筹备较好地贯彻落实了这些要求。2010 年，在《体育法》修改于国务院立法工作计划中立项后，国家体育总局成立了工作小组，多次举行专题会议，汇总交流阶段成果，对修法草案进行反复论证，并先后多次到地方进行专题调研和座谈。2017 年，国家体育总局再次组建了修法工作组、起草组和顾问组，启动了新一轮《体育法》修改工作。在《奥林匹克标志保护条例》的修订过程中，国务院法制办会同国家体育总局、国家工商总局多次与中编办、北京冬奥组委等有关部门和专家召开会议，不断对条例文本进行深入探讨，最后形成了比较成熟的征求意见稿。修订过程最大限度地体现了科学立法、民主立法。

编制规章和规范性文件制订计划是行业立法科学化、规范化的重要表现。2017 年，国家体育总局颁布了《国家体育总局规章和规范性文件制定程序规定》，正式取代了 2005 年颁布的《国家体育总局规章制定程序规定》，为国家体育总局规章和规范性文件的计划、起草、审查、决定、公布、备案、解释、清理、修改和废止提供了具体操作指引。国家体育总局亦多次进行失效体育法规的清理工作，开展现行有效体育法规的汇编工作，对明显不适应经济社会发展要求的、与上位法规定不一致的、已经被新法代替的无效和过期文件进行清理。2008 年以来，国家体育总局以部门规章的形式，先后颁布了三个有关废止和修改部分规章与规范性文件的决定，并多次以通知的形式印发现行有效的体育法律法规、部门规章和规范性文件目录，不间断地出版《中华人民共和国体育法规汇编》。这些法规清理和汇编工作进一步保障了体育行业立法的科学性、规范性和立法的质量。

地方体育立法也在朝科学化与规范化迈进。一些地方体育行政部门制定了地方体育立法的程序性规定，并根据需要对地方体育立法工作进行编制规划，持续开展对地方体育立法的清理与修订工作。地方体育立法正在改变过去“求大求全”的传统思路，更加务实，日益重视清理、修订和完善工作。

（三）体育法治政府工作成效显著

1. 体育系统大力推进简政放权改革

行政审批改革是中国法治政府建设的重大实践之一，直接关涉政府与市场、政府与社会关系的调整和重塑。为充分激发体育市场活力，国务院2014年出台的《关于加快发展体育产业促进体育消费的若干意见》以加快政府职能转变为基本原则，给出了全面清理不利于体育产业发展的有关规定、取消不合理的行政审批事项、取消商业性和群众性体育赛事活动审批、放宽赛事转播权限制等较为明确的简政放权改革措施和方案。国家体育总局深入推动体育系统简政放权工作，通过出台《关于推进体育赛事审批制度改革的若干意见》，进一步明确“除全国综合性运动会和少数特殊项目赛事外，包括商业性和群众性体育赛事在内的全国性体育赛事审批一律取消”，清理废除了《全国体育竞赛管理办法（试行）》等不符合“放管服”改革要求的部门规章和规范性文件。国家体育总局通过公布《体育总局行政审批事项公开目录》，对行政许可审批和非行政许可审批事项进行清理，只保留了5项必要的行政许可审批，取消了国家级裁判员审批等其他非行政许可审批，调整了一些前置审批事项为后置审批。为落实国务院规范行政审批行为、改进行政审批工作的要求，国家体育总局设立了行政审批办公室，实现了申请人“只进一个办公室、只找一个司局”，实行行政审批网上办理，方便企业和群众办事创业。

各地人民政府及其体育行政部门深入贯彻落实国家要求，大力清理体育行政审批事项，取消了区域内体育赛事行政审批，将经营高危险性体育项目许可和临时占用公共体育设施开展非体育活动等事项的审批权限，下放至基层体育行政部门。在优化服务方面，各地根据“放管服”改革的需要，不断转变工作方式和工作作风，简化审批程序、优化审批流程、依法限时办结、提高审批效率、实行信息公开。一些地方体育行政部门在当地的政务服务中心开设窗口，集中实施网上“不见面”行政许可服务。得益于各级体育行政部门推进简政放权的努力，社会力量举办体育赛事活动的积极性得到激发，体育赛事的数量和质量不断提升。

2. 体育执法工作机制日臻完善

体育行政执法是体育行政部门行使行政管理权力的基本方式和主要手段。为保证体育行政执法工作的有效开展，监督执法权的依法行使，必须建立健全体育执法工作机制。十年来，国家体育总局多次提倡改进和创新执法方式，鼓励各地体育行政部门积极探索行政指导、示范服务、行政奖励等非强制执法手段，支持综合执法和其他执法部门依法在体育领域执法。国家体育总局十分注重推进体育行政执法的规范化和文明化，加强行政执法责任制，严格实行行政执法人员持证上岗制度和重大体育行政执法决定法制审核制度，将法制审核的通过作为体育执法部门做出行政决定的前提条件，执法机制建设取得显著成效。

各地积极探索体育行政执法的规范化水平，逐步建立健全各类体育执法制度。北京、山东、安徽等省级体育行政部门制定了《体育领域行政处罚裁量基准》，以有效防范体育行政处罚执法权力的滥用。河北、广西南宁等地体育行政部门建立了行政执法全过程记录制度，明确了行政许可、行政处罚和行政检查等行为全过程记录的规则与要求。上海在全国率先实行文化综合执法体制，将体育执法纳入文化综合执法范围。江苏苏州、山西阳泉等地成立了专门的体育行政执法队伍，担负依法对体育经营活动进行监督检查、宣传贯彻体育法律法规等职责。此外，行政执法过错责任追究制度、公示制度、听证制度、投诉处理制度等一系列行政执法制度陆续在一些地方体育行政部门得到建立和健全，地方体育执法工作机制日臻完善。

3. 体育执法和监督检查的力度不断加大

在健全、完善体育行政执法工作机制的基础上，各级体育行政部门不断加大行政执法和监督检查力度。国家体育总局将“推进体育依法决策、执法与监督”作为法治政府建设的主要任务之一，提出完善体育部门内部层级监督，推动建立系统内上级体育部门对下级体育部门的常态化、长效化监督制度，体现了中央体育行政部门对体育行政执法和监督检查工作的高度重视。地方各地体育行政部门集中现有的执法力量，采取日常和计划检查相结合、定期和不定期检查相结合、白天和夜间检查相结合的方式，主动深入辖区内受检单位，依法开展行政执法检查。为贯彻国务院《关于推广随机抽查规范事中事后监管的通知》和有关文件精神，各地纷纷制订实施方案，建立“双随机”抽查工作机制，定期对以经营高危险性体育项目经营单位为主的对象进行抽查，为体育市场主体营造公平竞争的发展环境。

有计划地对法律法规实施情况进行调查研究和执法检查，是各级人大及其常委会的重要法定职权。十年间，全国人大教科文卫委员会和地方各级人大常委会多次通过听取专题汇报、深入实地调查、召开座谈会、查阅相关档案资料、个别走访等形式，针对行政机关对《体育法》和《全民健身条例》等体育法律法规的执行情况进行执法调研和执法检查，并对检查中发现的突出问题向当地政府和体育行政部门提出改进意见。一些地方人大将调研报告、执法检查报告印送当地政府办理，并加强跟踪督办，不断增强监督工作实效。

（四）司法进入体育行业力度加大

1. 足坛反赌扫黑取得重要进展

足球是体育行业中社会关注度极高的领域。足球职业化进程中出现的“假球”“黑哨”行为，违背了基本公平竞赛精神，扰乱了正常比赛秩序，败坏了社会风气，给国家形象带来了负面影响。2008 年以后，司法介入足球领域的力度加大，一些足协高层官员和知名球员、裁判员相继被判处刑罚。司法机关的积极介入，肃清了行业风气，保障了足球改革的积极健康发展。

保障司法对于足球行业的强力介入，成为足球改革发展顶层设计力求固定下来的长效机制。《中国足球改革发展总体方案》明确要求，“足球管理部门与公检法等方面加强协作，建立健全违法举报机制和紧密衔接的合作机制，有效防范、及时侦破、坚决打击假赌黑等违法犯罪行为”。强调足球管理部门与司法机关的合作共治，既尊重了体育行业自治，又体现了司法监督的威慑力，是一项极富创新性的顶层设计，对于维护足球比赛的正当竞争秩序，促进整个足球行业健康发展具有深远意义。

2. 体育系统反腐工作力度加大

党风廉政建设和反腐败工作的推进，一直是中国共产党保持先进性和纯洁性的重要手段。十八大以来，国家体育总局党组认真贯彻落实中央八项规定精神，制定印发了《国家体育总局党组贯彻十八届中央政治局关于改进工作作风、密切联系群众八项规定及实施细则的具体措施》，体育系统的反腐倡廉工作力度也进一步加大并取得了重要成果。在 2014 年中央巡视组第二轮巡视工作启动后，多名体育系统干部因违纪违法问题被查处并移送司法程序。国家体育总局积极推进巡视整改工作，提出了构建体育领域反腐倡廉长效机制，牢固树立依法治体、依法履职、依规办事思想理念的整改思路。地方各级体育局党组也认真听取地方党委巡视反馈意见，全面部署开展整改工作，强化了权力运行制约和经济责任监督机制，大力推进对违法违纪、失职渎职、决策失当和损失浪费的问责工作。从党的纪律监督到国家司法介入，体育系统通过紧密跟进国家反腐败斗争形势，纯洁了干部队伍，有效整治了行业不正之风。

3. 司法积极介入体育民事纠纷

十年间的司法案例显示，我国法院积极回应体育实践需要，受理了大量有关运动员、俱乐部的名誉权侵权纠纷、体育知识产权侵权纠纷、运动员劳动争议维权纠纷、不同体育主体之间的合同违约纠纷、体育伤害赔偿纠纷，有效保障了当事人的正当权益，取得了良好的司法效果和社会反响。十年来，因劳资纠纷、特别是欠薪纠纷引发的运动员维权争议多发，我国法院大都肯定运动员的劳动者地位，依照《劳动法》和《劳动合同法》的相关规定积极维护运动员权益。在大量体育伤害和“驴友”伤害纠纷中，我国法院积极发掘体育特殊性法理，充分运用“自甘风险”规则定纷止争，获得了较好的裁判效果。近年来，还出现了体育赞助合同、赛事转播网络侵权和体育行业反垄断等新型纠纷。在相当多的体育民事争议中，法官开始认真考虑体育项目竞技规则和体育协会内部管理规定，在判决中加大了对体育特殊性的考量，体现了司法的有限介入理念和对体育自治的尊重。

（五）体育法治宣传和研究深入开展

1. 体育法治宣传力度日益增大

体育法治文化是体育法治的重要组成部分，体育法治宣传则是培养体育法治文化的重要抓手。十年来，国家体育总局高度重视体育法治的宣传教育，持续编制体育系统法治宣传教育五年规划，制定有关普法宣传的规范性文件，为在体育系统内的法治宣传教育和向社会开展的体育法律法规普法工作明确了依据，创新了路径，指引了方向。各地体育行政部门强抓体育法治宣传工作不懈怠。各级体育行政部门普遍成立了普法工作领导和办公机构，建立了领导干部带头学法制度。一些地方通过开展法治宣传讲座、体育政策法规培训班、运动员普法讲座、

《体育法》知识考试等形式多样的法治宣传活动，推动体育法治精神在体育系统内部的广泛传播，帮助体育从业人员进一步树立了体育法治理念。一些地方积极运用新媒体平台开展体育法治宣传教育工作，“互联网+体育法治宣传”的功能特点得到充分体现，运用新平台、新技术开展体育普法的新格局正在逐步形成。通过多层次、立体化、全方位体育法治宣传教育网络的构建，全社会体育法治宣传学习的良好氛围正在形成。

2. 体育法学学科建设大力提升

建设体育法学学科是开展体育法治宣传和培育体育法治文化的长效机制之一。《体育法制建设“十二五”规划》明确指出：“体育院校要做好体育法的教育教学工作。”十年来，越来越多的体育院校认真地落实规划要求，做好体育法学课程开设工作，有力提升了体育法学的专业建设水平。开设体育法学课程和硕博士学位方向的法学院校也在逐渐增多。体育法学教材建设日趋繁荣，一批崭新的体育法学教材和教学案例集面市，它们紧贴体育法治建设的实践需要，关注体育法相较于一般法律部门的特殊性，在内容编排、贴近实践、可读性等方面都有明显提高。体育法学教师队伍建设进步显著，兼具法学和体育学交叉学科背景和工作经历的教师日渐增多，年龄结构和学历比例日趋合理，为培养合格的体育法治人才提供了坚实的保障。

3. 体育法学研究范围不断拓展

十年来，体育法学研究进入了日趋繁荣的快车道，学术活动广泛开展，研究成果百花齐放，对外交往日趋频繁，“为推动我国体育法治建设和促进体育学、法学理论繁荣做出了积极的贡献”。

中国法学会体育法学研究会团结全国体育法学研究者，积极开展理论研究和实践活动，个人会员和团体会员数量不断增加，为推进我国体育法治建设发挥了重要作用。辽宁、北京、天津、吉林、河北、广西、江苏等地在地方法学会或体育科学学会架构下成立了省级体育法学研究会。数十所高校成立了专门的体育法学研究机构。在中国法学会体育法学研究会的领导下，体育法学学术年会和学术活动定期、深入、广泛开展。体育法学专著和论文作为重要的科研产出，在数量和质量上都有较大提升。国家社会科学基金和各部委、地方科研项目资助了大量体育法学研究课题。中国法学会体育法学研究会与韩国体育娱乐法学会、日本体育法学会共同发起的亚洲体育法学会持续在三国轮流举行，为我国体育法学研究搭建了一个长期开展对外交流与合作的平台。在中国法学会体育法学研究会的组织下，中国学者十年来持续参与国际体育法协会主办的世界体育法大会，在世界舞台上展示自己的研究成果。一些学者开始走出国门，在世界知名的体育法专业杂志和顶尖出版机构发表论文、出版书籍，为国外读者掌握中国体育法治状况提供了直接途径。这些工作有力提升了中国体育法学研究的国际影响力，传递出了体育法学领域的中国立场和中国声音。

二、当前体育法治建设面临的问题

（一）《体育法》内容严重滞后

现行《体育法》颁布于1995年，并分别在2009年和2016年进行过两次修正。第一次删掉了原第47条有关全国性、国际性体育竞赛所用器材和用品须经体育行政部门指定机构审定的规定，第二次删掉了原第32条有关体育竞赛全国纪录赛事审批制度。两次修正都只是顺应国家行政审批改革的微调，并未根本改变《体育法》的内容和结构。施行二十余年来，现行《体育法》作为体育行业的根本法，已经严重滞后于体育事业改革发展的需要。

首先，《体育法》的立法理念延续的仍然是计划经济时代“举国体制”的思维模式，无法适应当前体育事业发展呈现的多元价值目标。现行《体育法》突出的是国家对体育事业的调控，表现出很强的行政管理色彩。这种“管理法”理念在客观上有悖以人为本的发展观念，忽视公众参与的基本原则，缺失了法律现代性的内涵。在从体育大国向体育强国转变的背景下，纯粹的精英体育已不再是我国体育事业发展的唯一目标，《体育法》的立法理念亟待从以“行政”为主导的管理体系向以“法治”为中心的多元治理体系转变。

其次，在新时代新的发展形势下，《体育法》已经无法应对体育改革中出现的诸多新矛盾、新问题。在立法目的上，现行《体育法》无法体现出体育强国的法治表达；在学校体育部分，缺失对当前矛盾集中的学生体育运动伤害强制保险的制度设计；在竞技体育部分，需要完善运动员培养发展转型的法律保障机制和体育竞赛组织与管理的规范机制；在体育社会团体部分，对体育社团相较于一般社团的法律特殊性缺乏提炼，无法为体育社团通过组织创新达致多元共治的体育网络治理化格局提供制度供给；随着我国职业体育的飞速发展和职业运动员的增多，《体育法》对职业体育的法律保障机制也明显存在滞后与不足，无法对不同于一般劳动合同的职业运动员工作合同提供特殊规则，也无法对职业体育的纠纷解决创设特殊途径；对体育产业、公共体育服务等领域出现的崭新实践不能进行有效回应与保障。这些缺失已经使《体育法》无法发挥作为我国建设体育强国的法律支撑作用。

再次，立法技术上的固有缺陷严重影响了《体育法》的实施效果。法律功能的发挥除施行因素外，法律文本自身的全面系统性、逻辑协调性和力度恰当性等都会直接产生制约和影响作用。现行《体育法》中很多法律规范的表达不够完整、概括和明确，内容规定过于原则和模糊，法律制度缺乏具体方法和操作性。例如，《体育法》中虽然规定了体育行政部门和公安机关的行政处罚权，但未明确体育行政处罚的种类、幅度、范围，没有规定体育行政处罚的救济措施。对于一些施加了义务的规定，在法律责任章中却无相应的法律后果作为保障，使得《体育法》的施行和司法适用效果受到影响。在章节设置内在逻辑的协调上，《体育法》与其他部门法调整对象的协调，《体育法》与下位行政法规、规章的规范协调等方向，现行《体育法》与一部能够承载中国体育道德共识、价值理念和文化象征的《体育法》所需的内容还相距甚远，与一些公认体育强国的体育基本法也有差距，需要通过深入修改达到与中国建设体育强国相匹配的地位。

综上，在当前深化体育改革的攻坚阶段，体育行业日益增多的法治保障需求同滞后的《体育法》供给之间形成了一个亟待解决的矛盾，急需与时俱进地修改与完善。

（二）体育执法监管的法律保障机制尚待完善

体育系统简政放权的目的是打破由于政府的家长式管理而产生的利益垄断，激发全社会参与体育运动和发展体育事业的活力。体育行政部门在推动取消赛事审批、下放高危体育项目行政许可权和政社分开上进行了大量有益的尝试，但也暴露出监管权力削弱、事中事后监管机制没有跟上、执法队伍边缘化等问题，后续制度供给机制的不足日益成为简政放权道路上的桎梏。

第一，体育行政部门的角色由体育活动的管理者转变为服务者，就出现了对一些体育项目是否监管、如何监管的问题。对于游泳、滑雪、攀岩等高危险性体育项目的经营，基于《经营高危险性体育项目许可管理办法》，目前已经有较为完备的监督管理规范；而在健身、电子竞技市场，由于缺少一套成熟的监管机制，导致监管长期以来流于形式。《体育法》第 43 条规定，“县级以上各级人民政府体育行政部门对以健身、竞技等体育活动为内容的经营活动，应当按照国家有关规定加强管理和监督”。尽管一些地方体育行政部门也将其纳入行政权力清单，但“有关规定”含义的模糊性和具体监管机制的缺失使得这一原则性规定浮于纸面，体育健身消费市场始终呈现出混乱、无序的状态。商业性、群众性体育赛事审批取消后，各地一轰而上举办马拉松等各类赛事活动，由于对项目本身的危险性和特殊性认识不足，赛前准备不充分，以致出现多起伤亡事故，安全隐患令人担忧。在简政放权的背景下，欠缺完善的监管机制使得一些体育部门疏于对这类市场的管理，导致相关领域乱象不断。

第二，执法监管的主体力量薄弱。体育行政部门依法具有执行体育法律法规和监督体育法律法规实施的基本职能。但是，当前体育部门单独执法比较少见，多表现为与公安、卫生、质检等部门联合式执法、运动式执法，导致体育执法力度不够。大部分地方体育行政部门没有专门的执法机构，体育执法队伍过于薄弱，无法取得同工商、税务、卫生等强势部门同样的执法效果。一些地方虽然建设了专门的体育执法队伍，负责体育市场的稽查、行政执法和监督管理等工作，但也存在专职执法人员数量不足、专业素质不够、经费不足、执法用车等执法设备配备达标率偏低等问题，这些短板严重制约了行政执法工作的正常开展。在县区一级，相当多的地方没有设置专门的体育行政部门，而是在一级政府下设一个部门统一管理文化、旅游和体育等工作，人员力量的薄弱使体育市场的执法监管难以满足实际需要。

第三，体育执法监管的措施和权限尚待明确。解决如何监管的问题事关执法是否符合法治精神。由于体育行政执法队伍不完善，执法经验不足，导致对执法程序的把握不清晰、执法规范性不够，各地开展的体育执法往往注重对当事人的处罚，而对如何采取有效措施纠正违法行为重视程度不够。取消商业性和群众性赛事审批后，政府部门对于如何由事前审批监管转为事中事后监管的探索仍显不足。武术、马拉松等赛事监管办法的具体内容原则性较强，在监管措施、方式和程序方面语焉不详。由于对体育市场和赛事的事中事后监管缺少统一规范，简政放权配套制度不健全，一些体育行政部门只能让赛事主办单位以事后“撰写书面情况”的方式履行监管职责。在体育社会组织层面，一些协会同行政机关脱钩后，尚未建立起有效的以项目协会为中心的行业管理体系，赛事治理机制亦出现了配套措施不到位、事中事后监管缺失、赛事标准不一、纪律处罚不严等诸多问题。

综上，体育行政执法的核心是如何协调体育部门简政放权和执法监管之间的关系，行政审批取消并不意味着行政部门放任不管，但现行法律制度对体育行政监管的供给机制存在明显不足，亟待法律保障机制的完善。

（三）体育市场竞争秩序亟须规范

市场经济也是竞争经济，但竞争秩序需要法治的强力保障。由于《体育法》中缺乏专门的体育产业立法，其他民商事法律对体育产业的特殊性又关注不够，当前的体育市场竞争秩序无论在产品市场、培训市场还是赛事市场、经纪市场，都呈现出一定的无序状态。国家对体育产业的宏观调控缺乏长期、稳定的政策法律支持，在体育产业税费和投融资、体育彩票、体育经纪、体育场馆经营管理、体育赛事转播等领域都存在大量亟待规范管理的问题。

就行业协会而言，虽然在管办分离改革后脱离了官办身份，但中国篮协、中国足协等单项体育协会仍然在职业联赛市场经营中占据着主导地位，作为市场主体的俱乐部却存在明显的投资与持股比例失衡问题，这显示市场仍然未在资源配置中起主要作用。在体育行业协会内部，以中国足协为典型，转会补偿制度、“限薪令”“限外令”、青少年球员强制签约制度等行规也潜伏着限制竞争问题，亟待合法性审视。

随着体育市场的不断深化，体育产业中的垄断性市场行为，如歧视性定价、不正当竞争等问题日益突出。当前我国体育产业经济性垄断主要集中于鱼龙混杂的体育商品市场、具有寡头垄断结构特征的体育彩票市场、逐步由自由竞争进入垄断竞争的体育传媒市场和体育赛事电视、网络转播市场等领域。职业体育是体育产业的核心，我国在学习发达国家体育职业化的道路上，也吸收了国外职业体育发展过程中出现的经济垄断运作模式，如限薪、转播权集中出售、俱乐部准入、职业体育联盟等，在一定程度上也加重了体育市场的经济性垄断问题。在体育产业发达的国家，基于体育领域的特殊性考量，一般会通过立法，明确将体育产业中的部分领域纳入反垄断豁免轨道，但由于我国体育产业政策法规不健全，《体育法》与《反垄断法》也缺乏明确规定，体育特殊性并不被认为是反垄断的豁免因素，导致国外成熟的职业体育运作模式被引入我国时，却有与国内反垄断规定冲突的风险。在体育领域出台的政策制度和一些在过去看来是“行规”的惯常做法必须考虑与《反垄断法》的协调问题。体育产业领域需要重视市场竞争环境的建设，促进体育产业政策和竞争政策的有效协调。

（四）体育无形资产权利缺乏法律保障

“积极开发和有效运营体育无形资产，是市场经济和知识经济条件下体育事业与产业发展的必然需要。”然而，我国体育市场化改革还处于发展过程中，体育行业缺乏西方体育自治长期积累的规则意识，外部调整体育产业的民商事法律规范相对滞后，规则分散且缺乏针对性，立法和司法缺乏对体育特殊性的考量，这种状况既无法适应体育产业市场化迅猛发展的需求，又会成为体育无形资产权利保护的制约因素。我国《体育法》《物权法》《合同法》和《知识产权法》尚未建立健全体育无形资产权利保障体系，专门的体育无形资产开发机构缺失，人们对体育无形资产价值的认识不高，管理严重滞后，导致体育无形资产流失和侵权现象严重，尤其以体育冠名权、运动员形象权和体育赛事转播权等问题为典型。

体育冠名赞助是在体育产业领域有着广泛实践的商业运作模式。由于在立法上缺乏对体育赞助予以直接确认和保护的规范，法律上对违约和侵权行为缺乏有力的打击，违法成本低廉，导致现实中任意违约或埋伏式营销侵权行为多发，严重损害了赞助商的正当权益，破坏了体育产业领域健康诚信的市场环境。在2015年亚冠决赛中，广州恒大俱乐部因将胸前广告由“东风启辰”变成“恒大人寿”，被赞助商东风日产公司指控违约。在当前火热的城市马拉松赛事中，出现了相当多饮用水或其他产品通过埋伏式营销接近消费者的行为，目前尚无有效打击手段。埋伏式营销会削弱赛事赞助商的影响力和独享性，如果不加规制，赞助商的赞助意愿自然会降低，这会直接导致赛事组织者收益减少。为了保障合法权益，创造良好的体育产业市场环境，亟待通过明确立法，加大赞助合同违约和埋伏式营销侵权的处罚机制，让违约方未来不再具有从事体育产业的机会，加大对侵权方的惩罚性赔偿力度，以让体育赞助市场恢复有序状态。

运动员形象权潜伏了巨大的商业价值，其开发与归属成为体育无形资产权利保护中的重要问题。里约2016年奥运会前夕，“宁泽涛被取消奥运参赛资格”事件引发了社会广泛关注。孙杨也曾因商业开发和经纪团队等问题多次与管理部门产生矛盾。对运动员形象权进行商业开发后主张分享部分商业开发利益无可厚非，但在这一过程中要体现基本公平的原则，破除行政权力干预，尊重平等协商。所以，运动员形象权归属亟待解决当前模糊不清的状态，理顺国法与行规的龃龉，否则会扼杀目前刚兴盛起来的运动员无形资产市场。

随着网络媒体的兴起，体育赛事转播市场日趋繁荣，但也出现了大量法律问题。对于体育竞赛表演是否构成“作品”由此获得《著作权法》的保护，法律上缺乏明确依据。体育节目通过电视转播后，形成的“体育赛事转播权”到底是一种无形财产权，还是著作权、邻接权，权利主体到底为节目制作者（电视台）还是赛事主办方，尚存争议，由此导致法律保护机制不明确、不统一且缺乏威慑力。在融媒体时代，通过网络、手机软件非法盗播体育节目现象日益增多，违法成本低廉，一些新型侵权行为尚无有效的法律规制手段。比如，赛事组织者通过售卖门票实现经济利益，观众通过购买门票获得观看比赛的权利，那么，当支付了门票的观众到场后，能否在观看比赛的同时用手机进行同步录像，并即时通过互联网加以传播？如果要规制这种行为，传播应当到哪一步才认定为侵权？是否应当以获取经济利益作为侵权认定标准？相应的执法机制能否跟上？目前对这些问题都没有明确的解决路径。在伦敦 2012 年奥运会期间，我爱聊公司的“电视粉”软件对能够转播伦敦奥运会赛事的电视频道进行了编辑整理，还开设了“伦敦奥运会”专区，该软件在通过手机或者平板电脑连接互联网后，可以实时收看央视的所有电视节目，由此被持权人央视国际公司告上法庭。最终，法院引用《反不正当竞争法》判定被告赔偿人民币 40 万元。但在 2013 年终审宣判的“体奥动力诉土豆网案”中，法院因为“我国目前并无相关法律规定赛事的独家播放权作为物权的客体”而判决原告败诉。在 2015 年的“新浪网诉凤凰网案”中，法院终审判决被告对体育赛事直播节目的即时盗播不构成著作权侵权。总体上看，由于法律规定不明确，司法上裁量标准不一，体育无形资产权利保护在我国不容乐观，亟待立法、司法和行政执法部门合力，探索创新、多管齐下的保护路径。

（五）体育纠纷解决机制有待拓展

《体育法》第 32 条明确规定，由体育仲裁机构负责调解和仲裁竞技体育中发生的纠纷，体育仲裁机构的设立办法和仲裁范围由国务院另行规定。然而，由于该条并未明确规定设立仲裁机构的程序，专门的体育仲裁机构在我国一直没有建立起来。《仲裁法》中虽然有设立仲裁机构的规定，但是《仲裁法》主要适用于民商事领域，体育仲裁机构的设立并不能以该法作为依据。根据 2000 年通过的《立法法》，仲裁制度只能由法律规定，《体育法》中有关体育仲裁制度的授权立法因违背了《立法法》关于仲裁制度的“法律保留”而自然失效，国务院已经无权再行设置体育仲裁机构。体育仲裁制度由原来以国务院制定行政法规的立法期待上升为由全国人大及其常委会制定法律，这将使体育仲裁制度的确立变得更加困难。

受制于专门仲裁机构的缺乏，我国体育行业纠纷解决机制与国外体育强国相比还有较大差距。由于体育纠纷的特殊性，普通的民商事仲裁机构在实践中一般不受理仲裁案件，导致目前国内体育纠纷大部分只能选择行业内解决路径。一些体育协会内部设置了仲裁委员会，强制当事人在协会内部解决纠纷，禁止将体育行业争议提交到国家法院，以其内部仲裁委员会的裁决为终裁。实践中，这些内部仲裁机构组成的成员大都是律师和政府官员，缺乏运动员代表，使直接从事体育运动的这个最为关键群体的意见和立场无法得到表达。当前普遍存在的内部仲裁机构成员选拔上不透明、当事人参与和监督仲裁庭权利缺乏、纠纷解决程序过于单一等问题也极大影响了体育行业内部纠纷解决机制的法治化程度。

对于球员工作合同和运动员与俱乐部的劳资纠纷，国家司法持积极介入态度。但近年来，将这些纠纷定性为体育行业内部争议，并由此拒绝受理的劳动争议仲裁委员会和法院在日渐增多。尽管将争议交由国际体育仲裁法庭解决而不得向普通法院起诉是国际上的普遍做法，但这种绝对排除司法介入体育的做法在我国并不一定适宜，它忽略了我国没有独立的体育仲裁机构的现实。排斥司法救济将使内部救济成为解决体育纠纷的唯一途径，让国内体育争议当事人的救济渠道变得更加狭窄，与涉外争议当事人享有向国际体育仲裁院乃至瑞士联邦法院上诉的权利相比难言平等，这会导致在效力于同一个俱乐部的运动员中间，出现国内球员比外籍球员救济渠道少的不公平现象。然而，司法如果对体育内部事务介入过多，又会有损于行业自治，且在客观上，也存在着审判人员不熟悉体育行业事务、程序冗赘、缺乏体育特殊性考量等弊端。所以，在行业自治的监督缺失和司法介入的效率低下两难之间，我国的体育纠纷解决机制至今处于法制化程序较低的困境之中。

三、新时代体育法治建设发展展望

（一）发展思路

新时代的体育法治建设，应当在深入贯彻党的十九大提出的体育强国建设目标指引下，始终坚持党对依法治体工作的领导，准确概括中国体育深化改革的顶层设计，有效协调体育自治和政府监管的关系，大力实现市场主体、利益群体和利益诉求的多元化配置。为此，应当基于十九大精神提出的全面依法治国的理论框架，形成体育强国建设的法治逻辑。

第一，为全面反映中国体育深化改革和体育强国建设提供法治保障。当前，体育改革已经进入深水区，如何继续运用好法治工具为体育强国建设保驾护航成为亟待解决的现实问题。体育法治建设应当立足于简政放权、激发社会活力的体育改革背景，准确透视北京奥运会结束后十年来中国体育出现的深刻变化，使依法治体这项庞大的系统工程能够全面反映加快推进体育强国建设的需求。

第二，探索体育法治建设顺应大力发展以人民为中心的体育的实施路径。体育法治建设应在深刻理解、准确把握我国社会主要矛盾转化的基础上，总结既往经验与不足，立足当前供给侧改革的经济背景，竞技体育举国体制的优势和实施全民健身国家战略的政策利好，以举办 2022 年北京冬奥会和冬残奥会及 2022 年杭州亚运会等国际性体育赛事为契机，学习国外先进的体育制度和管理经验，创新体育管理模式，实现满足人民日益增长的体育生活需要，发展以人民为中心的体育法治化路径。

第三，为中国体育的转型发展和改革创新提供法理依据。体育法治建设应立足于“有限”“责任”“法治”和“服务政府”的理念，以形成国家和社会、政府和市场、社团和公民共同参与的多元共治格局为目标，为我国体育治理体系和治理能力的现代化提供有效参考，为中国体育的转型发展和体制创新提供理论源泉。

第四，为奋力开创中国体育事业发展的新时代提供战略判断。体育法治建设应置身于“五位一体”总体布局和“四个全面”战略布局，紧紧围绕体育强国建设的奋斗目标，探讨通过资源配置、关系调整、纠纷解决上的制度创新，规范体育产业市场，加强体育法治宣传，以法促体，全方位推动我国体育管理的现代化和体育法治的不断完善，为开辟新时代体育工作新格局提供可行思路。

（二）战略目标

在依法治体工作中充分发挥党总揽全局、协调各方的领导作用，紧密适应体育强国建设对于依法治体工作的现实需要，将体育工作全面纳入法治轨道，建成科学立法、严格执法、公正司法、全民守法的社会主义体育法治体系。全面确立以《体育法》为核心，以行政法规、地方性法规、部门规章、地方政府规章和其他规范性文件为支撑，以行业标准和行业自治规范为重要保障的内容齐全、层次分明、衔接配套的中国特色社会主义体育法律体系，全面贯彻落实体育法治政府建设要求，实现放管服改革和行政执法监管工作的创新，完善体育纠纷解决的法律途径，实现全民体育法律素养和全社会体育法治氛围的提升。

（三）主要措施

1. 全方位发挥党对体育法治建设的引领作用

“党政军民学”“东西南北中”，党是领导一切的。《中共中央关于全面推进依法治国若干重大问题的决定》将“建设中国特色社会主义法治体系，建设社会主义法治国家”作为全面推进依法治国的总目标，并把“党的领导”作为实现这一总目标所要坚持的首要基本原则，揭示了党领导依法治国的重要地位。党的十九大报告将“坚持党对一切工作的领导”和“坚持全面依法治国”一并作为新时代坚持和发展中国特色社会主义的基本方略。依法治体作为一项系统工程，需要有组织、有领导、有计划地进行，具有艰巨性。这种艰巨性决定了依法治体必须有自上而下、坚强统一的领导，必须有统一的意志作为引领。

在新时代推进依法治体，必须从立法、执法、司法和守法各方面发挥党组织对于体育法治建设的引领作用。

第一，党要领导体育立法，完善体育法规体系。各级党组织应当敏锐捕捉体育事业的发展变化和需求，及时提出制定、修改和废除体育法律法规的政策建议，并优先推动其中迫切需要通过立法加以规制的事项上升为体现国家意志的法律。党对体育立法工作的领导必须坚持正确的政治方向和实事求是的理念，立足国情和各地的具体情况，领导法律法规制定主体依照民主合法程序立法，以使所制定出的法律法规能够反映群众意志和适应当时、当地的体育事业发展需要。

第二，党要保证体育行政执法。加强党对体育行政执法工作的领导并不意味着党要干涉各级体育行政部门的具体执法活动，而是通过设立在体育部门的党组织来加强对体育行政执法权力行使的监督，保证体育行政部门依法行使职权。党应当领导体育行政部门创新体育执法体制，完善体育执法程序，严格体育执法责任，保证体育法律法规的落实。

第三，党要支持体育司法，加强体育反腐。要强化党对司法机关和司法活动的领导，保证法院、检察院在审理涉体案件中依法独立行使审判权、检察权。党还要领导国家监察体制改革与我国现行司法体制的衔接，加强党和各级监察委对体育行政部门和体育事业单位人员的监督，领导监察委和公安机关将审理的体育腐败案件移送司法机关进行依法处理。

第四，党要带头遵守《体育法》。各级体育行政部门党组织不仅要领导体育法律法规的普及宣传工作，其自身也必须在法律范围内活动。因此，要加强党的自身建设，完善党内纪律制度，自觉“将权力放进法律法规的笼子里”，遵守以《体育法》为核心的体育法律规范体系。

2. 加强体育立法工作，完善体育法律体系

第一，加快推动《体育法》修改工作。

在新时代体育法治建设进程中，体育立法的协调完善是不可或缺的关键一环，修改《体育法》则是体育立法重中之重的工作。在体育领域的主要矛盾已经转化为人民日益增长的美好生活需要和体育不平衡不充分发展之间的矛盾背景下，体育需求的多样化和体育价值的多元化需要通过《体育法》的修改来回应深化改革和时代变革的重大问题，以全面、系统、前瞻的观点，充分考虑与社会主义法律体系的协调和自身内部逻辑结构的完善，引导并保障全民健身、竞技体育和体育产业共促共荣的发展趋势。

在新时代开展的《体育法》修改工作，应当从建设体育强国、落实全民健身国家战略、发展以人民为中心的体育的高度出发，进一步推动体育工作的法治化进程。《体育法》的修改要在原有基础上丰富完善内容，根据需要适当调整结构，从问题入手，从实际需求出发，解决面临的实际问题，既突出保护权利，也注重构建秩序。《体育法》修改应突出体育改革的新理念、新视野和新实践，充分结合现有的体育政策、法规和重要文件，提炼管理实例和司法案例中的经验，以使修改后的《体育法》能够全面应对匹配体育强国建设的总体目标。

《体育法》在修改中应当注重表达出“推进体育强国建设”的立法目的，实现其与“保障公民体育权利”“促进体育事业发展”“增强人民体质”等其他立法目的在功能上的分工与合作，并在此基础上论证如何在修改后的《体育法》中体现深化体育改革的顶层设计这一重大疑难问题。《体育法》修改应当以制定一部具有中国特色、民族风格、世界水平的《体育法》为目标，解决章节设置的内在逻辑协调问题，体育法与其他部门法调整对象的协调问题，体育法与下位行政法规、规章的规范协调问题和增加条文可操作性问题四个难题，以使修改后的《体育法》在法律技术上能够充分实现对体育强国建设的保障作用。

第二，强化部门立法对新时代依法治体工作的引导作用。

在体育行业法治建设中，部门立法扮演着关键性的引导角色。《体育法》和

相关行政法规中的原则性规定需要国家体育行政部门通过实施细则落地，部门规章又可在积累了完善的施行经验和调整修正后上升为上位法。部门立法具有立法程序便捷、立法成本低廉、可顺应实践变化灵活调整等诸多优势，能够有效发挥对新时代依法治体工作的引导作用。

强化部门立法对新时代依法治体工作的引导作用，应当贯彻及时性、惠民性要求，提升部门协同的融合度。网络时代瞬息万变，新情况、新形势层出不穷，加大部门立法的及时性，及时回应体育工作中出现的新问题，使得制度建设紧贴时代发展脉搏。部门立法也应注重惠民性，只有制度给力，才会激发全民参与体育事业的热情。部门立法应当提升融合度，加大多部门联合立法比重，有效配置整合现有政策资源，建立体育行政部门与其他部门相互协同的部门立法长效协同机制。具体而言，应当提高政府运用法律和政策杠杆合理配置体育领域资源的治理能力，充分发挥部门立法的政策针对性、指向性和操作性，正确处理好体育行政部门与其他相关部门之间的职责划分，建立部门间交互融通、协同发展的长效工作机制，凡涉及其他部门职权的要进行充分协商，力求达成一致，维护立法的严肃性。

同时，在部门立法中应破除维护部门利益的狭隘观念，通过“开门立法”的方式，扩大公众有序参与，广泛采取座谈会、论证会、听证会等形式，加大专家论证力度，尝试委托无利害关系的第三方起草方式，增强部门立法的科学性和民主性，从过去政府办体育的老路走向政府、社会、市场共同办体育的新格局。不断强化部门立法对新时代依法治体工作的引领作用，就是要立真正管用、解决问题的法规，努力使每一项部门立法都符合宪法精神、反映人民意愿、得到人民拥护。

第三，发挥地方立法对新时代依法治体工作的保障作用。

地方体育立法是对国家体育立法的重要补充和探索，作为中国体育立法发展完善的本土经验与素材，是对地方体育发展经验的总结，构成了中国体育法治建设的重要组成部分。

切实发挥地方立法对新时代依法治体工作的保障作用，首先应当平衡地方立法的区域差异，大力提升完善中西部地方体育立法的数量与质量。同时，也应逐步提升各地地方体育立法的位阶，增大立法内容的针对性和可操作性，而非仅是《体育法》或其他体育行政法规的同义复述，真正做到准确反映地方体育事业独特状况并提出有效指引。

在新时代开展的地方体育立法工作，亟待直面本地区体育事业发展的关键与瓶颈问题，加强立法前论证选题工作，强化立法后评估机制，通过完善修订废止机制，积极回应上位法变动和社会形势发展带来的影响，提高立法活动的透明性，不断探索提升地方体育立法质量的新路径。在立法理念上，也需转变地方体育立法重心，实现管理性法规向服务型法规的转变，加强体育领域社会服务和特殊人群体育权利保障的立法，真正体现“以人为本”精神。对于大型赛事的主办地而言，地方立法也应充分探索协同保障机制，在知识产权、奥林匹克标志保护等方面创新保护模式，总结提炼大型赛事成功举办地的立法保障经验。

3. 推进法治政府建设，严格依法行政

第一，进一步巩固行政执法在新时代依法治体工作中的基础地位。

依法治国的关键是依法行政。在新时代依法治体工作中，体育行政执法居于基础地位。深入推进依法行政，就是要运用法治思维推进体育领域各项改革，做到法定职责必须为、法无授权不可为。按照法定程序制定的体育法律法规最终还是要依靠各级体育行政部门的执行加以落实，否则便只是一纸空文。这其中，体育行政部门在依法治体中担负着最大量、最繁重的工作。各级体育行政部门能否依法行使体育行政执法权，将从总体上决定依法治体的工作能否做好，决定着我国能否沿着法治的轨道建设体育强国。在未来的依法治体工作中，应考虑从加强体育行政执法队伍建设、切实提高体育行政执法水平、加大体育行政执法监督力度等方面进一步巩固行政执法的基础地位。

加强体育行政执法队伍建设，提升基层部门执法能力。执法人员的执法水平高低、执法质量好坏、能否依法履行职责等，不仅直接影响了依法行政落实的成效，在一定程度上更是关系到体育部门在人民群众中的形象。为解决体育行政执法力量过于薄弱、专业性不强的问题，各级体育行政部门可以考虑借鉴先进地区的有益经验，组建体育市场稽查队等专门的体育行政执法队伍，负责体育市场的稽查、行政执法和监督管理等工作。同时，定期邀请高等院校法学教师、各级政府法制办和人大法工委工作人员、法律顾问等，对行政许可、行政处罚、行政监督检查、行政复议等体育行政执法工作中所需的理论知识和实务操作进行专题培训。还要有针对性地解决基层体育行政执法工作中经费不足、执法设备配备率偏低等制约体育行政执法正常开展的短板。目前基层体育行政部门执法力量还相当薄弱，根据国家下移行政执法重心的要求，推进基层体育行政执法机构和队伍建

设已是当务之急。应当通过争取人、财、物等资源要素上的政策支持，逐步建立起基层地方体育行政执法队伍，完善人力资源激励机制，充分调动基层体育执法人员的积极性和主动性。

切实提高体育行政执法水平，确保严格、公正执法。新时代对依法行政和体育行政执法水平提出了新的要求。切实提高体育行政执法水平，就是在明确体育执法权限，保障体育活动参与者知情权、监督权的基础上，完善体育行政执法制度，合理配置执法力量，规范执法行为。各地体育行政部门应当摒弃过去“运动式执法”的做法，建立体育行政执法常态化机制。在与公安、卫生、质检等部门联合执法的过程中，应当发挥体育行政部门 主导作用，探索行政执法权单独行使机制，解决联合执法不能解决的问题。进一步探索完善行政裁量权基准制度，科学细化、量化体育行政裁量权，完善体育执法的适用规则，严格规范体育行政裁量权的行使，避免执法的随意性。在推进“双随机、一公开”监管全覆盖的执法改革过程中，体育行政部门应当进一步建立健全随机抽查系统，完善相关细则，根据行业特点，增加对高危项目经营场所的抽查概率和频次，确保监管公平公正、不留死角。还应积极引导社会公众和第三方参与监管，利用手机 APP 等新技术手段创新社会公众参与监管的路径。在当前问题突出的体育场地设施保护、体育市场监管、奥林匹克标志和反兴奋剂等领域加强执法。

加大体育行政执法监督力度，落实问责机制。明确和巩固体育行政执法的基础地位，就是要进一步规范体育领域行政执法权力的行使，加强行政执法责任制，确保执法人员权责统一，保证对体育执法的监督与监管。为此，体育行政部门应当形成制度化、透明化机制，把体育行政执法的内容、依据、程序、条件、期限等所有事项向社会公布，强化执法文书的说理质量，建立严格的错案责任和违规执法追究制度，明确执法责任。体育行政部门应当加强对本级和下一级体育行政执法情况的监督检查，充分利用信息化手段开展执法评议考核工作，其结果作为体育行政执法人员奖励惩处、晋职晋级的重要依据。对全民健身工作开展不力、体育场地设施遭受破坏、高危体育项目发生重大人身事故等负有责任或有其他消极不作为和不正确履行法定职责的人员，应当严格落实行政问责。只有不断完善体育行政执法的监管机制，树立好体育行政部门的良好法律信用，才能达到巩固行政执法在依法治体中基础地位的目的。

第二，创设负面清单管理模式，深化体育放管服改革。

体育行政审批制度改革是一项综合系统工程，需要官员转变观念、机构转换职能、政府管理方式创新等一系列配套机制革新推动，也需要体育行业协会和中介组织发育成熟。深化体育放管服改革，就是要进一步厘清体育行政部门权力边界，减少审批事项，放宽市场准入，实施负面清单管理模式。

创设体育领域负面清单管理模式，让体育行政部门把更多的精力放在监管而不是审批上，既有助于转变政府职能、规范政府行为，也有助于体育市场主体形成稳定预期，进一步激活体育市场。未来，各级体育行政部门应制定相应的规范性文件，将社会组织和市场主体在体育市场经营活动中不得从事的事项用负面清单方式详细列出并向社会公布。清单应当列明限制性条款内容、主要法律依据和管理机构等信息，凡不在清单范围的事项一律交由市场调节，体育行政部门不得再行审批权。

与负面清单配套的是政府权力清单与责任清单管理模式。制定体育行政处罚权力清单应当严格按照权责法定、权责匹配、程序法定和简政放权的原则，对体育行政执法的权力项目、责任主体、权力依据和追责情形等予以明确，以限制体育行政部门绝对的自由裁量权，进而增强处罚行为的合法性与合理性。在责任清单中，则应明确各级政府体育行政部门的职责边界，细化每个部门的具体工作事项和责任事项。通过负面清单、权力清单和责任清单的制定，可以有效明晰体育行政部门、体育市场和社会之间的权责关系，为激发体育市场主体活力奠定基础。

在运用负面清单模式的基础上，体育行政部门应建立健全赛事指导和服务制度，积极引导和规范各类体育赛事的市场化运作，支持各类市场主体依法主办、承办、协办体育赛事，坚决禁止利用确定赛事承办单位的机会，巧立名目、违法收费。针对国际性体育赛事、全国性体育赛事及涉及国家安全政治军事外交等方面的特殊项目体育赛事，采取分类审批的方式，根据需要分类设定不同的管理原则，并从裁判员选派、规程制定、规则执行等方面进行技术指导和服务，进一步推进体育领域放管服改革向纵深发展。同时，还应在地方层面进一步加大体育行政审批事项取消和下放力度；着力规范审批流程，压缩前置审批环节和时限，推进审批流程的电子化和公开化，解决自由裁量权过大、多头管理的问题；大力探索事中事后监管方式，在取消下放审批事项时，应同步拿出事中事后监管的措施和方法，做到同步落实，放管结合。

第三，运用信用工具强化执法监管，加强体育行业信用体系建设。

体育系统推进简政放权和加强执法监管是对立统一的，既要“放”，也要

“管”，要将宽进和严管统一于优化体育服务和建设体育强国的实践中来。面对审批改革后可能产生的体育市场管理风险，各级体育行政部门有必要寻求一套替代性制度，把该管的事项管理起来，严格执法不能放松。运用信用工具建立“黑名单”制度以加强体育领域简政放权后的事中事后监管是一个可取的选择，不仅有利于化解因取消赛事审批产生的办赛风险，而且对包括竞技体育反兴奋剂、体育市场管理、体育社会组织管理等整个体育领域内的行政执法和监管都具有可行性。

为加大对办赛主体和从业人员在办赛过程中的违法行为和严重失信行为的惩戒力度，应当通过健全体育信用信息体系，运用信用工具强化体育执法监管。各地可以探索制定地方立法或者规范性文件，授权体育行政部门对举办体育赛事中有严重不良记录的机构及个人，依法采取行业禁入等惩戒措施，从而将失信“黑名单”作为取消体育赛事行政审批后的监管利器。

各地体育行政部门可在借鉴先进省市有益经验的基础上，结合具体实际，完善监管对象信用档案，形成信用监管率先介入机制，对监管对象事前基础信息进行识别和信用评级；完善事中跟踪评估机制，实行信用等级动态调整，将信用全程介入的理念贯穿于体育执法监管的事前、事中、事后各环节，并通过立法明确信用工具在体育行政执法监管中的地位。合理有效的失信惩戒体系应该具备增加失信者失信成本的机制，使失信者付出高额的交易成本。为此，各地体育行政部门可通过搭建全部体育领域的信用信息公示平台，向社会公示体育赛事承办者和市场主体的信用信息。依托信用平台等互联网技术，建立以奖惩机制为核心的体育领域诚信行为“红、黑名单”制度，对列入黑名单的，采取责令限期改正、加大检查频次、不予安排体育专项资金项目、取消由体育行政部门组织的评优资格和政府购买服务资格等措施。此外，还要实现体育信用信息系统与工商部门的企业信用信息公示系统、人民银行征信系统、法院失信被执行人征信系统等的多部门、跨地区信息互通和资源共享，真正建立“守信者一路绿灯，失信者处处受限”的合力约束机制。通过互联网技术和信用工具的运用创新监管方式，引导体育市场主体自觉依法经营，形成市场主体自主判断下的体育行业信用机制，使体育市场监管由政府管理、政府监管、事后处罚向社会治理、行业自律、事前引导转变。

4. 健全多元化体育纠纷解决机制，公正司法

第一，大力探索健全多元化体育纠纷解决机制。

探索健全多元化体育纠纷解决机制：①首要在于提高体育协会内部纠纷解决

机构的法治化水平。提高内部纠纷解决机构的独立性，尽可能消除协会内部其他行政机构的干预。内部救济机制也需与相应国际体育组织的纠纷解决机制协调，并保持对外部监督的开放性。②有必要推动统一的体育组织内部纠纷解决机制的建立。解决在处理体育纠纷时，不同比赛项目的当事人之间权利义务的不平等、纠纷解决的不统一、权利救济的不平衡等问题。③应当大力发挥体育调解在体育纠纷解决中的独特优势。通过《体育法》和《人民调解法》赋予的制度权限，应当完善现有体育内部纠纷解决、体育诉讼等机制中的调解制度，探索在未来设立全国性和地方性的体育调解机构，最大限度利用好体育调解高效、私密、灵活、专业的优势。④适当发挥体育行政裁决的作用。对于涉及体育竞赛管理中的争议，体育行政部门可以依法发挥行政裁决机制，并将裁决机制与行政复议、行政诉讼机制衔接。⑤借鉴国际体育仲裁院及一些国家的经验，尽快建立简便快捷、有鲜明特色并纳入国家仲裁体系的体育仲裁制度。修改后的《体育法》应当明确体育仲裁机构的设置，细化体育仲裁实施细则，这一制约是我国体育行业纠纷解决机制健全和规范运行的重大瓶颈。

第二，准确发挥司法对新时代依法治体工作的保障作用。

司法作为公平正义的最后一道防线，是法治的重要实现路径，它将为体育行业的内部治理和外部介入提供准绳。准确发挥司法对新时代依法治体工作的保障作用，就是要破除司法介入体育的观念障碍和制度障碍，充分发挥司法在体育领域公平正义实现中所扮演的重要角色。对于国家体育行政部门的行政许可、行政处罚或其他行政行为不服的，应当保障当事人提起行政诉讼的权利。在刑事领域，应当坚持体育行业刑事监督的底线。任何组织和行业都不能排除作为一国主权体现的刑事管辖权。除严格遵守《刑法》设置的底线，坚决打击体育行业的违法犯罪现象外，还应当积极推进兴奋剂入刑工作。从刑事司法层面，开展反兴奋剂工作。在民事领域，应当充分发挥司法对体育行业争议定纷止争的裁判作用，不断提高公正司法的能力和水平，让人民群众在每一个司法案件中都感受到公平正义。对于涉及职业运动员的工作合同和转会合同纠纷，我国法院应在尊重行业内部救济机制的基础上，保持司法监督的开放性与可接近性。这是“接近正义”法治精神的要求，也是对基本人权的捍卫。对于涉及体育赛事转播权、运动员形象权、冠名权、标志权的侵权纠纷，在现有立法尚不完善的情况下，司法应当发挥自由裁量的能动性，大力创新裁判机制，积极保护持权人的正当权益，促进体育产业健康发展。司法还应充分运用反垄断和反不正当竞争工具，打击和规范体育行业的无序竞争行为。

5. 加大体育法治文化普及度，提升体育法学研究水平

第一，建设普及体育法治文化的长效机制。

在新时代，体育普法工作不能局限于过去的传统框架，而应有效总结提炼既往积累的长期经验，充分发挥相关主体的积极性、主动性，探索出一套体育法治文化普及的长效机制。

体育法治文化的普及要求体育从业人员自身必须知法、懂法。各级体育行政部门领导干部应当带头学习《宪法》《体育法》《全民健身条例》等法律法规，体育行业从业人员应学法、尊法、用法，在行业内部营造自律守法的良好氛围。从长远来看，应当建立健全体育从业人员法治学习和培训制度，形成必要的考核评价机制，以保证体育法治文化普及机制常态化运行并发挥预期功能。

体育法治文化的普及宣传应当向全社会辐射。为此，各级体育行政部门要全面贯彻落实“谁执法、谁普法”普法责任制，推动体育执法与体育普法相结合，将体育普法由法制部门的“独唱”变为各部门的“合唱”，进而推动形成党委领导、部门协同、齐抓共管的“大普法”格局。让体育执法队伍成为普法的重要力量，充分利用执法优势进行法治宣传教育。把普法要求附加在执法机关和执法人员日常工作中，要求执法机关和执法人员必须转变观念，把执法由过去的单向过程变为双向交流、互动过程。在当前反兴奋剂国际和国内形势严峻的背景下，体育普法尤其要注重反兴奋剂法治教育工作，建立健全反兴奋剂长效教育、培训与考核机制，将教育对象从运动员、教练员、管理人员扩大到各类社会人员，推动反兴奋剂工作向纵深发展。

在科学技术飞速进步的新时代，法律普及和宣传教育的载体、方式和内容都发生了较大改变。根据普法对象的社会生活层次、不同文化和教育背景，普法宣传应当有针对性地施以不同形式和内容，满足人全面自由发展的要求。体育行政部门等体育法治宣传教育主体应当把新媒体普法平台建设摆在更加突出的位置，充分运用互联网和微信、微博等手机 APP 客户端新媒体工具，开创多样化普法形式和公众参与机制，针对社会关注的热点问题开展法律解读，增强内容的新颖性和传播力。此外，还要总结、推广典型经验做法，提升体育普法的自主性与渗透性，变普法对象的被动接受为主动学习，让体育法治精神融入人们的思想深处，从而达成体育法治文化普及的长久效果。

第二，提升体育法教学与研究服务国家社会的能力。

体育法教学与研究是普及体育法治文化、增强人们守法意识的重要途径。

一方面，应当大力加强体育法课程和学科建设，加快培养体育法学高层次人才。在本科阶段，配合国家卓越法律人才计划和国家法律职业资格考试的改革，在有条件的专门体育院校和政法院校，探索在社会体育或法学专业下设置体育法学方向，为社会输送既熟悉体育行业，又能通过法律职业资格考试的专门人才。在硕士、博士研究生阶段，尝试在有条件的体育院系或法学院系独立设置体育法学专业，培养既熟悉国内情况又精通国际规则的体育法学高级人才。通过在校外体育行政部门、律师事务所聘请实务导师，进一步增大体育法教学的师资力量。加大教材和教学方法上的案例分析比重，提高体育法课程的应用性。

另一方面，开展与国际接轨的体育法学研究工作，使中国体育法学研究在与世界体育强国的竞争中具备话语权。体育法学研究亟待提升服务国家社会总体战略和重大赛事开展的能力。观望新时代体育法治建设，体育法学的研究重点表现在以下几个方面：①加强对奥运会规则和仲裁程序的研究，服务于中国代表团参加奥运会的法律保障工作，大力维护国家和我国运动员的切身利益。体育法学研究亟待增大对奥运会规则和仲裁程序的研读与预判，增加在国际体育规则制定中的话语权，甚至直接参与国际体育规则的制定，提升通过法治手段保障我国参赛运动员权益的能力。②加强重大体育赛事主办法律问题的研究，服务于北京2022年冬奥会、2022年杭州亚运会和其他重大赛事。体育法学研究应当加大对重大体育赛事主办合同、门票销售合同、冠名合同、体育赛事转播权销售合同，重大赛事体育知识产权保护，打击体育赛事盗播和埋伏式营销，体育赛事安保等问题的关注力度，通过研究成果转化为实践运用，提升重大体育赛事的法律保障能力。③加强《体育法》修改中具体制度设计的研究，以使修改后的《体育法》在法律技术上能够充分实现对体育强国建设的保障作用。体育法学研究应当立足于中国体育从“体育大国”向“体育强国”转变的现状，在充分掌握中外体育法治体系和运行概况的基础上，破解建设体育强国背景下《体育法》修改的重点与难点。体育法学研究应当加大调研力度，总结提炼实践中存在的制约体育事业发展的客观障碍，在《体育法》修改中准确反映基层与行业的声音。④加强全民健身法律问题研究，从突破体育强国建设的群众体育瓶颈角度，探索完善实施全民健身国家战略的规范保障问题。对于作为国家战略的全民健身所需各种资源如何得到法律的全面支持，公民的健身权利如何得到法律有效的保障，政府对全民健身的责任如何受到法律的约束，都是亟待解决的问题。体育法学研究应当进一步加大服务全民健身国家战略体系建设、法治保障、实施方略、制度配套的能力。⑤加强以足球为代表的体育社团改革法律问题研究，提炼通过体育社会组织创新达到多元共治的体育网络治理化格局的决策咨询建议。体育社团改革是中国深化改革的重要环节，体育法学研究应当在充分考虑足球改革先导意义的基础上，置身于中国的独特土壤与国情，重点为地方足球协会改革、职业足球联盟构建、社会足球规范管理、校园足球广泛开展设计政策法律保障机制，并在此基础上提出体育社团改革外部法治化环境和内部治理法治化程度的优化策略。⑥加强体育产业法律问题研究，为规范体育产业市场竞争秩序，加大体育无形资产权利保护力度提供可行思路。体育法学研究亟待从体育产业投融资、体育产业市场规范、体育消费与保障及体育产业税费改革等重点问题上进行有典型意义的实证研究，准确抓住体育产业发展中的瓶颈制约因素并提供解决方案。

（苏州大学　赵毅）

第十一章 足球运动改革与发展

振兴足球是建设体育强国的必然要求，新时代的中国足球改革与发展不仅对于深化体育改革、提升中国体育影响力、凝练弘扬中国体育文化、增加体育人口有着重要意义，还将通过改革的价值衍生为社会经济体制改革提供实践经验和理论源泉。一方面，足球的广泛开展可以引领带动群众体育的开展，对于实施健康中国战略有着积极的助力作用；足球作为当今国际上最受关注的运动项目，大力发展中国足球是以实际行动提升中国体育的国际影响力；高质量的足球产业对于建设形成具有较强国际竞争力的体育产业体系有积极意义；足球独特的历史文化、器物文化、制度文化和价值观有助于凝练与弘扬中国体育文化。另一方面，作为中国体育全面深化改革的一部分，足球改革发展的成果对于社会其他领域的改革发展有着重要的借鉴意义，对于促进社会资源整合利用效率、增强中国软实力和吸引力、提升中华民族的凝聚力和国际影响力、推动社会全面进步有着重要的助力作用。

一、足球改革与发展主要成就

（一）足球管理体制和运行机制改革成效明显

1.《中国足球改革发展总体方案》出台实施

自20世纪90年代步入职业化进程以来，足球改革一直肩负着体育工作改革突破口的重任。2015年2月27日，习近平主持的中央全面深化改革领导小组第十次会议审议并通过了《中国足球改革发展总体方案》。该方案不仅是中国足球改革与发展的纲领性文件，同时也是中国体育史上里程碑式的事件。方案通过对管理机构重新设计、职业俱乐部建设、完善竞赛体系、校园足球、社会足球、人才培养、国家队建设、场地建设管理、完善投入机制等各个层面的具体部署，为中国足球未来发展指明了方向。同时，《中国足球改革发展总体方案》是党中央、国务院决策部署的改革方案，是具有重要战略意义的顶层设计，足球改革因此被提升到了社会、政治和文化层面的高度，成为了社会经济体制改革的试验田。

2. 中国足球协会实体化改革基本完成

2015年8月，国务院足球改革发展部际联席会议办公室印发《中国足球协会调整改革方案》，方案出台实施之后，中国足球协会改革方向明确，管理架构体系基本确立，各级各类资源得到整合优化，地方政府支持力度加大，足球管理体制改革成效显现。在此基础上，中国足球协会将实体化作为进一步深化改革的起点。依据习近平强调的要高度重视全面依法治国的指引，中国足球协会重视对足球的治理能力提高和治理体系现代化，将足球相关决策和活动纳入法治轨道。此外，中国足球协会也转变了原有管理思维模式，注重与教育等其他政府部门、市场和社会主体的协调沟通，协同各方全力提升中国足球的整体水平。中国足球协会的沟通联系纽带作用正在日渐明显，符合“充分发挥纽带作用，改革创新服务大局”的行业协会改革基本方向。

3. 足球行业各类制度建设全面推进

北京奥运会后，国务院7部门共同组成了“全国足球联赛赛风赛纪综合治理协调领导小组”，加强了对联赛的综合治理；2009年以来的足球领域反赌扫黑专项治理行动，有效打击了足球领域的违法犯罪；2013年，中国足球协会对12家俱乐部及多名足球从业者进行了行业处罚；2015年《中国足球改革发展总体方案》第48项提出要加强足球行业作风和法治建设，适应足球发展需要和行业特点，完善国家相关法律法规和足球行业规范规则，打牢足球治理的制度基础，形成预防与惩处并重的足球法治教育体系和执法监督体系，建立公正透明的法治环境。依据足改方案的总体要求，中国足球协会计划将成立法务部，加强足球法治化建设顶层设计，全面推进足球行业各类制度建设，规范足球行业各类主体行为，采取了一系列措施：将全面修订《中国足球协会纪律准则》，为足协的处罚提供更强的法理依据，出台《职业联赛纪律监督管理暂行规定》《球员行为准则》实行停赛和个人罚款并重，加大对球员个人的罚款力度；计划成立中国足球协会纪检监察部，联合原有的道德委员会、纪律委员会协同构建足球全行业监管体系，重点对足协工作人员、俱乐部和裁判员进行监管，打击“假赌黑”及其他违规、违纪行为；强调俱乐部负责人责任制，要求职业俱乐部的负责人切实承担落实赛风、赛纪的第一责任，教育和引导外籍运动员和教练员适应与遵守中国的法律法规，注重对赛场内外言行的规范；借鉴国际上先进的足球治理模式，计划制定中国职业足球俱乐部财务公平政策，完善俱乐部准入机制和财务机制；计划成立准入审查部，引入第三方审计公司，进一步加强对职业足球俱乐部账务的审查监管力度；继续实行引援调节费制度，严格规范国内、外球员的转会行为；严格执行球员的注册、转会制度并加强监管与处罚；进一步加强对足球行业经纪人从业资质的管理，严厉处罚经纪人的违规行为，保护俱乐部和投资人的利益，为青少年球员职业发展道路营造健康的外部环境。中国足球协会已经实施或正在推进的一系列措施表明：在全面建设法治体育的大背景下，中国足球法治化建设的顶层设计得到加强，足球行业治理能力和治理体系正在不断完善。

4. 中国足球发展试点城市项目逐步形成辐射带动效应

2012年，中国足球协会启动了全方位完善足球管理工作的试点城市项目，确定了大连、武汉、成都、青岛、广州五个城市作为试点布局城市。试点城市项目的启动是要为中国足球的改革发展探索出一条新路，以足球试点城市项目为基点，通过政策扶持所获得的改革实践经验，带动试点城市周围的市县或是其他省市自治区的足球改革发展。以广州市为例，为做好全国首批足球试点城市的建设工作，广州市印发了《广州市足球试点城市工作计划（2014—2016年）》，聚焦于职业足球、校园足球、足球场地和师资培训等工作。与此同时，参照中国足球协会试点城市项目的做法并结合广州市的实践经验，经广东省体育局批准，确定了惠州市等8个城市为广东省足球试点城市，佛山市顺德区等9地为广东省足球试点县区（市、镇），形成了以广州市为龙头辐射全省大部分地区的广东足球改革发展区域布局。此外，中国足球发展试点城市的辐射广度也延伸到其他省、市、自治区，如为了加强与5个试点城市的交流合作，内蒙古足球协会牵头构建了足球改革发展试点城市“1+5”合作机制，期望试点城市的经验和资源能够与作为足球改革试点省区的内蒙古自治区进行共享。中国足球发展试点城市项目的发展思路已经从过去仅是把资源集中在重点城市从而形成“虹吸效应”，转向为注重对周边甚至其他省市地区的辐射带动效应，“以点带面”促进足球改革各项措施的全面铺开和落地。

（二）职业联赛成长进步明显

1. 职业联赛管理体制改革持续深入

2005年，中国足球协会与16家中超联赛俱乐部联合出资成立中超联赛有限责任公司，在管理体制上实现了赛事组织和商务运作的分开。2012年，中国足球协会与中超联赛、中甲联赛俱乐部联合成立了职业联赛理事会，理事会的成立是联赛管办分离改革的重要突破。此后出台的《中超联赛商务管理实施细则》给予了俱乐部更多的利益获取空间。近年来，《国务院关于加快发展体育产业促进体育消费的若干意见》《中国足球改革发展总体方案》等密集出台的国家顶层政策设计促使联赛改革在管办分离的基础上进一步深入，职业联赛及其俱乐部的管理模式市场化程度逐步完善成型，市场主体在职业足球各类产权资源配置中的作用愈加明显。与此同时，中国足球协会也加强了对职业联赛的分级管理，计划将联赛执行局拆分为中超联赛部、中甲联赛部、中乙联赛部，以提升职业联赛管理运营的针对性；计划通过成立注册管理部、准入审查部和裁判管理部等机构实现对联赛的有效监管和精准服务，更好、更规范地促进职业联赛发展，为实现《中国足球改革发展总体方案》提出的“职业联赛竞赛和组织水平达到亚洲一流”第二阶段目标提供了体制保障。

2. 各级职业联赛稳步发展，市场活力显著增强

据网易体育发布的《2013年中超商业价值报告》显示中超联赛16家俱乐部总收入达到16.16亿元。在2017年中国职业足球俱乐部财务风险防范国际研讨会上公布的数据显示：2016年，中超联赛16家俱乐部总收入达到70.82亿元；中超联赛冠名费由2012年的5500万元上升至2016年的1.81亿元；中超联赛有限责任公司总收入由2012年的1.19亿元上升至2016年的15.2亿元。据中国广视索福瑞媒介研究的公布数据显示：2013年现场观看中超联赛的观众累计445.7万人次，电视直播观众达到3.46亿人次；2017年，30轮中超联赛的现场观众人数累计569.9万人次，电视直播观众6.24亿人次。此外，中超联赛的发展对中甲联赛和中乙联赛也起到了重要的带动作用，中甲联赛近年来在数据分析和比赛直播方面取得突破性进展，实现了数据全面化及标准化，为足协、媒体和球迷提供了详尽的数据体系。同时，中甲联赛在2016年实现了赛事直播信号的全场次覆盖，使240场比赛在各大网络电视平台上转播，有效提升了中甲联赛的整体形象和价值。中乙联赛方面，参赛俱乐部分布在全国14个省、自治区和19个城市，对职业足球的普及与推广产生了积极作用。2016年，中乙联赛首次获得冠名赞助，全年共有69场比赛在全国性媒体平台转播，转播率达到33.5%，极大增加了中乙联赛的曝光度。这些材料充分反映出中国职业足球联赛的发展，尤其是足球市场活力的增强。

3. 中国职业足球俱乐部竞技水平明显提高

近十年来，中国职业足球俱乐部参加亚洲俱乐部冠军联赛（原亚洲俱乐部冠军杯）由2008年仅有长春亚泰俱乐部和北京国安俱乐部两支球队参加并同时在小组赛出局，到2013年和2015年广州恒大俱乐部两次获得冠军，2016年上海上港俱乐部和山东鲁能俱乐部进入8强。2013年，中国获得了亚洲足联年度最佳协会奖、公平竞赛奖、亚洲足球先生、最佳外援和最佳俱乐部5个奖项；2015年，广州恒大俱乐部获得亚洲足联年度最佳俱乐部，恒大俱乐部外籍球员高拉特当选亚洲足联年度最佳外援。此外，IFFHS（国际足球历史和统计联合会）于2018年1月发布的2017年世界足球俱乐部排行榜显示：上海上港俱乐部位列亚洲第3、世界第103位；广州恒大淘宝俱乐部位列亚洲第10、世界第146位。对比于2008年北京国安俱乐部位列亚洲第17、世界第253位；长春亚泰俱乐部位列亚洲第21、世界第382位的历史表现，中国职业足球俱乐部的竞技水平已经得到了显著的提升。

（三）足球专业人才培训体系和青少年后备人才培养体系建设稳步推进

1. 足球专业人才培训体系逐步完善，人才数量提升较快

在国际足联和亚洲足联的支持帮助下，系统、规范的中国足球专业人才培训体系初步形成。中国足球协会在原有教练员A、B、C培训等级的基础上增设了职业级教练员培训和讲师培训，2010年又增设了D级教练员培训。至此，与国际接轨的职业、A、B、C、D级教练员培训体系在我国已经基本成型。截至2016年12月，中国各级别足球教练员数量情况为：职业级128人、A级850余人、B级1950余人、C级9100余人和D级17000余人。针对于教练员培训体系的建设，中国足球协会计划在未来聘请中国足协技术总监，进一步加强教练讲师培养和队伍建设工作；加大基层教练培训规模和培训力度，加快培训教材更新进程；研究建立本土教练数据库，启动会员协会技术总监培养，支持会员协会选聘全职教练讲师。中国足球教练员培训体系的逐步完善，将有助于为中国足球特别是青少年足球的发展培养一支专业化的教练员队伍。同时，在各方共同努力下，我国足球裁判员、裁判讲师及技术主任的人数大幅增多。至2013年12月，中国足球协会教练员讲师A级1人、B级1人、C级12人、D级23人、D级助教41人；亚洲足联裁判讲师4人、中国足球协会裁判讲师20人、裁判监督50人、男子国际裁判7人、助理裁判9人、国家级裁判142人；女足国际裁判4人、助理裁判4人、国家级裁判57人。与此同时，多名中国裁判获得了亚冠联赛、2018世界杯亚洲区预选赛12强赛、亚洲U-16和U-19锦标赛等亚洲顶级赛事的执法资格。中国女子裁判员连续入选2015年女足世界杯赛、2016年奥运会、U-17世界杯、U-20世界杯等国际足联顶级赛事的执法名单，裁判员秦亮执法了2015年加拿大U-20女子足球世界杯的三四名决赛。

2. 青少年足球海外培训计划全面升级

回顾中国足球青少年海外培训的历程，从最初的健力宝青年队奔赴巴西进行整队建制的集训式培训到如今的青少年球员分散进入各海外俱乐部，深度参与训练和竞赛；从最初的政府部门指导、企业赞助并负责运作到如今的由国家体育总

局和中国足球协会主导，规范、统一的开展政府间合作项目，并在欧洲建立青训中心；从最初派出球员数量的几十人到如今各类足球青少年海外培训项目的年均派出数百人，从过去仅仅只是把球员送出去培训到如今形成了良好的“请进来，走出去”合作培养模式。海外培训模式的变化对于青训体系的重构和培训思维的转变起到了积极地促进作用。2010 年，中国足球协会分批选送 100 名少年赴海外学习培训，以加强与世界足球强国的沟通与交流，拓展丰富中国足球青少年人才的培养途径。2011 年，中国足球协会主办了“500 青少年海外培训计划”（1993/1994 年龄段）及与德国运动用品制造商 ADIDAS 联合主办了“少年英雄”计划（1995/1996 年龄段）的葡萄牙项目。项目形式不以整队建制而是分散为 3、4 人的小组进入葡萄牙职业足球俱乐部梯队进行培训，期间球员将正式注册成为该俱乐部球员并参加当地注册联赛。2017 年，中国青少年足球海外培训模式进一步优化，不仅建立了一批国内统一标准的足球青训中心，还依靠国际合作在捷克和巴西建立了 2 个足球青训基地。通过对国际化、精英化战略的秉承，中国足球海外青少年培训计划正在全面升级，全力为中国足球人才培养探索出一条新道路。

3. 全运会采取扶持政策，鼓励和督促地方加大青少年足球队伍建设力度

全运会的扶持政策促使地方政府加大了对青少年足球后备人才培养的重视，以上海市为例，上海男子 U-20 全运会足球代表队由上海市体育局和上海上港俱乐部合作构建，以上海上港俱乐部的梯队形式存在。与根宝足球基地组队代表上海 U-18 队参加全运会的模式相同，上海男子 U-20 全运会足球代表队也是政府购买公共服务的产品，每年由上海市体育局下拨比赛训练等费用。依托政府部门的全力支持，把适龄球员纳入全运会足球代表队训练体系，结合职业足球俱乐部的辅助，上海男子 U-20 代表队连续 3 届全运会获得冠军。上海市的实践经验表明，以鼓励督促地方加大青少年足球队伍建设力度为目的的全运会足球项目年龄分组和金牌权重政策，能够有效整合政府、市场和社会的力量，不仅通过促使职业足球俱乐部承担全运会的组队任务来保障精英后备人才梯队的完整性，也利用奖牌杠杆形成动力和压力，激励了地方政府对青少年足球整队建制的持续投入。综合而言，全运会的扶持政策在一定程度上有助于中国精英足球青少年的培养，也培养出了张琳芃、郜林、武磊、韦世豪等一批优秀球员。

4. 中国足球青少年专业竞赛体系逐步完善

近年来，中国足球协会充分发挥国家级竞赛杠杆对培养优秀足球后备人才的主导作用。2016 年足协共协助建设了 43 个足球青训中心，参与中心训练竞赛活动的队员达到 8000 多人次。2016 年开始在中国足球协会青少年联赛推行 U-15、U-14、U-13 单年龄段建队比赛，以避免“以大打小”和双年龄段球员不足的现象。2016 年参加中国足球协会青少年联赛的队伍共 169 支，运动员、教练员共计 4732 人，各年龄段比赛共计 2241 场。2017 年 4 月，由中国足球协会与全国青少年校园足球工作领导小组办公室联合推出全国青少年男子足球超级联赛，该项赛事作为中国足球青训体系建设“165”行动计划的重要部分，不仅涵盖了职业俱乐部的梯队、地方体育局和各地方足协队伍，还对全国的学校球队全面开放。联赛将全国分为 6 个大区并采用周末主客场赛制，使全年包括全国总决赛、后备力量选拔赛在内的比赛达到 600 多场。联赛设立 U-16、U-15 和 U-14 三个年龄组别，包括校园足球队在内共有 87 支队伍、1700 多名球员参赛，这是体育和教育部门协同合作发展中国青少年足球及青少年足球专业竞赛体系的逐步完善的重要标志。

（四）推动校园足球广泛开展

1. 校园足球活动开展地域扩大

2009—2012 年，校园足球活动已经覆盖了中国内地的所有省、自治区和直辖市，全国已有 49 个国家级布局城市、3 个国家级试点县、82 个省级布局城市共计 5084 所学校开展了校园足球活动。《关于加快发展青少年校园足球的实施意见》制定印发后，中国足球协会与教育部门协同合作大力推动足球进校园、进课堂，截至 2017 年 7 月，认定命名为全国青少年校园足球特色学校的小学 10022 所、初中 7111 所、高中 3085 所。认定命名为全国青少年校园足球试点县（区）102 个、全国青少年校园足球改革试验区 12 个，校园足球活动开展地域的逐年扩大促使校园足球的发展日益蓬勃。

2. 校园足球活动参与人数增多

截至 2012 年底，我国小学校园足球的男女注册球员共计 107660 人、初中校园足球的男女注册球员共计 52680 人。2015 年以来，全国参加校园足球小学联赛 534.7 万人次、参加初中联赛 276.13 万人次、参加高中联赛 165.35 万人次、参加大学联赛 27.9 万人次。已经累计 15564 名学生参与了两届校园足球冬令营和三届夏令营，实现了校园足球从小学到高中的全覆盖。除参与人数大幅增长外，校园足球的师资队伍建设也显著提高。2009 年至 2013 年，全国青少年校园足球工作领导小组办公室举办了 11 期的国际足联“草根足球”讲师培训班，培训 330 人次；举办了 5 期指导员讲师继续培训班及 2 期研讨会，培训精英讲师 80 人次；在各布局城市举办业务干部、校长培训班 125 期，共计参与 4500 人次；举办了 150 期的校园足球教练员培训班，培养体育教师 7500 人次。2018 年 3 月至 7 月，教育部、国家体育总局、中国足球协会将联合组织开展全国青少年校园足球教练员国家级专项培训活动，预计举办培训班 102 期，培训人员 2448 人次。在政府部门、中国足球协会的通力合作下，校园足球参与人数由少到多，而且正在逐渐向好的局面转变。

3. 校园足球竞赛数量质量提升

中小学校园足球联赛以“市长杯”“区长杯”“校长杯”为核心，并逐步完善了“园长杯”“省长杯”及全国校园足球杯赛。在高中及高等院校层面，全国 39 个城市的 406 所高中参加了城市内高中校园足球联赛，9 个城市的 99 所大学参加了校际联赛，校园足球比赛年均达 10 万余场。鉴于我国对校园足球的重视，国际足联于 2009 年授予中国足球协会“推动足球普及突出贡献奖”。2015 年以来，“校内竞赛—校际联赛—选拔性竞赛—出国交流比赛”为一体的校园足球竞赛体系建设持续深化，推动校园足球特色学校深入开展校内班级和年级竞赛，在全国广泛开展小学、初中、高中和大学四级联赛并不断完善联赛制度。各地校园足球四级联赛比赛场次、参赛人数呈逐年上升趋势，层级分明、衔接紧密、互动密切的校园足球竞赛格局已经逐渐形成。

（五）足球国际交往逐步扩大

1. 承办多项足球重大国际赛事

自 2004 年首次承办男足亚洲杯赛事以来，我国成功举办了 2007 年女足世界杯，承办了 2008 年奥运会足球项目比赛、2008 年东亚足球锦标赛、2010 年女足亚洲杯决赛、2010 年亚运会足球赛、2011 年亚洲足球青年锦标赛决赛、2011 年世界大学生运动会足球赛、2013 年女足亚洲青年锦标赛和亚洲少年锦标赛、

2018 年男子足球 U-23 亚洲杯等一系列足球国际赛事，并连续 9 年承办亚洲足联 U-13 和 U-14 足球节。国际实践经验证明，举办大型足球赛事有助于为城市的改革创新、特色发展、共享发展、绿色发展提供动力。举办多项赛事为中国足球协会、地方足协及各地方政府部门累积了丰富的办赛经验，并以赛事为契机对办赛条件进行了建设、改造和优化。近年来，我国多个城市进一步提升主办足球赛事所需的软件和硬件水平，积极为申办高水平国际足球赛事做准备。如《广东省关于足球改革发展的实施意见（研讨稿）》就提出了“广东足球国际竞争力显著提升，承办世界杯重要比赛”的目标，而在完善足球竞赛体系方面将时间节点具体化，提出要在“2025 年左右具备承办世界杯等重要比赛的条件”。南宁市则借助举办国际足球 A 级赛事“中国杯”国际足球锦标赛的机遇，不仅提升了赛事所需要的场地、住宿、训练场地等硬件水准，同时也获得了如何与国际足联、中国足球协会、赛事赞助商进行协同合作的宝贵经验，为申办更高水平的足球赛事甚至是大型综合体育赛事奠定了良好的基础。承办重大国际足球赛事有助于进一步提升足球的社会影响力，使更多的人认识、喜欢和参与到足球运动当中来。

2. 中国足球国际话语权不断提升

2011 年，张吉龙以第一副主席身份成为亚洲足联执行主席。2013 年，张吉龙当选国际足联执委并获得国际足联颁发的最高荣誉奖“国际足联荣誉勋章”。2017 年，中国足球协会常务副主席、秘书长张剑当选国际足联理事，为中国足球协会在国际足联 211 个会员仅有的 37 个理事席位当中赢得一个重要席位。此外，中国足球协会专职执委林晓华也担任了亚洲足联竞赛委员会副主席职务。中国足球在国际足球管理机构长时间保持一席之地，主要得益于中国足球持续改革发展所形成的影响力，这为中国足球的未来发展创造了良好的外部环境。

3. 与国际足联、亚洲足联及其他国家足球行业主体合作交流日益密切

2011 年，中国足球协会与国际足联签署了《国际足联 —中国足协共同行动计划》。国际足联根据协议对中国足球进行全方位的技术支持和援助，这些协议涉及校园足球、职业足球等 7 个领域共计 34 个项目，其中包括了 13 期裁判员培训班、11 期教练员培训班、5 期管理培训班、5 期校园足球和草根足球培训班，涵盖了赛事组织管理、商业运营管理、媒体运营管理、俱乐部管理和竞赛场地管理等培训内容。上述培训项目面向中国足球协会及其成员协会、职业俱乐部等，

旨在通过学习借鉴国际足联的先进经验和理念，提高包括教练员、裁判员、管理人员在内的足球从业者的整体素质。同时，中国足球协会与亚足联、欧足联的各项合作也在稳步推进。在保持原有的教练员培训工作合作之外，足协与亚足联合作开展了多项社会责任项目，致力于提升社会足球、校园足球在中国的开展和社区足球文化的建设。除了与国际足联、亚足联、欧足联等国际足球管理机构进行合作，中国足球与其他国家的足球行业主体合作也日益密切。在职业足球层面，皇家马德里俱乐部与广州恒大淘宝俱乐部、切尔西俱乐部与广州富力俱乐部合作共建专业足球学校；国际米兰俱乐部通过与江苏苏宁俱乐部合作启动了“怡海—国米青训足球种子计划”，AC 米兰俱乐部与中国下一代教育基金会筹备设立“AC 米兰专项基金”，计划在中国推广青少年足球和社会足球活动项目。在校园足球层面，孙中山青少年基金会与我国“全国亿万学生阳光体育运动领导小组”办公室签订了“阳光体育 —中英校园足球合作项目协议”；教育部与 GLS 全球巨星传奇俱乐部共同签署了《中国青少年校园足球发展项目》，旨在有关校园足球教学训练、竞赛活动和教育改革、师资培训、文化宣传及选派优秀生源出国学习训练等方面进行深入合作；2016 年，教育部与德国足球协会共同签署了《关于中国大中小学校园足球发展合作谅解备忘录》，重点在足球教师培训和青少年校园足球运动员选拔体系建设层面展开合作；2017 年，教育部选派了 660 名校园足球教练员分赴法国和英国进行了为期 3 个月的培训。国际交流活动的日益频繁密切，将有助于中国足球加深对国际足球的了解和互信，对推动中国足球与国际接轨产生积极促进作用。

二、足球改革发展面临的问题

（一）政府与市场关系没有完全理顺

第一，职业足球的政府与市场之间关系结构不够清晰，行为边界不够明确。20 世纪 90 年代，中国足球甲级联赛的成功得益于在我国职业体育市场发育不完善的条件下政府配置资源机制的巨大优势，可是随着中国足球甲 A 联赛向中超联赛的转型升级，政府配置资源机制的不平衡不充分状况日益明显。虽然政府部门依然管控着联赛各类资源的产权，以此均衡其支出财务成本与收益，但却导致职业俱乐部在面对政府部门干预不当所带来的投资风险成本，同时，缺乏对联赛资源配置的话语权，进而出现了运营成本与经济收益迅速失衡，由此引发的利益冲突直接或间接地致使联赛的经济收益、社会效益减少及运营成本的增加。因此，尽管政府配置资源机制给予职业足球在发展初期以推动力，但是这种机制所造成的政府部门行为难以约束已经影响到了职业足球的发展效率。随着中国足球协会实体化改革的初步完成，足球改革的进一步深化，俱乐部对联赛资源的配置主导权得到了大幅度提升。但是，中国职业足球不能忽略或剔除其准公共产品的基本属性，要保障中国职业足球所承担的弘扬爱国主义精神、增强民族自信心与凝聚力等责任与义务。而由于市场投资者基本是以自身利益为出发点，并不愿意去生产或消费外部效应大而内在效应小的准公共产品，所以完全的市场提供极易导致准公共产品的结构性失调。例如，2018 赛季中超联赛、中甲联赛 32 个俱乐部当中有 15 个是位于经济较为发达的京津冀、长三角、珠三角地区，经济水平不高的西部地区仅有 4 个俱乐部（中超联赛 2 个、中甲联赛 2 个）。此外，2016 年中超联赛俱乐部平均运营成本是 6. 88 亿元，4. 63 亿元的平均人工成本（教练、球员、工作人员）占俱乐部运营成本的 67%左右，是 2015 年的 1 倍，高于同时期英超联赛 58%的人工成本占比而处于各国（地区）顶级足球联赛第一的位置。与此同时，中超联赛俱乐部在社会培育、推广、场地建造等足球发展基本条件上的工作与投入较少，尤其是没有扎实推进足球后备人才队伍培养与梯队建设工作。2016 年各俱乐部在青年人才后备培养体系建设方面的投入只有 3200 万元，平均青训成本只占据俱乐部运营总成本的 5%。由此可见，只要是由市场提供的产品就必然会存在投资者对经济利益的考虑，以压缩成本与提高利润为手段实现其经济利益最大化。对于人才培养、氛围培育等市场投资者不愿意介入但又会影响中国足球发展质量的基础工作，政府必然要承接这种成本转嫁并通过政府行为去调整资源配置的布局。因此，无论是政府还是市场都不能单独实现对职业足球资源的最优化配置，而资源配置行为的交叉性和权限的模糊就给予了政府部门扩张行为边界的机会，不仅提升了政府的行为成本也极易再次引发政府干预与市场自治问题上的矛盾冲突，例如，联赛 U-23 政策、职业俱乐部与梯队建制、训练基地等捆绑的准入政策过渡期较短都引发了较大争议。政府与市场之间关系结构不清晰、行为边界不明确导致了当前中国职业足球在发展中仍然面临着“政府部门干预—政府部门行为难以约束—利益冲突—市场主导—市场外部性问题—需要政府部门介入—政府部门再次干预甚至扩展其行为边界”的循环困境。

第二，地方足协未能充分履行市场经济中的行业协会职能。培育与发展行业协会等社会组织是协调政府与市场关系的有效途径，中国足球协会实体化改革基本完成之后，在服务协会成员、管理和规范行业、承接政府委托项目与政府职能转移等方面逐渐发挥作用。但与中国足协体制机制改革的高效相比，地方足协的改革却较为迟缓，还未能充分承担起市场经济中行业协会应该履行的职能，这亟待引起重视。首先，地方足协的工作开展受制于不同地区经济、社会发展的实际情况，每个地区的基层足协享受的政策红利与拥有的资源不平衡不充分。其次，地方政府的支持力度对当地足协工作能否顺利开展影响较大。政府较为重视的地方，政府就会委托地方足协承担更多的职能并给予更多物质条件支持；在地方政府重视的足球比赛中，足协也能得到更多企业赞助，反之则很少。再次，地方足协自我造血能力不足，运作经费、人才匮乏。地方足协实现自我造血的资源有限，主要是缺乏场地资源、联赛资源和足球人才资源。在场地资源上，城市土地资源本就稀缺，政府能划拨给足协的场地相当有限。在赛事资源上，地方缺乏优质赛事，依靠赛事活动获得的收入较少。在足球人才资源上，地方足协能掌握的优质教练员、裁判员较少，足球专业经营管理人才缺乏，在青少年培训市场无法和有实力的足球俱乐部竞争。最后，地方足协在实际工作层面还面临着诸多问题的困扰，例如，地方足协承接政府购买服务的范围一般局限于举办少数几次群众性赛事活动，对于更高级别、更具专业性的服务，地方足协的竞争力不够，承接政府购买服务的范围有限；在商业性、群众性赛事审批取消后，地方足球赛事尚未确立以地方足协为中心的行业治理体系，现行赛事组织管理机制存在配套措施不到位、事中事后监管缺失、赛事标准不一、纪律处罚不严等系列问题。因此如何有效借鉴吸收中国足球协会改革的经验和成果，加快推进地方足协改革转型，进一步理顺基层足球管理体制、改善基层足球发展环境亟待找出有效对策。

（二）足球运动竞技水平不高，优秀后备人才匮乏问题依然突出

第一，男足国家队竞技水平依然不高。2008 年以来，各级别男足国家队的国际重要赛事成绩均不尽人意。在 2009 年 7 月国际足联公布的各国足球队排名中，中国队列世界第 108 位，亚洲第 13 位，降至历史最低。国家队连续在 2010、2014、2018 年三届世界杯亚洲区预选赛中被淘汰，前两次甚至没有获取到参加亚洲区 10 强赛的资格。此外，国奥队连续在 2013、2016、2018 年三届 U-23 亚洲杯小组赛未出线，2012 年伦敦奥运会和 2016 年里约奥运会的预选赛小组未出线；U-19 国家队最好成绩为 2010 年和 2014 年 U19 亚洲杯八强，连续五届未能进入 U-20 世界杯决赛阶段。U-16 国家队连续四届 U-16 亚洲杯小组赛未出线，没有进入 2016、2018 年 U-16 亚洲杯决赛阶段。国际重要赛事成绩不佳的

同时，国家队竞技水平也下滑严重，近年来多次输给在国际足联排名靠后的国家。2013 年 6 月，国家队在与泰国国家队的友谊赛中遭遇大比分失利；2018 年 3 月，国家队在与威尔士国家队、捷克国家队的国际足联 A 级赛事“中国杯”锦标赛当中再次遭遇大比分失利，引发社会对国家队表现和中国足球竞技水平低下的强烈不满。

第二，女足国家队竞技水平不够稳定。女足国家队曾经于 20 世纪 90 年代获得过奥运会亚军、世界杯第 2 名的优异成绩，自国际足联 2003 年开始进行女足国家队排名以来，最高曾经排名第 4 位，亚洲第 1 位。虽然近十年来中国女子足球的物质条件、重视程度及国家队保障措施有了极大提升，但是国家队赛事成绩却呈现较大的波动起伏。2008 年以来，女足国家队在国际重要赛事上的最好成绩仅为 2014 年亚洲杯第 3 名、2015 年世界杯第 8 名和 2016 年里约奥运会第 8 名。截至 2017 年 12 月，女足国家队排名已经降至世界第 16 位，亚洲第 5 位。对于女足国家队竞技水平不够稳定的根源，缺乏对女足运动发展及国家队建设的系统规划是各方的认知共识。

第三，优秀后备人才匮乏问题依然突出。至 2014 年，在中国足球协会注册的常年参加系统训练比赛的球员仅有 2 万名左右，该数据不仅与足球发达国家有较大差距，甚至也少于同期拥有 964328 名注册球员、757539 名 18 岁以下球员的日本和拥有 32073 名注册球员、27019 名 18 岁以下球员的韩国。统计数据显示：截至 2016 年，在中国足球协会注册的成年、U-18、U-16 女足运动员共计 5798 人，其中参加了 2016 年各年龄段全国比赛的运动员仅为 1474 人。而在同期日本的注册女足运动员数量为 27912 人，国家人口仅有 5145 万的韩国，其注册女足运动员数量也达到了 1783 人。中国足球优秀后备人才数量缺乏、质量不高的主要原因在于我国青少年足球人才的培养基础依然较为薄弱，虽然近年来校园足球、社会足球的物质条件和参与人数得到改善和提升，但是职业足球俱乐部的梯队建设体系不够完善、球员文化素质亟待提升、专业足校收费过高和成材率较低、青少年儿童足球教学和训练大纲争议较大和应用率不高等问题依然没能得到有效解决，这对未来后备人才培养体系的建设提出了严峻的挑战。

（三）职业足球面临较大市场风险

第一，中国职业足球俱乐部产业链缺失，长期亏损运营。具体对中超联赛而言，2016 年中超联赛有限责任公司总收入达到 15.2 亿元，净利润为 4.98 亿元，远高于 2013 赛季的 3.7 亿元总收入及 1.19 亿元的净利润。同时，2016 赛季中超联赛俱乐部的投入和赞助费用达到57.3 亿元，16 个俱乐部总收入 70.82 亿元。此外，2016 赛季联赛场均观众达到 21892 人次，比 2015 赛季增加 1800 人次，位列亚洲第 1、全球第 6。但形成鲜明对比的是，中超联赛和中甲联赛 32 家俱乐部都面临产业链缺失及长期亏损运营的困境。2017 年 12 月，中国职业足球俱乐部财务风险防范国际研讨会公开了对 2016 年中超联赛和中甲联赛俱乐部营收状况、构成比例以及财务状况的官方审计，该审计报告显示：2016 赛季，中超联赛 16 家俱乐部收支总计 39.32 亿元亏损。此外，中超联赛俱乐部 64%的收入来自于商业赞助，其中大部分来自于其控制性股东的注资；其余的是赛事收入占 14%、球员交易占 11%、比赛日收入占 3%、政府补贴占 6%、其他收入占 2%。与欧洲五大职业足球联赛对比，中超联赛俱乐部收益结构当中的商业赞助占比最高，赛事收入占比最低。中甲联赛方面，16 家俱乐部总收入为 10.92 亿元，总成本为 19.15 亿元，收支亏损 8.23 亿元。中甲联赛俱乐部收益结构当中的球员交易是最大收入占比，占 39%；俱乐部控制性股东的商业赞助占 27%；政府补贴占 19%、其他收入占 15%。上述数据表明，虽然依据《中国足球协会注册工作管理暂行规定》中国职业足球俱乐部是以有限责任公司或股份有限公司的形式在工商管理部门登记注册的企业法人，但俱乐部实质是以大型企业子公司的形式存在，俱乐部资产完全来源于母公司转移调入的同时，债务也完全由母公司承担。由此，形成了当前中国职业足球俱乐部虽然产业链缺失并长期亏损，但是依然能够持续运营的畸形状态。

第二，中国职业球员转会费和薪金过高，社会责任感不足。根据德国足球数据网络媒体《转会市场》对全球 227 个职业足球联赛的转会费排行数据统计显示：2008 年 1 月至 2018 年 1 月，中超联赛球员转会费支出约 14.9 亿欧元，位列第 7；转会费收支总计亏损 10.58 亿欧元，仅次于英超联赛而位列第 2。中甲联赛球员转会费支出约 1.39 亿元，位列第 27；转会费收支亏损 2260 万欧元，位列第 15。此外，依据英国足球数据网络媒体《体育情报》对 2016 年全球 17 个职业体育联赛的俱乐部薪金支出统计显示：中超联赛 473 名球员的总薪金为 3.66 亿美元，位列第 12 位。中超联赛和中甲联赛 32 家俱乐部的平均人工成本由 2015 赛季的 2.16 亿元增长至 2016 赛季的 4.63 亿元，增幅达到 115%。依据上述数据并结合当前中国职业足球俱乐部长期亏损运营的实际状况，可以看到中国职业球员的转会费和薪金提升速度已经处于一种非理性态势，极不利于足球健康生态的营造。同时，与俱乐部投资与日俱增、运动员转会费和薪金大幅提升形成鲜明对比的是，投资者、俱乐部及球员等从业者缺少政治意识、缺少社会责任感。虽然按照联赛的准入制度，中超联赛、中甲联赛、中国足球乙级联赛俱乐部按照要求均设立了基层党组织，但各俱乐部在党组织建设方面却存在不足。中国职业足球运动员特别是青年球员党员数量较少，少数球员的金钱观和价值观扭曲、在国家队踢球不尽力等情况时有发生。少数俱乐部投资者缺乏振兴中国足球的责任担当，出现了追求自身利益最大化的短期投机行为。同时，俱乐部还缺乏对社会公共服务的重视，并未从广泛的利益相关者角度，从对整个社会的成员及社会发展而履行的公平竞争、经济、法律、道德和教育责任引导的角度来开展社会公共服务活动。

第三，职业足球联赛知识产权的保护和运用不足。首先，我国在立法上缺乏包括对职业联赛在内的体育赛事权益的法律规定，在理论上缺乏对体育赛事知识产权属性、内容的探究和共识，中国足球职业联赛知识产权的保护主要依据中国足球协会章程的约束和规范，这既会对联赛的商业运营和未来发展产生不利影响，也不符合《中国足球改革发展总体方案》提出的加强足球行业作风和法治建设的要求。2015 年，北京新浪互联信息服务有限公司诉北京天盈九州网络技术有限公司中超联赛著作权侵权及不正当竞争纠纷案表明：如果联赛的权利在无法律明文规定的情况下，仅依据中国足球协会章程进行产生和分配，其权利的合法性难免遭到质疑。其次，在知识产权运用方面，中国足球职业联赛虽然近年来在品牌价值层面得到提高，但对比欧洲职业足球发达国家的联赛，中国职业足球联赛的品牌国际影响力和竞争力还较弱，职业足球衍生产品的创造和设计还存在创新不足、质量不高等问题。

第四，对外足球投资面临政策和法律风险，大局意识欠缺。基于利好政策的扶持和中国经济结构转型调整的宏观背景，市场投资者不仅对国内职业足球市场的投资热度持续攀升，同时也积极地投资海外足球产业。2015—2017 年间，中国投资者共投入 25 亿美元购买了近 20 家国外足球俱乐部股权。虽然对国外高水职业足球俱乐部的股权投资等商业合作，有助于为中国职业足球的发展获取先进的职业足球运营理念及关系网络搭建，为后备人才培养体系构建完善创造了良好的路径，但少数投资者却对当前国家金融稳定大局意识不足，其收购国外职业足球俱乐部股权的商业行为已经受到了我国政府的批评警告，面临着政策和法律的风险。

（四）校园足球与职业足球、社会足球衔接不足

第一，人才培养理念不统一和竞赛体系衔接不合理。当前，我国精英青少年足球人才培养主要由体育系统的职业俱乐部各级梯队、专业足校、业余体校和教育系统的校园足球两大部分构成。值得注意的是，虽然培养途径逐渐扩展，但是体育和教育两大系统的人才交流渠道不通畅，导致足球普及与提高实际处于一种相互分离的发展态势。首先，人才培养理念不够统一。教育系统的校园足球体系以立德树人为核心，强调的是以教育为主，是学校推进素质教育、促进学校体育改革的突破口；体育系统的竞技足球体系则秉承的是以竞赛成绩为重心、以输送高水平球员为核心、以提升比赛能力为中心的培养理念。当前体育系统与教育系统的培养理念未能统一，导致出现校园足球过度追求“重教育轻技能、重在普及”，竞技足球盲目追求“重技能轻教育、重在成绩”的分离发展现象。其次，竞赛体系衔接不够合理。归属于体育、教育不同系统的青少年足球竞赛分属不同管理机构，竞赛资源缺乏共享、衔接不够合理，体育系统和教育系统的赛事在参赛人员资格、成绩证明认可等方面存在冲突，这在一定程度上是对青少年足球竞赛资源的浪费。

第二，校园足球人口难以有效转化为高水平竞技人才。在《教育部等 6 部门关于加快发展青少年校园足球的实施意见》指引下，足球成为学校体育必修课程，并且选取全国所有学校的 5%作为足球特色学校，这将极大提升中国足球人口的数量。此外，把学生足球特长纳入综合素质评价，供升学时参考，扩大高校高水平足球队的招生规模也有利于具备潜力的学生运动员有好的前途选择。但是，教育部的校园足球方案针对的还只是业余足球的初级阶段，很难直接为高水平的竞技青训系统提供服务。此外，与当前中国足球职业联赛大多数俱乐部梯队缺失、精英青少年足球人才不足的状况对比，2017 年全国校园足球特色学校已达到 2 万所，预计到 2025 年将达 5 万所，参与校园足球活动的人数将超过 3000 万。但是，要将优秀的校园足球人才输送到职业俱乐部参与高水平的竞技足球却一直缺乏畅通的渠道，致使青少年足球人口难以良好地转化为精英青少年足球运动员。同时，校园足球也存在活动时间和空间不足、当前教育体系下的学生学习负担较重、家长对体育活动的观念在短期内难有实质性改变；体育老师的专业水平较低，难以创造出职业足球所需要的竞技基础；校园足球联赛体系还不够完善，短期内难以与职业联赛有效对接等一系列问题。显然，当前的校园足球还只

能是校园课外体育活动的一种形式而已，无法使足球人口“量”的提升有效转化为足球人才“质”的提升。

第三，校园足球与职业足球、社会足球衔接合作的动力不足。首先，实现校园足球、职业足球、社会足球有效衔接的内生动力在于利益，职业俱乐部注重合作带来的人力获取成本降低、人才供应量提升和球迷市场培育；中小学考虑的是合作对于升学质量和学校知名度的提升；社会足球组织聚焦合作带来的经济价值；高校则重视合作能否提升校园体育人才质量及获取产学研综合效益。利益取向不一致容易影响各方对衔接合作利益的评价及合作范围、模式的选择。因此，在当前未能形成科学合理并达成共识的利益机制的现状下，校园足球与职业足球、社会足球必然是缺乏衔接的内生动力基础。其次，从外部推力来看，政府部门还未能够良好地使用政策工具，使校园足球、职业足球、社会足球各级各类主体的协同合作交易成本低于各方自身内部交易成本；还未能够从地域文化层面促使同一地域的合作各方形成人文价值链的融合；还未能够主导和引导如何通过以职业俱乐部为产业生态链的关键种生态位，提升足球氛围和足球产业质量，实现地区足球产业生态系统循环。因此，内生动力不足和外部推力不够影响了校园足球与职业足球、社会足球的衔接与协同。

第四，青少年足球培训市场缺乏行业标杆，培养和学习机制不够健全。《中国足球改革发展总体方案》出台实施后，全国各地青少年足球培训机构数量明显增多。有统计数据显示，截至 2017 年底，国内青少年足球培训机构已经超过 6000 家。虽然机构的增多使青少年有了更多踢球的机会，但是足球培训行业缺少监管和准入机制也产生了不少问题。超半数机构的学员人数不到 500 人，2000 人以上规模的机构不超过 10 家，并且足球培训行业至今仍然尚未形成全国性品牌，也没有形成统一的行业规范。我国的青少年足球培训市场面临的主要问题在于：首先，培训市场准入门槛过低。大多数培训机构没有注册、没有执照、没有固定办公场所、培训地点经常转移、财务收支不规范不透明等导致从业人员和培训机构的资质较为复杂混乱。其次，缺乏科学严谨的培养教学体系。青少年足球培训该教什么、怎么教缺乏标准或者统一的大纲，培训内容质量参差不齐，或者是完全照搬国外训练大纲而不顾及中国青少年儿童的身心基本情况和我国社会、教育领域的基本实际。再次，从业人员资质培训认证市场不够健全。当前社会上多数足球培训机构的从业人员和教练并未接受过体系规范的足球训练和教学指导。同时，一些地方政府或机构组织的社会足球教练员、指导员培训班不注重对学员层次和水平的区分，并且培训内容和课程设置不符合社会足球发展的需要而只是关注到培训人员数量却忽视培训质量。因此，当前我国青少年足球培训市场缺乏行业标杆、学习机制不够健全等问题未能有效得到解决，不利于社会足球与校园足球、职业足球的有效衔接。

（五）足球精神文化建设相对滞后

近十年来，虽然中国足球的物质文化基础相较于以往有了极大提升，但是从现代足球发展与国家民族文化精神之间的重要关系来思考，建设有中国特色的、积极向上的足球文化体系，除了还要进一步完善巩固物质文化基础，更重要的是加强精神文化建设，而这正是当前中国足球文化建设当中较为滞后的方面。

第一，未能形成有中国特色的足球文化体系。从足球文化角度看，中国足球的发展是一个逐步由模仿国外足球运动竞技方式向模仿足球运动整体发展内涵转变的历程。需要承认的是，学习借鉴国外足球发展的最新趋势和经验可以使中国足球获得发展的“后发优势”，使其能更快的融入国际足球的整体发展环境当中。但是，纵观世界足球运动发展趋势，不难看出每个国家足球运动的发展其实都是源自本地区文化的提炼。技战术风格严谨细致的德国足球，表现的是德意志地区文化的严谨与纪律；意大利、西班牙、葡萄牙的足球体现出的是拉丁语系国家文化的优雅和创造力；而巴西、阿根廷的足球风格则是欧洲和南美洲文化融合的表现，既学习了先进的技战术体系，也遵循着南美人民热情和豪放的性格。然而对于中国足球而言，至今未能形成较为鲜明的本土文化印记，始终不能提炼出符合自身文化和社会实际的发展思路，反复在学习南美、学习欧洲、学习日本之间徘徊，迟迟不能准确定位自己。

第二，无论是职业足球管理运营还是青少年后备人才培养体系建设都还欠缺一种改革创新精神。在“惟改革者进、惟创新者强、惟改革创新者胜”的社会改革背景下，虽然中国足球协会实体化改革是我国足球管理体制的重大革新，但各种配套模式和机制的创新力度仍然不足，足球工作者对足球运动的相关理论和知识信息更新速度还不够及时，对当前国际上的足球发展先进理念的知识学习还不够重视。校园足球方面，青少年学生参与足球训练的动力机制仍然未能形成创新；相关活动的设计实施没有按照教育基本规律办事；校园足球学校布点模式形式主义问题突出；作为足球人才分解、吸收、培养重要环节的高等院校对校园足球参与不足等实际情况表明发展校园足球仍然亟待改革和创新。因此，如何辨析外来足球文化的合理性与适用性，如何从我国传统文化当中提炼传承优秀的文化成果和价值理念，如何弘扬改革创新的时代精神，进而创造性转化和创新性发展，以为中国足球提供文化支撑，将是中国足球文化建设面临的艰巨任务和挑战。

三、新时代足球改革发展展望

（一）发展思路

新时代中国足球的改革发展，应当在体育强国建设目标指引下，全面贯彻党的十九大精神，深入学习贯彻习近平系列重要讲话精神，推动落实“四个全面”战略布局。要以新发展理念作为中国足球改革发展重要指引，遵循足球运动发展规律，夯实足球发展的制度基础、人才基础、设施基础和社会基础。要将中国足球改革发展的战略定位上升到全民健身的重要事业、国民经济的重要产业、体育强国的重要基石及民族精神的重要载体这四个方面。要遵循规律、持续发展，扎实做好并有效推进足球发展的各项基础工作；要坚持改革引领、创新发展，创造性解决足球发展的机制性、体制性问题，找到可持续发展的动力源泉；要坚持依法治理、规范发展，把足球发展纳入法治化轨道，实现足球治理能力和治理体系的现代化；要坚持包容共享、开放发展，充分发挥市场和社会的活力与创造力，不断提升足球运动的规模和质量。走出一条中国特色足球发展道路，努力实现“足球崛起梦、体育强国梦、民族复兴梦”。

（二）战略目标

根据建设体育强国的战略目标和《中国足球改革发展总体方案》任务要求，适应中国经济发展新常态，进一步深化足球改革，促进足球事业和足球产业的全面协调发展。要提升足球的治理体系和治理能力现代化水平、提升足球竞技水平、提升足球产业质量、提升足球运动的社会普及程度、提升中国足球文化软实力，全力推动中国足球发展迈向新台阶。

第一阶段：从现在到 2020 年。努力实现中国足球保基本、强基层、打基础的发展目标。一是要基本满足社会大众对足球运动的需求，基本形成全社会关心和支持足球发展的良好氛围。二是要加快发展校园足球，全国特色足球学校达到 2 万所，中小学生经常参加足球运动人数超过 3000 万人，全社会经常参加足球运动的人数超过 5000 万人。三是初步建立中国特色的足球管理体制机制，政策法规初具框架，行业标准和规范趋于完善，竞赛和培训体系科学合理，足球事业和产业协调发展的格局基本形成。全国足球场地数量超过 7 万块，每万人拥有 0.5 ~0.7 块足球场地。

第二阶段：从 2021 到 2035 年。在竞技足球层面，优秀后备人才数量较 2020 年有大幅度提升，实现足球人才梯队结构合理稳定可持续，男足和女足、各级国家队的发展更加均衡，职业联赛竞赛水平、职业俱乐部竞技实力总体达到亚洲一流，男足国家队跻身亚洲前列，女足重返世界一流强队行列，俱乐部和国家队的国际重要赛事成绩显著提高，并积极申办国际足联男足世界杯。在大众足球层面，夯实足球运动的群众基础，打造一批国内知名、长期稳定的社会足球赛事品牌，进一步完善足球场地设施，实现每万人拥有 1 块足球场地的目标，参与足球运动的人数增幅明显，足球运动普及度大幅提高。在足球产业层面，形成足球产业对我国体育产业高质量发展的引领和推动。足球产业总体规模对比 2020 年有较大提升，职业联赛成为国际知名体育赛事品牌，形成发展目标清晰的新型足球产业结构，足球赛事表演、足球培训、足球彩票及足球电子竞技活动的占比大幅提升，足球产业成为体育产业发展的重要动力来源。在足球文化层面，要成为中国文化软实力的重要支撑，中国特色足球管理体制机制完善健全，政策法规、行业标准和规范成熟完整；地域足球文化要素、文化内涵得到充分挖掘、保存和完善，中国特色的足球文化符号和精神理念逐步形成；通过申办国际足联男足世界杯，传播中国足球故事，全面提升中国足球文化的国际影响力。

第三阶段：从 2036 年到 2050 年。足球运动场地设施达到国际领先水平，校园足球、社会足球与职业足球全面协调发展，体育与教育在足球运动当中深度融合，成为人民的生活方式；男足国家队国际竞争力显著提升，进入世界强队行列；形成具有较强国际竞争力的足球产业体系；到本世纪中叶，中国足球文化在世界足球文化格局当中要占据重要位置，为世界足球文化的发展繁荣做出应有贡献。

（三）主要措施

1. 以新发展理念指引中国足球改革发展

党的十八届五中全会提出了创新、协调、绿色、开放、共享的新发展理念，从战略高度回答了新形势下发展的目的、发展的方式、发展的动力是什么的重要问题。新发展理念不仅是我国今后发展方向的指引，也为中国足球未来改革发展描绘出了宏伟蓝图。随着中国足球改革发展环境、任务和要求的日渐出新，国际足球发展模式、机制及科技支撑的日新月异，只有结合实际、跟上趋势，用新发展理念指导发展实践，转变观念、找准方向进一步深化改革，才能推动中国足球转向高质量发展，也才能让“全民健身的重要事业、国民经济的重要产业、体育强国的重要基石及民族精神的重要载体”的中国足球战略定位得到落实。对此，要以创新、协调、绿色、开放、共享理念为指引，形成新时代中国足球发展理念。

第一，创新发展是中国足球改革发展的驱动要素。要通过创新去解决足球发展的动力问题和体制性、机制性问题，鼓励和支持在足球改革过程中对制度、科技和理论等方面的创新尝试，为我国其他领域改革提供经验借鉴。同时，强调创新发展也是强调特色发展，坚持创新发展中国足球，要吸纳国外先进的足球发展理念和文化，通过融合现代足球发展理念，创新性的形成中国特色足球发展理念。具体是要在资本投入、足球普及与提高、竞赛体系、法制体系和外部环境五个方面，建立具有中国特色的足球改革发展创新架构。

第二，协调发展是解决中国足球发展不平衡不充分的重要方式。要通过协调发展，解决多年来中国足球发展中的不平衡问题，也就是东中西部地区在足球的人、财、物等资源投入的区域发展不平衡；足球发展过程中过于倾向经济领域，但对政治建设、文化建设、社会建设、生态文明建设较为忽视所产生的领域发展不平衡；校园足球参与人群、后备人才培养体系建设、男足和女足在发展中出现的群体不平衡。要通过协调发展，构建政府、市场和社会的协同增效机制，解决职业足球、校园足球、社会足球发展不充分、衔接不够紧密、连接渠道不够通畅的问题，着力提升中国足球的综合实力。

第三，绿色发展是中国足球实现内涵式发展的重要保证。要传承和弘扬中国优秀传统文化当中人与自然和谐的思想，使足球活动开展、足球场地建设与生态文明和资源节约相结合，为中国坚持走生产发展、生活富裕和生态良好的文明发展道路做出贡献。

第四，开放发展既是对国外先进足球理念、模式和文化的学习总结，也是融入国际足球发展轨道，解决中国足球内外联动问题，提升中国足球发展水平的必然要求。因此，要进一步加强“走出去，请进来”的深度、广度和节奏，健全足球合作交流机制模式，优化、规范足球国际交往，积极争取中国足球的国际话语权；要学习国际足球先进理念知识，构建国际化足球人才制度体系，打造适应现代足球的专业化、国际化管理队伍；要引入国外最新的科学技术，践行“互联网+赛事”思维，提升中国足球技、战术水平及赛事组织和传播的科技含量，通过足球国际交流的拓展加深世界对中国的全方位了解。

第五，共享发展注重于解决“社会公平正义”问题，是中国足球改革发展的最终目的。足球改革发展的成果不仅要使校园足球、职业足球和社会足球的各级各类各地区主体充分共享，同时还要以国家任务和大众利益为目标，提升改革效应并放大改革成果，以此促进我国基本体育公共服务均等化、标准化、多元化和法制化目标的实现，为共享体育构建发展平台。

2. 在足球发展中充分发挥政府和市场的优势

习近平指出，“经济体制改革的核心问题仍然是处理好政府和市场关系”。保持足球的健康可持续发展，就必须牢牢抓住体制改革这个核心，把政府和市场的优势充分发挥出来。对此，就必须要划清政府和市场的边界，进一步明确政府的作用。

第一，维护足球市场的平衡有序。对于生产者与消费者之间的供需关系，政府需要精准聚焦供需错配问题，也就是指市场资本和社会资源长期趋向并过度聚集在职业足球竞赛领域，但同时竞赛衍生产品消费端和以商业赞助为核心的需求端却并没有得到充分释放和匹配。对此，政府应当遵循供给侧结构性改革的总体思路，规范和强化相关制度与政策的调节和引导作用，提升制度供给、资本供给的准确性和有效性，通过改革创新来推动足球市场的发展，协同市场和社会主体共同提升职业联赛等足球产品的供给质量和服务水平，以应对不断升级的足球消费需求。对于生产者之间的竞争关系，政府则应当通过权责清晰、公平高效、依法实施的市场监管方式，着力打造和维护一个开放有序、诚信守法的足球市场体系，保障市场主体能够公平竞争，足球市场的要素能够由市场决定其配置。

第二，政府要积极发挥主导和引导作用，与市场、社会做好协同供给的工作。首先，要做好主体的协同。重点在于强化政府的主体责任和主导作用，与足球协会、体育团体、联赛公司、职业俱乐部、球迷组织等各类机构有机衔接、相互协调和信息沟通。创新足球公共产品和公共服务提供方式，提高足球公共产品和服务供给的数量和质量，适合由社会组织或者市场主体提供的产品和服务，例如，球迷团体的组织和管理，足球培训机构的生成和发展等由社会组织和市场主体依法提供和管理，努力实现足球公共产品和服务供给职责明确、有机衔接的良好局面。其次，要达成供给协同。在《中国足球改革发展总体方案》等政策的指引下，与足球改革关联的政府部门要对所负责的足球公共产品供给进行宏观的总体设计规划，不仅要全面性的考虑这类公共产品供给的长期、中期和短期目标，做到循序渐进地有序供给，还要明晰足球场地建设、足球培训机构税费优惠、社会足球活动和赛事组织等各种公共产品和公共服务的内容差异，依据具体实际情况进行差异供给、阶段供给和层次供给。再次，要做好资本协同。全面推进政府和社会资本合作的项目运营模式，更好发挥政府引导作用，创新激励机制，充分发挥财政融资在校园足球外籍指导教师、教练聘请等足球公共产品和公共服务供给领域的前瞻性、引导性、扶持性作用。拓宽足球产业的投融资领域，鼓励和吸引来自市场和社会的资本参与校园足球、青少年足球培训、教练员培训、外籍教练聘请等准公益性项目建设。最后，做好利益协同。要建立平等协商的利益协调机制和利益表达机制，对政府之外的公共产品和服务供给主体给予优惠贷款、税收减免、补助、奖励和表彰等方式，最大限度提高资源配置效率和公平性，激发调动市场、社会主体的参与动力和活力。

划清政府和市场的边界，充分发挥出政府和市场的优势，就必须进一步深化政府部门的“放管服”改革，引导足球行业由社会管理向社会治理进行转变。各级政府部门要在“放管服”改革理念指引和要求下，主动做好统领规划、引领下放、方式创新和有效评估，确保足球改革的各项政策措施切实落地。中国足球协会及其地方足球协会应当更积极地与社会和市场主体进行衔接，真正承担起对足球行业协调、服务和监管的责任。同时，职业足球、校园足球和社会足球在今后的发展过程中应当逐步减少对行政手段的依赖程度，要通过市场的经济手段并和法律的规制手段积极寻求行政、社会和市场路径的综合运用。

3. 积极引导促进职业足球健康发展

中国职业足球不缺市场，缺少的是高质量职业足球产品。职业足球的高质量是源于供需两侧的路径协同，从供给侧引导资源配置，从需求侧刺激消费，从而引导促进职业足球的健康发展。

第一，创新政策和制度的供给。要保持相关政策的稳定性和持续性，注重中长期的制度供给，聚焦解决影响职业足球发展效率的制度供给不足、不精准和迟滞等问题；要将政策制定与制度设计作为政府干预职业足球发展的主要行为方式。不同于事前、事后均采用命令压制措施的行政介入方式，强调事前主导和事后规划的政策制度干预有利于为利益主体博弈创造公平、公正的条件，也有利于利益诉求得到重视和保护。

第二，引导市场资本理性投入、有序流动。既要从政策和制度、法律的层面保障资本投入的安全性，也要加强监管以约束资本最求利益最大化的本能，切实做到既能充分激发市场资本的动力和活力，也能有效管控资本带来的风险，引导资本对职业足球的理性投入。同时，政府部门、中国足协要按照《中国足球改革发展总体方案》设定的发展目标，积极引导市场资本有序流入青少年足球人才培养、社会足球场地设施建设和赛事活动组织等足球运动可持续发展的基础领域，增强提升职业足球的人才储备和社会环境。

第三，践行“互联网+赛事”思维，提升职业足球联赛质量和服务水平。围绕足球赛事的知识产权进行拓展衍生，并聚焦于电子商务、网络社交、在线支付、电竞游戏等关键领域。重点可通过如下方式提升职业联赛质量和服务水平：一是赛事产品的电商化。二是赛事传播的多元化。三是赛事转播的 VR/AR 化。四是赛事高科技设备的升级优化。五是赛事 IP 的电竞游戏化。

4. 以创新引领和驱动足球产业转型升级

习近平指出，“适应和引领我国经济发展新常态，关键是要依靠科技创新转换发展动力”，因此，以创新引领中国足球产业转型升级，对实现《中国足球改革发展总体方案》设定的中长期战略目标有着重要的意义。

第一，优化和创新产业要素的质量结构，推动足球产业发展质量和效益提升。首先，要大力推进劳动力要素的升级和结构优化。对此，既要以开放的态度鼓励俱乐部、有条件的地区和学校引进国外的优秀球员、教练员和青训专家，又要创新国家足球专业人才实施战略，重视对国内球员、教练员和校园足球教师的培养；既要加大对海外各领域高层次人才的引进力度，也要创新培训工作机制，选派人员出国（境）培训，以更新知识理念、提升专业技能。其次，要推动资本要素的升级和结构优化。要进一步发挥政府资金的引导作用及完善多层次资本市场，以灵活、充分的资本要素引导足球产业转型升级。

第二，以产业链引导创新链，以创新链支撑产业链，推动构建足球产业新体系。首先，要利用《中国足球改革发展总体方案》和建设体育强国的机遇，围绕职业联赛、青训等产业的重点领域发展，整合政府、市场、社会、学校的资源，形成产业研究和开发体系。其次，要加快足球产业与互联网技术的融合。创新和扩大足球商业业态，提升足球产品的附加值，促进围绕足球赛事的金融服务、信息服务和商务服务等生产性服务业的发展。最后，要探索建立和完善相对应的法制体系，特别是要加强对职业足球产品的知识产权保护力度。

第三，以全球化的视野和开放的态度，在开放合作中提升中国足球产业的创新能力和国际竞争力。足球产业的转型升级不能关上门来完全依靠自身力量去实现，而是要加大对外开放合作的力度。对此，要积极关注国际足球的产业发展动态，立足自身实际的以问题为导向、以实践为平台、以结果为依据进行国际交流与合作，通过吸收整合国际上的创新资源，在合作中不断提升中国足球产业的发展水平。

5. 创新校园足球和职业足球、社会足球的人才培养协同发展机制

第一，构建职业足球、校园足球和社会足球接轨机制，打通中国足球人才协同发展渠道。对于中国足球协会及政府体育部门而言，首先要通过提供专业技术的载体和人员使中小学体育老师更加专业化，包括裁判水平、训练指导水平的专业化。其次是构建规范的业余足球俱乐部和稳定的业余竞赛，让具备一定潜力也有意愿发展足球能力的学生到业余足球俱乐部去训练和参赛，为校园足球向职业足球进行衔接创造良好基础。对于职业足球俱乐部而言，应当在建立新型足球学校来锻造自身青训系统的同时，还要注重加强与职业俱乐部所在地区的学校、业余足球俱乐部、体育培训机构等的加强合作，扶持培育出若干个小型足球基地，然后通过足球基地去发现选拔人才及开展基础训练工作。校园足球活动有助于解决中国足球人口“量”的问题，并且由教育部门做主导也有利于提升足球人口的教育水平和升学可能。而体育部门及职业俱乐部更应当在“校园足球—业余足球俱乐部（足球培训机构）—职业俱乐部后备人才培养体系（青训）”这条路径上多下功夫，为提升中国足球人才质量找出对策。

第二，促进政府、市场、社会和学校多方面协同，生成足球后备人才协同培养的动力。促进政府、市场、社会和学校多方面协同，主要在如下方面做好协同合作工作：一是战略协同。战略协同关键在于价值观与文化层面的协同。二是要做好信任和交流的愿景协同及风险和利益观念的协同。构建一个跨领域的足球发展协同组织或者是机构，并重视合作过程当中的过程协同环节，加强网络化协同的组织运作、加强各种支持性组织共同参与协同发展等。政府、市场、社会和学校协同合作模式的创新，实质是对职业足球、社会足球、校园足球之间互动关系

的新探索，协同合作发展关系的良好形成，有助于为中国足球后备人才的培养提供充足的动力。

6.“走出去，请进来”接轨国际足球前沿

第一，健全足球合作交流机制模式，优化规范足球国际交往。中国的职业足球俱乐部应该在做好国外优秀球员、教练团队“请进来”的同时还需要做好国内球员、管理人员和教练团队“走出去”的工作，应当积极建立与国外中、小俱乐部之间的球员交流合作机制。除球员外还需要将俱乐部的管理人员、后备梯队的教练组成员派往国外职业俱乐部，深度参与国外高水平职业足球训练计划制定、技战术设计应用、后备人才选拔机制的具体工作，以此切实培养一批具有国际视野、创新思维和较高执教水平的职业足球管理团队和教练团队，促使中国职业足球紧密接轨国际职业足球的前沿。在校园足球国际交流合作快速发展的现状下，要对外籍足球教师、教练的资质进行梳理；要加强对聘任的外籍足球教师、教练进行师德方面的教育，并且定期对其进行中文、中国文化等方面的培训，增进外教对中国国情、中国家长和孩子心理和实际情况的了解，以便更好地进行足球教学和训练指导。对于出境进行足球短期留学、游学、培训活动，各地工商部门、教育部门和旅游部门应当联合承担监管责任，尽快出台监管办法以净化市场，并对相关项目进行有效规范。

第二，构建国际化足球人才制度体系，打造适应现代足球的专业化、国际化管理队伍。首先，要建立外派后备人才储备库。积极与国际体育组织和机构、企业、职业俱乐部进行合作，搭建联合培养足球国际化人才的平台。其次，是要加大对海外各领域高层次人才的引进力度。中国足球协会下属各部门、职业联赛公司应当根据发展规划和岗位职责的需要，从国际金融组织、知名传媒机构、海外知名高校或行业智库引进符合岗位要求的多元化的高层次人才。

第三，创新培训工作机制，畅通国际化人才“走出去，请进来”的双向通道。一方面，择优选拔国际优秀研究人员参加研究。加大业务培训扶持力度，制订实施年度赴外培训计划，通过与国外体育组织机构或企业、俱乐部和智库的合作，选派思想素质优秀、具备发展潜力的人员进行出国（境）培训，以更新知识理念、提升专业技能、与国际趋势接轨。另一方面，定期举办学术论坛或者研讨会，邀请国外体育组织、机构或企业和智库的专家学者和体育行业经验丰富的从业者来我国做学术报告和经验交流活动，以此拓宽我国足球从业人员的国际视

野和研究水平，多管齐下地打造出适应现代足球的专业化、国际化管理队伍。

7. 以地域足球文化品牌建设推动形成中国特色的足球文化体系

中国地域辽阔、人口众多，多样的地理环境形成了不同的地域文化。不同地方的人受到地域文化传统、地理特点、思维方式等因素的作用，产生了极具特色的性格并由此发展成丰富多样的足球地域文化特征。因此，从立足地域文化的特点入手，打造具有地方特色的足球文化品牌，不仅有助于推动中国特色足球文化体系的形成，也是涵养社会主义核心价值观的优质载体。

第一，地方政府部门和地方足球协会应当牵头组织研究团队对本地区足球文化展开研究，系统梳理归纳地方足球历史文化，形成权威并且完整的文献记录，这不仅是对本地区足球历史文化的尊重，也为本地区足球的未来发展方向夯实了史学和文化学基础。

第二，资本投入是地域足球文化振兴的物质保证，所以要大力鼓励和吸引本地企业和社会团体加强对足球的资本投入，为地域足球文化的活跃兴旺提供物质保障。

第三，要依托地方高校和本土学术人力资源，综合体育、文化、历史等学科的知名学者组建校园足球发展专家团队，与地方政府教育部门、体育部门、中小学校、高等院校合作，促使地方足球历史文化资源走入校园和课堂，多形式、全方位地开展地域足球历史文化及与足球发展相关的各项培训工作和活动。

第四，职业足球俱乐部要明晰自身对于继承发扬所处地域足球文化的重要作用，积极推进俱乐部名称向去企业名称化、中性化进行转变；重视对本地区青少年足球人才的挖掘、培养和使用；重视对本地区长期形成的足球技、战术体系给予传承和扬新；重视引导健康向上的地域球迷文化。

8. 以申办国际足联男足世界杯为契机，带动中国足球快速发展

《中国足球改革发展总体方案》制定了近期、中期和远期目标，其中“积极申办国际足联男足世界杯”是远期目标的重要内容，方案中也提出了“研究并推动申办国际足联男足世界杯相关工作”这一重要任务。同时，北京奥运会的成功举办及近年来承办多项国际重要足球赛事的经验，也体现出了中国有能力、有基础办好国际足联男足世界杯赛事。因此，应当积极申办国际足联男足世界杯，以此为契机带动中国足球快速发展。

第一，申办世界杯将有助于重塑中国足球形象，规范和完善中国足球发展。事实证明，世界杯对于塑造承办国的足球形象有着重要影响力。在中国举办世界杯赛事，将有利于为中国足球形象的正面宣传，进而为中国足球国际形象的提升掌握话语权，有效传播中国足球改革发展在推广足球运动、增强人民体质、培养爱国主义和顽强拼搏精神等方面的重要成果，让世界认识了解中国足球的改革发展对于世界足球的贡献和意义。此外，在世界杯的申办及举行过程当中，中国足球与国际足球的接轨将会变得更为紧密，学会按照国际规则办事，有助于中国足球运动未来的发展得到进一步的规范和完善。

第二，承办世界杯有助于加快提升中国足球人口的数量和质量。通过申办世界杯带动中国足球人口进入发展的“快车道”，不仅可以唤起社会大众对足球的热情，鼓励更多的青少年儿童参与到足球运动当中来，为优秀后备人才的选拔提供足球人口基础。同时，作为世界瞩目的大型赛事，世界杯将会为中国足球创造良好的展示平台，这有利于中国球员获得更多“走出去”的机会和“引进来”更多优秀的国外教练员与运动员，进一步的为中国足球竞技水平提升提供助力。

第三，研究并推动申办国际足联男足世界杯相关工作，应当重点放在如下方面：首先，要以中国特色社会主义新发展观为指引，打造举办世界杯的有利条件，着力改善举办世界杯赛事所需要的自然环境、产业环境和文化氛围。其次，要进一步深化足球改革，提升足球竞技水平，构建并完善足球后备人才培养体系，夯实足球社会基础，不断加强对足球事业的投入，培养社会大众热爱足球的积极心态。再次，要体现出积极主动的申办态度，政府应当起到良好的带头作用，激发大众的申办热情，激发市场和社会的动力与创造力，共同努力做好申办各项工作。最后，应当注重培养国际化的专业足球外交人才，使其能够从专业的角度与途径向世界表明中国申办世界杯的美好愿景和所具备的扎实基础。

（暨南大学　梁伟）

第十二章

冰雪运动改革与发展

“广泛开展全民健身活动，加快推进体育强国建设，筹办好北京冬奥会、冬残奥会。”是习近平总书记在党的十九大报告中对体育工作提出的明确要求，高度概括了在中国特色社会主义进入新时代后体育的新使命。作为这一使命的重要组成部分，冰雪运动必须立足于新时代，大力推进改革与发展，以不断满足人民群众日益增长的美好生活需求为目标，在体育强国建设进程中取得新成就，做出新贡献。

一、冰雪运动改革与发展主要成就

（一）北京成功申办 2022 年冬奥会

2015 年 7 月 31 日，在马来西亚吉隆坡会展中心，国际奥委会主席巴赫宣布“北京—张家口”获得了 2022 年冬季奥运会的举办权。北京成为了历史上第一个既举办过夏季奥运会又举办过冬季奥运会的城市。北京冬奥会的成功申办是近十年来我国冰雪运动发展取得的最大成就，对于开创体育事业新局面，向体育强国目标迈进具有重要助力作用。在党中央、国务院的坚强领导下，整个申办历程，精心筹划、稳步推进，彰显了民族自信和大国实力，赢得了国际上的高度认可。无论是民众的高度支持率和政府的强大财政保障，还是科学合理的场馆利用计划；亦或是系统的区域发展战略和充满希望的市场开发前景，处处彰显了中国强大的综合国力以及推动奥林匹克运动发展的决心和责任感。举办冬奥会将有力地促进我国体育事业全面发展，满足广大人民群众日益增长的精神文化需求。尤其在当前，我国已进入实现中华民族伟大复兴的关键阶段，冬奥会目标直接指向于服务国家发展大局。充分发挥举办重大国际活动凝心聚力的作用，更好地激发广大人民群众为实现“两个一百年”目标、实现中华民族伟大复兴中国梦而团结拼搏的热情和干劲，通过举办冬奥会加快体育强国建设进程，进而实现“强国梦”的高远志向。此外，承办冬奥会将在全国 4 亿青少年中普及奥林匹克教育，培育广大群众健康向上的生活方式，是步入新时代的中国对奥林匹克事业发展做出的新贡献，体现了在推动奥林匹克事业发展方面的大国作为和大国担当。

（二）冰雪运动物质条件不断改善

1. 室内冰场数量逐年递增，设施不断完善

近十年，我国商业冰场模式得到充分开发，“滑冰热”“冰球热”催生了一大批室内冰场，而随着我国城市商业和地产业的发展，冰场这种业态配备逐步得到一些百货公司、购物中心的认可，并成为商场运营的新“标配”，使得冰雪运动与市场的关系更加密切。2016 年，全国室内冰场数量为 188 家，相比 2015 年新增了 31 家，增幅为 19.75%，相比于 2011 年增长 176.47%；2017 年，全国滑

冰场馆数量已达 259 座，相比 2016 年增加 71 家，增幅为 37.77%。其中，北京、黑龙江、广东、江苏 4 个省（直辖市）拥有室内冰场数量最多。国家体育总局印发的《全国冰雪场地设施建设规划（2016—2022 年）》指出，到 2022 年，全国滑冰馆数量不少于 650 座，未来 4 年，我国滑冰馆数量将持续增长（图 12-1）。

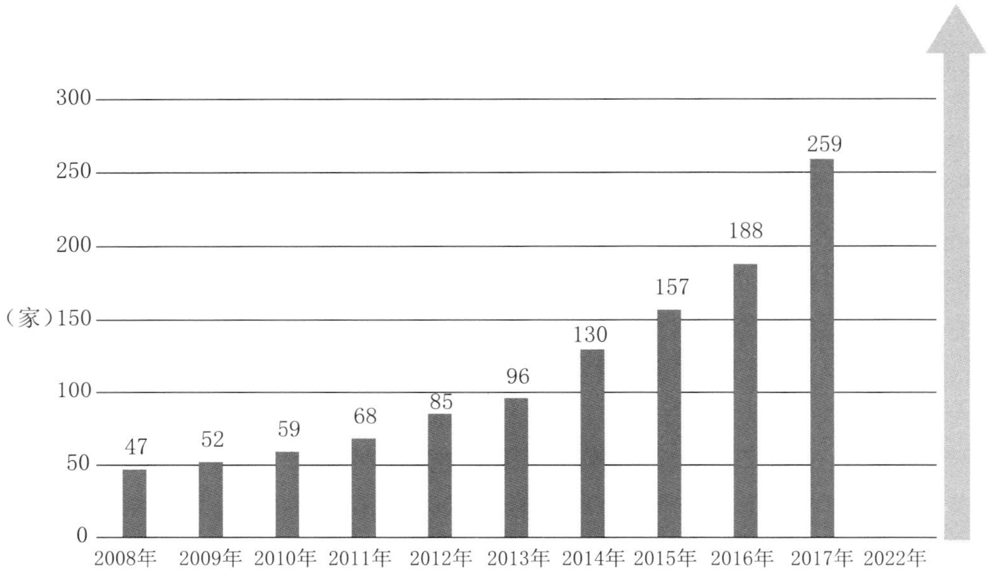

图 12-1　我国室内冰场数量统计图

在场馆数量增长的同时，滑冰馆的设施条件也在不断改善、提高。全国各省市开始注重开发建设规格较高、设施较完善的大型滑冰场馆，面积符合 1800 平方米国际标准的室内冰场数量显著增加。尤其在冬奥会成功申办之后，为了奥运会后场馆的综合性及可持续性使用，场馆的设施建设不断完善，逐渐由单一功能向多功能发展，滑冰馆已经从依附于商场的寄生模式向大型独立综合性滑冰馆模式转变。新建的华星国际冰上运动中心等均有独立的比赛区、表演区、服务区并设置了独立的更衣间、VIP 休息室，在产品服务上明确区域功能定位、突出优势，打造以滑冰运动为核心，休闲娱乐相配套的休闲胜地。

2. 滑雪场进入快速发展阶段，质量和规模显著提升

2010 年以后，全国各地滑雪场增量明显，并以每年 15%以上的速度持续增长。2015 年，国际奥委会正式确定由北京举办 2022 年冬奥会，作为雪上项目比赛场地的崇礼地区先后开发了太舞滑雪小镇、富龙滑雪场、翠云山银河滑雪场及汗海梁滑雪场。据统计，2016 年，全国共有 646 家滑雪场，相比于 2015 年的 568 家，新增 78 家，增长率为 13.73%；2017 年，全国共有滑雪场 703 座，增幅 8.82%。目前，我国 27 个省（区、市）有滑雪场，从区域分布来看，东北地区滑雪场数量为 202 家，占全国滑雪场数量的 28.73%。华北地区紧随其后，开发建设滑雪场 177 家，占全国滑雪场数量的 25.17%。我国修建室内滑雪场馆数量已达到 21 座，成为全球拥有室内滑雪场馆数量最多的国家。2017 年开业的万达哈尔滨室内滑雪馆是目前世界上规模最大的室内滑雪场（图 12-2）。

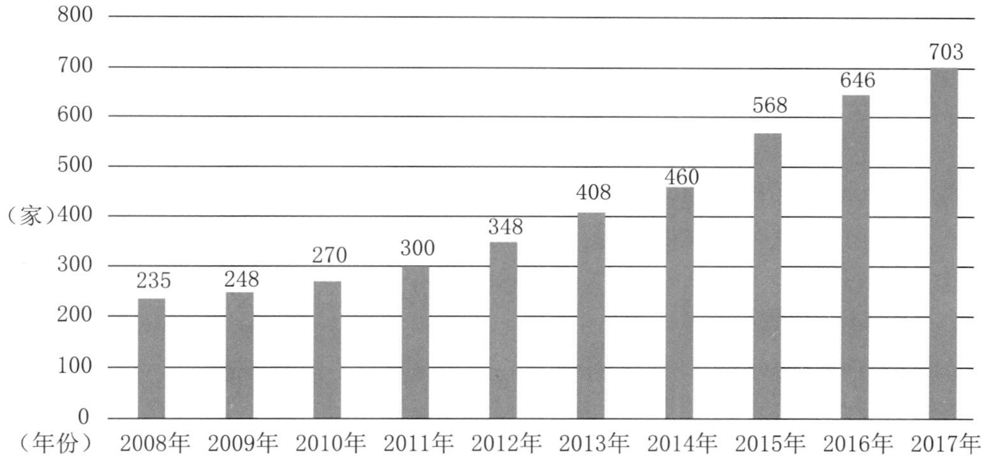

图 12-2　我国滑雪场数量统计图

注：须说明的是目前国家发展改革委等官方机构公布的 703 座滑雪场数据主要来源于滑雪产业白皮书，统计中包含已经废弃、倒闭的雪场，根据研究者的调查核实，实际运营的滑雪场应是 370 座左右。

除了数量的迅猛提升，滑雪场的质量和规模也有了显著的提高。十年前，我国滑雪场规模主要集中在雪道面积小于 5 万平方米的中小型滑雪场，大型滑雪场仅有黑龙江省亚布力滑雪场一家。近年来，随着我国滑雪产业规模的不断扩大，垂直落差大、雪道面积大、能够提供丰富的产品，在住宿、餐饮等方面配套设施齐全的大型滑雪场、滑雪旅游度假区成为滑雪市场的主要发展趋势。截至 2018 年年初，雪道面积超过 50 万平方米的大型滑雪场已达 13 家，其中有 6 家滑雪场雪道面积在 100 万平方米以上，分别为阿勒泰阿尔泰山野雪公园、长白山天池雪、万科松花湖、万龙、北大壶、云顶滑雪场。冬奥会的成功申办，进一步加速了我国滑雪场的发展，尤其是京津冀地区，建设了一批能承办高水平、综合性国际赛事的滑雪场，开始引领我国高品质滑雪场的开发。2016 年开业且仍在继续开发的崇礼富龙滑雪场总体规划垂直落差高达 480 米。2017 年开业的新疆阿尔泰野雪公园垂直落差超过 1000 米，是国内第一家开设直升机滑雪项目的滑雪场。

冰雪场馆开发的热度及区域分布情况充分显示了“北冰南展”战略的成效，场地设施的改善也逐步提升了大众消费体验，进一步促进了青少年参与冰雪运动的积极性的提高和冰雪运动培训业的发展，为未来群众冰雪运动的蓬勃发展不断夯实物质基础。

（三）群众参与冰雪运动热情日益高涨

1. 冰雪运动参与人次逐年增多

与冰雪运动场馆数量增长相对应的是群众对冰雪运动热情的不断提升。北京 2022 年冬奥会成功申办后，在国内掀起了冰雪运动的热潮，北京、上海等经济发达地区涌现冰球热、滑冰热，学习滑冰的青少年和儿童人数增长迅速，以至于冰上教练供不应求。自 2012 年起，北京冰球人口几乎是以每年 30%~40%的速度增长。2012 年，冰球协会注册运动员只有 400 多人，而截至 2016 年 8 月已有 2123 人，其中 80%是 10 岁以下的孩子。北京市青少年冰球联赛自 2008 年成立以来，赛事规模每年都在扩大。在 2015—2016 赛季，有近 1800 名冰球小运动员参赛，共进行了 730 场比赛。

与此同时，滑雪运动的参与度也在逐年提高。以滑雪人次统计来看，自 2008 年起滑雪人次逐年递增，申冬奥成功后增幅明显加大。2015 年，中国滑雪人次达到 1250 万，相比 2013—2014 雪季增长 21.36%，相比 2009—2010 雪季增长 98.41%；而 2016 年滑雪人次相比 2015 年又增长了 20.8%。整体而言，从 2008 年全国滑雪人次 500 万到 2017 年增加至 1750 万。十年间，滑雪人次翻了 3 倍（图 12-3）。

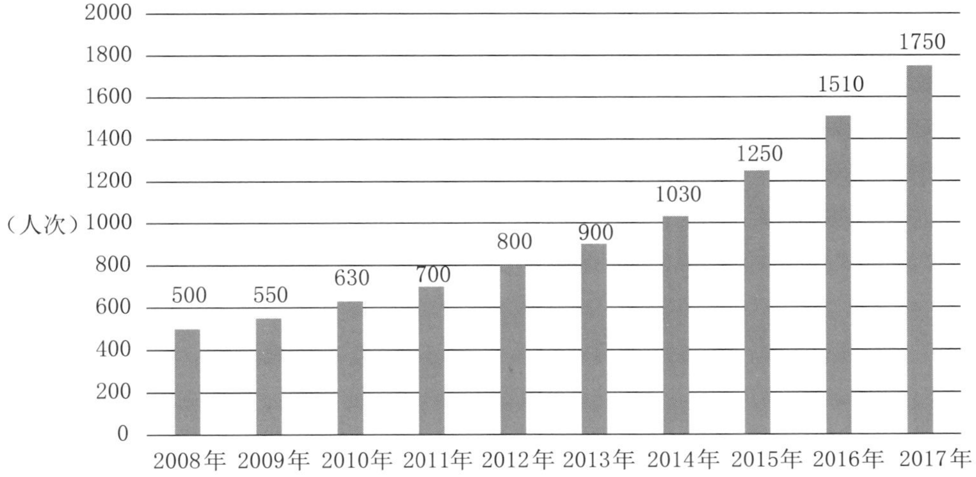

图 12-3　2008—2017 年我国滑雪人次图

2. 冰雪赛事节庆活动规模逐渐提升

十年来，随着我国群众冰雪运动参与热情的持续增长，冰雪赛事和节庆活动的规模也明显提升。2011 年，在上海举办的世界花样滑冰大奖赛吸引了大批观众，能容纳万余人的场馆平均上座率达 8 成以上，决赛日的观众达到 9000 多人。冰雪运动在南方地区的发展达到空前的盛况。之后，上海又分别举办了短道速滑世界杯、太平洋冰壶锦标赛、花滑世锦赛等大型国际赛事。杭州、南京也都举办过世界级比赛。可见，在“北冰南展”战略的推动下，冰雪运动在部分南方地区已经具备了一定的群众基础，冰雪赛事规模日渐扩大。

冰雪节庆活动的规模也明显扩大。我国第一个以冰雪活动为主题的国际性节日——哈尔滨国际冰雪节，经过近十年的快速发展，接待国内外游人由 200 多万人次/届，发展到 2000 多万人次/届，已成为世界四大冰雪节之一。随着群众对冰雪节活动的认同度和参与度的不断提高，全国各地纷纷涌现出一批各具特色充分展示了各区域文化风情的冰雪节庆活动，如长春瓦萨冰雪节、深圳世界之窗冰雪节、吉林国际雾凇冰雪节、内蒙古满洲里冰雪节、阿尔山国际冰雪节、鸟巢欢乐冰雪季及北京欢乐水魔方冰雪狂欢节等，其中最具代表性的长春瓦萨冰雪节。长春依托净月潭良好的生态资源，是最早开展越野滑雪运动的地方。这使中国成为继瑞典、美国和日本之后第四个举办瓦萨越野滑雪赛的国家。经过十余年的发展已经从单一的滑雪赛事演绎发展成为兼具深厚中西方文化底蕴和广泛吸引力的大型国际性节庆活动，不但每年吸引着来自35个国家和地区的数千名专业运动员和越野滑雪爱好者，更为我国培养了大量的越野滑雪后备人才。

3. 学校冰雪运动焕发活力

2009年的哈尔滨世界大学生冬季运动会和2010年温哥华冬奥会对学校冰雪运动起到了积极的促进作用。各地开始加大对学校冰雪运动的投入和管理，过去只在黑龙江、吉林两地开展的“百万青少年上冰雪”活动开始扩展至整个东北、华北地区。2010年以后，随着“北冰南展”战略的不断深入推进，我国很多南方地区的学校也开始开展冰雪运动，有些学校甚至组建了自己的冰雪项目队伍。随着北京2022年冬奥会筹备工作及“3亿人参与冰雪运动”的推进，青少年冰雪运动愈发得到重视，我国各地青少年上冰雪活动节奏加快。2016年11月，国家体育总局发布了《冰雪运动发展规划（2016—2025年）》，推行“校园冰雪计划”，各级政府、学校开始利用各自资源，积极探索创新冰雪运动进校园活动的具体形式，多渠道加速推进“冰雪运动进校园”的开展，并通过为学生提供冰雪运动的平台，鼓励青少年强健身体、拓展爱好，引导更多的中小学校深入开展奥林匹克教育，增加冰雪教学内容，促进冰雪运动普及。目前，北京市已建设了52所“冰雪特色学校”，校园参与冰雪运动的热情日益高涨，部分小学已经引入移动冰场。河北省也大力推进校园冰雪活动，并提出到2022年创建100所“冰雪运动特色学校”的发展目标。随着冰雪运动的不断升温，学生对于冰雪运动的了解与期待日益增多，对于开展冰上运动课程的需求不断提升，校园冰雪运动的发展将更有力地助推我国“3亿人参与冰雪运动”目标的实现。

（四）冰雪运动发展逐步组织化、规范化

1. 冰雪运动组织日趋完善

一是项目中心和协会的建设得到加强。随着冰雪运动发展规模的日渐壮大，冰雪运动的组织建设也在逐步加强。申冬奥成功后，基于筹备冬奥会和冬季项目的组织与管理需要，冰雪运动的组织建设迅速提上日程。目前，全国已经有9个省（区、市）成立了冬季运动管理中心，分别是辽宁省、内蒙古自治区、河北省、山东省、新疆维吾尔自治区、北京市、黑龙江省、吉林省、陕西省，同时各省（区、市）的滑冰协会和滑雪协会也纷纷成立，甚至广东省、青海省等南部、西部省（区、市）也相应成立了冰雪运动协会。河北省在原河北省滑雪协会基

础上扩增职能成立了河北省冰雪运动协会并增设了教练员、裁判员、普及开发、雪上、冰上5个专门工作委员会。在中国申办2022年冬奥会成功后，中国雪橇协会也随之成立，着手组建雪橇国家集训队，开展雪橇项目，填补中国在冬季奥运项目大项中的缺项。同时，为了进一步加强对花样滑冰项目的管理与备战，2017年12月，中国花样滑冰项目从原滑冰协会中剥离出来，单独成立了协会。冬季项目中心和协会的加强为冰雪运动发展提供了强有力的组织保障，有效地提高了我国冰雪运动的组织和管理水平，对推动冰雪运动普及、开发和利用冰雪运动资源、规划冰雪运动发展发挥着强有力的引领作用。

二是冰雪运动俱乐部得到充分发展。随着全国冰雪场馆数量的迅速增长，冰雪运动人口数量逐步攀升，冰雪项目俱乐部数量也大幅增长。2017年在“Ski+滑呗”注册的滑雪俱乐部总数达872家，比2016年增加了391家。从俱乐部的注册人数上看，目前已经注册的俱乐部会员为48876人，比上一年度增长了28.6%。冰雪俱乐部的发展对我国冰雪运动发展起到了重要的推动作用。目前，冰雪俱乐部的性质有两种形式：一种是由冰雪场馆建立，主要目的不仅是为了促进场馆的发展而稳定客源，更是希望逐步建立起冰雪场馆独特的文化，从而吸引更多的人了解和参与冰雪运动。这些俱乐部比较注重冰雪运动市场的培育，对培养冰雪运动人口，推广青少年冰雪运动发挥了重要作用。另一种形式是由冰雪运动发烧友自发组成俱乐部，主要目的是为了提高自身的技术水平及在冰雪运动过程中拥有更加良好的体验。这类俱乐部以滑雪爱好者居多，对传播滑雪文化和技术具有重要价值，也是大众滑雪赛事、大众滑雪节庆活动的主要参与群体，对大众滑雪运动发展起到了引领和提升作用。

2. 冰雪运动相关制度逐步建立

第一，冰雪运动国家标准的出台。2013年10月，国家标准化管理委员会发布了《体育场所开放条件与技术要求第6部分：滑雪场所》（GB 19079.6-2013），对原来2005年的国家标准进行了修改。对滑雪场雪道、停止区、公共区等安全警示、急救设备等基本条件进行了要求，此标准连同此前公布的《体育场所开放条件与技术要求第7部分：滑冰场所》，共同构成了我国冰雪场馆开放运营的基本国标，也是滑雪行业制定行业标准的基本依据，对我国冰雪运动发展规范化起到重要的引领作用。在此标准的基础上，2017年10月30日，国家体育总局发布了《中国滑雪场所管理规范（2017年修订版）》，对开发建设滑雪场所的基本条件，竞技滑雪道与滑雪场地的要求，大众滑雪道及滑雪场地的最低要求，滑雪者的器材装备，滑雪场地的设备、标识、雪层雪量、安全和急救设备，滑雪场生活服务配套等进行了详细的规定。进一步加强了对滑雪场所开发及其经营的指导、监督、管理，强化了对滑雪者人身安全的保障，促使滑雪运动及其场所健康、有序、持久地发展。

第二，各地方陆续制定冰雪运动相关法规和标准。随着国家关于冰雪运动标准制度的确立，地方法规建设也开始跟上，北京市相继出台了《北京市大众滑雪锻炼等级标准》《北京市滑雪指导员等级评定标准》《北京市滑雪指导员行为规范》和《北京市滑雪场等级评定标准》。这 4 个标准对滑雪技术、滑雪指导、滑雪场地分别进行分级划类并建立相应的评价标准，成为北京市滑雪协会规范全市滑雪市场的重要依据。河北省也相继制定了《滑雪场安全管理规范》和《滑雪场安全防护网通用技术要求》两项地方标准并通过了河北省质监局组织的标准审定委员会审定。其中，《滑雪场安全防护网通用技术要求》填补了我国滑雪场安全防护网产品质量标准的空白。滑雪场安全防护类地方标准的制定，不仅促进了河北冰雪运动产业规范化发展，而且将助推我国冰雪运动相关领域标准化体系框架的搭建。当前，国家对《雪杖》《冰刀鞋》等有关冰雪运动设施等细化配套标准正在陆续制定。

冰雪运动的制度建设促使我国冰雪运动的发展逐步进入法制化的轨道，盲目投资、审批不全、先建后补、无证上岗等问题逐步得到治理，冰雪运动开始朝着专业化、规范化方向发展。

3. 冰雪指导员队伍渐成规模

十年来，我国冰雪项目社会体育指导员队伍建设工作取得了明显的成效。尤其在北京申办冬奥会成功之后，冰雪指导员的培养更加受到重视。2016 年，人力资源和社会保障部发布了职业资格目录，将滑雪列入技能人员职业资格中的准入类职业资格。全国目前已有北京、河北、内蒙古、辽宁、吉林、黑龙江、山东、河南、广东、四川、陕西、甘肃、新疆 13 个省（区、市）开展了滑雪指导员的职业技能培训与鉴定工作，有近万名持有国家职业资格证书的滑雪指导员活跃在大众滑雪健身市场。大型滑雪场、滑雪度假区均设有专门的滑雪学校和配备专职的滑雪指导员。各滑冰馆俱乐部教练员也是来自专业退役运动员和体育院校毕业生，具备专业的技能和教学指导经验。相关的冰雪项目职业技能培训和赛事活动开始步入正轨。2017 年 12 月 25 日，北京市体育局主办的北京市滑雪指导员职业技能挑战赛在军都山滑雪场举行；2018 年 3 月 2 日，由国家体育总局人力资源开发中心（以下简称人力中心）、职业技能鉴定指导中心（以下简称职鉴指导中心）主办的全国体育行业职业技能大赛滑雪指导员技能展示活动在吉林松花湖滑雪场拉开帷幕。我国大众冰雪运动指导日益朝着规范化方向发展。目前，国家体育总局人力中心、职鉴指导中心正与中国滑雪协会密切协作，重点推进冰雪指导员职业技能鉴定基础内容研制和专业人才培养，致力于加快培养符合我国冰雪运动发展需求的高素质的冰雪技能人才队伍。

（五）后备人才队伍日益壮大，参赛、办赛水平不断提高

1. 冰雪运动队伍建设成效明显

过去，我国冬季项目一直局限于部分地区发展的模式。全国冰雪项目队伍主要集中于东北三省、内蒙古、新疆及解放军代表队，甚至一度处于“东北三省大战全世界”的局面。近十年，在“北冰南展”战略推进下，通过政策驱动和具体措施促使冰雪运动不断南展、西扩、东进，逐步带动了冰雪运动的多域发展。根据《体育事业统计年鉴（2016 年数据）》统计的我国优秀运动员和专职教练员数据显示：2016 年，我国冰上项目优秀运动员人数达到 821 人，雪上项目优秀运动员人数达到 272 人；冰上专职教练员 555 人，雪上专职教练员 102 人（表 12-1，表 12-2）。

表 12-1　冰雪项目优秀运动员情况统计

项目	合计	国际级运动健将	运动健将	一级	二级	三级	无
速度滑冰	291	15	146	93	13		24
短道速滑	209	4	82	56	31	2	34
花样滑冰	98	5	47	25	9		12
冰球	137	10	92	6	3		26
冰壶	86	14	35	9	13		15
高山滑雪	38		12	10	4		12

续表

项目	合计	国际级运动健将	运动健将	一级	二级	三级	无
越野滑雪	51	1	23	20	4		3
跳台滑雪	16		9	6	1		
自由式滑雪	34		19	6			9
单板滑雪	87	4	16	18	8		41
冬季两项	46		5	11	12		18

表 12-2　冰雪项目专职教练员情况统计

项目	合计	一线	二线	三线
速度滑冰	299	72	43	184
短道速滑	122	48	29	45
花样滑冰	58	43	5	10
冰球	61	45	7	9
冰壶	15	7	6	2
高山滑雪	25	9	2	14
越野滑雪	47	12	12	23
跳台滑雪	4	1	2	1
自由式滑雪	7	5	2	
单板滑雪	15	13		2
冬季两项	4	4		

近两年来，在跨界、跨季、跨项选材的驱动下，冰雪运动队伍建设取得切实成效，新增了一批冰雪运动队伍，冰雪运动后备人才培养呈现出了良好的发展态势。目前，除东北三省外，上海、北京、河北等地已经成为我国重要的冰雪后备人才培养基地。如按各地业训队伍和俱乐部注册的运动员数统计，我国当前注册的冰雪项目运动员人数达到了近万人，其中，北京、上海和河北的注册运动员人数超过了 1000 名。作为 2022 年冬奥会的主办城市，北京已开展了短道速滑、花样滑冰、冰球、冰壶、双板滑雪、单板滑雪 6 个项目的业余训练；青少年冰球运动的发展更是走在了全国的前列。同样作为 2022 年冬奥会举办地的河北省，也

已组建滑雪、滑冰、冰球等13支专业队，并且不断出台强有力的人才培养措施和政策。

此外，一些冰雪运动新兴地区的后备人才培养也初见成效并呈现出各地特色：2017年7月31日，云南省短道速滑队成立，这是西南地区组建的第一支冬季项目专业运动队；陕西省通过跨界、跨项选材组建了20多人到冰雪运动国家队训练；山东省则成立了短道速滑队且多人入选国家队；浙江省成立了冰球和冰壶队；贵州省成立了冰雪运动队，冰雪运动后备人才培养开始呈现多元化格局。

2. 冰雪运动竞赛成绩取得突破

近十年，我国冰雪运动健儿积极参加国际赛事，竞赛成绩稳步提升，取得了一系列优异成绩和历史性突破。在温哥华2010年冬奥会历史性的包揽女队4块金牌完胜韩国队，实现了在短道速滑上的垄断；王濛在连续两届冬奥会中（都灵2006年冬奥会、温哥华2010年冬奥会）共获得4枚金牌，成为我国获得冬奥会金牌最多的运动员，同时也是中国历史上唯一的冬奥会三冠王。花样滑冰双人滑传奇搭档申雪、赵宏博发挥完美，曾以打破了国际滑联得分纪录的成绩赢得冬奥会中国花样滑冰历史首金；女子运动员张虹在索契2014年冬奥会速度滑冰比赛中获得女子1000米冠军，夺得了中国冬奥会历史上首枚速滑金牌，创造了历史。在平昌2018年冬奥会短道速滑男子500米比赛中，我国男子短道速滑运动员武大靖两破世界纪录夺冠，为我国获得了冬奥会历史上的首枚男子冰上项目金牌。

除了冬奥会所获得的金牌成绩，我国冰雪运动竞技成绩整体也稳步提升。平昌2018年冬奥会，我国获得参赛资格的运动员人数为82人，参加了5个大项、12个分项、55个小项的比赛，成为中国代表团参赛项目最多的一届冬奥会，并首次在1个大项、2个分项、10个小项上获得参赛资格：1个大项即雪车；2个分项即雪车、钢架雪车；10个小项即速度滑冰男子集体出发、速度滑冰女子集体出发、混合冰壶、自由式滑雪男子U型场地技巧、自由式滑雪女子U型场地技巧、单板滑雪女子平行大回转、跳台滑雪女子标准台、男子四人雪车、男子双人雪车、男子钢架雪车。

此外，在一些新发展和潜优势的项目上，我国冰雪竞技运动员也实现了较大的突破。成立于2003年的中国女子冰壶队在2008年女子冰壶世锦赛上获得亚军，2009年3月25日，又历史性地获得女子冰壶世锦赛冠军，并在温哥华2010年冬奥会上摘得铜牌；而中国男子冰壶队则在索契2014年冬奥会中获得了第四名的好成绩，创造了男子冰壶冬奥会上的历史性突破。平昌 2018 年冬奥会速度滑冰比赛中，首次参加冬奥会的中国选手高亭宇以 34 秒 65 的成绩夺得铜牌，这是中国男子速滑历史上的首枚奥运奖牌；金博洋在本届冬奥会中获得了第四名，创造了中国选手在冬奥会男子单人滑项目的最好成绩。齐广璞、贾宗洋、蔡雪桐、刘佳宇、张义威等我国优秀的雪上项目运动员更是屡次在自由式滑雪空中技巧、单板滑雪 U 型场地，世界锦标赛及世界杯中斩获佳绩。

3. 承办大型国际赛事的能力不断提高

近十年，除了在后备人才培养和竞技成绩提升方面取得了显著的成绩，我国在大型国际冰雪赛事组织方面也积累了大量的经验。2009 年成功举办了第 24 届世界大学生冬季运动会，这是中国首次举办世界级冬季综合性运动会，为我国培养出了一批高水平的赛事组织、管理及裁判人才，在大型冬季赛事活动组织与运行保障方面积累了宝贵的办赛经验。继 2009 年世界大学生冬季运动会之后，我国又相继承办了短道速滑世锦赛、速度滑冰青少年世锦赛、男子冰壶世锦赛、国际冰壶联盟世界女子锦标赛等一系列的重要国际赛事，获得了国内外各界好评，为我国 2022 年冬奥会的成功举办积累了丰厚的经验。

（六）冰雪运动市场初步繁荣

北京 2008 年夏季奥运会举办以来，体育市场的快速发展推动着冰雪运动市场的资源开发。十年中无论是相关冰雪运动服务的供给，如商业性冰雪赛事的举办、冰场雪场的建设、冰雪旅游及冰雪运动培训的日益兴起，还是冰雪运动产品的生产，如冰雪运动装备的生产、冰雪机械设备的制造等都离不开市场的重要作用。

1. 冰雪运动市场供给主体日益多元化

近十年来，我国冰雪运动服务和产品的供给主体日益多元化，供给能力显著增强。实际上，多元供给主体对应着多元投资主体，如滑雪场建设受到了地产企业的偏好。目前，我国代表性大型滑雪场中 90% 为非公有制投资，突破了原来国有及集体所有的单一投资主体限制，并在多元投资主体的引领下，充分借鉴了其他领域的产业运营与管理经验。而冰雪运动俱乐部的商业化运行是又一体现，2008 年以前，我国冰雪运动俱乐部非常少，并且多为政府所属或自发的民间组织，商业化运营形式缺失。但 2008 年以后，随着青少年冰雪技能培训的兴起，各种俱乐部快速成长，其商业化运转形式也日益增多。2016 年，我国成立了第一支职业冰球俱乐部，其商业联赛的成功开创了我国冰雪运动赛事的职业化进程。

冰雪运动市场的多元供给主体也形成了冰雪运动服务和产品供给的多样化。目前，我国冰雪运动市场不仅汇集了相关冰雪场地服务、冰雪竞赛服务及冰雪运动用品等产品组成，还提供了冰雪运动技术培训、冰雪旅游及冰雪表演等服务，其市场产品的供给类型甚至超过普通的体育市场。其中，冰雪场地服务是主体，依托各大雪场为载体的冰雪休闲运动和旅游成为冰雪市场的主打产品。此外，我国冰雪赛事日益增多，冰球职业联赛及大众滑雪技术大奖赛的举办逐渐受到重视。特别是从 2017 年开始，我国与世界其他国家联合举办的大学生冰雪赛事开始被关注，例如，2017 年、2018 年我国和俄罗斯等中东欧国家举办的“冰雪嘉年华”，其参赛人数和观赛人数都屡创历史之最。此外，青少年冰雪市场也已全面启动，开启了冰雪技能培训的新需求。由此，多元化的冰雪运动市场供给主体形成了多元化的冰雪运动产业发展格局。

2. 冰雪运动市场消费需求逐渐融合化

党的“十九大”顺利召开以来，人民群众的需求日益明确。虽然我国冰雪运动市场建设晚，但开发进程较快，特别是 2015 年申冬奥成功后，出现了惊人的变化。其中，冰雪运动市场需求在社会、经济及冬奥赛事宣传的大环境影响下出现了新特征，即消费需求呈现为突出的融合性。目前，我国冰雪运动消费需求形成了“冰雪+”的产品组成形式，如冰雪旅游、冰雪冬令营、冰雪房地产、冰雪传媒、冰雪运动康复等产品或服务受到了消费者的强烈偏好。可见，从 2008 年至 2018 年中，与其他产品市场的初期发展不同，冰雪运动市场所提供的服务和产品并没有过多地停留在物质产品及简单的服务上，而是随着人们整体需求的变化，快速增长为融合性需求，其需求的融合方向正引导着我国冰雪运动市场的快速发展。

此外，冰雪运动市场消费需求的融合化还体现在对冰雪运动产品进行市场推广时的创新上。例如，2015 年以来，互联网与冰雪运动产品的组合成为消费者在冰雪运动市场上选择产品的主要途径。网上冰雪运动的相关资讯查询，网上滑雪时间及雪场入住的预定，网上冰雪比赛的报名或俱乐部活动的选择及通过各种

APP 进行的网上冰雪运动社交和增值服务的获得等，都形成了冰雪运动市场的网络融合性推广。换言之，我国冰雪运动市场的快速发展与初步繁荣是在“冰雪+体育+互联网”的综合作用下形成的。

3. 冰雪运动市场建设开始规范化

2016 年《冰雪运动发展规划（2016—2025 年）》和《全国冰雪场地设施建设规划（2016—2022 年）》的制定也为我国冰雪运动市场的建设形成了规范化的引领。其中，《冰雪运动发展规划（2016—2025 年）》提出，“充分发挥市场作用，激发社会参与动力，丰富产品和服务供给，不断满足人民群众日益增长的冰雪运动需求”，明确了“市场主导，政府引导，着力推进冰雪运动的供给侧结构性改革，扩大增量，提高质量，完善市场机制”的冰雪运动市场发展方向。

2008 年以来，我国冰雪运动市场建设一直处于初级阶段，法制化、规范化进程也处于探索过程。特别是在 2017 年，随着冰雪运动消费的日益增强，冰雪运动市场的规范化建设需求开始越发强烈，其中滑雪场场地设计、建造、质量等评价标准，滑雪场管理、服务指南及滑雪技术认定标准等都是需求重点。例如，2005 年，国家制定的《中国滑雪场所管理规范》在 2013 年进行了第一次修订，2017 年进行了第二次修订；2017 年 2 月和 10 月，河北省及北京市则分别出台了《河北省滑雪场所安全管理规范（试行）》和《北京市滑雪场所安全管理规范》（试行）。此外，2017 年 3 月和 2018 年 1 月，河北省和北京市还分别进行了《河北省大众滑雪等级标准（试行）》和《北京市大众滑雪锻炼等级标准》的测试活动，其相应测试标准涉及成人、儿童和单板、双板的不同项目和不同类别。可见，这些规范的出台为我国冰雪运动市场发展形成了重要的引导，也推动着我国冰雪运动市场的规范化建设。

（七）冰雪旅游引领新休闲方式

我国举办夏季奥运会后，冬季项目的全面发展也逐渐提速，解决冬、夏项目失衡的需求越发清晰，冰雪运动产业也转向了新的发展进程。特别是 2014 年，国务院在颁布的《关于促进旅游业改革发展的若干意见》中明确提出了，“积极发展休闲度假旅游产业，通过加强竞赛表演、健身休闲与旅游活动的融合发展，大力开展体育旅游服务业”，加速了我国冰雪旅游产业的发展。目前，我国冰雪旅游产业的发展，已经成为引领人们形成了新的休闲方式，并在冰雪运动与旅游的深度融合下，使人们对冰雪运动形成内在追求，对冰雪运动发展产生了积极的推动作用。

1. 冰雪旅游人数增长迅速

在冰雪运动产业发展过程中，消费者人数的增长是关键支撑。2008 年以来，我国冰雪旅游人数增长非常迅速，从数量上便可反映出冰雪运动产业的发展速度和所取得的主要成就。在冰雪旅游人数组成上，滑雪旅游者是主要组成之一：一部分滑雪旅游者以观光和滑雪体验为主，这部分消费者所占比例最多；另一部分则侧重于滑雪度假，其增长速度也在逐年递增。例如，2008 年我国滑雪人次仅为 500 万，但 2017 年滑雪人次增长到 1750 万，增长幅度较大；在滑雪人次的统计上，2014 年滑雪人次为 805 万，2017 年滑雪人次则增长到 1210 万。由此可见，目前我国滑雪旅游人次平均年增长率为 12.5%，滑雪人次年平均增长率为 10.1%，并且近三年的增长速度最为显著。此外，近三年我国滑雪者的初次滑雪转化率也有所提升，人均滑雪次数更由 2016 年的 1.33 次上升为 1.45 次。

2008 以来，我国冰雪旅游者的类别也日益多元化，从以中年为主，逐渐开始扩展到各个年龄阶段，其中青少年的冰雪运动参与，更成为家庭型冰雪旅游和目的地型冰雪体旅游的主要组成部分。滑雪人数和人均滑雪次数的增多主要是冰雪旅游人数增长的结果，而冰雪旅游人数的增长又与人们对滑雪兴趣的增长有显著关系，闲暇时间对体育旅游需求的增长也是主要影响因素之一。此外，近十年我国经济增长迅速，人均可支配收入增多，冰雪运动产业作为体育产业的有益组成更是突飞猛进地发展，而且 2022 年冬奥会的成功申办对民众冰雪旅游的消费态度、行为和消费决策影响也非常突出。因此，大环境和政策支撑的利好为冰雪旅游发展创造了良好的条件。

2. 冰雪旅游区域逐步扩大

2008 年以前，我国冰雪旅游主要集中在东北区域，河北地区则以崇礼为主，略有涉及。从 2010 年开始，河北崇礼地区大型滑雪旅游度假区的快速增长及 2022 年冬奥会的机遇，使我国冰雪旅游的区域聚集从东北、华北逐渐延伸到西北甚至是西南等地区，已呈现出“北冰、南展、西扩”的初步成效。

东北区域冰雪旅游成效显著。一直以来，东北区域是我国冰雪旅游的主要目的地。2018 年春节与冰雪旅游相关的部分滑雪场消费人次增幅就高达 30.4%，除东北居民外，上海、江苏、广州等南方居民也是东北地区冰雪旅游消费的主力军。近年来，东北区域中吉林省的冰雪旅游发展最为突出，尤其以万达长白山、万科松花湖和乔山北大壶滑雪旅游度假区为代表的大型滑雪旅游度假区为主要依托引领东北三省冰雪旅游发展；黑龙江省则以亚布力、冰雪大世界及雪乡的完美结合继续巩固我国冰雪旅游的品牌主体地位；辽宁省冰雪旅游则充分形成了冰雪运动与区域其他旅游资源的完美结合，形成了一个目的地融合多种旅游资源的新趋势。

华北区域冰雪体旅游后发优势形成。2008 年以来，华北区域冰雪旅游在凭借地域优势、投资优势及雪场建设经验等各种利好条件的支撑下，取得了显著成效。其中，河北省以崇礼地区为代表，其冰雪旅游发展最为突出。目前，崇礼聚集 7 大滑雪场，其中 5 家均为造雪面积达 50 万平方米以上的滑雪旅游度假区，占比全国最多。此外，2016 年起京津冀三地旅游部门还在延庆启动了“京北冰雪旅游季”系列活动。例如，北京市密云区、延庆区和河北省张家口市、承德市四地联合推出以冰雪赛事、趣味休闲为主要形式的冰雪嘉年华，并依托各种民俗节日聚焦大众参与，让近区域市民对冰雪旅游有了全新的认识和感受。

西北区域的冰雪体旅游充分利用自然资源。以新疆为主要代表的西北冰雪旅游全面开发得天独厚的冰雪资源，充分利用地域性雪期长、雪质好等独有魅力吸引区域外游客。经过各地政府的深入开发和全面推介，西北区域冰雪旅游已呈现出与众不同的地域性特征，形成了“天山大峡谷冰雪大巴扎文化旅游节”“独山子滑雪美食烧烤狂欢季”“克拉玛依温泉冰雪季”等一系列特色性冰雪旅游产品。内蒙古、陕西、甘肃等地区都充分利用了其独有的地域特色资源形成了“冰雪+体育+少数民族文化+旅游”的一系列融合性旅游产品，打造了西北地域独有的冰雪旅游品牌形象。

3. 冰雪旅游产品日益多元化

目前，我国冰雪旅游产品的类型逐渐丰富，除冰上、雪上的普通参与型旅游项目外，其相关产品也越来越多元化。近年来，我国冰雪旅游组成汇集了普通大众所喜爱的冰雪娱乐项目并注重对专业性冰雪产品的开发，如设立雪道上的地形公园、特色直升机滑雪等，而随之融合的缆车观光、特色民俗感受、冰雪温泉度假、冰雪音乐节、冰雪赛事观赏等也都成为其重要组成部分。特别是 2012 年，冰雪小镇概念的出现更开始全面推动着我国冰雪旅游的深度融合发展。目前，以冰雪小镇为载体的特色性冰雪旅游已进入人们的视野，以崇礼的“富龙·四季小镇”“翠云山·奥雪小镇”及“乌鲁木齐.冰雪小镇”为代表的我国第一批冰雪小镇已经完成了初期建设，开始接待旅游消费者。实际上，冰雪小镇能够较容易实现人、产业与冰雪文化的完美统一。这种依托综合性滑雪旅游度假模式为主的冰雪小镇不仅丰富了旅游内容，为当地居民带来了经济收入，推广了冰雪运动和冰雪文化，更为我国冬季运动培养着大批优秀的冰雪人才。

二、冰雪运动发展面临的主要问题

（一）冰雪项目基础薄弱，项目发展不均衡

虽然近十年，我国在后备人才培养、运动竞技成绩乃至赛事组织、管理上均取得了一定的进步，但与欧美冰雪运动强国相比还存在显著差异。一方面，由于长期以来对冬季运动投入不足，致使冰雪项目在人才、科技、场地等各方面基础薄弱，整体训练条件与水平落后。我国在历届冬奥会获得的金牌及奖牌总数仍较少，而且所获得奖牌的项目主要集中在短道速滑、速度滑冰、花样滑冰、自由式滑雪等传统项目上，其他项目的竞争力还十分有限。整体上，我国冰雪竞技运动的参赛成绩提升缓慢，并存在成绩不稳定的现象。另一方面，冰雪项目间存在着发展的不平衡，雪上项目短板突出。一直以来，冬奥会项目设置都有“重雪轻冰”的传统，冰上一般仅占项目总数的 3 成，而能够跻身冬奥成绩第一集团的国家也几乎都是雪上强国。在我国冰雪运动发展过程中，雪上项目的发展长期落后于冰上项目，从事雪上项目的运动员数量更是远远少于冰上项目，高水平雪上项目运动员更是少之又少。目前，我国尚有近三分之一的项目未开展、三分之一的项目刚刚开展，要想在 4 年后实现全面参赛的目标难度较大。

（二）冰雪运动专业化、标准化不足，缺少高层次文化引领

一是冰雪场地标准化缺失，无法形成文化的示范引领作用。近年来，虽然我国冰雪场馆数量逐步增加，但从冰雪场馆的规模和标准化程度来看，还处于发展的初级阶段。例如，按照国际标准，真冰冰场面积需达 1800 平方米，目前我国室内冰场中近 60%达不到此标准。就滑雪场而言，垂直落差、雪道面积、核心目标群是衡量雪场等级的 3 个重要指标。我国滑雪场中垂直落差小于 100 米的滑雪场占全国滑雪场总数的 78%，垂直落差在 100～300 米的滑雪场占全国总数的 19%，全国只有 3%的滑雪场垂直落差超过 300 米。而按雪道面积来看，全国大

多数雪场雪道面积小于50万平方米，而其中80%是雪道面积不足5万平方米的小雪场。如果进一步按照核心目标客群进行统计则发现：消费者体验型滑雪场如只有初级道，客户以一次性体验为主，在雪场平均停留时间2小时居多的雪场占总量的75%；而度假型滑雪场，即雪道丰富、雪道面积大、滑雪服务多样化、配套设施齐全，消费者停留时间平均在一天以上的雪场仅占总量的3%。

低水平、设施简陋、重复建设的冰雪场馆降低了大众冰雪运动参与的满意度，影响了冰雪文化氛围的形成。而中小场馆的大量共存进一步为中小企业提供了生存空间，进而形成了低端锁定的路径依赖。整体而言，冰雪行业缺乏技术先进、创意能力强，在市场中具有引领和示范效应的骨干冰雪文化企业，以及具有品牌价值的冰雪文化项目，在很大程度上抑制了冰雪文化产业的发展壮大。

二是冰雪运动人口质量不高，不利于冰雪文化的传播。当前我国冰雪运动人口虽然每年以20%的增长率持续增加，但冰雪运动人口质量不高，冰雪运动中仍以体验型、娱乐型消费者居多。真正把冰雪运动作为长期爱好，通过反复练习不断提高的运动者较少。同时在冰雪运动培训方面，由于我国缺乏规范性冰雪运动教练员的认证和培训体系，导致我国难以培养出高水平冰雪运动人口，大众冰雪运动的参与者普遍集中在初级水平。其中雪上项目参与者的技术水平更低，滑雪者中80%是初级滑雪者，且每个雪季滑雪5次以下的体验者仍占绝大多数，甚至多数参与者为一次性体验，复滑率极低，仅有10%左右的滑雪发烧友能够在每个雪季滑雪10次以上。

冰雪运动者技术水平的构成反映了我国冰雪文化整体处于较低层次，以初学者为主体的低水平徘徊及过客式的消费模式使我国冰雪运动的发展始终无法形成有效的技术引领，致使冰雪运动的感召力和吸引力不足，既不利于冰雪文化的构建，也不利于冰雪文化的传播。

（三）冰雪运动人才队伍建设还不能适应快速发展的要求

一是我国冰雪竞技人才和赛事专业技术人才储备不足。相对而言，速度滑冰、短道速滑、花样滑冰等传统优势项目注册运动员数量较多，但冰球、高山滑雪、越野滑雪、自由式滑雪、冬季两项等项目运动员数量与国际有很大差距。雪车、雪橇等项目刚刚组建队伍，只有几名运动员；很多项目还没有开展，没有队伍。同时，相关赛事专业技术人才储备也不足。速度滑冰、短道速滑、冰壶、花样滑冰、冰球、高山滑雪和自由式滑雪等项目的裁判队伍均存在较大的人才缺口，这些人才缺口也是2022年冬奥会筹备中亟待解决的问题。

二是冰雪指导员队伍整体数量不足。我国冰雪指导员数量少，且质量参差不齐，从业资格缺乏认证标准。除了指导人才的数量和稳定性存在问题，还面临着培训行业混乱无序的问题。从滑雪运动来看，国内通过国家认证的社会体育指导员多为退役运动员，但总体人数较少。虽然我国各雪场多已配备了一定数量和级别的滑雪指导员，但整体上持证上岗率有限，在国内滑雪行业的接受度、认可度并不高。

三是学校冰雪运动师资队伍不足。当前，冰雪进校园需求强烈，但存在着师资不足的问题。体育教师中，拥有冰雪技能的人员是少数，且各类高校能够向学校输送的冰雪教师人才也非常有限，绝大多数高校培养的体育教师大多是从事夏季项目，不了解冰雪运动。因此，在冰雪教学过程中，教师自身的冰雪知识及技能储备不足，导致学生对冰雪技术的认识不够准确，对冰雪项目的动作理解不深刻。实现“3亿人参与冰雪运动”的目标过程中，青少年是一个极其重要的群体。师资队伍建设的落后对于普及校园冰雪运动、提高青少年冰雪运动技能极其不利。

四是经营管理和资本运作人才不足。目前，国内从事冰雪运动经营的高管层面大部分是冰雪运动退役运动员、爱好者和商人；从市场需求来看，既懂冰雪运动，又懂经营管理的“冰雪+”复合型人才数量不足，尤其是既懂冰雪运动又具备资本运作经验的人才很少。这使我们的冰雪企业往往在发展过程中走了许多弯路。时下正是我国冰雪产业转型升级的关键时期，大量不符合标准的中小型雪场的存在已经严重扰乱了我国的滑雪市场的秩序，急需通过资本重组、企业并购进行规范清理。应提早做好人才转型的准备，使我国的冰雪运动的投资、并购步入科学理性轨道。

五是场馆技术保障人才匮乏。冰雪场馆的技术保障人才在我国目前属稀缺人才，除索道维护、造雪等简单技术层面人才各企业能自主培养外，技术层面较为复杂的如制冰师、压雪车司机、索道维修技师、U型槽修槽技师及冰雪场馆大型设备维修维护人才只能花钱聘请国外专家。此类人才的培养在我国刚刚纳入职业教育体系，目前只有黑龙江冰雪体育职业技术学院、北京体育职业技术学院等少数几家技校开设相关专业，但仍面临人才培养周期长、缺乏专业师资、开设专业数量有限的问题。伴随着“3亿人参与冰雪运动”工作地不断推进，我国冰馆雪场的数量在未来几年还将持续增长，场馆技术保障人才的需求将会进一步增加，人才匮乏的问题将更加突出。

六是市场研发人才紧缺。目前，我国有关冰雪运动器材装备和设备的研发技术十分落后，研发人才少。有关冰刀、雪具等基本装备用品仍停留在低端制造水平，高端的冰雪器材装备及大型机械设备全靠国外进口采购。从事冰雪器材装备研发的人才少，一些先进技术无法转化应用至冰雪研发领域，各行业应抓住2022年冬奥会带来的冰雪市场契机，使先进的技术优势转化到冬季器材设备的生产中，尽快实现自主研发，打造冰雪器材设备的本土知名品牌。

（四）冰雪运动市场化进程仍有待推进

一是冰雪运动市场仍是不完全市场，未形成长效竞争机制。目前，我国冰雪运动市场仍是不完全市场，突出表现为相关服务和产品的供给处于初级阶段，虽然已经形成一定的市场规模，但从供给角度来看，冰雪运动市场的竞争力并没有完全形成，特别是与国外冰雪运动市场相比差距较大，缺乏长效的竞争机制。实际上，我国冰雪运动市场的初步繁荣与2022年申冬奥成功有着密切的关系，可以说政府的积极有效引导推动着冰雪运动市场对相关资源的开发。但冰雪运动市场的不完全性，导致冰雪资源存在地方性垄断，存在较高的交易费用和冰雪运动产品供给者和消费者信息不完整、不对称及一些冰雪资源产权不明晰等困扰。例如，黑龙江省作为我国冰雪资源大省，其雪场70%以上都是地方政府或集体所有，因此在其市场化建设过程中，突破这种垄断必然需要一定时间，相应也要支付一定的产权流转成本。而且，在冰雪运动市场建设过程中，从消费者视角，冰雪运动消费仍然是一种新型消费，大家对相关信息的获取并不容易，也不充分。因此，在市场信息不对称的条件下进行相应的消费，必然会造成个别冰雪企业进行欺诈，差别定价及降低冰雪服务质量等问题的出现。此外，我国冰雪运动市场没有形成长效的竞争机制，市场的竞争公平性没有形成保障，这与我国冰雪运动市场建设时间短、经验少有着密切关系，既缺少相关法律、法规的保障，又缺乏多元投资主体的支撑，市场对冰雪资源有效配置的能力不强。由此，应该正确认识目前我国冰雪运动市场的现实性症结所在，不能因为一时的初步繁荣，而忽略长效竞争机制的形成和建立。

二是管理水平低下，缺乏对市场有效监管。对于冰雪运动产业发展，管理的内在作用和外在作用都非常关键，其中内在管理需要各相关企业从现代化企业管理制度层面形成对管理的重视，而外在管理则需要政府及相关部门全力支持与配合，即从管理上形成政府职能的有效行使。但目前我国冰雪运动产业发展无论是内在管理还是外在管理都还存在一定问题，整体管理水平低下。其中，内在管理聚焦各冰雪企业，因中小型企业占比较大，其管理水平参差不齐，特别是小型雪场其运营管理中缺乏规范性的规章制度，难以根据消费者需求有效开发市场，并对消费者存在一定的欺诈行为。

对于外在管理，虽然近几年我国冰雪运动产业的发展得到了各级政府的关注，但政府及相关管理部门的管理积极性差别较大，特别是对冰雪市场的有效监管并不乐观。事实上，无论是对冰雪运动产业的推动还是对其规划与引导，都需要各级政府与管理部门积极配合。但在实际管理中，各管理部门过于在意管理界限的划分，从而限制了相应政府部门的管理职能发挥。目前，多数管理部门仅局限于对中央政策的执行，即在国字号文件出台的框架下，谨慎行使其职能，缺乏从发展角度形成对冰雪运动产业的积极判断，缺乏从战略视角形成对冰雪运动产业的创新性引导。当然，一方面与各级管理部门的职能转变效率有关；另一方面也揭示了我国冰雪运动产业发展中管理水平及市场监管的滞后和不充分。

（五）冰雪运动产业结构有待优化升级

一是冰雪运动产业结构单一，冰雪器材装备制造业落后。目前，我国冰雪运动产业结构严重不协调，如冰雪旅游业发展较快，但冰雪器材装备制造业的发展则落后于冰雪运动产业的整体进程。一方面，冰雪器材装备制造业没有引起国内相关企业与政府的重视。由于国内相关制造企业没能形成对滑雪机械设备市场的正确判断和有效预期，相应对滑雪索道、魔毯、造雪机及压雪机等设备的认识也就不充分。事实上，滑雪机械设备制造业属于第二产业，其产品的生产需要满足一定的生产基础和条件，并且我国大型机械设备制造业中以国有体制的企业居多，其产品开发和创新能力相对不足，因此对滑雪设备市场必然缺少正确判断与积极开发。另外，政府在工业设备的生产中会形成重要的推动，不可否认无论是优惠政策的供给，还是产品的市场推广，都需要得到政府的重要支持。但我国冰雪运动产业自产生以来多集中在东北区域，近几年才开始“南展西扩”，而计划经济体制的遗留问题在东北区域影响较大，致使政府在滑雪机械设备制造业中的推动作用还很有限，重视程度也不足。

另一方面，现有冰雪器材装备制造企业的市场推广能力不足。目前，我国虽然已经形成了一些国有冰雪器材装备的制造品牌，但相比国外品牌其市场推广能力明显不足，尤其在市场营销和新产品开发上远远落后于国外品牌。国外冰雪器材装备制造企业在开发国内市场时往往通过代理商完成，虽然产品的市场价格经过委托代理后会大幅提高，但在其积极主动的产品市场宣传、开发和专业化的技术推广下，国外滑雪机械设备的市场占有率较高。另一个原因则是由于国外冰雪器材装备代理商积极参与各种产品展销及推介活动，主动与新建滑雪场沟通，积极拓展营销渠道，因此对冰雪器材装备的市场开发与推广较好。相比之下，我国国内冰雪器材装备企业在资本、经营管理及体制等因素的限制下，存在“等待”市场需求的惰性，市场营销及与各雪场的沟通不足，再加上自身产品的技术和质量限制，市场占有率必然低下。由此，国内冰雪器材装备制造业的市场推广能力是滑雪产业发展的另一个“软肋”，需要形成重视，尽快转变。

二是技术手段和产品落后，不能满足消费需求。在冰雪运动发展过程中，技术手段和产品升级是吸引消费者的关键点。但目前我国冰雪运动产业的产品供给缺乏技术支撑，相关产品生产落后于消费者需求。不可否认，在规模经济的限制下，技术能力、资本能力甚至产品创新能力都对国有品牌形成了一定限制。而产品的差异化则造成了对国有冰雪运动产品等技术的挑战。本质上，冰雪运动产品如果能够形成品牌战略，则应该具备独有的技术优势和差异化占领市场。然而我国冰雪运动产品生产本身就存在技术限制，因此差异化进入市场更具有挑战性。由此，这些高壁垒的相关因素对拟进入市场的国内企业而言导致了难度的提升，而清晰判断我国冰雪运动产品的技术需求非常重要，是促进我国现有冰雪运动产品生产者不断完善，推动新企业进入该行业的重要前提。

三、新时代冰雪运动发展展望

（一）发展思路

全面贯彻党的十九大精神，以邓小平理论、“三个代表”重要思想、科学发展观、习近平时代中国特色社会主义思想为指导，深入贯彻习近平对体育工作的系列重要讲话与指示精神，按照“五位一体”总体布局和“四个全面”战略布局要求，认真落实党中央、国务院决策部署，把发展冰雪运动、提高人民健康水平作为根本目标，把巩固发展冰雪运动的地位作为建设体育强国的重要战略举措，坚持改革引领、创新驱动，充分发挥市场作用，激发社会参与动力，丰富产品和服务供给，不断满足人民群众日益增长的冰雪运动需求，使冰雪运动的发展成为国家经济建设、民生发展及国际交流的重要组成部分，有效支撑健康中国、一带一路等国家战略的实施，充分发挥冰雪运动在全面建成小康社会和实现中华民族伟大复兴中国梦中的独特和重要作用。

（二）战略目标

根据全面建成小康社会的总体部署、实现体育强国的战略目标和建设健康中国的任务要求，深化冰雪运动改革，促进群众冰雪运动、冰雪竞技运动、冰雪运动产业、冰雪文化等各领域全面协调可持续发展，推进冰雪运动发展迈上新台阶。

第一阶段：从现在到 2025 年。冰雪竞技运动方面，综合竞技实力大幅度提升，力争 2022 年冬奥会在速度滑冰、短道速滑、花样滑冰、冰壶、自由式滑雪、单板滑雪等项目上获得奖牌，实现运动成绩与精神文明双丰收。2022 年北京冬奥会办赛获得空前成功，在国际上树立强国形象，国家体育软实力全面提升。群众冰雪运动方面，全国滑冰馆数量不少于 650 座，其中新建数量不少于 500 座；滑雪场数量达到 800 座、雪道面积达到 10000 万平方米、雪道长度达到 3500 千米，其中新建滑雪场不少于 240 座。全国冰雪场地设施有效供给极大提升，经济社会效益明显提高，初步形成布局合理、类型多样、基本满足需求的冰雪场地设施网络。冰雪运动普及度大幅提高，群众冰雪活动极大丰富，参与冰雪运动的人数稳步增加，直接参加冰雪运动的人数超过 5000 万，并带动“3 亿人参与冰雪运动”。冰雪运动产业方面，形成冰雪运动培训、冰雪旅游、大型滑雪旅游度假区及冰雪小镇的快速发展；建立一批产业规模较大、集聚效应明显的国家冰雪产业示范基地，强化冰雪运动投资主体的多元化，逐步完善冰雪运动市场建设，培育具有较高知名度和影响力的国家冰雪产业示范企业 20 个；特色鲜明、市场竞争力较强的国家冰雪产业示范项目 20 个；冰雪产业总规模突破 10000 亿元。冰雪文化方面，不断提升感召力和吸引力，通过 2022 年冬奥会构建丰富而有特色的 2022 年北京冬奥会创意文化体系，形成具有中国特色的冰雪文化符号，树立中国冰雪精神和理念，使冰雪文化成为新时代中国特色社会主义文化强国建设的有力支撑。

第二阶段：2026 年到 2035 年。冰雪竞技运动方面，竞技水平和国际竞争力全面提升，拥有完备的冰雪运动后备人才培养体系和选材体系，实现冰雪项目全面均衡发展，综合竞技实力达到世界一流，国际冰雪组织任职数大幅提升，对世界冰雪运动发展发挥重要影响和作用。群众冰雪运动方面，场地设施进一步优化，达到国际标准的标准化冰馆雪场占据场馆数量的主体，冰雪运动人口结构趋于合理，初级水平者占比降至30%；直接参加冰雪运动人数大幅度提升，全面推进“3亿人参与冰雪运动”。冰雪运动产业方面，冰雪运动产业得到全面发展，为体育事业实现现代化形成有力支撑；形成国内外品牌性冰雪赛事；优化冰雪运动产业门类，形成冰雪运动装备、器材制造业的国际化发展布局，打造冰雪运动产业发展目标清晰的全新产业结构。冰雪文化方面，充分利用后奥运文化效应持续加强冰雪文化建设，中国冰雪文化在世界范围内具有广泛的影响力。

第三阶段：2036年到21世纪中叶。冰雪竞技运动方面；建设成为冰雪运动强国，综合竞技实力达到世界领先水平，拥有世界顶尖的冰雪竞技人才、赛事组织管理人才，在各个国际冰雪组织中任重要职务，在推动世界冰雪运动发展上发挥巨大作用。群众冰雪运动方面，冰雪运动场馆和设施达到国际领先水平，冰雪运动全面融入家庭体育和学校体育之中，成为人民的生活方式的一部分；冰雪运动人口结构中，初级水平者仅占10%左右，冰雪运动在全国大部分地区普及，全面实现“3亿人参与冰雪运动”，中国成为世界第一冰雪运动人口大国。冰雪运动产业方面，形成我国冰雪运动产业发展的后发优势，冰雪运动产业发展在国际市场具有较强竞争力，有效满足人们对冰雪运动服务与产品的多样化需求，为体育强国的建设形成冰雪产业的重要性支撑。冰雪文化方面，逐步建设成为观念和制度领先、拥有世界知名的品牌冰雪赛事和节庆活动、具有强烈的冰雪旅游对外吸引力的冰雪文化强国。

（三）主要措施

1. 办好北京冬奥会和冬残奥会，助力新时代中国特色社会主义建设

第一，落实各项奥运民生工程，满足人民日益增长的美好生活需求。稳步推进“城市交通优化计划”“奥运场馆开放利用计划”“清洁空气行动计划”，借承办冬奥会之机，抓住体育赛事与城市人文环境建设的契合点，全面推动城市建设，改善生态环境，促进交通、旅游的发展，完善体育公共服务体系，改良社会风气，调节市民心态，实现赛事效益最大化。使冬奥会承办与城市生态环境改善、经济社会发展紧密结合，树立奥林匹克运动与城市互动发展、共赢发展的典范，创造更多积极、持久的奥运遗产，更好地惠及公众。

第二，充分利用奥运效应，实现区域平衡与可持续发展。中国是一个发展中国家，有人口众多、经济发展不平衡等特殊的国情。应充分利用好承办冬奥会的

经济、社会和文化效应，使奥运成果惠及更广泛的地区。以“京张”联办带动整个京津冀地区共同发展，并在战略布局上，充分考虑区域间的协调可持续发展，使冬奥会效应辐射东北、华北、华南、西北等各大区域，与各区域经济社会发展战略相契合，使承办冬奥会成为区域平衡与可持续发展的动力，避免因承办冬奥会而加剧地区间、行业间的不平衡，导致更大的经济差距。最终要实现我国三分之一以上的地区因承办冬奥会而受益。

2. 加速推进冰雪运动南展西扩，普及和推广大众冰雪运动

第一，以青少年群体为重点实施对象，普及大众冰雪运动。体育之兴衰，成败在校园。大众冰雪运动的发展关键在于青少年冰雪运动的开展。认真落实《体育发展“十三五”规划》提出的冰雪运动南展西扩和大力推进冰雪运动进校园的任务，使二者有机契合，并积极推进《北京2022年冬奥会和冬残奥会中小学生奥林匹克教育计划》，以青少年为重点，以开设冰雪项目运动课程为途径，推进青少年冰雪运动普及，奠定我国冰雪运动发展的人才基础。具体实施以政府和俱乐部、学校三方联动的形式，通过政府购买冰雪课整合资源，降低开展冰雪运动的成本，实现政策、资金、效益的最大化。

第二，以冰雪健身休闲为重点实施内容，推广大众冰雪运动发展。冰雪运动南展西扩中应重点加快推动冰雪健身休闲业的发展，重点发展社会关注度高、市场空间大的冰球、花样滑冰、高山滑雪等项目。实施冰雪产业精品工程，支持各地打造一大批优秀冰雪运动俱乐部、示范场馆和品牌赛事。鼓励冰雪运动场地开发大众化冰雪旅游项目，建设一批融滑雪、登山、徒步、露营等多种健身休闲运动为一体的体育旅游度假区或度假地。促进冰雪产业与相关产业深度融合，增强产业创新能力，提供多样化产品和服务。丰富群众冰雪活动，促进参与冰雪运动的人数稳步增加。

第三，以京津冀为重点实施区域，引领全国冰雪运动发展。全面推进冰雪运动“南展西扩”战略，以京津冀为引领，以提升东北三省发展为基础，发挥新疆、内蒙古等西北、华北地区的后发优势，带动南方地区协同发展，形成引领带动、三区协同、多点扩充的发展格局，具体如下：首先，引领带动。以筹办2022年冬奥会为契机，在京津冀地区建设一批能承办高水平、综合性国际冰雪赛事的场馆，依托该地区旺盛的消费需求，积极普及冰雪运动项目，大力发展冰雪健身休闲业、高水平竞赛表演业和冰雪旅游业，带动全国冰雪运动发展。其次，三区协同。利用东北、西北、华北的资源优势，合理布局、错位发展，建设集竞赛表演、健身休闲、教育培训、装备制造为一体的北方冰雪运动带。东北地区稳步推进健身休闲、竞赛表演、冰雪旅游、用品制造等各产业门类协调发展。华北地区充分利用区位、交通、资源和人口等优势，发展冰雪健身休闲业，推广冰雪健身培训业。西北地区发挥新疆作为丝绸之路经济带核心区的优势，带动西北地区充分利用冰雪资源和民族文化，重点发展冰雪旅游。再次，多点扩充。南方地区结合各地自然条件和资源禀赋，因地制宜，合理发展冰雪运动项目，扩大冰雪运动群众基础及项目影响力。西南和华东地区可利用高山冰雪资源修建冰雪场地，发展本地区的冰雪运动；经济发达城市建造滑冰馆和室内滑雪场，发展竞赛表演业和健身培训休闲业，普及冰雪项目。

3. 加快人才队伍建设，大力补充和培养各类冰雪运动人才

第一，加快推进跨项、跨界科学选材，扩充冰雪竞技运动人才队伍。我国冬季运动普及度不高，短板较多。要想在 4 年后实现全面参赛的目标，必须打破常规人才选拔和培养机制，实施跨界、跨项选材。跨界、跨项选材是备战 2022 年冬奥会工作的基石工程，是后起项目、落后项目快速提高运动水平的重要途径，是以先进理念超越时间、以训练积淀缩短时间、以科技助力追赶时间的有效办法。必须尽快打通项目壁垒，打破各个中心、各个项目国家队之间的门户意识，使科学的训练方法、领先的训练理念、成功的科技助力经验能够跨界、跨项交流与分享。应建立畅通的人才流动机制，破除将优秀人才视为自我业绩和部门利益的小格局，规避教练员和行政部门对运动员转项的干预，并制定鼓励政策，使推荐和输送人才成为业绩评价体系中的重要考评部分，调动相关部门推动跨界、跨项选材的积极性。同时，建立统一的国家队科技服务管理和交流机制，对各支国家队的科技助力工作进行统筹管理，对共性问题进行攻关，对个性问题进行交流和互助，在资源上形成共享，在效益上追求最大。

第二，破除人才培养体制瓶颈，构建多元化后备人才培养体系。目前，我国冬季项目运动员、教练员等竞技人才主要由专业运动队培养，长期冬夏失衡造成冬季项目发展慢、招生难、就业难，后备队伍不足，很多项目未建立或是刚组队，人才不足。因此，应寻求多元化人才培养方式。首先，充分发挥市场在人才培养方面的作用，把有条件的项目推向市场，培养职业竞技人才。同时，打造高端有影响力的冰雪商业性赛事，形成品牌，在赛事中培养竞技人才和赛事运作人

才。其次，充分发挥高校人才培养优势，利用其高水平运动队的办队经验及在竞技人才培养方面的雄厚基础，加大政策扶持力度，鼓励其办队以培养高水平竞技人才。同时，依托高校教育优势，做好教练员和运动员的学历教育、进修和培训。最后，打通冰雪运动项目和夏季运动项目后备人才的培养渠道，鼓励人才共享。

第三，建立人才培养的国际合作机制，多渠道培养冰雪运动专业技术人才。目前，我国的冰雪市场急需通过资本重组、企业并购进行规范清理。必须以政策驱动行业跨界，引入融资、并购等资本运作经验丰厚的高端经济人才和管理人才进军冰雪市场，全面提升冰雪市场的管理和决策水平。同时，对于冰雪场馆高级专业技师人才稀缺的问题，须通过国际合作交流加以解决，即由行业协会搭建起冰雪运动人才信息资源库和服务平台，积极与国外行业协会、国际单项体育联合会、器材生产商、场馆业主取得联系；牵头组建专门的培训机构，结合冰雪场馆经营业主的需求，联合聘请国外本领域专家对压雪、场地维修等技术进行专业性的技能指导与培训。此外，作为冰雪产业核心生产要素，冰雪项目指导员队伍的建设也是产业发展和升级中不可或缺的人才类型。应做好专业运动员面向大众指导的职业技能转换，以市场为标准，高校和企业代培的形式开展，还应加强国际合作，与国外冰雪俱乐部、协会组织对接，开展培训、进修活动；重新建立冰雪指导员资格认证的统一标准，以国际化的考核指标培养人才。

4. 优化冰雪运动产业结构，实现全面转型升级

第一，完善冰雪运动产业体系，优化产业结构。在未来我国冰雪运动产业发展中，应通过政府科学引导、社会积极参与，初步形成以冰雪场地设施建设运营为基础，冰雪大众休闲健身和竞赛表演为核心，以冰雪旅游为带动，冰雪装备制造为支撑的冰雪产业体系。同时，充分考虑产业集聚效应对冰雪运动产业结构进行优化调整，并从区域平衡发展的角度对冰雪运动产业进行战略布局规划。在具体发展中，应以全面振兴东北地区老工业基地发展为契机，做大、做强东北地区的冰雪装备制造业。挖掘长三角、珠三角、京津冀及海峡西岸等体育产业集群在冰雪服装、装备制造的潜力；滑雪旅游以华北和东北地区重点布局，利用承办冬奥会的契机，打造以崇礼为中心的京津冀滑雪旅游产业集聚区，同时，带动东北老牌滑雪旅游度假区转型，实现区域间滑雪旅游产业的协调与可持续发展。

第二，发挥冰雪运动产业示范区域作用，以技术创新促产业升级。基于“3

亿人参与冰雪运动”所蕴含的巨大市场潜力，必须加快技术创新，加大对冰雪运动产业新产品研发的财政投入，以高科技分子学、纳米技术、材料技术、VR（虚拟现实技术）、AR（增强现实技术）转化为冰雪运动用品、器材、装备和机械设备的研发，以技术创新形成引领，破除长期以来由于技术落后造成的发展方式单一、产品定位低端和同质化等路径依赖的障碍。不断提升冰雪运动产品的自主研发能力，立足本土市场、打造本土高端品牌，并逐步走向国际市场。同时，支持高等院校、科研院所和企业加大协同创新力度，以企业为主体开发一批科技含量高、绿色环保、拥有自主知识产权、可替代进口的产品，培育一批具有较高知名度的冰雪用品企业，以及特色鲜明、市场竞争力较强的国家冰雪产业示范项目。建立一批产业规模较大、集聚效应明显的国家冰雪产业示范基地和一批具有较高知名度和影响力的国家冰雪产业示范企业。

5. 加强冰雪运动的内涵建设，构建中国特色冰雪文化体系

第一，树立新时代的体育观，从精神层面构建冰雪文化。中国特色社会主义进入新时代，作为社会主义事业重要组成部分的体育事业也必然开启一个从传统金牌导向，向更健康和宽阔的体育态度与竞技精神转变的“新时代”。新时代的体育观应更加关注人的全面自由发展、关注人类社会的进步，冰雪运动的发展就应该树立一种全新的，有利于人民大众的、有利于社会发展的、有利于体育文化自身发展的价值观。既能体现以人的幸福、人的发展、人的需要为本真的人文关怀精神，又能体现体育与自然、社会和谐发展的融通精神，才是大国体育应有的大视角、大观念。同时，应积极传播新时代体育精神，加强对运动员、教练员等从业人员的思想道德教育，提升文化教育的水平，改善从业人员的精神面貌，在国际上树立健康、包容、热情的中国冰雪运动形象。

第二，打造冰雪旅游胜地和冰雪名城，从物质层面加强冰雪文化建设。整顿冰雪旅游市场，清理、取缔设施简陋、达不到开放标准的小型雪场，以大型综合冰雪旅游度假区模式引领冰雪运动发展。适当开发建设冬季奥林匹克体育中心、冰雪运动博物馆，充分利用和改造部分室外天然湖泊、公园等，打造公益性的冬季体育活动中心。重点打造“冰城”“雪乡”“冰雪旅游胜地”等一批国际知名的冰雪运动城市和度假区，不断提升冰雪文化的对外吸引力。

第三，完善冰雪运动发展各类标准的建设，从制度层面加强冰雪文化建设。加强冰雪运动场地设施标准、冰雪运动器材装备标准、冰雪运动安全规范标准、

从业人员技能培训标准、活动管理和服务标准、运营标准、冬季项目业余运动指导标准、业余技术等级标准、冰雪场地和设施管理和服务标准等各类冰雪运动发展的标准化建设，推动冰雪运动朝专业化、规范化、标准化方向发展，为打造高层次、高品位的冰雪文化提供制度保障。

第四，充分开发北京冬奥会的文化创意，诠释中国特色冰雪文化概念。充分利用冬奥会特有的文化输出功能，认真挖掘和提炼我国冰雪传统文化元素。譬如“新疆阿勒泰地区是人类滑雪运动最早起源地”“北京是第一个既举办过夏奥会又举办过冬奥会的城市”、珍贵的艺术史料清代《冰嬉图》及当前的“一带一路”倡议等，均可作为冬奥会文化创意的设计元素。这些元素既可应用于冬奥会的宣传、口号、火炬传递等精神文化层面，又可融入场馆、会徽、奖牌等物态文化层面的设计；力争通过北京冬奥会形成一批冰雪文化符号，讲好中国故事，构建中国冰雪形象，诠释好中国特色冰雪文化的内涵及其与世界的关系。

（哈尔滨体育学院　阚军常）

参考文献

[1] 国家体育总局 . 体育总局：“十二五”期间大型体育场馆运营和对外开放取得新进展 [EB/OL]. [2016-03-02]. http://www.gov.cn/xinwen/2016-03/02/content_5048042.htm.

[2] 中国体育报 .《社会体育指导员工作评估报告》发布 [EB/OL]. [2015-12-25]. http://politics.sports.cn/tiyuyaowen/2015/1225/146403.html.

[3] 刘国永，杨桦，等 . 中国群众体育发展报告（2015） [M]. 北京：社会科学文献出版社，2015.

[4] 刘国永，裴立新，等 . 中国体育社会组织发展报告（2016） [M]. 北京：社会科学文献出版社，2016.

[5] 陈华荣 . 实施全民健身国家战略的政策法规体系研究 [J]. 体育科学，2017，37（4）：74-86.

[6] 中国新闻网 .《全面健身计划》实施效果评估出炉 [EB/OL]. [2015-12-23]. http://news.ifeng.com/a/20151223/46799236_0.shtml.

[7] 刘国永 . 对“十三五”时期全民健身事业发展的思考 [J]. 北京体育大学学报，2016，39（10）：1-11.

[8] 刘国永，戴健 . 中国群众体育发展报告（2016） [M]. 北京：社会科学文献出版社，2017.

[9] 刘红健，孙庆祝 . 群众体育政策基层执行的调查与分析 [J]. 上海体育学院学报，2012，36（4）：51-53..

[10] 国家体育总局群体司 .《全民健身计划（2016—2020 年）》一百问 [M]. 北京：人民体育出版社，2016.

[11] 刘强 . 对我国部分体育训练基地建设状况的调查研究 [D]. 西安：西安体育学院，2012.

[12] 张鲲，曹静，赵钢 . 我国体育场馆建设趋势及发展方向的研究 [J]. 西安体育学院学报，2000，17（3）：27-28.

[13] 缪建奇，胡震宇 . 我国体育场馆赛后利用现状及对策——兼析北京奥运会场馆赛后利用方案 [J]. 体育文化导刊，2008（8）：13-16.

[14] 企创家 . 网民数据《2017 中国互联网络发展状况统计报告》[EB/OL]. [2017-09-12]. http://www.sohu.com/a/191443228_99995954.

[15] 国务院办公厅. 国务院办公厅关于加快发展健身休闲产业的指导意见 [EB/OL]. [2016-11-09]. http://jiuban.moa.gov.cn/zwllm/zcfg/flfg/201611/t20161109_5358403.htm.

[16] 内部资料：体育事业统计年鉴（2009—2017 年）[Z]. 国家体育总局经济司.

[17] 国家体育总局 . 全民健身国家战略 [M]. 北京：人民体育出版社，2016.

[18] 曹彧．体育事业在改革中取得新成就［N］．2017-12-24.

[19] 国家体育总局群众体育司．群众体育工作手册［M］．北京：人民体育出版社，2014.

[20] 陈宁．全民健身概论［M］．四川：四川教育出版社，2006.

[21] 国家体育总局．改革开放30年的中国体育［M］．北京：人民体育出版社，2008.

[22] 国家统计局. 2016年国家体育产业总规模与增加值数据公告［EB/OL］．［2008-1-13］．http://www.stats.gov.cn/tjsj/zxfb/201801/t20180113-1573014.html.

[23] 中体未来．2017全国体育局长会议苟仲文：奋力开拓新时代体育强国建设新局面［EB/OL］．［2017-12-25］．http://wemedia.ifeng.com/42474969/wemedia.shtml.

[24] 国家体育总局．改革开放30年的中国体育［M］．北京：人民体育出版社，2008.

[25]《体育大国向体育强国迈进的理论与实践研究》课题组．体育强国战略研究［M］．北京：人民体育出版社，2010.

[26] 许敏雄．竞技体育强国之路［M］．北京：光明日报出版社，2012.

[27] 池建．竞技体育发展之路——走进美国［M］．北京：人民体育出版社，2009.

[28] 苟仲文：深入学习贯彻十九大精神奋力推动冰雪运动发展［EB/OL］．［2017-11-14］．http://sports.people.com.cn/n1/2017/1114/c412458-29644528.html.

[29] 国家体育总局局长苟仲文：体育改革要走出“圈子”“突出”开放［EB/OL］．［2018-03-17］．http://www.gov.cn/xinwen/2018-03/17/content_5276444.htm.

[30]《体育发展“十三五”规划》全文［EB/OL］．［2016-05-05］．http://www.xinhuanet.com/sports/2016-05/05/c_128960270.htm.

[31] 国家体育总局．体育总局关于印发《竞技体育“十三五”规划》的通知［EB/OL］．http://www.chinanews.com/ty/2016/08-30/7988450.shtml.

[32] 鲍明晓．关于加快推进体育强国建设的几个基本理论问题——基于党的十九大报告提出体育发展全局的战略性问题［J］．北京体育大学学报，2018（2）：1-16.

[33] 鲍明晓．体育助力“五大建设”［J］．上海体育学院学报，2018（1）：7-11.

[34] 胡鞍钢．中国国家治理现代化［M］．北京：中国人民大学出版社，2014.

[35] 钟秉枢．新时代竞技体育发展与中国强［J］．上海体育学院学报，2018，42（1）：12-19.

[36] 任海．体育强国：由重在国家建构到重在国族建构［J］．上海体育学院学报，2018（1）：1-6.

[37] 杨桦，任海．转变体育发展方式由“赶超型”走向“可持续发展型”［J］．北京体育大学学报，2013（1）：1-9.

[38] 新华社．习近平会见全国体育先进单位和先进个人代表［EB/OL］．［2017-08-28］．http://www.xinhuanet.com/photo/2017-08/28/c_1121551868.htm.

[39] 彭国强，舒盛芳，经训成．回顾与思考：美国竞技体育成长因素及其特征［J］．沈阳体

育学院学报，2017（5）：28-36.
［40］杨国庆．我国竞技体育后备人才多元化培养模式与优化策略［J］．上海体育学院学报，2017，41（6）：17-22.
［41］彭国强，舒盛芳．美国国家健康战略的特征及其对健康中国的启示［J］．体育科学，2016（9）：10-19.
［42］仇军．群众体育发展的困境与出路［J］．体育科学，2016（7）：3-9.
［43］彭国强，舒盛芳．中国体育发展走向的研究［J］．体育学刊，2016（2）：12-17.
［44］国务院．国务院关于加快发展体育产业促进体育消费的若干意见［EB/OL］．［2014-10-02］．http://www.mlr.gov.cn/tdzt/tdgl/cyyd/gwywj/201610/t20161028_1420379.htm.
［45］国务院新闻办公室．发展体育产业促进体育消费意见贯彻落实情况发布会［EB/OL］．［2015-12-08］．http://www.scio.gov.cn/xwfbh/xwbfbh/wqfbh/2015/33862/.
［46］赵勇．新时代中国体育产业发展战略路径和对策措施研究［J］．体育文化导刊，2018（3）：1-7.
［47］赵勇．把运动项目产业作为体育产业的核心来抓［EB/OL］．［2017-05-17］．http://sports.sina.com.cn/zz/2017-05-17/doc-ifyfecvz1643365.shtml.
［48］李颖川．国家体育产业基地发展报告（2015—2016 年）［M］．北京：社会科学文献出版社，2017：2-9.
［49］黄海燕，潘时华．长三角地区体育产业发展报告（2016—2017 年）［M］．北京：社会科学文献出版社，2017.
［50］黄海燕．我国体育产业结构评价与优化对策［J］．武汉体育学院学报，2014，48（4）：27-30+37.
［51］崔乐泉．中国奥林匹克运动通史［M］．青岛：青岛出版社，2008：554.
［52］檀有志．国际话语权视角下中国公共外交建设方略［M］．北京：中国社会科学出版社，2016：8.
［53］钟秉枢．职业运动员国家文化使者的形象塑造与培养路径［M］．北京：北京体育大学出版社，2016：200.
［54］赵进军．中国外交官与改革开放［M］．北京：世界知识出版社，2013：38-50.
［55］杨洁勉．新时代中国外交的战略思维和谋划［J］．外交评论，2018（1）：1-15.
［56］杨洁篪．奥运后的国际形势与外交工作［N］．学习时报，2008-10-20（01）.
［57］张得胜．体育外交在我国强国建设中的作用及实践路径［J］．上海体育学院学报，2018（1）：27-32.
［58］俞大伟．中国体育对外援助发展研究［J］．体育文化导刊，2017（6）：16-20.
［59］王义桅．中国公共外交的自信与自觉［J］．红旗文稿，2015（4）：34-36.
［60］郑华．新公共外交内涵对中国公共外交的启示［J］．世界经济与政治，2011（4）：

143-145.

［61］苏淑民．新中国民间外交发展的三个阶段［J］．人民论坛，2016（8）：136-139.

［62］莫星月，李金宝．青奥会报道的媒介呈现及启示［J］．南京体育学院学报（自然科学版），2016，15（2）：88-93.

［63］郭光华．境外媒体广州亚运会报道分析［J］．现代传播，2011（5）：51-54.

［64］刘鹏．从体育大国向体育强国迈进——深入学习贯彻习近平同志关于体育工作的重要论述［N］．人民日报，2014-03-31（007）.

［65］习近平．决胜全面建成小康社会夺取新时代中国特色社会主义伟大胜利——在中国共产党第十九次代表大会上的讲话［M］．北京：人民出版社，2017.

［66］习近平．习近平谈治国理政［M］．北京：外文出版社，2014：197.

［67］新华网．习近平：把人民健康放在优先发展战略地位［EB/OL］．［2016-08-20］．http://www.xinhuanet.com/fortune/2016-08/20/c_1119425802.htm.

［68］新华社．《“健康中国2030”规划纲要》发布 附全文［EB/OL］．［2016-10-25］．http://www.xinhuanet.com/health/2016-10/25/c_1119786029.htm.

［69］国家体育总局．《体育发展“十三五”规划》发布［EB/OL］．［2016-05-05］http://news.xinhuanet.com/sports/2016-05/05/c_128960270.htm.

［70］赵勇．大力改革和加强青少年体育工作为体育强国建设和健康中国建设打下坚实基础——国家体育总局副局长赵勇在2018年全国青少年体育工作电视电话会议上的讲话［J］．青少年体育，2018（4）.

［71］万炳军．青少年运动员多元培养体系的协同构建［M］．北京：科学出版社，2017：195.

［72］胡安宁．教育能否让我们更健康——基于2010年中国综合社会调查的城乡比较分析［J］．中国社会科学，2014（5）：116-130.

［73］吴元梁．问题研究与哲学社会科学的使命［N］．光明日报，2004-07-27（006）.

［74］汪晓赞，郭强，金燕，等．中国青少年体育健康促进的理论溯源与框架构建［J］．体育科学，2014，34（3）：3-14.

［75］赵勇．新时代中国体育产业发展战略路径和对策措施研究［J］．体育文化导刊，2018（3）：1-7.

［76］赵勇．为体育强国和健康中国建设打下基础［N］．中国教育报，2018-04-20（008）.

［77］万炳军．“健康中国”视域下青少年体育使命及其研究维度的诠释［J］．体育科学，2017，37（10）：3-7.

［78］田慧，王敏，刘佳，等．奥运强国青少年体育现况与我国发展对策——第31届里约奥运会金牌前6位国家比较［J］．体育科学，2017，37（8）：3-11+20.

［79］池建．关于中国专业体育院校发展定位的思考——兼论体育院校的改革发展［J］．北京体育大学学报，2017，40（1）：1-6.

［80］刘桂海．体育，如何而来：一个文明史观的考察［J］．北京体育大学学报，2016，39（1）：32-40+45.

［81］郭建军．加强青少年体育工作培养优秀竞技后备人才［J］．北京体育大学学报，2014（4）：1-9.

［82］杨国庆，刘红建，郇昌店．新时代我国青少年体育公共服务体系建设研究［J］．北京体育大学学报，2018，41（9）：9-15.

［83］郭可雷．青少年体育研究的理论、视角、方法和内容述评［J］．体育学刊，2015，22（4）：99-105.

［84］赵理文．制度、体制、机制的区分及其对改革开放的方法论意义［J］．中共中央党校学报，2009，13（5）：16-21.

［85］平杰．体育强国视域下我国青少年体育的发展［J］．上海体育学院学报，2011，35（1）：47-50.

［86］任海．南京青奥会与我国青少年体育价值观的重塑［J］．体育与科学，2011，32（4）：1-3.

［87］毛振明，刘天彪，臧留红．论“新校园足球”的顶层设计［J］．武汉体育学院学报，2015，49（3）：58-62.

［88］黄璐．体育学多学科交叉综合研究概述与展望［J］．成都体育学院学报，2012，37（2）：28-32.

［89］万炳军．青少年运动员“学训矛盾”的制度伦理研究［D］．北京：北京体育大学，2012：52-54.

［90］韩惠，宋亮，高俊．数字媒体技术时代的体育文化表征研究［J］．哈尔滨师范大学社会科学学报，2015（2）：151-155.

［91］沈时明，沈逢元，徐永．青少年体育公共服务构建研究［J］．西华师范大学学报（自然科学版），2012，33（4）：427-431.

［92］刘晓云，蒋玉跃，杨子良，等．美国青少年体育赞助与体育后备人才培养机制的启示［J］．体育科技文献通报，2005，21（1）：40-42.

［93］卢元镇．当今学校体育中的几个理论与实践问题［J］．吉林体育学院学报，2009，25（05）：1-6.

［94］唐钧．“健康中国”不能被误导为“医疗中国”［J］．中国医疗保险，2016（10）：24-25.

［95］王光远，李磊．“互联网+工程咨询”的创新分析［J］．建筑技术开发，2017，44（22）：5-7.

［96］中国互联网络信息中心．第 34 次中国互联网络发展状况统计报告［J］．互联网天地，2014（7）：71-89.

[97] 马犇．新常态下田径体育后备人才培育的教育体制与市场机制［J］．青少年体育，2016（2）：10-12.

[98] 韩会君，陈建华．生态系统理论视域下青少年体育参与的影响因素分析［J］．广州体育学院学报，2010，30（6）：16-20.

[99] 黄爱峰，王健．学校体育发展的10大问题省思［J］．北京体育大学学报，2015，38（2）：95-99+121.

[100] 国家体育总局．2014年全国学生体质健康调研结果［J］．中国学校卫生，2015（12）：1.

[101] 张沁，周立．我国体育启蒙教育研究［J］．首都体育学院学报，2013，25（4）：330-332.

[102] 任海．身体素养：一个统领当代体育改革与发展的理念［J］．体育科学，2018，38（3）：3-11.

[103] 任海．体育强国：由重在国家建构到重在国族建构［J］．上海体育学院学报，2018，42（1）：1-6+40.

[104] 中国政府网．国务院关于加快发展体育产业促进体育消费的指导意见［EB/OL］．［2014-10-02］．http://www.gov.cn/zhengce/content/2014-10/20/content_9152.htm.

[105] 中国政府网．国务院关于印发全民健身计划（2016—2020年）的通知［EB/OL］．［2016-06-15］．http://www.gov.cn/zhengce/content/2016-06/23/content_5084564.htm.

[106] 中国政府网．中共中央 国务院印发《"健康中国2030"规划纲要》［EB/OL］．［2016-12-30］．http://www.mohrss.gov.cn/SYrlzyhshbzb/zwgk/ghcw/ghjh/201612/t20161230_263500.html.

[107] 国家体育总局．改革开放30年的中国体育［M］．北京：人民体育出版社，2008.

[108] 国家体育总局人事司．全国体育人才发展规划（2010—2020年）印发［EB/OL］．［2011-03-11］．http://www.sport.gov.cn/n16/n33193/n33208/n33478/n33973/1820402.html.

[109] 国家体育总局．国民体质测定标准施行办法［E］．体群字〔2003〕69号，2003-07-04.

[110] 中国政府网．体育总局关于印发《社会体育指导员发展规划（2011—2015年）》的通知［EB/OL］．［2011-04-07］．http://www.gov.cn/gongbao/content/2011/content_2004744.htm.

[111] 国家体育总局．社会体育指导员国家职业标准（2011）［M］．北京：人民体育出版社，2001.

[112] 郝荣峰．深入实施人才强国战略问题研究［D］．长春：东北师范大学，2012.

[113] 明大阳．我国发展具有区域特色的竞技体育人才政策评析——以《辽宁竞技体育人才培养办法》为例［J］．沈阳体育学院学报，2013，32（2）：74-78.

[114] 习近平．关于《中共中央关于全面推进依法治国若干重大问题的决定》的说明

［C］//本书编写组．《中共中央关于全面推进依法治国若干重大问题的决定》辅导读本．北京：人民出版社，2014：42.

［115］白光斌，王晓伟，高鹏飞．我国社会转型中的体育法治问题与国家治理——以国家治理能力为理论视角［J］．体育与科学，2015（4）：29-37.

［116］周青山．论体育法的行业法属性［J］．武汉体育学院学报，2017（11）：60-65.

［117］陈华荣，王家宏．体育的宪法保障——全球成文宪法体育条款的比较研究［M］．北京：北京体育大学出版社，2014：202.

［118］张健．中国地方体育立法现状与发展前景［J］．体育科学，2016（11）：91-96.

［119］周爱光．体育法学概论［M］．北京：高等教育出版社，2015：74.

［120］于善旭，李先燕．论修改《体育法》的现实紧迫性与可行性［J］．武汉体育学院学报，2017（9）：47-55.

［121］韩勇，高岩．我国体育法课程开设情况研究［C］//田思源．体育法前沿（第1卷）．北京：中国政法大学出版社，2016：105-106.

［122］中国法学会体育法学研究会．中国体育法学十年（2005—2015年）［M］．北京：中国法制出版社，2016：6-7.

［123］姜熙．依法治国背景下《体育法》修改若干问题的探讨［J］．上海体育学院学报，2016（1）：21-29.

［124］于善旭，李先燕．论修改体育法的目的、原则与取向［J］．体育学刊，2017（5）：1-9.

［125］于善旭，阎成栋．体育行政执法的权力来源与范围——对“体育行政部门被授予体育行政执法主体资格”的探析［J］．天津体育学院学报，2003（3）：18-20.

［126］董小龙，郭春玲．体育法学［M］．北京：法律出版社，2013：251.

［127］姜熙．开启中国体育产业发展法治保障的破局之路——基于中国体育反垄断第一案的思考［J］．上海体育学院学报，2017（2）：47-54.

［128］王会宗，张瑞林，王晓芳．体育产业的垄断与竞争问题研究——文献述评、研究意义及研究设想［J］．山东体育学院学报，2012（3）：3-4.

［129］于善旭，等．我国体育无形资产法律保护的研究［M］．北京：北京体育大学出版社，2009：176.

［130］孙彩虹．体育纠纷及其多元化解决机制［C］//田思源．体育法前沿（第2卷）．北京：中国政法大学出版社，2017：151.

［131］朱文英．职业足球运动员转会的法律适用［J］．体育科学，2014（1）：43.

［132］王希军，白利寅．坚持和完善党的领导全面推进依法治国：准确把握和深刻理解习近平总书记法治思想与法治建设战略［N］．法制日报，2016-11-1（01）.

［133］秋石．坚持党对一切工作的领导［J］．求是，2018（1）.

[134] 王维艳．对党的领导与依法治国关系的再认识——在全面推进依法治国视角下［J］．党政干部学刊，2015（1）：17-19.

[135] 史建三，吴天昊．地方立法质量：现状、问题与对策——以上海人大地方立法为例［J］．法学，2009（6）：94-107.

[136] 马宝成，吕洪业，王君琦，等．党的十八大以来政府职能转变的重要进展与未来展望［J］．行政管理改革，2017（10）：28-34.

[137] 沈荣华．十八大以来我国“放管服”改革的成效、特点与走向［J］．行政管理改革，2017（9）：10-14.

[138] Colin Scott. 作为规制与治理工具的行政许可［J］．石肖雪，译．法学研究，2014（2）：35-45.

[139] 王克稳．论行政审批的分类改革与替代性制度建设［J］．中国法学，2015（2）：5-28.

[140] 丁邦开，何俊坤，等．社会信用法律制度［M］．南京：东南大学出版社，2006：17.

[141] 陈晖．商事制度改革成效与完善对策——以珠海横琴新区为例［J］．经济纵横，2017（2）：10-16.

[142] 马超．浙江省体育赛事管理办法通过审议 取消行政审批 设立失信“黑名单”［N］．中国体育报，2018-1-9（01）.

[143] 颜少君．我国失信惩戒机制构建研究［M］．北京：中国经济出版社，2013：125.

[144] 赵毅．足球改革背景下中国足协法律地位之困境及破解［J］．苏州大学学报（法学版），2016（4）：1-12.

[145] 张春良．体育协会内部治理的法治度评估——以中国足协争端解决机制为样本的实证考察［J］．体育科学，2015（7）：18-26.

[146] 丁英．多元化纠纷解决机制的法文化根源探析［N］．人民法院报，2016-7-16（06）.

[147] 于善旭．建设体育强国的法治抉择［J］．体育文化导刊，2011（2）：1-4.

[148] 杨伟东．落实“谁执法谁普法”，推动普法转型升级［J］．人民论坛，2017（17）：109-111.

[149] 林凌，高雅雯．新媒体环境下普法信息传播优化策略［J］．编辑学刊，2017（3）：45-49.

[150] 李丰荣，龚波．中国职业足球“供给侧改革”的理论源流、选择动因与路径研究［J］．武汉体育学院学报，2017，51（12）：11-17.

[151] 梁斌．企业社会责任理论下的职业足球俱乐部社会公共服务研究［J］．体育科学，2013，33（6）：52-56.

[152] 梁伟．中国足球职业联赛“政府产权”的界定及其边界约束研究［J］．体育科学，2015，35（7）：10-17.

[153] 梁伟．公司治理结构优化下的中国足球超级联赛管办分离研究［J］．中国体育科技，

2015，51（1）：36-41.

［154］杜兆才．深入学习贯彻党的十九大精神，奋力开创我国足球事业改革与发展新局面［R］．北京：国家体育总局，2017.

［155］中华人民共和国教育部．全国青少年校园足球工作发展报告（2015—2017 年）［R］．北京：中华人民共和国教育部，2017.

［156］张剑．中国足球协会工作报告［R］．北京：中国足球协会，2014.

［157］张剑．中国足球协会工作报告［R］．北京：中国足球协会，2017.

［158］赵毅．关于加快推进地方足协改革的研究［R］．苏州：苏州大学，2017.

［159］国家体育总局．稳步推进　健康有序——校园足球的 2014［EB/OL］．［2015-01-01］．http://www.sport.gov.cn/n16/n1152/n2069890/6058084.html.

［160］徐文东，朱志强．中国冬季运动史［M］．北京：人民体育出版社，2006.

［161］王仁周，朱志强．冬季奥林匹克运动［M］．北京：人民体育出版社，2005.

［162］孙承华，伍斌，魏庆华，等．中国滑雪产业发展报告（2016）［M］．北京：社会科学文献出版社，2016：30-35.

［163］孙承华，伍斌，魏庆华，等．中国滑雪产业发展报告（2017）［M］．北京：社会科学文献出版社，2017：25-30.

［164］孙承华，杨占武，刘戈，等．中国冰上运动产业发展报告（2017）［M］．北京：社会科学文献出版社，2017：110-125.

［165］唐哲．“北冰南展”的实施现状及拓展研究［J］．广州体育学院学报，2012，32（5）：72-75.

［166］马瑞，焦磊，刘春华，等．“百万青少年上冰雪活动”与“阳光体育”有效融合研究［J］．哈尔滨体育学院学报，2010，28（4）：1-4.

［167］崔柏青，勾志栋．第 21 届冬奥会后对“北冰南展”战略的几点思考［J］．吉林体育学院学报，2010，26（6）：31-33.

［168］尹青山．对我国冬季项目北冰南展战略实施的回顾与思考［J］．体育科研，2009，30（3）：48-51.

［169］于立强．我国冰上运动项目“北冰南展”的战略研究［J］．天津体育学院学报，2004，28（3）：16-18.

［170］宋嘉林．中加两国大众冰雪运动发展的比较研究［J］．冰雪运动，2010，32（5）：1-5.

［171］王揖涛．我国大众滑雪运动的现状与展望［J］．冰雪运动，2004（10）：14.

［172］王雷．我国大众滑雪运动现状及发展对策的研究［J］．哈尔滨体育学院学报，2010（6）：21-23.

［173］蒲珊珊．“百万青少年上冰雪活动”的发展历程与路径优化研究［J］．中国学校体育，

2017（1）：29-32.
［174］孙显仁．黑龙江省冰雪旅游产业发展问题研究［J］．冰雪运动，2014（6）：50-54.
［175］张宏宇，时雨倩，阚军常，等．黑龙江省滑雪产业潜优势开发研究［J］．哈尔滨体育学院学报，2017（3）：31-35.
［176］阚军常，姜立嘉．我国滑雪场发展现状的调查与分析［J］．武汉体育学院学报，2012（1）：39-42.
［177］阚军常，王飞．冬奥战略目标下我国滑雪产业升级的驱动因子与创新路径［J］．体育科学，2016（6）：11-19.
［178］陈小平．我国冬奥参赛科技助力形势与任务的思考［J］．备战2022年北京冬奥会专题研讨会文稿汇编，2018（4）：217-222.
［179］国家发展和改革委员会．2017年中国居民消费发展报告［M］．北京：人民出版社，2018.
［180］习近平．决胜全面建成小康社会夺取新时代中国特色社会伟大胜利——在中国共产党第十九次全国代表大会上的报告［M］．北京：人民出版社，2017.
［181］中华人民共和国国家统计局．中华人民共和国2017年国民经济和社会发展统计公报［M］．北京：中国统计出版社，2018.

附　件

附件 1：

国家层面出台的体育产业宏观指导性政策一览表

序号	文件名称	出台年份	出台部门
1	关于加快发展体育产业的指导意见	2010 年	国务院办公厅
2	体育产业“十二五”发展规划	2011 年	国家体育总局
3	关于加快发展体育产业促进体育消费的若干意见	2014 年	国务院
4	中国足球改革发展总体方案	2015 年	国务院办公厅
5	关于进一步扩大旅游文化体育健康养老教育培训等领域消费的意见	2016 年	国务院办公厅
6	体育产业“十三五”发展规划	2016 年	国家体育总局
7	关于加快发展健身休闲产业的指导意见	2016 年	国务院办公厅
8	关于大力发展体育旅游的指导意见	2016 年	国家旅游局、国家体育总局
9	水上运动产业发展规划	2016 年	国家发展改革委、国家体育总局、国家旅游局等九部门
10	山地户外运动产业发展规划	2016 年	国家发展改革委、国家体育总局、国家旅游局等八部门
11	航空运动产业发展规划	2016 年	国家发展改革委、国家体育总局、国家旅游局等九部门
12	冰雪运动发展规划（2016—2025 年）	2016 年	国家发展改革委、国家体育总局、教育部等四部门
13	冰雪场地设施建设规划（2016—2022 年）	2016 年	国家体育总局、国家发展改革委、工业和信息化部等七部门
14	“健康中国 2030”规划纲要	2016 年	国务院

续表

序号	文件名称	出台年份	出台部门
15	中国足球中长期发展规划（2016—2050年）	2016年	国家发展改革委、国家体育总局、教育部
16	全国足球场地设施建设规划（2016—2020年）	2016年	国家发展改革委、教育部、国家体育总局等四部门
17	体育彩票发展十三五规划	2016年	国家体育总局
18	支持社会力量举办马拉松、自行车等大型群众性体育赛事行动方案（2017年）	2017年	国家发展改革委、国家体育总局、公安部等九部门
19	汽车自驾运动营地发展规划	2017年	国家体育总局、国家发展改革委、国家旅游局等八部门
20	马拉松运动产业发展规划	2017年	国家体育总局、国家发展改革委、国家旅游局等十一部门
21	自行车运动产业发展规划	2017年	自行车运动产业发展规划等十一部门
22	击剑运动产业发展规划	2017年	国家体育总局、教育部、科技部等八部门
23	关于进一步激发社会领域投资活力的意见	2017年	国务院办公厅

附件2：

国家层面出台的体育产业类专项扶持性政策一览表

序号	文件名称	出台年份	出台部门
1	体育及相关产业分类（试行）	2008年	国家统计局、国家体育总局
2	彩票管理条例	2009年	国务院

续表

序号	文件名称	出台年份	出台部门
3	体育统计工作管理办法	2009 年	国家体育总局
4	国家体育产业基地管理办法（试行）	2011 年	国家体育总局
5	关于鼓励和引导民间资本投资体育产业的实施意见	2012 年	国家体育总局
6	彩票管理条例实施细则	2012 年	财政部、民政部、国家体育总局
7	中国足球职业联赛管办分离改革方案	2012 年	中国足球协会
8	关于规范全国大型综合性体育运动会申办和筹办工作意见的通知	2012 年	国家体育总局、教育部、国家民族事务委员会等五部门
9	关于加强大型体育场馆运营管理改革创新提高公共服务水平的意见	2013 年	国家体育总局、国家发改委、公安部等八部门
10	关于做好经营高危险性体育项目管理工作的通知	2013 年	国家体育总局
11	关于修改经营高危险性体育项目管理工作文件的通知	2014 年	国家体育总局
12	关于推进大型体育场馆免费低收费开放的通知	2014 年	国家体育总局、财政部
13	大型体育场馆免费低收费开放补助资金管理办法	2014 年	财政部、国家体育总局
14	关于印发《大型体育场馆基本公共服务规范》《大型体育场馆运营管理综合评价体系》的通知	2014 年	国家体育总局
15	关于推进体育赛事审批制度改革的若干意见	2014 年	国家体育总局
16	在华举办国际体育赛事审批事项改革方案	2014 年	国家体育总局
17	体育场馆运营管理办法	2015 年	国家体育总局
18	关于体育场馆房产税和城镇土地使用税政策的通知	2015 年	财政部、国家税务总局
19	体育赛事管理办法	2015 年	国家体育总局
20	国家体育产业统计分类	2015 年	国家统计局

续表

序号	文件名称	出台年份	出台部门
21	全国综合性体育运动会定额补助办法	2015年	财政部、 国家体育总局
22	关于进一步加强国家体育产业基地建设工作的通知	2016年	国家体育总局
23	大型体育场馆免费低收费开放补助资金管理办法	2016年	财政部、 国家体育总局
24	关于促进自驾车旅居车旅游发展的若干意见	2016年	国家旅游局、 国家发展改革委、 国家体育总局等 十一部委
25	关于推动运动休闲特色小镇建设工作的通知	2017年	国家体育总局办公厅
26	体育标准化管理办法	2017年	国家体育总局
27	全国综合性运动会组织管理办法	2017年	国家体育总局
28	关于进一步加强武术赛事活动监督管理的意见	2017年	国家体育总局
29	关于进一步加强马拉松赛事监督管理的意见	2017年	国家体育总局

附件3：

《体育强国建设纲要》

附件4：

《体育强国建设纲要》系列解读